Big Data Analytics for Business

경영 빅데이터 분석사 2급 단기완성

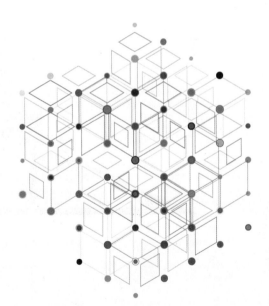

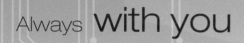

Always with you

사람이 길에서 우연하게 만나거나 함께 살아가는 것만이 인연은 아니라고 생각합니다.
책을 펴내는 출판사와 그 책을 읽는 독자의 만남도 소중한 인연입니다.
(주)시대고시기획은 항상 독자의 마음을 헤아리기 위해 노력하고 있습니다.
늘 독자와 함께하겠습니다.

최근 빅데이터 분석에 대한 관심이 최고조에 달했다. 관련된 교육과정, 협회설립 등이 급증하면서 다소 우려되는 점이 있으나 빅데이터 시장의 활성화와 기업의 경쟁력을 높이는 데 긍정적인 역할을 할 것이라고 판단된다.

특히 경영 빅데이터 2급 자격증은 고난도의 기술이나 분석에 깊이 있는 지식이라기보다는 4년제 학부수준의 능력검증에 좋은 자격증으로, 자신의 이해도를 테스트 해본다는 데 큰 의의가 있다고 생각한다. 모든 사람이 빅데이터 기술이나 분석을 깊이 있게 알 필요는 없지만 전반적인 맥락과 방향성을 이해하는 사람의 양성은 반드시 필요하다. 그러므로 자격증 시험은 자격증 취득 자체에 목적을 두기보다 스스로에 대한 검증이라고 생각하고 시도해 보기를 권한다.

본서는 '경영 빅데이터 분석사' 자격증의 공식 수험서를 바탕으로 원저자의 의도를 충분히 반영하면서 전체적인 이해도를 높일 수 있게 작성하였다. 그리고 제대로 학습했는지 확인하고 응용할 수 있는 능력을 배양할 수 있도록 보다 다양한 유형의 문제를 출제하였다. 문제은행식의 족집게 문제 제공 목적이 아닌 독자들의 능력을 향상시키는 것을 목표로 두었기 때문이다. 이러한 점이 본서의 장점이자 차별성이다. 내용을 외우려고 하기보다는 흐름을 따라가면서 즐기면서 이해하기를 권한다.

그리고 본서를 출간하기 직전 「데이터분석 전문가/준전문가 단기완성」을 출간하였는데, 해당 도서에서는 보다 직접적인 적용을 할 수 있는 이론과 실습 예제가 포함되어 있어서 경영 빅데이터 분석 자격을 취득한 다음에 도전해볼 만한 자격증의 수험서라고 생각된다. 이에 대한 개괄적인 내용 파악을 위해 본서 권말에 부록으로 간략하게 맛볼 수 있는 내용을 조금 더 추가하였다. 또한, 자격증보다 빅데이터 분석의 실제 사례를 배우고 싶은 이들을 위해 「빅데이터 활용서」 시리즈를 출간했다. 이 또한 다음 단계로 성장하고자 하는 분들에게 좋은 도움이 되리라 생각한다.

마지막으로 문제를 외우려 하지 말고 검증용으로 사용하기를 바란다. 문제를 외우면 시간을 낭비할 수 있고 출제자는 언제든지 응용해서 문제를 변형할 수 있기 때문에 이해해야 하는 본문을 파악하는 것이 효율적이다. 문제를 풀어보고 틀렸다면 왜 틀렸는지를 이해하기 위해 본서와 공식수험서를 이용해서 1차 파악을 하고 그래도 이해가 안된다면 구글링을 해서 좀 더 범위를 넓게 조사하여 이해를 할 수 있도록 하는 게 적합한 학습방법이다. 이러한 방식은 모든 분야의 학습과 업무추진에 도움이 된다.

그리고 많은 배려를 해주신 전서현씨와 출간을 도와주신 시대고시기획 여러분께 감사의 말씀을 드리고 싶다.

저자 김경태 올림

GUIDE

···자격시험 안내

자격증 명칭

경영 빅데이터 분석사 (Big Data Analytics for Business)
시험관리위원회 홈페이지 (http://www.bigtest.or.kr)

경영 빅데이터 분석사 자격시험이란?

「경영 빅데이터 분석사(Big Data Analytics for Business)」 자격시험은 빅데이터 경영 업무에 필요한 이론과 실무능력을 검증하는 자격시험 제도입니다. 경영 빅데이터 분석사 시험의 기본 목적은 빅데이터 분석 전문가를 양성하려는 데 있습니다. 빅데이터 분석 전문가란 빅데이터 이해 및 처리 기술에 대한 기본 지식을 바탕으로 빅데이터 분석 기획, 빅데이터 분석, 빅데이터 시각화 업무를 수행하고 이를 통해 프로세스 혁신 및 마케팅 전략 결정 등의 과학적 의사결정을 지원하는 직무를 수행하는 전문가를 말합니다.

경영 빅데이터 분석사 자격검정의 필요성

폭증하는 데이터가 경제적 자산이 되고 가치창출의 원천이 되는 '빅데이터 시대'에 도래하였습니다. 기업은 치열한 경쟁 환경에서 영향력이 강해진 고객을 만족시키기 위하여 고객의 행동 맥락과 감정 상태까지 파악하고 대응하는 상황기반 서비스(Context-based service)의 실현이 중요한 과제로 남게 되었고, 이에 기업은 자사 경영 전략에 데이터 분석을 도입하여 수익 증대를 실현할 수 있습니다.

미국을 비롯한 빅데이터를 활용하고 있는 선진 기업들은 각 영역의 빅데이터 축적 및 활용 방안을 다양화하고 있어 빅데이터 활용 능력 육성을 지금 시작하지 않으면 超경쟁 시대의 생존을 장담할 수 없다는 절박한 인식이 보편화되어 있는 반면, 국내 상황은 데이터 생산과 소비는 세계 으뜸이나 생산적 활용 수준은 미약합니다. 빅데이터의 활용이 광범위하게 이루어지는 데 있어 전문 인력의 부족이 가장 큰 제약 요인이며, 인력 부족은 분석 전문가 뿐만 아니라 관리자도 부족할 것으로 예상되기 때문에 내부 재교육 또한 중요합니다.

이에 빅데이터 분석 전문가를 양성하고 빅데이터 분석/활용 경쟁력을 강화하여 글로벌 빅데이터 시장 선도를 위한 인재 양성을 목적으로 본 자격인증 제도를 도입하기에 이르렀습니다. 데이터로부터 도출할 수 있는 사회, 경제, 문화 현상을 통찰하여 새로운 비즈니스 기회를 창출하고, 다양한 사회 현안 문제를 해결할 수 있는 창조적 융합형 인재를 양성하고자 합니다. 자격취득자(개인)로 하여금 직무 수행의 기회 제공 및 능력 향상을 도모함과 동시에 기업의 국제 경쟁력 제고에도 기여하고자 합니다.

기관정보

- 시험출제위원회 구성 : (사)한국디지털정책학회 (http://www.policy.or.kr)
- 시험인증/관리기관 : 한국경제신문 한경아카데미 (http://ac.hankyung.com)

시험상세분류

분 류	검정단계	시험방법
1급	경영 빅데이터 분석사 - 중급	필 기
2급	경영 빅데이터 분석사 - 기본	필 기

시험일정(2020년)

회 차	접수기간	시험일	시험시간	합격자 발표
제23회	04.13(월) ~ 05.29(금)	06.13(토)	10:00 ~ 11:20 (80분)	06.22(월)
제24회	07.06(월) ~ 08.21(금)	09.05(토)		09.14(월)
제25회	09.28(월) ~ 11.13(금)	11.28(토)		12.07(월)

※ 2020년 1급 시험은 연 1회(26회) 진행됩니다.

※ 응시지역은 시험 접수 시 희망 지역을 직접 선택하실 수 있으며, 구체적인 시험장소는 각 회차 시험일 기준 일주일 전 공고합니다.

※ 시험일정이 변동될 수 있으니 경영 빅데이터 분석사 시험관리위원회 홈페이지를 확인하시기 바랍니다.

시험방법

분 류	문제유형	문항수/평가시간	답안지 작성
1급	필 기 (5지선다 객관식)	45문항/80분	OMR카드 (컴퓨터용 수성사인펜 사용)
2급		75문항/80분	

GUIDE

시험출제범위

● 1급 시험범위 ●

시험과목			세부 교과목	문항수
1과목 (100점)	기 획	이 론	빅데이터 기획 방법론 (3)	7
			빅데이터 분석 기법 (3)	10
			빅데이터 프로젝트 관리 (3)	3
		실 기	빅데이터 기획 (8)	5
2과목 (100점)	분 석	실 기	R (5)	20
시험시간			80분	45문항

● 2급 시험범위 ●

시험과목		세부 교과목	문항수
1과목	빅데이터 이해	빅데이터의 개념	15
		빅데이터 관리	
		빅데이터의 가치와 영향	
		빅데이터 비즈니스 모델	
		분석적 사고와 분석 프로세스	
2과목	경영과 빅데이터 활용	비즈니스 프로세스와 의사결정	20
		마케팅 애널리틱스	
		생산운영 애널리틱스	
		회계/재무/인적자원 애널리틱스	
		빅데이터 활용 전략	
		산업별 빅데이터 활용	
		공공분야의 빅데이터 활용	
3과목	빅데이터 기획	빅데이터 분석 기획의 이해	10
		빅데이터 분석 과제 도출	

4과목	빅데이터 분석	빅데이터 순환 과정과 플랫폼	20
		기초통계의 이해	
		고급통계	
		빅데이터 분석 기법과 데이터마이닝	
		비정형 데이터마이닝	
		데이터 시각화 기법과 이해	
5과목	빅데이터 기술	빅데이터 수집 및 저장 기술	10
		빅데이터 처리 및 인프라 기술	
		빅데이터 분석도구	
시험시간		80분	75문항

합격기준

구 분	합격기준
경영 빅데이터 분석사 1급	각 과목별 100점 만점에 각 과목당 40점 이상인 자 중 전체 과목의 평균이 70점 이상인 자
경영 빅데이터 분석사 2급	각 과목별 정답 비율이 40% 이상인 자 중 전체 과목의 정답 비율이 70% 이상인 자

응시대상

구 분	응시기준
경영 빅데이터 분석사 1급	경영 빅데이터 분석사 2급 자격증 취득자에 한함
경영 빅데이터 분석사 2급	응시제한 없음

원서접수 및 응시표 교부

- 원서접수 : 접수기간 중 홈페이지에서 온라인 접수 (접수기간 중 24시간 접수 가능)
- 응시표 교부 : 접수 마감일 이후부터 시험당일까지 홈페이지에서 직접 출력

GUIDE

이 책의 구성

① 핵심포인트

과목 학습에 앞서 '핵심포인트'를 통해 학습방향을 정할 수 있도록 구성하였습니다.

PART 01

● 핵심포인트 ●

분석은 해결해야 할 과제에 와 관련된 데이터를 분석해서 는 것이다. 산업별 활용사례 의 경우 설비고장 및 불량예 및 수익성 증대에 기여하는 품추천 차별화 등 다양한 영 을 위한 다양한 경제, 사회,

표준화하기 힘든 경우이다. 비정형/반정형 데이터에 대한 기준은 논란의 여지가 있는데 시행을 위해서는 수험서 공식자료를 기준으로 판단하기 바란다.

이런 빅데이터의 특성 중 가장 중요한 가치는 측정의 어려움에 있는데 이는 데이터가 교환, 변형, 재가공되는 과정을 거치는 이유로 특정 데이터 만의 가치를 분리해서 평가하기 어려운 점과 과거에 가치가 없다고 생각하 던 데이터가 분석기법 변화로 가치 있는 데이터로 평가되는(예 텍스트를 이용한 텍스트마이닝)일들이 있기 때문이다. 이런 데이터는 자존과 노동력, 동일한 경제적 자원으로 새로운 원자재 역할을 한다.

이런 정형/비정형 빅데이터를 분석할 때는 데이터사이언티스가 주체가 되어 모델이라는 모형화 작업을 통해 복잡한 현실세계를 단순화하여 해결하고자 하는 관심대상에 관련된 유의미한 변수 또는 변형된 형태의 그 구조를 통해 그 성향을 분석하고 예측하는데 활용된다.

빅데이터는 산업적 측면에서 보면 인프라인 소프트웨어 및 하드웨어 영역과 서비스 부분인 교육, 컨설팅, 루가꺼지 솔루션 영역으로 구분될 수 있는데 이런 비즈니스 모델이 성공적이기 위해서는 어떤 고객에게 어떤 제품과 서비스를 제공할지에 대한 조사와 차별화가 필요하며, 경 우에 따라서는 비즈니스 거래형태를 새롭게 창출하기도 한다.

CHAPTER 01 개 념

2003년까지 인류가 만든 데이터의 누적량은 5엑사바이트 수준이었다. 그러나 이제는 하루에 그 정도 분량의 데이터가 발생하고 있으며, 2020년에는 지금보다 50배 증가되고 서비스 7배 이상 필요하게 될 것으로 전망한다. 아울러 방대한 데이터의 발생과 분석 및 활용의 필요에 의해, 기존 정형 데이터 외에 비정형 데이터의 처리까지 포함하는 기존 방식으로는 처리하기 힘든 규모의 데이터 처리를 언급하는 빅데이터라는 용어가 발생하였으며 이제 기업의 경쟁력은 빅데이터의 활용에 달려있다고 말할 수 있는 상황이다. 스마트 시대에서 소셜, 사물인터넷, 라이프로그 데이터 등 다양한 분야가 결합되면서 빅데이터의 영향력이 증가하게 되었다. 특히 빅데 이터는 일반적으로 저가 x86 서버를 이용한 가상화된 클라우드 서비스, 오픈소스 소프트웨어인 하둡과 r로

① 빅데이터 출현 배경 및 활용

2003년까지 전 세계적으로 누적된 데이터는 5엑사바 디어가 발달하고 그동안 사용되지 않던 데이터를 누 일 그만큼의 데이터가 발생하고 있다. 이런 정보의 홍 어 IoT와 웨어러블 디바이스를 통한 데이터의 증가 워치(Smart Watch)의 증가로 더욱 급증하게 될 것이

4 PART 01 빅데이터의 개요

② 과목별 핵심이론

입문자부터 전공자까지 모든 사람이 이해할 수 있도록 상세하고도 쉽게 설명하고자 노력하였습니다.

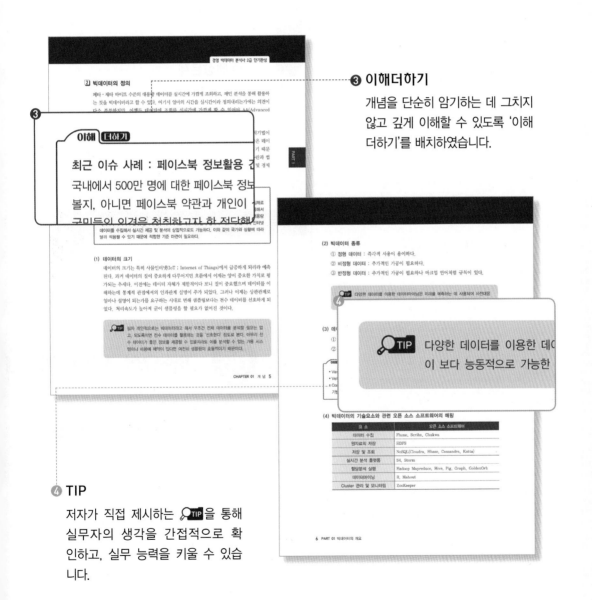

❸ 이해더하기

개념을 단순히 암기하는 데 그치지 않고 깊게 이해할 수 있도록 '이해 더하기'를 배치하였습니다.

❹ TIP

저자가 직접 제시하는 TIP을 통해 실무자의 생각을 간접적으로 확인하고, 실무 능력을 키울 수 있습니다.

GUIDE

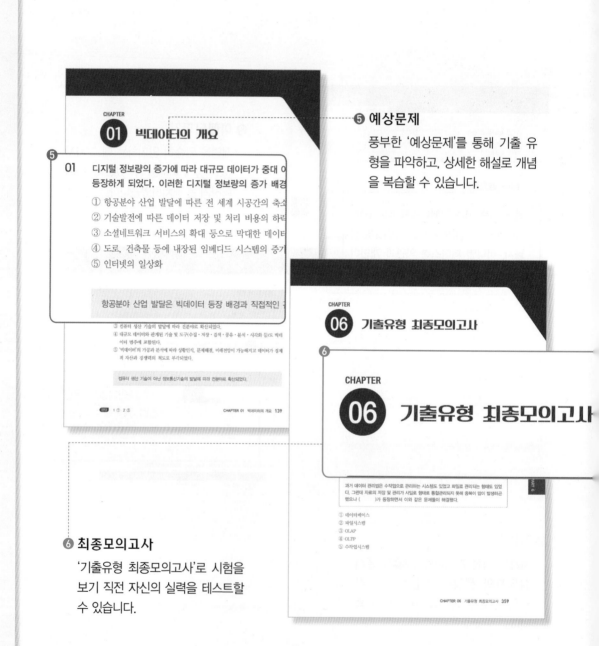

CHAPTER 01 빅데이터의 개요

01 디지털 정보량의 증가에 따라 대규모 데이터가 중대 이 등장하게 되었다. 이러한 디지털 정보량의 증가 배경

① 항공분야 산업 발달에 따른 전 세계 시공간의 축소
② 기술발전에 따른 데이터 저장 및 처리 비용의 하락
③ 소셜네트워크 서비스의 확대 등으로 막대한 데이터
④ 도로, 건축물 등에 내장된 임베디드 시스템의 증가
⑤ 인터넷의 일상화

항공분야 산업 발달은 빅데이터 등장 배경과 직접적인 것

③ 컴퓨터 생산 기술의 발달에 따라 전분야로 확산되었다.
④ 대규모 데이터화와 관계된 기술 및 도구(수집·저장·검색·공유·분석·시각화 등)도 빅데 이터 범주에 포함된다.
⑤ '빅데이터'의 가공과 분석에 따라 상황인식, 문제해결, 미래전망이 가능해지고 데이터가 경제 적 자산과 경쟁력의 척도로 부각되었다.

컴퓨터 생산 기술이 아닌 정보통신기술의 발달에 따라 전분야로 확산되었다.

정답 ① ② ③   CHAPTER 01 빅데이터의 개요 **139**

❺ 예상문제

풍부한 '예상문제'를 통해 기출 유형을 파악하고, 상세한 해설로 개념을 복습할 수 있습니다.

CHAPTER 06 기출유형 최종모의고사

CHAPTER 06 기출유형 최종모의고사

과거 데이터 관리법은 수작업으로 관리하는 시스템도 있었고 파일로 관리되는 형태도 있었 다. 그런데 자료의 저장 및 관리가 사실로 통합관리되지 못해 중복이 많이 발생하곤 했으나 (　　　)가 등장하면서 이와 같은 문제들이 해결됐다.

① 데이터베이스
② 파일시스템
③ OLAP
④ OLTP
⑤ 수작업시스템

CHAPTER 06 기출유형 최종모의고사 **359**

❻ 최종모의고사

'기출유형 최종모의고사'로 시험을 보기 직전 자신의 실력을 테스트할 수 있습니다.

 부록 R을 이용한 빅데이터 실습

1 R 설치

R은 오픈소스 프로그램으로 통계/데이터 마이닝 및 그래프를 위한 언어이다.

(1) R의 장점

상용 패키지인 SAS, SPSS, KXEN 등이 새로운 알고리즘의 적용에 있어 안정성의 검증을 거쳐 시간이 걸리는데 비해, R은 오픈소스이므로 빠르게 새로운 알고리즘이 적용되고 시험되어진다. 또한, 언어에 가까운 문장형식을 사용하고 자동화도 용이하다. R은 전 세계적으로 널리 퍼져 있어 많은 예제를 탐색할 수 있는데, 구글에서 "r" 로 시작하고 한 칸 띄고, 원하는 것을 입력하면 웬만한 정보는 모두 검색된다.

예 대표 사이트 : R-bloggers(www.r-bloggers.com)

(2) R의 설치 : 반드시 컴퓨터 이름을 영문으로 설정되었는지 확인 후 설치한다. R은 서버 버전과 데스크톱 버전의 구분이 따로 없다. 서버에서도 운영체제에 따른 버전을 설치하면 된다.

The Comprehensive R Archive Network

Download and Install R

Precompiled binary distributions of the base system and contributed packages, Windows and Mac users most likely want one of these versions of R:

- Download R for Linux
- Download R for (Mac) OS X
- Download R for Windows

R is part of many Linux distributions, you should check with your Linux package management system in addition to the link above.

Source Code for all Platforms

CRAN
Mirrors
What's new?
Task Views
Search

About R
R Homepage
The R Journal

http://cran.r-project.org/ 에서 다운로드하여 default 대로 설치

❼ 부 록

자격증을 획득한 수험생들이 장차 '경영 빅데이터 분석사 1급' 또는 '데이터분석 전문가/준전문가' 시험을 대비하고, 나아가 실무에 응용할 수 있도록 부록에 'R을 이용한 빅데이터 실습'을 수록하였습니다.

합격생이 들려주는
합격 똑똑!

전문가
자기소개를 간단하게 부탁드릴게요.

합격생 A
저는 요식업 종사하는 30대 남성입니다.

합격생 B
이제 막 전역한 경영학과 대학생입니다.

합격생 C
취준생입니다. 졸업한 지는 1년쯤 된 것 같아요.

합격생 D
작은 게임개발사에서 프로그래머로 일하고 있습니다.

전문가
학습 기간은 어느 정도였나요?

합격생 A
학습 기간은 두 달 정도였습니다.

합격생 B
저는 경영학 지식이 있어서인지 한 달 만에 합격했습니다.

합격생 D

저는 반대로 경영학 과목 때문에 한 달 정도 공부한 것 같습니다.

합격생 C

저는 태생이 문과라 세 달이나 걸렸네요.

자격증을 취득하게 된 계기는 무엇인가요?

전문가

합격생 D

장기적으로 업무에 도움이 될 것이라 판단해서 따게 되었습니다.

합격생 A

요식업에 빅데이터를 적용한다면 새로운 가능성을 찾을 수 있지 않을까 해서 취득하였습니다.

합격생 C

취업에 도움이 될 것이라 생각해서 따게 되었어요.

합격생 B

저는 취업에 도움이 될 것이란 생각도 했고, 미래에 빅데이터 분야가 각광받을 것이라 생각해서 도전하게 되었습니다.

자신의 학습법을 간단하게 소개해주실 수 있나요?

전문가

합격생 A

저 같은 경우는 시대고시 책에서 한 챕터를 공부하면, 그 다음날 그 챕터를 복습하고, 다음날은 해당하는 과목의 예상문제를 풀고..를 반복했습니다. 하루에 한 챕터씩 진도를 나갔고요.

합격생 B

part01~03은 전공인 경영학과 겹치는 부분이 많아서 빠르게 속독하고, '빅데이터 분석'과 '빅데이터 기술'을 중점적으로 학습했어요. 우선 개념 부분을 쭉쭉 읽으며 개념을 정리하고, part06 예상문제를 풀면서 다시 정리했어요.

합격생 C

저는 백지에서 출발해서 개념 하나 나올 때마다 '문송합니다(문과라서 죄송합니다)'를 외쳤던 것 같네요 ㅠㅠ 저는 일단 개념 부분을 두 번 정도 정독했어요. 그런데 솔직히 지루할 때가 종종 있었거든요. 그럴 때마다 '이해 더하기'가 적절하게 있어서 학습에 도움이 된 것 같아요. 한 달 정도 공부하고 나니까 드디어 뭔가 보여서 그 때부턴 예상문제를 풀면서 개념을 재확인했어요.

합격생 D

저는 기존에 ADsP를 준비한 기간이 조금 있었기 때문에 먼저 part06 예상문제를 보고, 제가 기억이 안 나거나 긴가민가한 개념들은 전부 정리해서 노트를 만들었습니다. 공부하면서 느낀 건데, 이해도 중요하지만 암기할 개념이 상당히 많다는 점이었습니다.

〈경영 빅데이터 분석사 2급 단기완성〉의 장점은 무엇이라 생각하시나요?

전문가

합격생 A

제 생각에 이 책의 가장 큰 장점은 저자 분이 세심하게 달아두신 'TIP'들이라고 생각해요. 'TIP'들을 보면서 더 깊이 있게 이해할 수 있었습니다.

합격생 B

전체적으로 심플하고도 차분한 도서 구성이 좋았어요. 너무 발랄하고 여러 색 들어간 책을 별로 안좋아하는데, 이 책은 차분해서 집중하기 좋았습니다.

합격생 C

저는 도서 구성도 좋았지만 다른 책에 비해 풍부하게 수록된 예상문제가 좋았어요.

합격생 D

사실 저는 예상문제나 앞의 개념 부분도 좋지만 부록 부분이 실무에 직접적으로 반영할 수 있을 것 같아 좋았습니다. 지금의 업무에는 겹치는 부분이 많이 없지만 기회가 된다면 부록을 적용해보고 싶네요. 전에 포기했던 ADsP 자격증 도전에도 큰 도움이 될 것 같습니다.

마지막으로 수험생 분들께 하고 싶은 말씀이 있으신가요?

전문가

합격생 A

시험이 많이 어려운 편은 아니니 부담가지지 말고 편안한 마음으로 시험을 보러 가셨으면 좋겠어요. 긴장하면 실수하기 쉬운 문제가 종종 있거든요.

합격생 B

인터넷 후기들 보면 3일에도 끝내고, 심지어는 하루 안에 붙었다는 분들도 있던데... 그런 글 신경 쓰지 마시고 자신만의 페이스로 준비하는 것이 가장 중요하다고 생각합니다.

합격생 C

저 같은 '데이터 문외한'도 땄으니 좋은 결과 있으실 거라 생각해요. 모두 파이팅 ㅎㅎ

합격생 D

혹시 이 분야 진출을 원하시는 분들은 시간을 조금 더 할애해서라도 개념을 충분히 이해하시기 바랍니다. 실무에 반영하는 날이 되었을 때 자격증은 있는데 할 수 있는 게 없는 상황이 오면 민망하잖아요.

CONTENTS

❖ 출제 기준의 내용을 모두 포함하고 있으며, 목차명은 학습자의 편의에 맞게 재구성되었습니다.

PART 01

빅데이터의 개요

경영
빅데이터 분석사
2급 단기완성

● **핵심포인트** ●

분석은 해결해야 할 과제에 관련된 현상과 이슈(문제)를 구분하여 이슈와 관련된 데이터를 분석해서 패턴을 파악함으로써 의사결정에 활용하는 것이다. 산업별 활용사례와 도움이 될 수 있는 분야를 본다면, 기업의 경우 설비고장 및 불량예측을 통해 생산성 및 품질 향상, 비용절감 및 수익성 증대에 기여하는 분야에서부터 소비자행동 예측에 따른 제품추천 차별화 등 다양한 영역에 적용되고, 공공부문의 경우 정책결정을 위한 다양한 경제, 사회, 기후, 환경에 대한 지표를 정책과 연계하여 정책결과가 실질적인 개선에 도움이 되도록 수립하는 데 활용되며, 사회적 측면에서는 노인 및 사회적 약자들에게 혜택을 줄 수 있도록 하는 데 적용되고 있다.

특히 IT와 인터넷의 발전에 따라 빅데이터라는 대량의 정형(RDBMS에 테이블 형태로 관리되는 통계청, 방송통신 실태 등 다양한 조사 데이터) 및 비정형 데이터를 활용할 수 있게 되었고, 이에 따라 빅데이터 분석이 활발하게 적용되고 있다. 여기서 비정형 데이터와 반정형 데이터는 많은 혼란이 있는데 반정형 데이터는 데이터 내에 tag, metadata가 있는 형태로 웹에서 처리되는 데이터들이 대부분 이런 형태를 갖고 있으며, 비정형 데이터는 완전 text 형태로 데이터의 내용을 변수처럼 표준화하기 힘든 경우이다. 비정형/반정형 데이터에 대한 기준은 논란의 여지가 있는데 시험을 위해서는 수험서 공식자료를 기준으로 판단하기 바란다.

이런 빅데이터의 특성 중 가장 중요한 가치는 측정의 어려움에 있는데 이는 데이터가 결합, 변형, 재가공되는 과정을 거치는 이유로 특정 데이터만의 가치를 분리해서 평가하기 어려운 점과 과거에 가치가 없다고 생각하던 데이터가 분석기법 변화로 가치 있는 데이터로 평가되는(예 **텍스트를 이용한 텍스트마이닝**) 일들이 있기 때문이다. 이런 데이터는 자본과 노동력, 동일한 경제적 자원으로 새로운 원자재 역할을 한다.

이런 정형/비정형 빅데이터를 분석할 때는 데이터사이언티스가 주체가 되어 모델이라는 모형화 작업을 통해 복잡한 현실세계를 단순화하여 해결하고자 하는 관심대상에 관련된 유의미한 변수 또는 변형된 형태의 구조를 통해 그 영향을 분석하고 예측하는 데 활용된다.

빅데이터는 산업적 측면에서 보면 인프라인 소프트웨어 및 하드웨어 영역과 서비스 부분인 교육, 컨설팅, 부가가치 솔루션 영역으로 구분할 수 있는데 이런 비즈니스 모델이 성공적이기 위해서는 어떤 고객에게 어떤 제품과 서비스를 제공할지에 대한 조사와 차별화가 필요하며, 경우에 따라서는 비즈니스 거래형태를 새롭게 창출하기도 한다.

01 개 념

2003년까지 인류가 만든 데이터의 누적분은 5엑사바이트 수준이었다. 그러나 이제는 하루에 그 정도 분량의 데이터가 발생하고 있으며, 2020년에는 지금보다 50배 증가하고 서버가 10배 이상 필요하게 될 것으로 전망한다. 이렇게 방대한 데이터의 발생과 분석 및 활용의 필요에 의해, 기존 정형 데이터 외에 비정형 데이터의 처리까지 포함하면서 기존 방식으로는 처리하기 힘든 규모의 데이터 처리를 언급하는 빅데이터라는 용어가 발생하였으며 이제 기업의 경쟁력은 빅데이터의 활용에 달려있다고 말할 수 있는 상황이다. 스마트 시대에서 소셜, 사물인터넷, 라이프로그 데이터 등 다양한 분야가 결합되면서 빅데이터의 영향력이 증가하게 되었다. 특히 빅데이터는 일반적으로 저가 x86 서버를 이용한 가상화와 클라우드 서비스, 오픈소스 소프트웨어인 하둡과 R로 인해 비용절감 및 IT의 기술이 발전하였고 덕분에 폭발적으로 성장할 수 있었다.

① 빅데이터 출현 배경 및 활용

2003년까지 전 세계적으로 누적된 데이터는 5엑사바이트(Exabyte, EB) 정도였지만, 소셜미디어가 발달하고 그동안 사용되지 않던 데이터를 누적하고 활용하기 시작하면서 이제는 매일 그만큼의 데이터가 발생하고 있다. 이런 정보의 홍수는 최근 기술발전과 가격하락에 힘입어 IoT와 웨어러블 디바이스를 통한 데이터의 증가 및 활용과 스마트폰 기능을 하는 스마트 워치(Smart Watch)의 증가로 더욱 급증하게 될 것이며, 건축 및 다양한 분야에서의 데이터 활용이 증가할 것이다. 결국 이전의 기술과 분석방법으로는 감당하지 못할, 이른바 빅데이터는 새로운 기술과 분석방법을 요구하게 되었다.

이러한 방대한 데이터는 다양한 활용을 가능하게 했으며 기존 정형 데이터에서 할 수 없었던 새로운 상품과 서비스를 우리 생활에 밀접하게 제공하게 되었는데, 이러한 데이터는 저장 – 검색 – 관리 – 공유 – 분석 – 추론의 과정을 통해 개인화, 지능화된 스마트 시대에 필요한 핵심요소로 떠오르고 있고, 향후 10년간 지속적으로 발전할 것으로 기대된다.

② 빅데이터의 정의

페타·제타 바이트 수준의 대용량 데이터를 실시간에 가깝게 조회하고, 패턴 분석을 통해 활용하는 것을 빅데이터라고 할 수 있다. 여기서 얼마의 시간을 실시간이라 정의내리는가에는 의견이 다소 분분하지만, 어쨌든 데이터에 조회를 실시간에 가깝게 할 수 있어야 AA(Advanced Analytics) 분야에서 활용할 수 있다.

AA기법의 종류로는 데이터마이닝과 시뮬레이션, 최적화 등이 있으며, 이외에도 분석기법이 새롭게 나타나 각광받게 될 수 있다. 실시간 처리가 필요한 이유는 생활 속에서 수많은 데이터가 실시간으로 발생하고 있으므로 분석이 보다 빨리 이루어져야 활용도가 높아지기 때문이다. 그러나 여기에는 개인정보 침해라는 위험요소가 공존하고 있어서 이에 대한 논란과 법률정비가 이슈이다. 따라서 빅데이터가 큰 가치를 창출하기 위해서는 현안 사회문제 및 경제활동에 적절하게 활용해 긍정적으로 대응해야 한다.

> **이해 더하기**
>
> **최근 이슈 사례 : 페이스북 정보활용 건**
> 국내에서 500만 명에 대한 페이스북 정보 5천만 건에 대해 정치권에서 분석한 사례를 개인정보 침해로 볼지, 아니면 페이스북 약관과 개인이 설정한 사생활 보호 수준에 의해 공개된 데이터를 활용해서 국민들의 의견을 청취하고자 한 정당행위로 볼지에 대한 논란이 있었다. 여기서 논점이 되는 대용량 데이터와 데이터 수집 및 분석의 경우 미국에서는 매우 자유롭게 행해지고 있으며, 전 세계 인터넷 데이터를 수집해서 실시간 제공 및 분석이 상업적으로도 가능하다. 이와 같이 국가와 상황에 따라 달리 적용될 수 있기 때문에 적합한 기준 마련이 필요하다.

(1) 데이터의 크기

데이터의 크기는 특히 사물인터넷(IoT ; Internet of Things)에서 급증하게 되리라 예측된다. 과거 데이터의 질이 중요하게 다루어지던 흐름에서 이제는 양이 중요한 가치로 평가되는 추세다. 이전에는 데이터 자체가 제한적이다 보니 질이 중요했으며 데이터를 이해하는데 통계적 관점에서의 인과관계 설명이 주가 되었다. 그러나 이제는 상관관계로 얼마나 설명이 되는가를 요구하는 시대로 변해 샘플링보다는 전수 데이터를 선호하게 되었다. 처리속도가 높아져 굳이 샘플링을 할 필요가 없어진 것이다.

> 필자 개인적으로는 빅데이터라고 해서 무조건 전체 데이터를 분석할 필요는 없고, 되도록이면 전수 데이터를 활용하는 것을 '선호한다' 정도로 본다. 아무리 전수 데이터가 좋은 정보를 제공할 수 있을지라도 이를 분석할 수 있는 가용 시스템이나 비용에 제약이 있다면 여전히 샘플링이 효율적이기 때문이다.

(2) 빅데이터 종류

① 정형 데이터 : 즉각적 사용이 용이하다.

② 비정형 데이터 : 추가적인 가공이 필요하다.

③ 반정형 데이터 : 추가적인 가공이 필요하나 마크업 언어처럼 규칙이 있다.

> **TIP** 다양한 데이터를 이용한 데이터마이닝은 미래를 예측하는 데 사용되어 사전대응
> 이 보다 능동적으로 가능한 방향으로 활용되고 있다.

(3) 데이터의 특징 및 요건

① 3V : Volume, Variety, Velocity

② 4V : Volume, Variety, Velocity, Value(때로는 Complexity가 추가되기도 함)

이해 더하기

- Variety : 데이터 소스나 형태 또는 유형의 다양성
- Velocity : IoT 등 실시간성 정보 생성 및 이동과 데이터 처리
- Complexity : 데이터의 저장방식의 차이, 중복성 문제, 관리대상의 증가 및 복잡성으로 인한 새로운
  기법의 요구

(4) 빅데이터의 기술요소와 관련 오픈 소스 소프트웨어의 매핑

요 소	오픈 소스 소프트웨어
데이터 수집	Flume, Scribe, Chukwa
원자료의 저장	HDFS
저장 및 조회	NoSQL(Cloudra, Hbase, Cassandra, Katta)
실시간 분석 플랫폼	S4, Storm
할당분석 실행	Hadoop Mapreduce, Hive, Pig, Graph, GoldenOrb
데이터마이닝	R, Mahout
Cluster 관리 및 모니터링	ZooKeeper

(5) 빅데이터의 처리과정(Closed Loop 형태)

다양한 데이터 소스를 추출하여 이를 관리할 수 있게 저장하고, 분석·시각화 과정을 통해 인사이트를 얻은 뒤, 예측 및 적용을 통해 성과를 낸다.

특히 최근 사물인터넷(IoT ; Internet of Things)의 도입으로 빅데이터에 대한 접근 및 활용을 통해 일상에서는 물론 기업의 상업적 활용이 더욱 용이해지고 있어 스마트 시대가 현실로 다가오게 되었다.

③ 빅데이터의 활용 동향

(1) 전 세계적 동향

IDC 리포트는 전 세계 빅데이터 시장이 매년 지속적으로 성장할 것이라 예상하였으며, 의료분야의 빅데이터 활용에 따른 비용절감 효과 등 다양한 산업에서의 적용 및 효과창출을 예상했다. 전체적인 시장은 미국이 주도하고 있으며 그 외 영국 및 유럽 개별국가에서도 활발히 활동하고 있다.

(2) 국내 동향

정부 3.0 정책을 통해 공공데이터의 공개가 활성화되고 있으며, 의료분야에서는 2014년 코호트 DB의 공개를 통해 질병예측 및 신약개발 등에 활용하고자 했고, 서울, 경기, 부산 등 각 지방자치단체에서의 정보를 통합수집하여 재난예측, 지방경제 활성화를 위한 도구로 사용하려고 노력하고 있다. 국내 빅데이터 활용은 아직 초기 단계로 빅데이터 기술에 집중되어 있었으나, 2014년 말부터 활용에 관심을 갖고 보다 실질적인 가치를 창출할 수 있도록 노력하고 있다.

PART 1

CHAPTER

02 관리

① 데이터 관리 방법

지속적으로 발전한 데이터 관리 방법은 크게 파일시스템, 관계형 데이터베이스, 빅데이터로 구분할 수 있다. 국내에서는 1990년대 초반까지 파일시스템의 시대였다가 관계형 데이터베이스로 전환되기 시작했으며, 2012년부터 대기업을 중심으로 빅데이터 관리 시스템에 관심을 갖고 공장에서의 설비나 품질데이터, 스마트폰에서의 대량의 센서데이터를 누적해서 보다 개선된 서비스 및 품질을 갖추려고 노력하고 있다.

(1) 수작업 문서상의 데이터 관리

1인 기업 수준이면 혼자 장부에 데이터를 기록해서 관리해도 문제가 없다. 그러나 규모가 커지면 조직이 생기고 프로세스가 정립되면서 각각의 특성화된 데이터가 발생하고 프로그램이 개발되면서 데이터의 공유 및 통합이 필요하게 된다. 따라서 종이에 데이터를 관리하는 수준으로는 처리가 불가능하다.

(2) 파일시스템

데이터가 파일이름의 개별 객체로 존재해서 관리되는 시스템으로 윈도우의 FAT, 윈도우 NT, 여기에서 변형된 형태로 FAT16, FAT32, NTFS, raiserFS, ext3 등이 있다. 또한, 파일시스템은 싱글유저를 위한 파일시스템과 멀티유저·멀티태스킹을 위한 구조로 나눌 수도 있다.

파일시스템에서의 데이터 관리는 프로그램별로 중복, 비표준화된 데이터 관리로 비효율성이 증가한다. 이런 시대가 메인 프레임 시대였고 RDBMS 시대로 변화를 갖게 되어 대부분의 문제들이 해결된다.

(3) 관계형 데이터베이스(RDBMS)

파일 시스템 구조에서 SAM 파일 구조로 변환해 데이터를 저장하는 경우 프로그래머가 사용한 파일내용에서의 구조에 의존하게 되고, 데이터가 중복되는 등 여러 제약이 있어서 이를 보다 효율적으로 관리하기 위해 관계형 데이터베이스를 고안했다. 데이터베이스는 데이터를 통합적으로 저장, 추가, 변경, 공유하는 엔진이 있어 프로그램 종류에 상관없이 데이터 중심으로 체계적인 관리를 수행한다.

그러나 이러한 RDBMS구조는 정형화된 데이터에는 매우 효율적이나 비정형화된 데이터에 대해서는 저장 및 조회, 관리가 어렵다.

 과거 데이터 관리법은 수작업으로 관리하는 시스템도 있었고 파일로 관리되는 형태도 있었다. 그런데 자료의 저장 및 관리가 사일로 형태로 통합관리되지 못해 중복이 많이 발생하곤 했으나 데이터베이스가 등장하면서 이와 같은 문제들이 해결됐다. 다양한 정보를 사일로가 아닌 하나의 데이터베이스에 통합하여 전문적 데이터베이스관리자(DBA)에 의해 관리할 수 있게 되었기 때문이다.

(4) 데이터베이스 활용

데이터베이스는 정보시스템 관점에서 보면 운영계(Legacy), 정보계(MIS)로 구분되며, 크게 OLTP, OLAP 시스템으로 구분된다. 흔히 OLTP는 비즈니스 프로세스에서 생성되는 데이터를 저장·관리하는 운영계라고 하며, OLAP은 이를 통합적으로 조회하고 분석할 수 있는 DW, BI 시스템으로 정보계로 불린다. 흔히 레거시라고 말하는 운영계는 OLTP 시스템으로, 산업별로 약간의 차이는 있지만 대부분 유사한 시스템을 갖고 있다. 국내 대기업의 경우 1990년대 이후 ERP로 대체되어 왔고, 이런 시스템들로부터 데이터를 효율적으로 분석하기 위해 정보계라고 불리는 시스템에서 DW기반으로 OLAP성으로 분석이 많이 이루어져 왔다.

운영계와 정보계 사이에는 ODS(Operational Data Store)라는 영역이 있는데 이를 정보계로 간주하기도 한다. ODS는 Staging Area와 ODS로 구분할 수도 있는데 Staging Area는 운영계에서 정보계로 이전할 데이터를 거의 모델의 변경없이 추출되어 저장되는 영역으로 임시 저장 장소이다. 이후 ODS에서 Data Cleansing을 거쳐 DW로 이전하게 된다.

(5) 데이터의 증가

데이터는 MB, GB, TB 수준으로 증가하다가 최근에는 EB, ZB 수준으로 증가하게 되었다. 여기에는 DW가 복잡하고 규모가 커진 측면과, 그동안 수집해서 백업만 해놓았던 다양한 로그성 데이터(예 제조 현장에서 발생하는 센서 데이터), 웹서버 등 다양한 서버에서 발생하는 데이터들이 저장되어 활용되기 시작한 것이 크게 영향을 미쳤다. 거기에 데이터 유형 중 가장 대표적으로 큰 용량의 데이터인 통신사 CDR(Call Detail Record), 다양한 산업에서 사용하고 있는 App의 데이터인 ADR(App Detail Record)의 영향도 무시할 수 없다. OLTP에서는 다수의 사용자가 데이터베이스에 접속해서 동시에 데이터를 입력하고 수정할 수 있도록 락킹(Locking) 기법이 적용된다. 그러나 대용량의 복잡한 분석을 여러 부서나 분야에 대해 결합해서 하는 경우 운영에 부하가 심해져 데이터웨어하우스(Datawarehouse) 개념이 도입되었다.

> **이해 더하기**
>
> 데이터웨어하우스(Datawarehouse)
> 운영계 데이터를 요약해서 분석하기 쉽게 요약 정리한 자료 형태로 모델링에는 스타 스키마와 스노우프레이크 스키마를 이용한다. 유사한 형태가 엑셀에서 피벗테이블을 사용하기 적합한 데이터 형태라고 생각하면 된다.

② 빅데이터 관리

(1) 빅데이터 관리 포인트

① 대량 데이터는 기계적인 경로로 수집할 수 있는데 용량이 크기 때문에 데이터에 대한 품질관리가 중요하다.

② 중간 규모의 데이터는 쉽게 잘못된 데이터를 발견할 수 있으나 대량일 경우는 양이 많고 다양한 특성의 정보가 혼재되기 때문에 품질 문제 발생 시 분석에 오류가 심각해질 수 있다.

③ 대량의 데이터는 Scalability가 기존 RDBMS에서 있으므로 저렴한 서버대수를 늘려서 대량의 데이터를 분산처리할 수 있는 Scaleout이 가능해야 한다.

④ 정밀한 데이터의 경우 IT 시스템의 로그 등을 언급할 수 있으며, 품질 자체의 오류는 적으나 단위가 작으므로 전체적인 관점에서 바라볼 수 있는 품질관리 방안이 필요하다. 정확한 데이터라도 전체적인 관점의 의미도출에 도움을 줄 수 없다면 존재가 무의미하기 때문이다.

데이터베이스 시스템과 빅데이터 시스템의 관리방법 비교

시스템	요구 의사 결정속도	처리 복잡도	처리 분석 유연성	동시 데이터 처리 필요
데이터베이스	빨라야 함	낮음	낮음	높음
빅데이터	덜 빨라도 됨	높음	높음	낮음

PART 1

TIP 필자는 빅데이터라고 해서 의사결정 속도를 달리할 필요는 없다고 본다. 왜냐하면 빅데이터는 실시간 처리가 응용이 많고 소셜 미디어의 30분 단위 고객들의 반응에 대해 응대해야 할 필요가 있으며, 설비고장 예상 징후 발견 시 실시간으로 응대해야 할 경우도 많기 때문이다. 그리고 처리 분석의 유연성은 통계적 기법에 비해 데이터마이닝의 가정조건이 없다는 측면인데 이는 빅데이터만의 전유물은 아니다. 또한 빅데이터는 처리된 결과를 관계형 데이터베이스에 대응하지 않으면 동시 처리해야 할 내용들이 많다. 하지만 빅데이터의 처리 복잡도에 대해서는 동의하는데 명확히 정의가 안 된 데이터를 정보화하기 위해서는 빅데이터의 특성상 처리과정이 복잡한 국가적인 문제가 있기 때문이다.

CHAPTER

03 가치

빅데이터의 규모가 상대적으로 크므로 그 활용성에 있어서의 데이터 가치가 확인되어야 전체적인 가치나 투자 자본수익률(ROI ; Return On Investment)이 증명될 수 있다. 빅데이터의 활용가치는 크게 비용절감, 수익증대로 볼 수 있는데 수익증대는 신속하고 정교한 의사결정을 돕는 데이터 패턴파악, 미래예측을 통한 효익으로 구분할 수 있다.

① 빅데이터 활용가치

의료(보건) 빅데이터를 활용한 비용절감, 의료·소매·제조에서의 1% 생산성 증대를 언급할 수 있고 공공에서의 최소 3%에서 17%의 경제적 효과를 예상하고 있다. 의료 및 보건에서 질병예측을 통해 당뇨나 암 환자를 예측해서 조기진단이나 예방을 할 수 있게 기회를 제공한다면 어떨까? 초기에 대응하는 것과 중증인 상태에서 대응하는 것에 따른 개인 및 사회적 비용은 차이가 크다. 설비고장의 경우 기존 예방유지보수를 보다 정교하게 함으로써 기존 고장시간보다 10%를 감소시킬 수 있으며 노동생산성, 설비생산성 등 다양한 지표가 동시에 개선된다. 설비가 고장 나 멈춰있는 동안 유휴인력 인건비 낭비가 감소되어 생산성이 증가되는 것이다. 도서를 출판할 때 통상 한 번에 1,000부 단위로 인쇄해왔다 하더라도 기대수요가 500부 미만으로 예측된다면 500부만 인쇄하는 것이 비용효율적일 것이다. 빅데이터의 사회경제적 가치에 대해 맥킨지 자료에서는 산업투명성 증대, 니즈 및 트렌드 예측, 맞춤형 비즈니스, 자동화된 알고리즘으로 의사결정자동화, 비즈니스 모델의 혁신을 언급하고 있다. 과거에도 가능했던 것들이 보다 더 효과적으로 가능하다는 뜻으로 해석하면 된다. 이런 가치에 대한 의미는 새로운 자원이자 정보의 홍수에 따른 새로운 재난적 사태, 그리고 추가적인 산업적 도구로 생각하면 된다.

② 빅데이터의 가치 측정

어떻게 활용하느냐에 따라 다양하게 이용될 수 있으므로 일괄적인 기준으로 가치를 평가하기는 어렵다. 저장된 데이터가 어떤 개인에게는 필요 없는 정보일 수 있지만, 이를 모아 산업적인 측면과 기업의 의사결정에 활용하는 등 새로운 가치 창출로 활용되기도 한다. 또한 창출하는 방식도 기존의 잘못된 상식이나 정보를 증명함으로써 가치를 줄 수도 있고 응용을 통해서도 가능하다. 그리고 분석기술의 발전에 따라 기존에는 불가능했던 것이 가능해져 페이스북이나 블로그의 수많은 정보를 추가적인 의사결정에 사용될 수 있는 변수로 제공함으로써 가치에 영향을 받을 수 있다.

흔히 빅데이터의 특성으로 3V를 언급한다. 거기에 최근에 더해진 4번째 요소인 Value와 빅데이터의 특성인 Variety와 Volume은 비용요소이지만 활용성을 고려한 창조적인 아이디어와 결합되면 중요한 가치로 전환된다. 예를 들어 기업의 입장에서는 다양한 채널에서의 고객 행동패턴 정보를 보면 데이터 처리비용 증가로 연결된다. 그러나 고객의 채널에서의 행동패턴이 각기 다른 점을 활용하여 고객의 성향을 알 수 있다면 우리는 비용 이상의 가치를 얻어내 새로운 가치를 용이하게 창출할 수 있다. 또한 Velocity는 신속하게 데이터를 제공해주어서 기존에 미처 대응하지 못한 일들을 처리할 수 있게 됨에 따라 사고나 재해를 예방하거나 실시간으로 추가 서비스를 통해 편리성을 제공하는 등의 다양한 일을 처리할 수 있게 된다.

③ 빅데이터의 영향

(1) 경제 부문

ERP, CRM, SCM 등에서의 데이터를 보다 효율적으로 사용하게 되었고, 결국은 전사 프로세스와 시장 및 고객들의 반응을 연계하여 성과개선 기회를 포착하는 데 활용하게 되었다.

대표적인 예가 CRM 분야로 고객의 니즈와 반응을 소셜 미디어와 거래데이터를 통해 결합하여 활용할 수 있게 되었다. 프로모션을 위해 소셜 미디어를 통해 고객들에게 메시지를 전달하고, 소셜 미디어 및 인터넷 전반에 퍼져나가는 확산효과를 파악하여 고객들이 어떻게 반응하며 기업들이 전달하고자 하는 메시지나 행사 등에 대한 내용이 어느 정도 효과가 있는지 파악할 수 있다. 특히 실제 오프라인이나 온라인에서의 고객행동을 통해 기업은 매출로 연계된 효과를 정량/정성적으로 파악해서 향후 마케팅 방향에 활용할 수 있다. 그리고 기업이나 브랜드, 제품에 대한 고객들의 반응을 조사해서 고객들이 얼마나 긍정적으로 반응하는지, 어떤 평가를 내리고 있는지를 구체적인 키워드로 자사 및 경쟁사에 대한 정보를 글로벌하게 파악하고 대응할 수 있게 된다. 제조업의 경우는 이러한 고객의 반응을 기반으로 제품 개발 및 생산에 반영할 수 있다.

제조업에서는 생산현장의 데이터를 수집/저장/분석하여 설비가동, 생산성, 품질 향상에 활용하여 가장 직접적인 효과를 보게 되었다. 설비가 완전히 고장 나기 전에 신호가 미리 감지되지만 결국 고장이 난 경우, 다른 설비를 예측하는 데 활용함으로써 설비가동율과 생산성을 높일 수 있다. 그리고 이러한 데이터는 제품 품질에 대한 검사에도 활용되어 생산시간을 충분히 확보시켜주고 불필요한 설비사전유지보수 활동을 보다 필요한 설비에 효율적으로 수행할 수 있어서 생산성 증대에도 도움을 준다. 그리고 불량에 관련된 내용을 검사하여 불필요한 검사 단계를 줄일 수도 있고, 불량에 대한 조기 감지와 대응 및 설비설정 최적화를 활용해 수율증대를 통한 수익증대에도 직접적인 도움이 된다. 이런 일들을 하려면 빅데이터 기반기술을 통해 데이터를 실시간으로 수집하고 저장하여 분석할 수 있고, 즉각적 대응이 가능해야 하므로 분석이 자동화되어야 한다.

(2) 공공 부문

현재 자료 수집이 가장 활발하게 추진되고 있는 분야로, 수많은 공공기관의 빅데이터를 활용하여 현상 및 이슈를 개선하고 미래를 예측하는 데까지 활용하려고 노력하고 있다. 그러나 아직 기관 간의 통합적 관점에서 활용하는 것은 미흡한 상태이다. 사회 산업에서는 빈곤층에 대한 지원을 위해 주거지역 위성 이미지에 대한 분류기법을 통해 신속하게 지원 대상지역을 선정하는 데 응용하고 있다.

또한 정부기관이 관리해야 할 수많은 관리 포인트에 대해 데이터 수집을 편리하게 함으로써 미처 대응하지 못했던 일들이 가능해지고 있다. 예를 들어 하수처리장에 대한 하수 수위 수준 정보를 실시간으로 수집해서 인력배치 및 조치를 적시에 함으로써 사고를 미리 방지할 수 있고, 재난으로부터 국민들을 안전하게 보호하는데 활용할 수 있다. 산사태가 날 가능성이 있는 지역에 센서를 부착하여 진동 및 소음 등 사전 징후를 수집해서 경고를 한다든지 방지를 하는 데에도 사용할 수 있다. 그리고 위험한 지역과 안전한 지역, 빌딩 등에 대한 정보를 공개해서 시민들에게 보다 안전한 생활을 유도할 수 있다.

도시나 지역에서의 행사 및 다양한 이벤트들에 대해 정보가 통합적으로 수집·관리되어 교통 및 안전 등 관리적인 일에도 보다 지능적으로 스마트하게 대응을 할 수 있다. 단순 교통통제가 아니라 교통을 적합하게 유도하여 불편을 방지할 수 있는 것이다.

(3) 기타 활용

정치 분야에서는 국민들의 정치에 대한 의견을 수렴해서 현안을 파악하고 정책수립을 하는 데 활용한다. 정치인들이 공약한 일들이 실제로 집행되었는지 뉴스나 다양한 정보 소스로부터 데이터를 수집하여 집계함으로써 정책실행수준을 평가하고 다음 선거에 우리는 적합한 인물을 선택할 수 있게 된다.

또 연예 엔터테인먼트 등의 산업에서 영화흥행에 대한 예측을 통해 사업계획을 효율적으로 추진하는 등 다양한 적용이 시도되고 있다.

PART 1

CHAPTER

04 비즈니스 모델

비즈니스 모델은 수익모델로 표현되며 어떤 가치를, 누구를 대상으로, 어떻게 제공하는지에 대한 방안 및 가격 책정과 이익의 유지 방안 등에 대한 질문에 답할 수 있는 내용으로 구성된다.

① 개 념

빅데이터가 가져오는 새로운 데이터와 분석 및 실행은 다양한 기회를 제공하고, 이를 적극적으로 활용하는 경우 새로운 상품과 서비스를 개발할 수 있게 많은 이들에게 개방된 기회를 제공한다. 따라서 보다 창의적이고 효율적인 아이디어가 사업화로 이어지고 1인 및 소규모의 지식기반 사업들이 활성화됨에 따라 스타트업들이 늘어나게 된다. 부의 분배도 보다 효율적으로 이루어지며 누구나 그 배경에 상관없이 능력과 노력에 대해 보상받을 기회를 평등하게 갖게 되는 것이다. 이러한 변화는 대기업 의존적인 한국사회에 새로운 발전기회를 제공하게 될 것이다.

이러한 비즈니스 모델들로 비효율적이고 개선되어야 될 사업들이 사라지고 규모보다는 효율성을 중시하는 비즈니스가 창출되어 고용증대의 기회 및 새로운 가치의 창출이 가속화되게 된다. 수직적·전통적 조직보다는 창의적이고 협력적인 조직이 더 많은 가치를 차지하게 될 것이다.

그렇다면 빅데이터 비즈니스 모델은 어떠한가? 전통적인 비즈니스 모델 개발과정과 유사하여 누구를 대상으로 어떤 상품과 서비스를 할 것이며, 이를 위한 방안과 차별화 방안에 대해 도출하고 이에 대한 재무적 계획을 도출해야 한다. 단, 빅데이터 기술 및 분석을 기반으로 한 응용이 비즈니스 개념의 핵심이라는 것과 그 운영 자체에도 빅데이터가 들어간다는 점이 큰 차이다. 빅데이터에 대한 개념이 들어가는 부분은 특별히 한정되어 있지 않다. 새롭게 만들어야 하고, 만들어지고 있으며, 신속하게 만들어서 확장이 용이한 특성을 갖고 있어서 제조산업과 같은 물건을 만들어서 오프라인으로 유통하는 물리적 제약이 없다. 비즈니스 모델들 간에는 많은 유사성과 중복성이 있으면서도 조그만 차이가 큰 차이를 보이게 되기도 한다.

가장 대표적인 예가 아마존의 드론을 이용한 배달 서비스다. 항공기나 드론을 이용한 배달 서비스는 기존에도 있었다. 그러나 누가 직접고객에게 해당 물품을 군사용으로 주로 사용되던 드론으로 위치정보를 활용해서 전달하려는 생각을 했을까? 이러한 것을 가능하게 하려면 수많은 위치 정보 및 고객의 위치와 연관된 주변 상황에 대한 데이터를 갖고 처리할 수 있어야 한다. 법률적 제약도 있을 것이고 아직 준비되지 않은 법률과 규제에 대해서도 처리해야 한다. 그러나 이를 통한 파급효과로 유통질서를 완전히 새롭게 변화시켜 기존의 배송방식인 택배나 퀵이 사라질 수도 있다.

② 유 형

(1) 인프라 부문

빅데이터를 구성하기 위한 수집·저장·분석·관리와 관련된 하드웨어/소프트웨어로 구성된다. 특히 하드웨어는 각 부품들 별로 개별적인 발전 속도와 로드맵을 갖고 있는 측면에서 대형 벤더의 토탈 솔루션과 소형 부품업체들 간의 편리한 결합과 조립을 통한 새로운 하드웨어를 구성하여 공급하는 비즈니스가 발달될 것이다. CPU, GPU 등의 발전과 다양한 저장매체 및 통신장비들이 각각 발전해가면서 하나의 하드웨어가 사용자의 니즈에 맞게 대체하고 구성하여 이를 기반으로 한 유연한 서비스를 차별적으로 제공하는 업체들이 등장하게 된다. 소프트웨어도 Open Source기반으로 자사의 Release version을 통한 차별화를 시도하여 시장은 보다 다양한 니즈에 다양한 솔루션들이 각각의 고객들에게 선택될 것이며 궁극적으로는 대형 벤더에 흡수될 것이다. 이런 측면은 고객들이 보다 비용효율적으로 다양한 선택을 쉽게 할 수 있게 만들 것이다. 마치 Open Source R 기반의 Revolution R이 MS에 흡수되는 것과 유사하다.

(2) 빅데이터 판매 부문

빅데이터는 발생하는 장소에 따라 기업의 내부와 외부의 정보가 있을 수 있다. 내부정보만으로 큰 가치가 있어서 문제 해결이나 서비스에 도움이 될 수 있겠지만, 외부정보 또는 경쟁사 유관산업의 데이터와 결합되는 경우 큰 효과를 발휘할 수 있다. 이를 위해 데이터에 대한 마켓플레이스가 증권거래소처럼 활동을 하게 된다. 정부 공공기관에서도 수집된 데이터를 판매서비스하는 경우로 증권 데이터의 판매나 기상 데이터에 대한 항공사 판매 등 이러한 유형이 보다 증대될 것이다.

일부는 인프라 비즈니스 모델을 하며, 데이터를 판매하는 유형도 아주 좋은 비즈니스 모델의 하나이고, 기존 비즈니스와 더불어 관련된 데이터를 가공하여 판매하는 형태의 유통업체도 가능하다.

(3) 서비스 부문

인프라 부문과 데이터를 이용한 교육/컨설팅/정보제공 등으로 기존 사업과 많이 중복된다.

① **교육 및 컨설팅 비즈니스 모델** : 미국만 하더라도 2018년까지 19만 명의 고급분석인력이 부족할 것으로 예상하고 있는데 이는 기존 교육 인프라로는 공급하기 부족한 영역이어서 사업화 전망이 높다고 할 수 있다.

② **빅데이터 기반 서비스 모델** : 빅데이터 산업의 서비스 부문 중 가장 큰 시장으로 평가받고 있으며 현 상황에 대한 보다 정교한 정보 제공처의 경우, 온라인 쇼핑몰에서 자사와 경쟁사의 가격에 대한 정보를 수집해서 비교한 후에 자사 거래정보와 결합해서 가격결정에 대한 최적화를 시도한다. 또한 가까운 미래에 대한 사전경보로 교통 상황을 분석하거나 생산기계의 정보를 분석해 교통체증이나 고장을 예측하는 서비스를 시행한다. 미래예측 분야로는 기상변화에 따른 에너지 부족현상에 대한 예측과 에너지 사용에 대한 최적분배방안을 정책으로 내놓는 경우가 있을 수도 있다. 현재 국내는 현 상황과 가까운 미래에 대한 경고 수준의 단계에 집중하고 있다.

> 솔루션 및 도구관련 모델들은 하드웨어 및 소프트웨어 모두 기존 사업자들의 비즈니스와 겹치는 부분이 많으며 차별성을 갖추려 노력하고 있고, 오픈소스 진영의 움직임은 매우 돋보이며 활동도 활발하다. 개인적인 생각으로는 오픈소스 진영이 갖는 비용절감 효과로 인해 소프트웨어 진영이 고전하지 않을까 판단한다.

CHAPTER

05 분석을 위한 접근법

① 빅데이터의 핵심은 분석

빅데이터 자체는 우리에게 근본적으로 비용 및 위험요소이다. 그러나 이를 잘 활용한다면 기회로 전환하여 의사결정의 효율성과 효과의 극대화를 가져오고, 잘못된 의사결정으로 인한 커다란 비용요소를 피할 수 있다. 의사결정의 핵심도구는 분석이며, 곧 빅데이터의 핵심이 분석이라고 말할 수 있다. 이는 최근 전 세계적으로 장벽이 없는 경쟁상황에 가장 적합한 키워드이다.

의사결정과정은 탐색, 설계, 선택, 실행의 과정으로 흔히 분류하는데 이 과정에서 다양한 대안에 대한 분석과 비교평가를 거쳐 최종의사결정에 도달하게 된다. 여기서 정형데이터를 이용한 정량적 분석도 큰 비중을 차지하고 있지만 정성적 데이터 또한 고려하여 진행되는데 이러한 정성적 데이터는 비정형 데이터로부터 쉽게 수집되고 활용될 수 있다. 빅데이터 분석을 통해 얻게 될 가치는 기존 접근방식에 비해 그 가치가 상상을 초월하게 된다. 단순한 설문조사를 통해 고객의 의견에 대한 정량적 조사만 하는 경우와 광범위하게 인터넷을 통해 수집한 비정형 데이터로 정성적인 고객의 생각과 반응 및 추이를 알 수 있다면 그 효과는 매우 크다. 이는 최근 아주 쉽게 사례들을 찾아볼 수 있을 정도로 보편화된 상황이다. 그리고 추가적인 특정 정보를 얻고 싶으면 소셜 미디어나 모바일을 이용한 앱을 통해 고객들에게 다가가 무료로 정보를 손쉽게 대규모의 형태로 전 세계에서 수집도 가능하다. 단지 조금의 엔터테인먼트 요소만을 제공하면 된다. 우리는 흔히 이러한 사례를 페이스북의 "전생에 공주였는지, 어느 나라에 태어나면 적합할지" 등에 대한 앱에서 쉽게 볼 수 있다. 이 과정에서 고객의 페이스북 정보를 고객동의 하에 수집하고, 고객들의 글과 친구관계 등을 이용해서 성향을 파악하여, 마케팅과 제품개발에 활용할 수 있다. 이러한 원리로 소셜미디어상의 빅데이터에 대한 분석을 통해 가능하게 되는 것이다. 이 방법은 외부에서 쉽게 파악하여 모방하고 복사하기 어렵다. 그리고 신속하게 변경하여 새로운 것을 시도할 수 있기 때문에 차별화가 쉽다. 그렇기 때문에 분석은 기업의 전략적 도구로 그 중요성을 더해가고 있다.

② 빅데이터 분석 시스템

분석을 잘하기 위해서 필요한 것은 무엇인가? 바로 분석적 사고와 창의적 접근법의 발굴이다. 분석을 말할 때 우리는 재무 분석, 시스템 개발을 위한 분석 등 다양한 분석을 말하는데 빅데이터 분석의 경우 다양한 데이터로부터 의미 있는 관계와 패턴을 찾아내서 다양한 분야에 활용할 수 있도록 하는 것이다. 또한 분석은 산업별 분석과 프로세스에 따른 분석으로 마케팅, 재무 분석 등으로 나눌 수도 있다. 그리고 이러한 분석에 사용되는 기법의 특성과 변수의 다양성 또는 목적성에 따라 나눌 수도 있다.

대표적인 것으로 Reporting, OLAP, Statistical Analysis, Data Mining, Simulation, Optimization, Visualization이 있다.

> **이해** **더하기**
>
> 장마철에 비가 많이 온다고 가정하자.
> - Reporting[1]시스템
>   과거에 연도별, 월별로 비가 어떻게 왔었는지 조건을 지정해서 살펴볼 수 있다.
> - OLAP[2]시스템
>   년도/지역별로 7월 강수량이 어떻게 차이가 있는지 평균 강수량과 최대강수량을 살펴보고, 특별히 강수량이 높은 곳을 선택하여 Drill Across하여 재난으로 인한 피해액을 살펴보고, 이들의 연도별 추이를 살펴보는 Drill Down을 할 수 있다.
>   한마디로 과거나 현재를 살펴보는 Query다.

최근 실시간 검색어순위 등 실시간 데이터 처리가 인기를 끌고 있다. 실시간 교통현황, 실시간 데이터가 발생되어 이를 저장하고 조회할 수 있다는 것은 의미가 있다. CCTV 등 대용량의 동영상이나 정지영상에서 조회를 통해 범인의 얼굴을 인식하고 위치를 확인할 수 있다면 대단한 일일 것이다. 그러나 활용성이 조금 제한되어 있다고 생각된다. 극단적인 예로 "비가 오고 있을 때 비의 양이 얼마인지 측정해서 수집하고 조회가 실시간으로 가능하다"라고 하면 무엇에 쓸 수 있을까?

통계분석[3]은 어떠한가? 분석업무를 25년간 해 온 저자도 통계분석을 주기적으로 사용한 경우는 6년가량이다. 만약 연구소에만 근무했던 사람이라면 좀 더 오랜 기간 반복적으로 통계분석을 해왔을 것이지만 이는 매우 제한된 사례에 그친다. 통계분석은 '집단 간에 차이가 있다/없다', '무슨 분포이다/아니다' 등을 검증하는 데에 사용한다. 그러나 미래를 예측하는 데는 매우 제한적이며 다루는 데이터도 역시 제한적이다.

---

1) http://www.bandwise.com/viewblog?id=7
2) http://www.tools4dev.org/resources/tableau-public-data-visualisation-technology-review/
3) http://support.sas.com/md/app/stat/new/dastat930.html

그러나 데이터마이닝은 특히 CRM(Customer Relationship Management)분야에서 많은 사람들에 의해 지속적으로 사용되어 왔다. 물론 그 깊이나 가치에 대한 인식은 우리나라의 경우 해외선진국에 비해 상대적으로 낮았다.

이해 더하기

다시 장마철로 가보자.
- classification modeling[4]
"비가 폭우처럼 10시간째 오고 있다. 내일 물난리가 발생할 도시는 어디인가?"
물난리를 정량적으로 정의하고 과거 데이터를 통해 알고리즘으로 학습해서 최근 데이터를 적용하고 미래를 예측한다.
- 시뮬레이션[5]
"폭우가 계속 오는데 강원도 댐의 수위가 한계에 가까워져서 수문을 개방하려 한다. 하류의 각 댐에서 수위는 어떻게 될 것이며, 몇 시에 한계에 도달하거나 주변 도시에서 물난리가 날 것인가?"
현실 세계를 컴퓨터상에 모델링해서 실제 발생하지 않은 일을 가상으로 컴퓨터에 발생시켜서 미래의 다양한 상황을 예측한다.
- 최적화 기법[6]
"폭우로 인한 피해를 방지하기 위해 100조의 예산을 편성해서 해결하고자 한다. 단기간에 성과를 볼 수 있는 것과 댐건설 등 장기적 투자가 필요한 게 있다. 어떻게 예산을 편성하는 것이 좋을까"
전체 예산의 제약과 매년 사용 가능한 예산에 제약이 있을 것이다. 그리고 과제별 피해 감소 효과 및 소요되는 시간을 고려해서 투자해야 한다. 피해감소를 최대화하고 비용과 기간에 대한 제약조건을 만족시키는 방식을 찾아낼 수 있다.

여기서 통계적 기법과 데이터마이닝은 겹치는 분야가 많이 있을 수 있으나 통계적 기법은 언제나 전제조건이 따르고 데이터마이닝은 이러한 전제조건에 대부분 자유롭다는 특성이 있다. 그리고 Visualization은 다양한 분석에 부수적인 또는 보조적인 도구이다.

---

4) http://ecology.msu.montana.edu/labdsv/R/labs/lab6/demo_tree.png
5) http://tamcam.tamu.edu/Research/short.htm
6) http://www-01.ibm.com/software/websphere/images/ILOG_CPO_cumul.jpg

③ Mega Process 중심의 분류 방식

흔히 분석적 의사결정의 유형을 재무, 마케팅, SCM, 인적자원관리, HR 등으로 나누는 것은 기업의 Mega Process 중심으로 분류하는 방식이다. 이는 어떤 분야에 활용할 수 있는지에 대해 파악할 수 있는 좋은 방법이다.

업무 프로세스	주요 분석항목
R&D	• 자사 및 타사의 제품과 서비스에 대한 고객들의 반응 및 추이에 대해 국내 및 해외에서의 동향파악 • 제품과 서비스에 관련된 타 산업에서의 동향 및 결합 가능한 내용 파악
인적자원관리	• 필요인력 규모에 대한 예측, 시장에서의 인력동향 및 재무적 상태를 고려한 최적 채용 시기 결정 • 직원이직 예측 • 개인별 수익평가에 따른 보상결정 • 교육 및 커뮤니케이션 성과측정 • 조직에서의 인력배치에 대한 최적화
기획 및 재무관리	• 파트너사의 재무위험성 예측 • 자사 재무지표의 예측 • 자사 부문별 성과지표와 재무지표간의 관계를 통한 재무 예측
생산관리	• 생산성 저해요인 식별 및 개선 • 수율저해요인 식별 및 개선 • 설비고장 예측 • 불량예측
마케팅 및 영업관리	• 이탈가망고객 예측 • 캠페인 없이도 구매할 고객 예측 • 경쟁사로 제품을 사용할 가능성이 높은 기업 예측
SCM	• 수요예측

④ 빅데이터 분석에 필요한 역량 및 능력

(1) 역 량

필요역량은 분석 프로세스에 따라 다를 수 있으나 분석이란 것이 하나하나의 테스크로 역량이 구분되어 각각 다른 사람이 수행하기에는 어려움이 있다. 그만큼 분석 프로세스 선행후행 작업 간 결합이 높고 연관성이 높기 때문에 분리된 작업이 어렵다. 그러나 분석 프로세스는 본인의 핵심역량에 따라 서로 협조하여 이루어지지 않으면 안 될 정도로 다양한 역량을 요구하므로 협력이 중요한 요소이다.

이러한 분석역량은 조직에서의 수직적인 Role에 의해 요구되는 것이 다르다. 최하위 직원들은 단순한 데이터의 조회수준에 Reporting도구를 사용하는 역량이 필요하며, 중간 의사결정자는 OLAP과 Statistic에 대한 이해가 필요하다. C-level에서는 전략적 결정을 위해 데이터 마이닝 결과와 시뮬레이션 및 최적화 결과에 대한 이해가 필요하다. 물론 이러한 일을 C-level에서 수행할 일은 아니며, 이를 지원하는 전문가 집단이 지원을 해야 한다.

(2) 능 력

통계 및 데이터마이닝과 관련된 분석, DB에 관련된 IT, 업무와 관련된 도메인 지식 그리고 커뮤니케이션 능력이다. 분석역량의 수준측면을 분석능력 기준으로 구분한다면 기업에서는 경영층, 분석가, 일반직원으로 구분할 수 있을 것이다. 경영층은 전반적인 이해를 바탕으로 스폰서십을 발휘하여 분석적인 사고와 업무추진이 내재되도록 하여야 할 것이다. 이러한 분석적 사고는 논리적 사고와 연역적 및 귀납적 추론 능력이 필요하다.

① **분석가** : 전문성을 갖고 지원

필수적인 요소로 모든 일에 의문을 갖고 데이터 분석을 통한 연역적 추리와 귀납적 추리에 익숙해야 한다.

② **일반직원** : 많은 업무에 분석이 기반이 되어 수행되도록 업무 진행

모든 사람이 일정수준의 역할에 맞는 분석역량을 갖추어야 된다. 분석적 사고는 분석역량에서 매우 중요한 공통적인 요소이다.

⑤ 분석 프로세스

다양한 방법이 있으나 단순하게 보면 요건정의, 분석용 데이터 생성, 모델링, 검증 및 적용으로 구분할 수도 있고, DMAIC 방법론으로 문제정의, 분석, 측정, 개선, 관리의 5단계를 거쳐 혁신 프로세스를 추진할 수 있다. 또 문제인식, 연구조사, 모형화, 자료수집, 자료분석, 결과제시의 6단계로 추진할 수도 있다.

방법론 A	방법론 B	DMAIC
요건정의	문제인식	Define
	관련 연구조사	
분석용 데이터 생성	모형화와 변수선정	Measure
	데이터 수집과 변수측정	
모델링	데이터 분석과 정리	Analyze
검증 및 적용	결과제시	Improvement
		Control

문제인식은 왜 문제를 해결해야 하는지, 문제해결을 통해 무엇을 달성하고자 하는지 명확하게 정의하는 것에서부터 시작된다. 기업에서는 이러한 문제를 이슈(issue)라고 표현하며 문제라는 부정적 단어를 사용하지 않는다. 이런 이슈들은 현상과 구분되어야 되며, 기업의 수익을 감소시키거나 활동을 지연시키는 것들로 개선되어야 할 사항들을 말한다. 그리고 이슈가 해결되는 경우 구체적으로 정량적인 재무적 효과가 입증될 수 있어야 한다.

연구조사는 기업의 내부문서 및 외부자료(논문, 책, 보고서, 전문잡지, 인터넷 커뮤니티자료) 수집 및 전문가 인터뷰 등을 통해 문제를 개괄적으로 이해하고 구조화를 시도할 수 있다. 과거에 어떤 접근이 있었는지, 유사한 연구는 어떤 것이 있으며 어떤 변수가 영향을 주었는지와 같은 참고할 수 있는 내용이 있을 수 있다. 그러나 논문, 책, 보고서 외에 신문기사 등과 같은 내용은 신뢰도에 문제가 있으므로 반드시 검증을 해서 활용해야 한다. 또 하나의 효율적인 내용은 경쟁사나 유사분야와 관련되어 글로벌하게 조사하여 벤치마킹을 하는 방법이다. 하지만 이는 시간과 비용 및 협조여부 등 여러 가지 어려운 준비가 필요하고 만족할 만한 성과를 얻는다는 보장을 하기 어렵다. 예를 들어 한국의 홈플러스가 초기에 런칭했을 때 경쟁 유통사들은 영국 Tesco의 컨설팅을 맡았던 던험비가 고객 분석을 어떻게 하는지, 고객 세그먼트는 몇 개를 만들어서 하는지 궁금해 했다. 이런 내용들이 외부자료로는 정보입수가 어려워 직접 방문하여 벤치마킹을 하는 경우이다. 벤치마킹은 사전에 방문지 담당자와 충분한 agenda에 대한 협의 및 사전질의서 및 답변서 교류 등의 절차를 통해 의견을 타진해보고 가야한다. 외부자료의 경우 텍스트 거짓말 식별에서 어느 정도의 성과가 가능한지 감을 잡을 수 없을 때 논문을 통해 2000년대 초부터 연구가 활발했고 74%의 정확도가 나왔으며 형태소 분석 관련 변수들이 큰 도움이 된다는 것을 파악한 적이 있다.

모형화와 변수선정은 우리가 해결하고자 하는 이슈와 직접 연관성이 있을 데이터를 기준으로 결정하게 된다. 그러나 우선 데이터 가용성을 확인해야 하므로 무조건적인 변수정의가 아닌, 현실적인 기존 데이터가 어떤 것이 가용한지를 파악하고 변수선정을 해간다. 브레인스토밍을 통한 가설설정을 통해 유의미한 가설을 서술하는 과정에서 관련된 변수를 정의할 수 있고 때로는 좀 더 복잡한 공식으로 변수를 정의할 수 있다. 그리고 현재 가용하지 않은 것으로 판단되지만 획득이 되었으면 하는 매우 중요한 변수도 소수 포함시켜 확인을 거치도록 한다. 최종적으로는 해당 데이터에 대한 품질과 기록률 및 다수결에 의한 우선순위에 따라 데이터를 1순위 변수, 2순위 변수, 3순위 이런 식으로 정의하여 1순위 변수를 먼저 데이터 수집과 변수측정에서 진행하도록 한다. 여기서 모형화라는 것은 개념적 모형화라고 판단하는 게 적합하다. 모형에 대한 가설과 후보변수들로 1차 구성하여 분석과정에서 모형을 최종 확정하게 될 것이다.

데이터 수집과 변수 측정은 직접적으로 수집한 1차 데이터와 통계청 등 간접적으로 수집한 데이터를 2차 데이터라고 한다. 1차 데이터가 가장 유용하고 2차 데이터를 통해 1차 데이터가 없는 경우 추론 및 변환과정을 거쳐 투영시킴으로써 활용을 하기도 한다. 우리는 이러한 1차 데이터 위주로 분석에 필요한 변수를 합을 구하거나 평균, 개수 등의 변환과정을 거쳐 변수화 시킨다. 분석기법에 따라서는 변환 없이 변수화되는 transaction level의 데이터의 경우도 사용된다.

데이터분석과 정리는 수집된 데이터를 이용해서 모델을 만들고 분석을 통해 다양한 결과를 도출하여 정리하는 과정으로 최종결과를 산출하기 위한 과정이며 통계, 데이터 마이닝, 시뮬레이션, 최적화 등 다양한 기법을 적용하여 완성한다. 여기서 나온 직접적인 결과값이나 파생되어 나오는 통계적인 값들이 결과를 산출하고 해석하는 데 사용된다.

결과제시 단계는 분석의 최종단계를 의미 있게 전달하는 과정으로 듣는 사람이 이해할 수 있고 가치를 제대로 평가할 수 있게 전달해야 한다. 결과제시의 핵심은 제언(recommen-dation)으로 분석결과를 어떻게 활용하면 어떤 효과가 있는지를 제시해야 한다. 이해할 수 있게 하려면 전문적인 기법이나 분석용어보다는 일반화된 비즈니스적 용어를 사용해야 하고, 숫자나 표보다는 그래프나 이미지를 잘 활용해야 한다. 그리고 결과제시는 왜 이걸 하게 되었는지, 어떤 과정을 거쳤는지, 분석과정에서 의미 있었던 것은 무엇이고, 최종 결과는 무슨 의미인지, 그 효과는 정량적으로는, 특히 재무적으로는 어느 정도 가치가 얼마동안 어떻게 될 것인지를 제시하고, 이를 실현하기 위한 단계적 과정(roadmap)을 제시해야 한다. 재무적 효과는 추가수익, 비용절감, ROI로 표현될 수 있어야 된다. 지금 말한 내용의 구조를 스토리텔링이라고 말하며, story line을 갖고 편하게 대화하듯이 논리적으로 흘려야 된다. 흔하게 보는 이 단계의 오류로써 분석자가 얼마나 힘들게 했는지, 얼마나 어려운 일이었는지, 새로운 기법과 알고리즘에 대한 장황한 설명은 듣는 사람들로 하여금 지치게 만든다. 의사결정자, c-level들은 최근동향이나 상세 내용을 받아들일 수 있는 상황이 아니다. 그들은 학습을 한 지 오래되었고 수많은 정보로 의사결정을 해야 하기 때문에 논리적인 말이 되는 내용을 전달하여 핵심을 알아차려 의사결정을 할 수 있게 해야 한다. 따라서 결과제시의 내용상의 깊이가 급변하지 않게 물 흐르듯이 전개해야 된다.

그리고 최종 보고 시에는 이미 이해관계자들과 모든 측면에서 설명과 검증 및 지원을 확보받은 상태에서 경영층에 보고를 해야 한다. 최종보고 자리가 논쟁을 위한 자리가 되어서는 안 된다.

⑥ 분석과 스토리텔링

창의력은 분석자체를 위해서도 필요하며, 분석을 통해 나온 결과를 의사결정에 활용하는데도 필요하다. 창의력은 지식과 분석이 결합되어 더욱 풍부해질 수 있으며 서로 불가분의 관계이다.

창의성을 높이기 위해서는 인문학적 소양, 직관과 통찰력이 필요하다. 인문학적 요소들로는 언어학, 사회학, 역사학, 예술학, 문학, 신학 등 다양하다. 이러한 요소들은 우리들로 하여금 자유롭게 생각을 할 수 있게 하고 풍부한 상상력을 키운다. 우리는 대학에서의 교양과목처럼 당시에는 불필요해 보이는 과목들을 통해 인문학적 소양을 얻게 된다. 그리고 이러한 내용에 대해 평가를 하고 판단하며 다른 사람과 의견을 교환하고 조정하는 과정에서 훈련이 된다. 이런 인문학적 소양은 우리의 교육시스템을 통해 광범위하게 우리들을 훈련시켜왔다.

직관(intuition)은 논리적 추리과정을 거치지 않고 해답을 생각하는 과정으로 분석처럼 명확하지는 못하지만 오랜 경험이 있는 사람들에게서 흔히 볼 수 있는 특성으로 일부는 검증된 내용이라 할 수 있다. 직관은 타고난 특성일 수도 있고 배양된 것일 수도 있어서 습성이 중요하다. 즉 경험을 직관으로 바꿀 수 있는 습성은 좋은 자질로서 데이터 사이언티스트가 필요로 하는 중요한 자질이다.

직관은 발견법(heuristic method)을 자주 사용하면 누구의 도움 없이 스스로 터득해나가게 된다. 최종적으로는 이러한 직관적 사고가 발전되어 통찰력(insight)이 된다고 한다.

스토리텔링은 단어와 이미지 등 내용을 전달하는데 단순한 사실과 숫자만을 전달하기보다는 보다 효율적으로 전달하기 위해 이야기하듯이 전달하여 보다 성과를 높이기 위한 방법이다. 이러한 스토리텔링 기법으로 전개하는 경우 이해의 부족이나 상황에 대한 인식이 부족한 타깃 집단에 대해 보다 내용에 쉽게 몰입되도록 논리를 전개하게 된다. 분석은 매우 어려운 과정이고 복잡하기 때문에 단순한 Fact만을 전달하면 매우 무미건조하고 왜 그러한지 이해가 안 될 수 있지만 스토리텔링으로 보다 거부감과 반발을 없애며 전달할 수 있게 된다.

한번은 영국의 컨설팅사인 던험비에 갔을 때 여성 CEO가 자사의 이력에 대해 동화 속의 이야기를 전달하는 듯한 무드의 스토리텔링으로 따분하고 관심이 덜 할 수 있는 내용을 아주 간결하고 물 흐르듯이 전달한 적이 있다. 이렇듯 이야기를 전개하는 방식은 기승전결에 의해 몰입을 시키고 내용을 효과적으로 전달할 수 있다.

 TIP 결과 제시 단계에서는 커뮤니케이션 역량이 매우 중요하여, 스토리텔링 기법을 많이 사용한다. 이는 대상이 이해하기 쉽고 흥미를 느끼며 생생하게 전달될 수 있도록 전달과정을 소설처럼 체계화하는 과정이다. 스토리텔링 접근으로 하지 않는 경우 너무 딱딱하고 지겨워 전달하고자 하는 내용의 깊이가 일관되지 않고 산만하며 제대로 의사전달이 이루어지지 않아 잘하고도 목적달성에 실패하는 문제가 발생하게 된다. 예를 들어, 분석동기, 분석결과, 검증방법, 결론 도출, 적용 등의 단순논리를 구체화하는 것이다.

여기서 멈출 거예요? 고지가 바로 눈앞에 있어요.
마지막 한 걸음까지 시대에듀가 함께할게요!

PART

02

빅데이터와 비즈니스

경영
빅데이터 분석사
2급 단기완성

경영과 빅데이터 활용

빅데이터 활용에 대해 경영계층적 측면을 보면 전략기획, 관리통제, 운영통제로 구분될 수 있고 최상위 측면에서는 장기적이고 포괄적인 의사결정을 수행하게 되며, 빅데이터 분석은 각각의 계층에 적합한 의사결정을 지원한다. 정부 및 공공측면에서 보면 Gov 2.0은 웹 2.0기술을 이용하여 정보의 공유와 민간측면의 창의적 활용을 지원하는 새로운 서비스를 지칭하며 이에 빅데이터가 기여를 하게 되는데 국내 공공분야에서의 빅데이터 플랫폼, 공공데이터포탈의 도메인은 data.go.kr을 통해 기여하고 있다.

국가별 빅데이터 활용정책을 보면 미국은 핵심기술확보, 영역별 활용, 인력양성 중심의 이니셔티브를 중심으로 당면과제 해결에 집중하는데 정부주도의 전략추진에 있고, 영국은 오픈 데이터 전략으로 정보의 개방 및 공유에 집중하며, 일본은 사회현안 및 경쟁력 확보를 통한 경제성장, 한국은 스마트정부를 통한 국가경쟁력 확보에 있다.

빅데이터를 활용한 의사결정 과정은 탐색, 설계, 선택, 수행의 단계로 진행되며, 프로세스적인 측면에서 보면 마케팅은 데이터로부터 통찰력(인사이트)획득에 큰 효과를 보고 있으며, 생산에서는 제조, 장비, 운영통합, 고객경험 데이터 측면에서 활용이 되고 있고, 회계정보 시스템에서는 대표적인 정보 소스로 ERP가 활용되어 효율적으로 분석에 활용된다. 인적자원계획 수립은 분석을 통해 환경분석, 인적자원 수요예측/공급예측 및 수급불균형 조정의 과정을 지원하게 된다.

산업별로 보면 의료분야의 경우 해외사례로 캐나다 온타리오 공과대병원에서 스마트 의료정보 분석을 통해 신생아 실시간 데이터로 감염예방에 활용하고 있으며, 카드사의 경우 POS기반 데이터와 스마트폰 등에서 나오는 위치정보를 활용한 LBS등이 더욱 빅데이터 활용에 기여하고 있다.

이런 빅데이터의 활용전략적 측면은 미래사회의 특성인 불확실성, 리스크, 스마트 융합적 측면에 대해 통찰력, 대응력, 경쟁력, 창조력을 제공한다. 컨설팅사인 베인앤컴퍼니에서는 빅데이터 활용영역을 내부처리 프로세스 개선기회 포착, 기존 제품 및 서비스 개선, 신제품 및 서비스 개발, CRM/마케팅측면의 타게팅 및 편의성 개선, 실시간 피드백을 통한 비즈니스 대응력 확보라고 제시하고 있다. 맥파이와 브린욜프슨은 성공적 활용을 위해 리더쉽, 역량관리, 기술도입, 의사결정, 기업문화 등을 언급하고 있는데 필자는 국내에서는 리더쉽과 기업문화적 측면의 미흡함이 가장 큰 문제라고 생각한다.

CHAPTER

01 비즈니스 활용

비즈니스 프로세스라 함은 기업이 제품과 서비스를 고객에게 제공함으로써 가치를 창출하는 전반적인 입력과 산출의 흐름이라 할 수 있다. 여기서 대부분의 기업들이 공통적으로 갖고 있는 과정을 메가 프로세스라고 하며, 하위 프로세스가 수직적 구조로 구성되어 최하위 단계가 Task로 구성된다. 이러한 프로세스는 수직적 구조를 level 0에서 시작해서 3단계 또는 5단계까지로 구성하여 기존 프로세스를 정의하고, 프로세스에서의 이슈를 분석한 후에 개선된 프로세스를 작성하는 혁신 활동을 한다.

1 비즈니스 프로세스 구성

> 활 동 → 의사결정 → 역 할 → 자 원 → 저장소

비즈니스 프로세스는 기업에서 연구/개발, 기획, 생산, 물류, 마케팅, 영업 등의 메가 프로세스(mega process) 또는 프로세스로 구성되며, 각 프로세스는 한 개 이상의 부프로세스(sub-process)를 갖고 이는 여러 개의 활동(activity), activity는 직무(task)로 구성된다. 이는 Mega Process-Process-Task 형식으로 분류하기도 하며 수직적 level을 1~5단계로 구분하여 칭하기도 한다.

비즈니스 프로세스의 구성요소로 단위 업무들의 결합이 Role로 표현되며 처리된 결과는 문서나 IT 저장소에 저장되어 타 프로세스의 Input으로 활용된다. 이렇게 기업의 비즈니스를 부서단위 기능보다는 프로세스 관점에서 보는 이유는 기능단위 최적화보다는 전체적인 기업의 프로세스 중심의 최적화가 필요하기 때문이다. 아무리 생산을 잘한다 해도 영업에서 생산 및 물류까지 하나의 흐름이 최적화되지 않으면 의미가 낮다. 그래서 이러한 관리를 위한 도구나 방법을 BPM(Business Process Management)이라고 한다. BPM 도구를 이용하여 시스템을 개발하고 업무 프로세스를 연계시켜 관리하면, 프로세스에서 발생하는 부가적인 작업 시간에 관한 데이터나 작업이 처리되는 데 소요되는 시간, 대기하고 있는 업무들의 길이나 대기시간을 이용해서 전체적인 비즈니스 프로세스에 대한 최적화 방안을 축적된 데이터를 이용하여 시뮬레이션을 즉각 실행하고, 개선된 프로세스로 실제 응용프로그램과 프로세스가 변경되도록 처리할 수 있다.

② 의사결정

프로세스에서의 수많은 의사결정 과정은 다양한 데이터를 활용하고 정보를 산출하여 도출된다. 때로는 기존에 활용하던 데이터가 유의미하지 않은 경우도 있어서 정보화하는데 필요한 데이터를 재정의하거나 새로운 정보지표를 만들어서 활용하기도 한다. 의사결정 단계는 탐색, 설계, 선택, 수행단계로 구분될 수 있다.

(1) 최고경영층 : 전략기획에 관한 의사결정을 수행한다.

(2) 중간관리자 : 관리 및 통제에 관한 의사결정을 수행한다.

(3) 하위관리층 : 운영 및 통제에 관한 의사결정을 수행한다.

> 예 마케팅 프로세스에서 하위 관리층인 CRM 담당자가 캠페인을 수행하기 위해 대상고객을 선정하는 경우 총 구매금액을 활용했지만 캠페인 반응에 최근 3개월 거래유무가 더 유용한 정보라는 것을 알게 되면 업무의 질과 형태가 변화하게 된다. 그리고 중간관리자인 마케팅 팀장은 캠페인 반응률을 높여도 수익 기여도가 낮음을 확인하고 관리적 측면에서 캠페인 회수를 증대시키는 의사결정을 내린다. 최고 경영자는 광고와 같은 매스 마케팅보다는 CRM 활동이 ROI가 높음을 확인하여 매스 마케팅과 CRM의 예산비율을 조정하는 전략적 의사결정을 한다.

③ 정보의 의의

데이터를 가공해서 도출한 의미 있는 지식으로 1차 데이터를 가공한 형태로 요약하거나 작위적으로 파생시킨 내용 등으로 구성한다. 요약 데이터, 파생 데이터의 형태를 갖추며 의미있게 된 경우 정보라고 할 수 있다.

(1) 정보의 특성

정확성, 적시성, 관련성, 적당량, 비용가치이다. 특히 빅데이터 시대에서는 수많은 데이터로부터 보다 많은 정보가 도출되기 때문에 적당량을 갖는 보다 더 유의미한, 규모대비 비용적 가치가 큰 정보여야 되는 특성이 있다. 결론적으로 정보는 의사결정의 효과와 효율을 높여주는 역할을 한다.

(2) BI(Business Intelligence)

정보를 활용할 수 있도록 해주는 분야를 우리는 BI(Business Intelligence)라고 통칭한다. 이는 하드웨어, 소프트웨어, 기술, 프로세스, 스킬 등을 포함하는 분야이며, 그 수준도 다양하여 과거 Reporting, OLAP에서 Realtime Enterprise, 3V를 포함한 빅데이터에 이르기까지 다양한 활용범위가 있다. 따라서 BI산업에 대한 보고서를 통해 시장사이즈 및 동향을 이해할 때 분야를 잘 구분해서 파악해야 한다. Reporting 및 OLAP 등의 역할과 차이에 대해서는 앞에서 언급했기 때문에 생략하고 다른 관점으로 바라보고자 한다.

이해 **더하기**

BI의 기능 장점 : 레포트 배포 및 대시보드
필요한 정보를 미리 등록해 놓으면 주기적으로 정보를 찾아보는 것이 아니라 나의 이메일이나 Notification을 통해 스마트폰이나 테블릿에 자동으로 도착되어 볼 수 있거나 대시보드를 통해 자신의 역할과 관심분야를 지정해서 화면을 구성한 다음 언제나 전체적인 정보를 한 화면으로 볼 수 있다.

TIP BI를 말하다 보면 Analytics라는 용어가 나오는데 BI에서의 분석과 일치하지만 수준에 차이가 있다. 과거에서 현재 상태 지향적인 분석인 Reporting, OLAP, Realtime Query로 흔히 조회(Query)라고 한다면 과거 패턴을 통해 미래를 예측하는 것을 Analytics 또는 Advanced Analytics라고 말한다. AA(Advnaced Analytics)에는 데이터마이닝, 시뮬레이션, 최적화 기법 등이 사용된다.

CHAPTER 02 마케팅

마케팅 분석(Analystic)은 데이터분석 분야 중에서도 가장 많이 활용되는 영역이라고 판단된다. 이전에서는 사후판단(hindsight)에서 통찰(insight)로 발전하다가 이제는 예측 및 실행(foresight/action) 단계로 발전하고 있다. 마케팅 분석에서 가장 많이 사용되는 분야는 성과측정으로 이를 통해 어디가 더 성과가 좋은지, 집중이 필요한지를 파악한다.

80년대부터 Marketing Information System이 있었지만 개념적인 틀은 있을 뿐 기술적인 문제로 실행이 어렵다가, 90년대 CRM의 발전으로 형태를 갖추게 되었다. 특히 이 시대에 데이터 마이닝이 활발하게 사용되기 시작했는데 데이터 마이닝과 마케팅 애널리틱스를 굳이 구분한다면 실행 프로세스로의 연결이 큰 차이이다. 과거는 이를 프로세스화 시키기에는 확신이 없었고 보고를 받고 판단하여 전략으로 수행하거나 일회성 수준의 진행이 많았다. 그러나 이러한 내용들이 이제는 풍부한 빅데이터와 분석역량의 강화 및 소프트웨어, 하드웨어의 발달로 인해 자동화되고 프로세스화되어서 상시적인 업무로 진행되게 된다.

마케팅 애널리틱스의 목적은 마케팅 성과의 증대가 가장 크며, 개별 마케팅과 유사 마케팅 및 월별 마케팅들에 대해 성과를 파악해서 어떤 활동이 성과가 좋았고 어떤 것이 나빴는지, 그러한 경우 채널이나 오퍼가 어떻게 달랐는지, 나쁜 것은 없애거나 수정하고, 향후 성과가 개선되는지를 파악해서 전체적인 마케팅의 성과를 높이는 방향으로 지속적인 활동을 하게 된다. 대표적인 사례로 광고, 프로모션, CRM Campaign이 있다.

마케팅 애널리틱스에서 중요한 요소 중의 하나는 고객정보이다. 고객정보는 사회인구 정보(socio-demographic)와 접촉정보(contact) 그리고 고객의 거래정보이다. 고객의 socio-demographic 정보는 입수가 용이하지는 않다. 누구나 자신의 개인적인 정보에 대해서는 민감하기 때문이다. 그러나 브랜드에 대한 신뢰가 있으면 기꺼이 제공하려든다. contact 정보는 더욱 민감한 고객정보이다. 고객의 승인이 있어야 정보를 보유하고 있어도 접촉을 할 수 있다. 조금이라도 신뢰를 상실하게 되는 경우 DNC(Do Not Contact)처럼 전화, 이메일, sms

등을 통한 접촉을 거부하게 된다. 이에 비해 자동으로 수집되는 거래정보는 생각보다 쉽지만, 그 가치와 활용성은 매우 높다. 많은 이들이 고객의 신상정보에만 집중하지만 실제 가치가 있는 부분은 고객의 거래정보이다. 인구사회통계정보나 접촉정보는 식별하고 최소한의 접촉만 가능하면 된다. 그러나 거래정보는 우리에게 매우 많은 정보를 간접적으로 제공한다. 이를 잘 분석하면 그 사람의 라이프 스타일, life stage(아기가 있는지, 결혼을 한 상태인지 등의 생애단계 정보), 행동성향 등 다양한 정보를 주고 앞으로의 행동에 대해 예측을 하는데도 충분한 정보를 제공해 준다. 예를 들어 30대 후반의 남성인데 편의성 식품만을 구매한다면 그는 분명히 독신남일 것이다. 우리는 이렇게 추론과 검증을 해서 고객에 대한 지식을 확대해 나갈 수 있다.

마케팅 애널리틱스는 기업의 제품기획, 마케팅, 유통, 소비를 위한 판매촉진 각 단계에서 빅데이터를 활용해서 접근할 수 있다. 한 예로 고객에게 어떤 가격과 프로모션을 제시하는 게 좋을지에 활용할 수도 있다. 고객들과 입지에 대한 특성을 반영한 빅데이터를 이용해서 매장 및 메뉴별 가격에 대해 최적화하여 수익을 극대화할 수 있다.

이해 더하기

고객 정보 획득의 구분
- 업무상 데이터 : 서비스를 제공하기 위해 필요한 기초 데이터로 이메일이 대표적인 예이며, 고객 이벤트 마케팅을 하기 위해 생일이나 추가적인 접촉 정보를 위해 주소 정보를 획득하기도 한다.
- 신체 데이터 : 키/몸무게/허리 사이즈 등으로 의류산업에서 많이 필요로 하지만 직접적인 정보 획득이 어려운 데이터로 자사 제품을 구매한 이력을 통해 예측해서 만들기도 한다.
- 보안 데이터 : 소득 수준과 같은 민감한 데이터는 예측해서 획득을 하지만 직접적으로 얻는 데이터의 신뢰도는 매우 낮다. 이외에도 휴대폰 번호, 신용카드 번호 등이 있는데 업무처리 과정에서 자연스럽게 획득되지만 보안을 철저하게 해야 할 데이터이다.
- 개인상세 데이터 : 종교, 정치성향, 신조 등에 대한 내용으로 제일 획득하기 어렵다. 개인상세 데이터는 주로 서베이를 통해 고객의 동의(permission)을 얻어 획득이 가능하지만 국내에서는 잘 다루지 않는다. 미국의 경우 서베이를 통해 획득하고 고객승인 하에 이러한 정보가 판매되기도 한다. 단 저자는 개인적으로 이러한 분류는 실무적으로 의미가 없다고 생각한다.

마케팅 분석의 주 활용분야로는 가격최적화, 콘텐츠 개인화, 물류최적화 등을 언급할 수 있다. 그리고 IDC의 BDA(Big Data Analytics) 성숙도 평가 모델에서는 BDA 수준을 임시, 기회, 반복, 관리, 최적화 5단계로 구분한다.

03 생 산

미국에서 발간된 McKinsey Global Institute 2009년 자료에 의하면 Discrete Manufacturing 이른바 조립 생산 공정에서 보유하고 있는 데이터가 966Petabyte에 이르고 그 다음으로 정부가 848Petabyte에 이르는 것으로 알려져 있어서 빅데이터를 활용하기에 가장 좋은 산업이 될 수 있다고 판단된다.

PART 2

제조업은 MES(Manufacturing Execution System)에서 발생되는 데이터와 공정(shopfloor)에서 생기는 수많은 생산 및 설비 관련 로그성 데이터가 대부분으로 구성되어 있으며, ERP, SCM까지 고려하면 매우 많은 복잡한 데이터로 구성되어 있다. 특히 다품종 소량생산 업종에서는 제품 및 반제품의 다양성이 높아 상세한 분석이 매우 필요한 영역이다. 특히 MES는 주문에서 생산에 이르는 전 과정의 정보를 관리하고 있으므로 생산관련 전체적인 데이터 중심의 시스템이라고 할 수 있다.

먼저 생산현장인 shop floor에서 발생되는 데이터는 센서 데이터가 MMI(Man Machine Interface)를 통해 실시간으로 표시되고, 이는 PLC(Programmable Logic Controller)에서 자동제어되며, 공정 컴퓨터에 실시간으로 저장되었다가 주기적으로 Legacy와 통신을 하면서 일부는 ERP로 연계된다. 과거 90년대에는 Legacy까지 도달한 일부 데이터만이 활용되었고 필요에 의해서 공정 컴퓨터에서 별도로 임시 저장된 데이터를 수집해서 상세 분석을 할 수 있었다. 설사 Legacy에 도달한다 해도 백업만 되었지 분석에는 활용되지 못하고 1차 가공되어 활용되면 다행인 수준이었다.

하지만 이제는 빅데이터 처리 기술로 실시간으로 데이터를 통합적으로 수집, 저장하여 언제든지 종합적으로 Monitoring하고 Control해서 부분적으로는 갑작스런 고장이나 품질이상 발생 시 작업을 변경하거나 rescheduling도 가능하게 되었다. 프로세스를 단순화 시켜서 업무 효율성을 크게 늘린 제철소의 사례가 빅데이터를 이용한 생산관리 시스템으로 언급되고 있다.

이러한 기술은 가장 낮은 단계인 제조현장에서 제조사양과 생산품질을 토대로 최적의 생산조건을 제조 시 반영하도록 활용되어 품질을 개선하고 있고, 설비의 고장을 방지하는데 활용되기도 하고, 생산관리에서는 생산량과 품질, 수율관리 및 납기만족을 한번에 해결할 수 있도록 생산계획 시뮬레이션·최적화·데이터 마이닝을 통한 설비고장 예측, 불량제품 예측 등에 적용하고 있다. 여기에 Supply Chain상의 전반적인 Scheduling최적화가 영업단계의 요청에서 제조현장까지 연계되는 모습을 갖추려 노력하고 있다.

특히 설비고장의 경우 온도, 전압, 진동 및 다양한 생산설비 센서 데이터를 통해 설비의 고장 전에 나타내는 패턴을 분석하여 유사한 패턴인 경우 고장가능성을 제시해서 일정수준의 고장가능성이 예측되면 설비에 대한 Predictive Maintenance(예지적, 예측적 유지보수)를 실시하는 방법이다. 과거 PM(Preventative Maintenance 예방보수)에 소요되는 시간 및 부품에 대한 비용을 절감하여 생산성 향상과 조업중지로 인한 생산량 감소를 방지할 수 있는 접근을 활발하게 적용하고 있다. 설비 제조사에서는 자사의 설비에서 나오는 데이터를 클라우드 시스템으로 수집해서 보다 많은 데이터를 통해 설비고장 패턴을 분석해서 경고 메세지를 제공하는 서비스 제공산업으로 비즈니스 모델을 확장하는 사례를 보이고 있다.

고객관리적 측면에서는 파트너사와의 실시간 생산 데이터 교환을 통해 적합한 수요정보를 적시에 제공하고 고객사들의 품질에 대한 이슈를 상호 해결하도록 노력하고 관리하려 하고 있으며, 이는 동반자적 관계에서 상호간의 이익을 극대화하는 데 초점을 맞추고 있다. 고객들의 실시간적 불만이나 제품센서에서 나오는 데이터는 자동으로 수집 후 분석 및 판단되어 처리된다. 일본 타이어 제조회사 Bridgestone에서는 B-TAG system을 이용해 타이어에 부착된 센서로부터 타이어 운행상태에 대한 정보를 수집하여 활용하기도 하며, 휴대폰에 있는 센서로부터 데이터를 수집하여 사용자 움직임에 대한 파악을 통해 스마트 폰이 자동으로 편리한 서비스를 제공하는 방법을 적용하기도 한다.

분 야	활용 데이터	
고객관리	제품사용후기 제품요구 제품가격 IoT	VOC/커뮤니티 Social Media/커뮤니티 Social Media/커뮤니티 실시간 센서 데이터
생산관리	생산능력 표준시간 설비 대수 생산계획 교체계획 생산실적	월/주/일 단위 생산진척도 반제품 재고수량 완제품 재고수량 작업시간 작업내용 작업 시작/종료 시간
원가관리	가동시간 재료사용량 에너지 사용량 재 고 작업자 투입공수	관리비 사전원가 사후원가 Return 양 Scrap처리 양
설비관리	설비사양 가동상태 사용/가동이력 비가동 이력 및 내용	고장시간 수리시간 유지, 보수계획/실적
품질관리	운전조건 복구시간 불량원인	불량 수

04 관리부문

① 회계 및 재무 애널리틱스

기업의 운영결과는 회계정보로 표현되고 이를 기반으로 재무정보가 생성되어 다양한 지표를 통해 기업경영의 방향성에 대한 정보를 제공한다. 이 정보는 기업의 핵심인 인적자원에 대한 수급계획에 반영되어 인원의 확충과 배치에 대한 의사결정을 하게 된다. 회계/재무/인사 정보는 매우 연계성이 높게 정보가 연결되며 이에 대한 분석은 기업의사결정에 매우 중요한 역할을 하게 된다.

회계정보는 거래가 발생하고 이를 분개장에 기록하여, 각각의 계정별 원장이 구성되면 하나의 시산표가 작성된다. 회기 말에 이를 종합하여 수정분개를 적용한 이후에 회계보고서를 작성하는 과정으로 진행된다. 재무정보는 기업의 자산, 부채, 자본 데이터를 생성하여 기업의 이해관계자 경영진과 주주들에게 정보가 제공된다. 이러한 데이터는 매우 많은 항목의 데이터가 발생하고 이러한 데이터를 결합하여 다시 다양한 재무 분석을 위한 다양한 지표를 생성하게 된다. 이러한 시스템은 현재는 주로 ERP에 의해 자동화되고 있으며 기업의 KPI(Key Performance Indicator)와 연계되어 자동으로 기업의 현황을 한 번에 알 수 있게 해준다. 그러나 이러한 정보의 상호연계성과 기업의 운영에 대한 의사결정을 연결해서 분석하고 의사결정을 하는 데는 무엇이 보다 유의미한 정보이고, 어떤 기준 값일 때 어떠한 의사결정을 해야 하는지는 기업별로 매우 상이하여 각 기업들은 자사의 정보를 통합 분석해서 의사결정을 할 수 있는 기반을 마련해야 하는데 이 부분은 빅데이터 도입 이전에는 매우 어려운 과제로 평가되었다.

예를 들어 재무정보 중 어떠한 요소의 변화가 1년 후에 기업이 상장폐지될 상황까지 처하도록 할지 기업 내부적인 기준을 가질 수 없었다고 하자. 그러나 이제는 자사의 재무데이터는 물론 타사들의 재무데이터를 활용하여 상장폐지될 기업의 특성을 파악하고 자사에 이를 적용함으로써 상장폐지될 위험을 피하기 위해서는 어떤 지표를 개선해야 하는지 파악하고 의사결정을 내릴 수 있다. 재무정보의 유형으로는 안정성, 활동성, 수익성, 성장성에 관련된 다양한 재무지표가 있으며, 안정성의 대표적 지표로는 유동비율을 유동자산/유동부채의 비율로 산출하게 되고, 의사결정에 활용된다.

그리고 분식회계로 인한 피해사례들을 분석해서 기업 및 이해관계자들이 피해를 입지 않도록 분식회계에 대한 인사이트를 제공해 어떠한 방식으로 부정이 이루어지고 있는지를 식별하고 대응하도록 할 수 있다.

구 분	재무지표	구 분	재무지표
안정성	유동비율 이자보상비율 고정비율 당좌비율 부채비율 차입금의존도	활동성	총자산 회전율 고정자산 회전율 재고자산 회전율 매출채권 회전율 자기자본 회전율
수익성	자기자본 순이익률 매출액 영업이익률 매출액 경상이익률	성장성	매출액 증가율 영업이익 증가율 총자산 증가율

② 인적자원 애널리틱스

인적자원에 관련되어서는 인력수급, 능력, 성과 및 보상에 대한 정보를 처리한다. 주로 내부에서 발생된 정보가 대부분이며 입사 시 입력된 기본 정보 외에는 외부 정보가 매우 적다. 인적자원관리 시스템의 구성을 보면, 조직/인사/급여/근태/복리후생/직무 및 역량/채용/교육 및 연수/경력개발/성과/보상/시스템 관리 등으로 구성되어 다양한 데이터를 발생시킨다.

미국에서는 입사지원 시 제출된 정보를 평가하는 빅데이터 분석모델을 통해 거짓이 있는지를 확인하기도 한다. 최근 국내에서는 입사 시 제공된 정보로 1차 서류전형을 통해 면접대상을 선별하는 접근을 시도하고 있다. 이러한 니즈가 강한 이유는 대기업에 집중된 입사 지원으로 한번에 처리해야 할 지원자가 1만 명인 경우 서류를 한 번 1명이 읽는데 소요되는 시간이 1분이 넘을 것이므로 2명이 검토를 한다면 2만 분(하루 24시간 기준으로 처리하면 13.8일, 8시간 기준 42일)이 소요되는 업무로 정확성, 일관성을 보장하기 어렵지만 분석모델링을 이용한다면 1시간 내에 처리할 수 있어서 효율성 및 객관성이 크게 향상된다. 따라서 신입사원 채용, 경력사원 채용, 인사고과 평가, 고성과자 특성분석 등 다양한 분야에 인사 빅데이터 분석 모델링을 적용하고 있다.

퇴직할 직원을 예측하기 위해 다양한 인사관련 정보와 시스템 사용정보 등을 결합하여 직원들에 대해 퇴직가능성 점수를 산출하고, 해당 요인을 관리자에게 제공함으로써 직원 이직에 따른 비용을 감소시키고 직원들의 불만을 해결할 수 있는 구조적인 방법을 개발하기도 한다.

이해 더하기

인적자원 Analytics의 주요 역할

인력에 대한 수요를 예측, 공급 가능한 인력의 예측 및 수급 불균형 조절방안 도출 등이 있으며 직무에 대한 인력의 역량과 수준에 대한 평가 자료를 분석하여 인력에 대한 역할 조정 및 분할, 인원 조정, 조기퇴직, 다운사이징, 정리해고 등에 활용할 수 있다. 그러나 이러한 정보가 단순히 입력이나 특정 이벤트가 발생되는 정보에 근거해서 처리하는 데는 제한된 정보만이 존재하므로 평소 업무를 수행하는 Work flow 관리 시스템이나 이메일 시스템을 통해 누가 어느 분야에 관련된 일을 하는지, 수준은 어떠한지에 대한 데이터를 텍스트 마이닝을 통해 분석하고 SNA를 통해 조직구성원 간의 연계관계를 파악하여 보다 정교하게 의사결정을 할 수 있다. 예를 들어 A라는 직원이 "빅데이터"에 대한 보고서를 작성하거나 관련 회의소집 등 커뮤니케이션을 다양한 사람과 한다면 그는 "빅데이터 전문가"라고 판단될 수 있다. 그렇다면 해당 인력과 자주 소통하는 인력들의 네트워크를 분석함으로써 그 인력의 조직에서의 영향도를 평가하여 향후 빅데이터 전문 조직을 만든다든지, 업무조정을 하고자 하는 경우 해당 정보를 활용할 수 있다.

PART

03

빅데이터 기획

경영
빅데이터 분석사
2급 단기완성

빅데이터 기획

● 핵심포인트 ●

프로젝트를 책임지는 PM은 기술, 기업가적 측면, 관리적 측면, 의사소통 및 지휘 능력이 있어야 한다. 분석과제 기획을 위한 전략적 접근은 두 가지로 구분되는데 수요기반과 데이터 주도 방식이다. 이 중 수요기반 분석과제 도출은 조직경쟁력, 프레임워크 기반, 운영효율성 관점, 고객과 공급자간 긴밀성 유지관점, 문제해결 역량관점, 그린컴퓨팅 관점, 지식중개자로서 균형성과지표 이용 분석 기회발굴로 구분될 수 있다. 운영효율성 측면에서 보면 조직의 가치사슬은 가치 시스템의 일부로 상류(upstream)의 공급자 가치와 하류(downstream)의 구매자 가치사슬과 연계되어 효율성이 증대되도록 한다.

빅데이터 기획단계는 분석단계와 계획단계로 구성되는데 현황 분석을 통해 문제를 어떻게 해결할지 구체적으로 계획하게 된다. 계획단계의 절차는 과제 목표 정의, 요구사항 도출, 예산수립, 과제계획으로 진행되는데 예산수립에서는 데이터, 시스템, 인력 및 관리, 외주발주, 분석 후 유지보수에 대한 비용을 계획해야 한다. 간혹 데이터 예산을 제대로 감안하지 못하는데 시스템과는 별도로 데이터를 획득해서 구축하고 정비 및 관리를 하는 데 비용이 들어간다.

01 기 획

기획과 계획의 정의 차이
- 기획 : 계획을 도모하는 것으로 문제와 관련된 다수의 요소를 논리적으로 사고하고 불확실한 요소를 미리 예측해서 과학적으로 해결책을 세우는 것
- 계획 : 기획을 어떻게 할 것인가에 대한 것

빅데이터 기획은 글로벌 경쟁사회에서 이제는 제품과 서비스의 차별점이 점점 줄어들게 됨에 따라 프로세스의 효율성과 최적의 의사결정력만이 수익을 확보할 수 있는 요소로, 이는 빅데이터를 어떻게 활용할 것인지, 즉 애널리틱스에서 실현가능하기 때문에 빅데이터 기획이 필요하게 되었다.

상세한 기획에 대한 내용은 아래와 같다.

단 계	절 차	수행업무	설명 및 예시

분 석	이슈도출	현황분석	• 경영목표인 수익창출에 저해가 되는 이슈 도출
			  - 고객의 재구매율이 낮아지고 있다.
			  - 공정에 투입된 인원은 증가되는데 생산량은 증가되지 않는다.

	문제정의	• 이슈 그룹핑 • 이슈에 대한 Root Cause	• 이슈에 대한 명확한 사실과 이에 대한 근본원인을 찾아 향후 해결방안과 연계할 수 있도록 함 • 대부분의 이슈들은 중복적인 경우가 많으므로 그룹핑이 필요함 • 이슈는 근본원인이 n:1로 그룹핑될 수 있음
	해결대안 수립	• 데이터 분석을 통한 Fact 도출 • 해결대안 후보 준비를 위한 브레인스토밍	상세분석을 통한 Fact를 도출하여 근본원인들에 대한 해결방안을 제시

분석	타당성 검토	• 데이터 및 기술적 타당성 검토 • 경제적 타당성 검토 • 운영적 타당성 검토 • 선택	• 모든 해결대안을 수행하는 것이 아니라 중요도, 시급성, 기술 난이도, 추진 용이성, 운영 용이성을 이용해서 우선순위에 따라 필터링
	과제선택	• 우선순위 부여 • 과제추진 방안수립	• 필터링 된 과제에 대해 실행용 이성과 비즈니스 임팩트를 고려하여 Quick-win 과제와 중단기로 실행할 과제에 대한 Roadmap을 작성
계획	과제목표 정의	성과지표 결정	• 해당 과제의 성공여부에 대한 목표 값 설정 예 캠페인 반응률 5% → 10%로 2배 향상
	요구사항 도출	요건도출	• 해당과제가 어떤 요건을 갖추어서 진행되어야 되는지를 정의하는 것 ※ 과제진행을 위해 지원해줄 사항을 요구하는 것이 아님
	예산안 수립	과제진행을 위해 요구되어야 할 자원에 대한 비용예산 수립	• 필요 내부인력 및 공수 • 필요 하드웨어 • 필요 소프트웨어 • 필요 외부 인력 및 공수 • 공간확보 및 PC 등 비용 • 유지보수 비용 • 과제진행 경비(expense)

	과제계획 수립	• 역할정의
		• 조직 및 인적자원관리
		• 일정관리
		• 프로젝트 실행관리 방안
		• 커뮤니케이션 방안
		• 위험관리
		• 품질관리
			• 일반적인 프로젝트 관리방안임
			• PM의 요건
			  - 기업가적 정신 또는 책임감
			  - 관리 능력
			  - 지휘 능력
			  - 의사소통 능력
			  - 분석 및 기술적 지식

실행	요건정의	• 현황파악 • 요건정의 • WBS 작성 • 요건 및 추진계획 확정	• 내부 문서 및 데이터를 활용한 현황 파악 • 과제에 대한 담당현업/IT의 설명회 실시 • 과제 해결방안 결정 • 필요 데이터 가용성 확인 • 설명회 및 요건 확정
	분석용 데이터 구성	• 분석용 데이터 정의 • 분석용 데이터 생성	• 변수설계 • 소스 타깃 매핑 • ETL설계 및 구현 • Data Cleansing

실 행	모델링	• 프로토타입 모델 개발 • 모델 개발 및 검증	• 프로토타입을 통한 모델링 추진방안 수립 및 이해관계자 기대수준 조정 • 모델 개발 및 검증 반복
	검증 및 적용	• 실제 운영 테스트 • 시스템 테스트 • 시스템 인계 • 운영 및 개선	• 실제 운영 테스트 • 단위 테스트 • 통합 테스트 • 인터페이스 구현 • 교육 및 인수인계 • 최종보고 • 운영 및 유지보수
	변화관리	• 커뮤니케이션 플랜 • 커뮤니케이션 및 교육	※ 프로젝트 초반부터 변화관리를 지속적으로 종료 시까지 진행

02 과제 도출

과제는 해결해야 할 이슈로 경영상의 수익을 감소시키거나 시간을 지연시키는 요소로 해결해야 될 문제(문제라는 단어는 부정적이므로 컨설팅 분야에서는 이슈라고 함)이며, 이를 해결하는 과정이 분석활동이다. 문제(이슈)는 기대수준과 현실과의 차이에서 발생되는 것으로 이를 제거하거나 약화시켜서 최대한 차이를 감소시키는 것이 필요한데, 문제에는 다양한 유형이 있으므로 이에 대한 적합한 방법으로 대처해야 한다.

1 분석과제 유형에 따른 대처 방법

(1) **개념문제** : 현상에 대한 이해의 차이로 발생하며, 실용문제는 기대에 대한 충족도 문제로 원인에 대한 파악이 필요하다.

> 사례분석
>
> CRM에서 캠페인 반응에 대한 정의가 잘못된 경우 아무리 캠페인을 열심히 해도 캠페인을 수행한 집단과 수행하지 않은 집단에서의 반응률이나 매출의 차이가 없다. 이것은 개념에 대한 정의가 잘못되어 발생하는 경우로 개념을 제대로 정의해야 효과나 효율성에 대한 파악이 가능하다.

(2) **정형문제** : 표준화된 해법에 대한 기대와 현실 간의 차이로 인해 발생하며, 해결방법이 존재하므로 이를 수행하면 된다.

> 사례분석
>
> 캠페인 반응률을 높여야 되는 문제가 있다면 데이터마이닝 기법을 통해 대상 집단 선정기준을 변경하는 방법을 데이터마이닝을 이용해서 수행하면 된다. 이는 이미 정형화된 해결방안이 있는 경우이고 단지 적용과 실행을 하지 않아서 발생된 경우이다.

(3) 비정형 문제 : 표준화된 해법이 없으므로 이에 대한 방법을 문제에 맞게 도출하여 접근해야 한다.

> **사례분석**
>
> 기존 채널을 통한 자동차 영업에 한계를 느끼고 뭔가 다른 방법이 있었으면 하는 경우 소셜 미디어에서 영업기회를 찾아 활용한다. 과거에 없었으나 새로운 창의적인 방법으로 접근하는 방법이다.

(4) 위급 문제 : 위급성이 해결되지 않아 발생한 것으로 원인규명과 조기해결이 필요하다.

> **사례분석**
>
> 당장 내일 임원들 대상으로 새로운 솔루션에 대해 데모를 해야 하는데 성능이 너무 느려서 문제인 경우 기존 환경을 변경해서 무선 네트워크 환경을 유선으로 바꾸고 네트워크 간에 트래픽이 집중되지 않도록 함으로써 해결할 수 있다.

(5) 원인 문제 : 원인이 규명되어야 할 것이 해결되지 않은 것으로 시간이 걸려도 근본 원인을 찾아 해결하는 접근이 필요하다.

> **사례분석**
>
> 경마시합에서 1, 2, 3등을 모두 예측해야 목적을 달성하는데 3마리 중 2마리는 예측이 가능하나, 나머지 1마리는 전혀 의외의 경우에서 나타난다. 이러한 경우 우리는 확률적으로 매우 가능성이 낮은 것 중에서 우승할 가능성이 높은 것을 찾아야 하는 원인을 규명해서 접근해야 한다. 시간을 갖고 새로운 방법 및 다른 요인이 있는지 찾아야 하는 문제이다.

> 위에서 언급한 분석과제 유형은 배타적이지 않고 중복될 수 있기 때문에 해결방법을 통합적으로 고려하여 접근해야 한다.

② 분석과제 기획을 위한 접근방법

(1) 비즈니스 이슈로부터 접근하는 수요기반 분석과제 도출 방식

① Top-down방식 : 기업의 전사전략에 기반하여 해결해야 될 과제가 어떻게 접근해야 되는지 선택하다보니 빅데이터 과제로 될 수 있는 것

② Bottom-up방식 : 분석을 하다보니 이슈를 발견해서 전략적인 목적을 달성할 수 있다고 판단하여 추진하는 것

(2) 데이터분석으로부터 분석을 통해 이슈를 정해 추진하는 방식

이들 각각의 장단점이 있어서 반드시 어떤 것이 좋다고 할 수는 없으며 상호보완적으로 사용되어야 할 것이다. 그러나 개인적인 생각으로는 빅데이터 분석과제는 Top-down으로 되어야 한다고 생각한다. 데이터가 너무 방대하고 다양한 성격을 갖고 있어서 명확한 목표나 목적이 없으면 Bottom-up이 CRM에서와는 비교할 정도가 아닐 정도로 매우 소모적인 일이 될 것이다.

③ 빅데이터 분석과제 도출 방법

Parise et al.(2012)은 비즈니스 분석목적의 명확성을 비즈니스 목적이 측정인지 실험인지로 나누고, 데이터 유형을 내부 정형데이터인지, 외부 비정형(비거래) 데이터인지로 나누어 접근하였다. 이러한 구분은 독립적인 활용이 아니라 결합되어 활용되어야 한다.

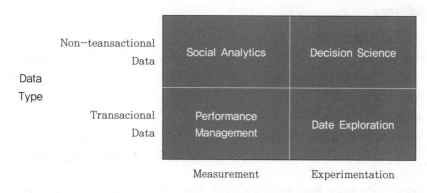

[비즈니스 분석목적의 명확성]

(1) 성과관리(Performance Management)

비즈니스 목적이 측정이고 거래상 정형데이터에 대해서는 대시보드형태로 계획대비 실적에 대한 달성도 등의 정보가 분석결과로 제공된다.

(2) 데이터 추정/탐색(Data Exploration)

adhoc query로 해결하거나 통계적 검증 또는 데이터마이닝으로 분석하여 접근할 수 있다.
예 Clustering기법인 k-means를 이용하여 세분화하고, 해당집단에 최적의 offer를 classification model로 결과를 도출한 후 offering을 association analysis를 통해 도출한다.

(3) 소셜 분석(Social Analysis)

twitter, Facebook 등의 소셜 미디어에서 고객들의 주제가 무엇인지 혹은 관련된 주제·키워드의 추이는 어떻게 변하며, 어떻게 전파되어 도달되는지, 언급되는 비중은 어떠한지(share of mind, awareness), 대화에 참여하는 수준(engagement)은 어떠한지를 분석하는 것으로 text mining, sentiment analysis, social network analysis 등이 사용된다.

(4) 소셜 추정(Decision Science)

소셜 등 비정형 데이터를 활용하여 실험적으로 접근하여 고객이 원하는 상품/서비스가 어떠한 것인지를 추론하여 신상품개발이나 의사결정에 응용하는 것으로 text mining, topic modeling, social network analysis 등이 응용된다.

이해 더하기

- 정형 데이터 분석 도구
Microsoft SQL Server Analysis and Reporting Services, SAP BusinessObjects, Oracle Business Intelligence, IBM Cognos/SPSS, SAS, Microstrategy, QlikTech, TIBCO Spotfire, Open Source R 등

- 비정형 데이터 분석 도구
Open Source R, Social Listening, Radian6, Attensity, Visible Technologies, Converseon, HootSuite, NodeXL network graphs, HP Autonomy, Oracle Endeca, IBM Watson 등

이외에도 운영의 효율성 관점, 고객과 공급자 간의 긴밀성 유지관점, 개선된 문제해결 역량 관점에서의 분석기회 발굴, 지식 중개자, 균형성과표를 이용한 분석기회 발굴방법 등 다양한 방법들이 있다.

운영 효율성 측면의 분석기회 발굴은 SCM(Supply Chain Management) 측면의 전반적인 업무의 연계측면에서의 가치창출을 추구하는 것으로, 단순한 기능의 개선보다 더 효과적으로 평가하고 있다. 이를 위해서는 활동과 활동 간의 연계인 프로세스를 효율적으로 하는데 빅데이터를 사용하는 것이다. 대표적인 예로 BPM에서 나오는 process, task에서의 통계값, KPI를 빅데이터를 연계해서 분석하는 것이다. 고객과 공급자 간의 긴밀성 측면의 기회발굴은 공급하는 기업과 고객 간의 제대로 된 관계가 유지되어야 되므로 CRM과 SCM측면에서 빅데이터 활용을 하는 것이다. 예를 들면 고객의 니즈에 맞게 다양한 상품을 제공하고 재고에 대해 적정수준을 유지하면서 비용을 낮추어 보다 많은 혜택을 주면서, 배송에 대한 최적화로 편리성을 높이는 방안 등이다. 개선된 문제해결능력 분석기회 발굴은 문제의 인식과 해결책 설계, 평가 및 선택 그리고 실행에서 빅데이터를 통해 내·외부 정보를 충분히 활용하여 개선에 활용하는 것이다. 그린 컴퓨팅 분석기회 발굴은 IoT를 기반으로 에너지 소비정보를 통합해서 예측 및 통제 최적화를 활용하는 방안과 유사한 접근을 시도할 수 있다. 지식중계자로서의 기회 획득은 국내에서 카드사들이 신규 사업으로 많이 접근하는 내용으로 자사의 고객, 가맹점, 거래데이터 및 소셜데이터를 기반으로 타 산업에 산업 리포트를 제공하거나 공동 마케팅, 제휴마케팅을 하는 방법도 지식서비스를 하는 대표적인 예라고 할 수 있다. 균형 성과표(Balanced Scorecard)를 이용한 방법은 재무/고객/비즈니스 운영/학습과 성장의 관점에서 측정된 KPI의 이슈를 기업 내부 및 외부에서의 빅데이터를 결합하여 성과변동을 설명하고, 낮아졌다면 무슨 원인에 의해 그러한지, 이를 개선하기 위해서는 어떻게 해야 하는지를 통해 접근하는 방식이다. 흔히 마켓에 대한 정보를 Scence and Respond하는 방식으로 접근하는 것으로 Market Intelligence와 비슷한 방법이다.

여기서 멈출 거예요? 고지가 바로 눈앞에 있어요.
마지막 한 걸음까지 시대에듀가 함께할게요!

PART

04

빅데이터 분석

경영
빅데이터 분석사
2급 단기완성

PART 04

빅데이터 분석

● **핵심포인트** ●

빅데이터 분석에는 통계적 분석이 응용 및 활용되며, 집단 간의 평균과 분산의 차이나 기대빈도의 차이, 변화방향이나 변화강도에 대한 분석, 값들 간의 관계에 대한 공식을 산출하는 분석 등이 있으며 요인분석, 다차원척도(상대적 거리 활용), 주성분분석 등을 통해 변수축소를 시도하고, 데이터마이닝을 이용해 정형/비정형 데이터에 대한 목표값이 있는 지도학습과 목표값이 없는 비지도 학습을 실행한다. 여기서 분석 데이터셋을 학습용과 검증(테스트)용으로 구분하여 성과지표를 검증용으로 산출하고, 학습 시와 일관된 성과를 보이는 경우 실제 업무에 적용하게 된다.

알고리즘 중 고차원 회귀/분류모형으로 변수선택과 규제(regularization)를 동시에 하여 예측성능 향상과 해석력을 높여주는 Lasso(least absolute shrinkage and selection operator), 많은 변수를 최대한 활용하는 ridge regression, SVM(Support Vector Machine) 등의 알고리즘이 활용되고 있다. 이러한 분석모델은 분석주기에 따라 적용하고 분석의 예측력의 편차가 커지는 시점에 다시 분석모델링을 실시해서 최근 데이터 변화에 적응하도록 수정한다. 비정형 데이터의 과정은 특히 탐색, 이해, 분석의 과정을 거치게 된다.

분석결과를 효과적으로 보여주기 위한 방법이 시각화인데 시각화 기술에는 시간, 관계, 비교, 공간, 인포그래픽 기법이 있고 특히 지리정보에 연계해 보여주는 것을 공간분석(Spatial Analysis)이라고 한다.

위 과정에서 데이터가 전수 데이터 처리에 시스템 성능상 문제가 없다면 그대로 모집단을 처리하면 되지만 처리속도에 문제가 있는 경우 모집단 계층의 분포에 맞게 표본을 추출하는 층화추출과 단순하게 임의추출하는 임의추출방식이 있다.

CHAPTER

01 플랫폼

빅데이터 분석 프로세스의 개념

① 빅데이터 분석의 목적

새로운 종류의 데이터나 많은 양의 트랜잭션 데이터를 분석하여 기업이 경영과 관련하여 더 좋고, 효율적인 의사결정을 하도록 도와준다.

> 예 새로운 종류의 데이터 : 웹 서버 로그, 인터넷 클릭 정보, 소셜 미디어 데이터, 이동전화 통화 기록, M2M 또는 IoT 관련 센서들이 감지한 정보 등

기업 경영 분야에서 새로운 종류의 데이터에 관심을 갖게 된 것은 IT기술의 진보에 따라 이전에 시도하지 못했던 대용량 데이터에 분석이 합리적인 시간 내에 가능해졌기 때문이다. 기존의 정형데이터로 분석한 내용에서의 한계로 추가적인 정보소스를 찾는 과정에서 포함되게 되었다. 이를 통해 기업평판에 대한 정보와 고객의 클레임 정보, 고객의 활동에 대한 보다 동적인 정보(위치, 행동패턴), 공장 설비의 정보를 분석할 수 있게 되었고, 이는 바로 고객만족도 향상 및 생산제품의 품질 향상 등으로 발전해왔다. 이러한 발전은 사물인터넷(IoT ; Internet of Things)으로 이어져 실시간으로 고객의 행동패턴 수집이 가능해지고, 이러한 데이터를 기반으로 분석된 정보로 개인 맞춤식 서비스를 제공함으로써 고객 만족도와 브랜드 충성도를 높이려는 보다 창의적인 시도를 하고 있다.

② 빅데이터 분석 목적의 명확화

빅데이터 분석의 순환과정에 있어서 중요한 부분은 분석 목적의 명확화이다. 이를 간과하게 되면 순환의 최초 과정인 데이터 수집을 적절히 할 수 없어 분석단계에서 적절한 분석을 수행하기가 어렵다. 따라서 데이터 수집, 저장, 처리 과정을 별도로 수행하고, 분석 전문가를 그 이후에 투입하는 형식의 프로젝트를 진행하게 되면 앞의 데이터 수집, 저장, 처리를 재수행해야 하는 부담을 안게 될 수 있으므로 반드시 분석 목적 명확화를 우선 수행해야 한다. 이러한 점에서 일단 빅데이터를 수집하고 보자는 접근방법은 매우 위험한 발상이다.

제 2 절 빅데이터 분석에 필요한 플랫폼 환경

빅데이터 플랫폼은 폭증하는 입력데이터를 수집하는 곳과 처리하는 플랫폼 그리고 스마트한 서비스를 제공하는 출력층으로 구성된다.

① 빅데이터 플랫폼 구성요소

(1) **빅데이터 처리 플랫폼** : 대용량의 데이터를 수집, 저장, 처리, 분석, 시각화를 위한 기술이다.

(2) **빅데이터 인프라** : 대용량 데이터의 고속 저장 및 고성능 계산능력을 갖춘 기술이다. 저가의 컴퓨터 다수에 업무를 분산해서 처리한 후 합해서 마무리하는 분산컴퓨팅 (distributed computing), 단위 성능이 뛰어난 고성능 컴퓨팅(high performance computing), 디스크를 최소한으로 사용하고 대부분을 처리속도가 빠른 메모리에서 처리하는 인메모리 컴퓨팅(in-memory computing) 기술이 활용되고 있다.

② 입력데이터의 수집 차원

현대화된 데이터의 다양한 형태를 수용할 수 있도록 갖추어져야 한다. 즉, 데이터를 발생시키는 원천이 사용자의 디바이스나 인터넷/소셜 미디어와 같이 다양해짐에 따라 이들을 수집할 수 있어야 하며, 공장의 생산설비나 제작된 장비의 센서데이터도 수집할 수 있어야 한다. 그 외에 공공데이터나 기업데이터도 수집할 수 있도록 구성되어야 한다. 이러한 수집방법은 모두 특성이 다르고 기준이 다르기 때문에 이를 등록하고 실행, 모니터링할 수 있는 기능이 구현되거나 기본으로 제공되어야 한다.

③ 출력 차원

다양한 정보소비자의 요구를 만족시킬 수 있어야 한다. 즉, 소셜 미디어에 분석결과를 노출시킨다든지, 스마트그리드, 홈 시큐리티 등 다양한 개인화된 장비에 전송, 구현이 가능해야 하며, 금융/보험의 특성을 반영한 서비스, 과학/제조에 활용할 수 있는 산출물을 제시할 수 있도록 구성되어야 한다.

PART 4

데이터 수집(분석 목적 명확화 포함) → 저장 → 처리 → 분석 → 시각화 → 이용 → 폐기

1 빅데이터 수집(Big Data Collection)

수집 대상 데이터 선정 → 수집 세부 계획 수립 → 데이터 수집 실행

(1) 수집 대상 데이터 선정

빅데이터 분석의 성공 여부를 가리는 매우 중요한 단계로서 분석 경험이 많은 전문가의 의견이 반드시 필요하며 아래 사항을 고려해 수집한다.

① Performance 측면 : 목적을 달성하기 위한 수집 대상의 규모, 조건 선정

② Compliance 측면 : 국가별 개인정보 보호 등의 관련 규제를 준수

③ Cost Efficiency 측면 : 수집비용과 같은 원가로, 수집이 비용효율적인지 데이터의 구매가 비용효율적인지 판단해야함

(2) 수집 세부 계획 수립

수집 대상 데이터의 특성을 파악한 후 수집 기술을 선정한다.

① 특성 : 데이터 소유자(내부데이터, 외부데이터), 데이터 유형 파악, 데이터 포맷 확인 등

② 기술 선정 시 고려사항 : 확장성, 안정성, 실시간성, 유연성 등

③ 데이터 유형 및 종류에 따른 수집 기술로는 정형 데이터인 RDBMS와 Spreadsheet(이는 논쟁의 여지가 있다)에 대해서 ETL, FTP, API를 통해 처리하고, 반정형 데이터로 데이터 자체에 구조가 tag형식으로 정의된 HTML, XML, JSON, Web Log, Sensor Data는 Crawling, RSS, API, FTP 등을 이용한다. 비정형 데이터인 소셜 데이터, 문서파일, 이미지, 오디오, 비디오 IoT 등은 반정형과 유사한 수집기술을 이용하며 특히 streaming 방식을 이용하기도 한다.

(3) 데이터 수집 실행

① 능동적 수집과 수동적 수집

    ㉠ 능동적 수집 : 데이터 소유자가 수요자에게 전달하는 것. 생산관련 로그 데이터, 설문조사 결과

    ㉡ 수동적 수집 : 데이터 소유자는 웹페이지 등을 통해 공개하고, 수요자는 웹 로봇이나 웹 크롤러로 정보를 수집하는 것

> **⚠ 주의**
>
> 수집 주체 관점에서 보면 능동/수동이 혼란스러우나 공식 수험서 기준을 그대로 적용하였다.

② 내부 데이터와 외부 데이터

    ㉠ 내부 데이터 : 자체적으로 보유한 내부파일 시스템이나 데이터베이스, 센서 등에 접근하여 데이터를 수집하는 것

    ㉡ 외부 데이터 : 인터넷으로 연결된 외부에서 데이터를 수집하는 것

        ㉤ 크롤링 엔진을 통한 외부 데이터 수집 : 로봇이 인터넷 사이트를 방문하여 모든 페이지의 복사본을 생성함으로써 데이터를 수집하는 것. SNS, UCC, 온라인 쇼핑, 검색 등 사용자들의 다양한 활동과 관련된 많은 양의 데이터 수집에 적용됨

(4) 빅데이터 변환/통합

① **변환** : 데이터를 수집하는 과정에서 컴퓨터가 바로 처리할 수 없는 비정형 데이터를 구조적 형태로 전환하여 저장하는 것

    ㉤ 비정형 데이터의 정제, 누락 데이터 처리, 형식 일치, 내용 오류 데이터 교정

② **통합** : 레거시 데이터들을 통합하고, 비정형 데이터를 구조화하여, 처리된 비정형 데이터와 레거시 데이터를 통합하는 것

> **TIP**
>
> 위에서 살펴본 바와 같이 빅데이터 수집은 다양한 원천으로부터 다양한 기술을 사용한다. 따라서 이 단계에서 데이터 수집의 목적을 명확히 하는 것이 중요하다. 목적에 맞는 데이터를 정의해야 필요한 기술을 적합하게 적용하여 원하는 결과를 얻을 수 있다. 목적 없이 데이터 수집에만 집중하면, 필요한 데이터의 누락에 따른 빅데이터 도입 효과 상실 혹은 불필요한 데이터의 수집으로 인한 빅데이터 도입 효율 저하를 가져올 수 있다.
>
> 실제로 몇몇 프로젝트에서 데이터 수집 단계에서 충분한 검토를 거치지 않고 빅데이터를 수집한 결과, 데이터 분석 단계에서 원하는 결과를 얻지 못하는

경우가 발견되고 있다. 외부의 중요 데이터를 활용해야 한다는 것을 간과한다든지, 센서 데이터 수집에서 특정 데이터 수집을 누락한다든지, 때로는 안정적인 데이터의 수집을 위한 기술의 적용을 간과하는 경우가 발생하고 있다. 이러한 어려움을 회피하기 위해서는 수집 단계에서부터 데이터 분석 전문가가 관여하여 빅데이터 수집의 효과와 효율을 모두 놓치지 말아야 할 것이다.

② 빅데이터 저장(관리)(Big Data Storage)

!️ 주의
아래 각 단계는 데이터 저장관리 요소이지 순차적 작업은 아니다.

(1) 빅데이터 전처리(Pre-processing) : 데이터를 수집하여 저장소에 적재하기 위한 처리 과정

① 필터링 : 분석 목적에 맞는 데이터만 선별하는 것이다. 비정형 데이터의 경우 데이터 마이닝을 통해 오류나 중복을 제거하여 저품질 데이터를 개선하는 과정으로, 분석과정에서 자연어 처리와 기계학습과 같은 기술 적용을 통해 추후 분석시간의 단축과 저장 공간의 효율화를 기대할 수 있다.

② 유형변환 : 분석에 용이한 형태로 변환하는 과정이다.

③ 정제 : 데이터의 불일치성 교정, 결측치(Missing Value)처리, Noise 데이터 처리 등이 있다. 특히 소셜 데이터의 경우 불필요한 정보의 처리가 중요하다.

(2) 빅데이터 후처리(Post-processing) : 분석 전 작업에 용이하도록 가공하는 작업

!️ 주의
공식 수험서 내용에 smoothing, aggregation, generalization 등과 통합/축소에 대해 언급되어 있는데 이는 수집과 저장에 해당하는 내용으로 보기보다는 분석 직전의 데이터 처리로 보아야 되나, 공식수험서 기준을 따른다.

① 변환(Transformation) : 수집된 다양한 형태의 데이터를 일관성 있는 형식으로 변환하는 것으로 평활화(smoothing), 집계(aggregation), 일반화(generalization), 정규화(normalization), 속성 생성(attribute/feature construction) 등을 거치게 된다. 데이터의 특성과 기법에 따라 수행하는 작업이 다르다.

② **통합(Integration)** : 출처는 다르지만 연관성 있는 데이터를 결합하는 것이다. 동일한 데이터가 입력될 수 있으므로 연관관계 분석 등을 통해 중복데이터를 검출하는 것과 표현 단위(metric, lb vs. kg, inch vs. cm, 시간 표시 방법 등)를 일치시키는 것을 포함한다.

③ **축소(Reduction)** : 고유한 특성이 손상되지 않는 범위에서 분석에 불필요한 데이터를 축소하여 분석 효율성을 높이는 과정이다. 예를 들어 텍스트 마이닝에서 Document Term Matrix에서 Sparcity가 높은 데이터를 제거하는 방법이 대표적이다.

(3) 빅데이터 저장(Big Data Storage)

저장할 데이터의 포맷 등 유형을 검토하고, 데이터 저장 방식(RDB, NoSQL, 분산파일 시스템 등)을 선정하여 저장하는 과정으로 RDB, NoSQL, MongoDB 방식이 있다.

① **RDB** : 관계형 데이터 저장 방식, 저장/수정/관리가 용이, SQL 문장을 사용한다.
　예 oracle, mssql, mySQL, sybase, MPP DB 등

② **NoSQL** : 비관계형 데이터 저장소, Not-only SQL의 약자, 테이블스키마가 고정되지 않고, 테이블 조인 미지원, 수평적 확장이 용이, key-value, document key-value, column 기반의 NoSQL이 주로 활용 중이다.
　예 MongoDB, Cassandra, HBase, Redis

③ **분산파일시스템** : API를 통해 분산된 서버의 로컬 디스크에 파일을 저장하고 읽기/쓰기 같은 단순 연산을 수행하는 대규모 데이터 저장소 구현에 적합하다. 범용 x86 서버의 CPU, RAM을 사용하므로 장비를 증가시켜 성능을 향상하는 것이 용이하고 수 TB ~ 수백 PB 이상의 데이터 저장 지원이 용이하다.
　예 HDFS

PART 4

③ 빅데이터 처리(Big Data Processing)

빅데이터에서 유용한 정보와 의미 있는 지식을 찾아내기 위한 데이터 가공이나 데이터 분석 과정을 지원하기 위해, 저장된 대규모 데이터를 적시 처리하는 과정을 말한다. 가트너에서는 데이터 처리방식을 CEP(Complex Event Processing ; 데이터가 발생되는 순간 패턴을 찾아서 특정 처리를 하는 이벤트를 발생시킴. 예를 들어 ATM기계를 사용하지 않던 사람이 갑자기 사용하면 이상 징후로 판단), OLTP, ODS, EDW, 빅데이터의 다섯 가지로 구분한다.

(1) 빅데이터 처리와 기존 데이터 처리방식과의 차이(가트너의 빅데이터 분석 보고서 인용)

① 빅데이터 처리는 의사결정의 즉시성이 상대적으로 덜 요구된다.

② 대용량의 데이터에 기반을 두어 분석 위주의 중장기적이고 전략적이지만 일회성 거래처리나 행동분석을 지원하여야 한다.

③ 다양한 데이터 소스, 복잡한 로직 처리, 대용량 데이터 처리 등을 위해 처리의 복잡도가 가장 높고 분산처리 기술을 필요로 한다.

④ 빅데이터는 실시간 또는 준 실시간 처리가 보장돼야 하는 데이터 분석에는 적합하지 않을 수 있다. 실시간 처리를 위한 방안은 별도로 존재한다.

(2) 빅데이터 처리 관련 기술 분류

대분류	중분류	기 술
실시간처리	In-Memory Computing	In-Memory 플랫폼 In-Memory 메시징 In-Memory 데이터관리(DBMS, Data Grid)
	데이터스트림처리	DBMS, Storm, ESPER, S4, Hstreaming CEP (Complex event Processing)
분산처리	Cloud Computing	클라우드컴퓨팅 분산처리
	Hadoop	HDFS, MapReduce

① 빅데이터 일괄 처리

빅데이터를 여러 서버로 분산해 각 서버에서 나눠서 처리하고, 다시 모아서 결과를 정리하는 분산, 병렬 기술 방식을 사용한다.

예 하둡의 맵리듀스, 마이크로소프트의 드라이애드(Dryad)

② 빅데이터 실시간 처리

   ㉠ 스트림 처리 기술 : 사람들의 행동이나 기계 등의 작용, 기후 환경의 변화 등에 의해 끊임없이 생성되는 이벤트와 관련된 데이터를 실시간으로 처리를 하는 것으로 '이벤트 기반 실시간 처리 기술'이라고도 한다. 이를 통해 스트림 데이터를 적정 구간으로 나누어 처리하여 최신 데이터를 제공하거나 전체 데이터 처리 전 중간 처리 결과를 먼저 제공할 수도 있다.

   ㉡ 분산 스트림 처리 : 발생량이 대용량이고, 많은 계산 능력을 필요로 하는 비정형 데이터에 대해 데이터를 여러 노드로 분산하여 병렬로 처리하는 기술로서 데이터의 처리 지연을 최소화한다.

   ㉢ 인-데이터베이스 처리 : 데이터베이스 내에 분석을 직접 수행할 수 있는 기능을 포함한다. 데이터베이스와 분석 소프트웨어를 분리함으로써 데이터의 처리와 프로세스를 여러 단계를 거쳐야 하는 문제점을 줄여서 신속하게 처리할 수 있는 방법을 제공한다. 대표적인 사례가 오라클의 R 사용 환경이다. 사용자는 Open Source R을 사용하듯이 사용하지만 중간에 어뎁터가 오라클 DBMS에 탑재되어 있는 별도 분석언어로 변환해서 전달하고 이를 데이터베이스 안에서 직접 실행하므로 분석도구와 데이터 간에 추가적인 데이터 이동이 없어지게 된다.

④ 빅데이터 분석

> 분석 계획 수립 → 분석 시스템 구축 → 분석 실행

(1) 분석 계획 수립

초기 분석 목적을 점검하고, 상세하게 명확히 정의하는 것을 시작으로 절차와 세부 시나리오를 작성한다. 분석을 위한 환경을 파악하고, 분석 인프라를 내부에 구축할지 외부 서비스를 이용할지도 결정한다. 대부분 국내 법규상 내부 인프라를 이용하게 되는데 통신, 금융 데이터는 해당 건물 밖으로 데이터가 나갈 수 없다.

(2) 분석 시스템 구축

① 하드웨어 인프라 구축 : 빅데이터 용량이나 분석 작업이 요구되는 부하를 감안한 수집 데이터 저장 서버, 데이터 처리 서버(하둡 기반 분석, 정형 데이터 DW 등) 등

② 소프트웨어 : 빅데이터 수집(Flume, Sqoop, Crawler, Open API 등), 분산 파일 관리(HDFS 등), 빅데이터 분석(MapReduce, Pig, Hive, Mahout, R 등)

ⓐ Pig : 하둡 파일 시스템을 이용하여 대용량 데이터 처리 스크립트 언어

ⓑ Hive : Pig와 유사하나 테이블 개념이 있어서 SQL기반의 대용량 데이터 처리 데이터베이스

ⓒ Mahout : 머신러닝 라이브러리

ⓓ R : 오픈소스 데이터 가공, 통계, 시각화, 데이터마이닝/머신러닝, 공간분석 등 다양한 분석기법을 지원하는 도구

(3) 분석 실행

① 분석 기술 : 통계분석, 데이터마이닝, 텍스트 마이닝, 예측분석, 최적화, 평판분석, 소셜 네트워크 분석, 소셜 빅데이터 분석 등

② 분석 속도에 따른 분류 : 실시간(real time) 분석, 준 실시간(quasi-real time) 분석

③ 분석 속도 향상을 위한 기술 : 인-데이터베이스 분석, 인-메모리 분석, 다중 프로세스를 활용하는 MPP(Massively Parallel Programming) 등

> ⚠️ **주의**
>
> 여기서 조심해야 하는 것은 실시간 데이터마이닝이란 용어를 마케팅적으로 사용하는 경우가 있는데, 실시간 데이터마이닝이라는 것은 없다. 데이터마이닝 결과를 deploy해서 C, C++, SQL, Pro-C 등으로 운영 시스템에 적용되어 실시간 처리가 될 뿐이다.

 TIP 분석을 위해서는 하둡, NoSQL 등의 빅데이터 분석 인프라 기술이 필요하고, 그 위에 기존 통계학과 전산학에서 사용하던 다양한 통계처리, 데이터마이닝, 텍스트 마이닝, 오피니언 마이닝, 그래프 마이닝 등 다양한 분석 방법 및 기계학습, 인공지능 기법을 적용해야 한다.

⑤ 빅데이터 분석 시각화(Visualization)

시각화는 분석 결과를 사람들이 쉽게 직관적으로 알 수 있도록 표현하는 기술이다.

(1) 시각화의 7단계(벤 프라이의 저서「Visualizing Data」인용)

① 1단계 Acquire : 데이터의 획득

② 2단계 Parse : 데이터의 의미를 해석할 수 있도록 특정 데이터 구조에 데이터를 변환하여 집어 넣음. 매우 단순한 작업이고 시간이 많이 소요

③ 3단계 Filter : 관심 있는 데이터만을 선별

④ 4단계 Mine : 통계학이나 데이터마이닝 등의 분석 기법을 이용하여 패턴을 파악하거나 수학적인 맥락을 파악

⑤ 5단계 Represent : 분석기법에 해당하는 시각화 방안으로 막대그래프, 리스트, 트리 구조 등의 기본적 시각화 모델 선정

⑥ 6단계 Refine : 기본 표상(basic representation)을 더 명확하고 시각적으로 돋보이도록 개선

⑦ 7단계 Interact : 데이터를 변경하거나 보이는 내용을 조절할 수 있는 방법을 제공

(2) 시각화의 예

① 위키피디아의 "Abortion"과 관련된 글의 생성 및 개정되는 것을 시각화[7]

② 2011년 인텔의 "나만의 미술관(The Museum of Me)"[8]

⑥ 빅데이터 폐기(Big Data Disposition)

이용 기한이 지난 개인정보, 정보의 가치가 없는 데이터의 폐기에는 하드디스크를 물리적으로 폐기하거나, 다른 데이터로 덮어쓰기(Overwriting)하는 방법이 있다. HDFS의 경우 여러 곳에 분산 저장하므로 데이터의 폐기 검증이 어렵다.

---

7) http://scimaps.org/maps/map/history_flow_visuali_56/
8) http://www.intel.com/museumofme/r/index.htm

PART 4

CHAPTER

02 통계(1)

제1절 통계분석의 이해

1절에서 다루는 범위는 기초통계 개념과 설문조사 그리고 상관관계와 회귀분석이다. 매우 제한된 범위로 기본적인 이해를 위한 내용만으로 구성되어 있다. 통계를 보다 깊게 이해하려면 t-Test, ANOVA, MANOVA, Chisqure Test, Run Test K-S 등 parametic, non-parametic분석에 대한 이해를 해야 한다.

1 정 의

관심의 대상이 되는 전체집단으로부터 최적의 방법으로 자료를 수집하고, 수집한 자료를 과학적이고 논리적인 이론을 바탕으로 정리 분석하여 최적의 의사결정을 할 수 있도록 정확한 정보를 제공하는 방법론을 연구하는 학문이다. 일상생활 혹은 기업의 경영활동에서 발생하는 다양한 자료를 효과적으로 측정하여 요약하거나 분석함으로써, 의사결정에 도움이 되는 의미 있는 형태인 정보로 전환시키는 방법을 연구한다. 그러나 가설 검증에 있고 많은 전제조건을 만족시키는 경우에 해당 통계기법을 사용할 수 있다.

2 분 류

(1) **기술통계학** : 수집된 자료를 정리, 요약하여 그 집단의 특성을 알기 쉽게 정보화하는 방법을 다룬다.

(2) **추측통계학** : 모집단의 일부인 표본의 특성을 이용하여 모집단의 특성을 추정(estimation)하거나 가설을 검정(hypothesis test)하는 방법을 다룬다.

③ **주요 용어**

(1) **모집단** : 관심의 대상이 되는 집단 전체

(2) **모수(Parameter)** : 모집단의 특성

(3) **통계량(Statistic)** : 표본의 특성

(4) **통계적 추론(Statistical inference)** : 모집단에서 추출된 표본의 통계량으로부터 모수를 추정하고 예측하는 과정

제 2 절 기술통계와 추측통계

① **기술통계**

자료의 특성을 표나 그래프 또는 수치로 정리 요약하여 기술함으로써 자료의 일반적인 특성을 알기 쉽게 나타내는데 이용되는 통계이다.

(1) **자 료**

관심의 대상이 되는 사물이나 사건의 속성을 일정한 규칙에 따라 관찰 또는 측정한 값을 말한다.

① **자료의 분류**

ㄱ 질적자료 : 성별, 직업, 혈액형과 같이 관측된 값이 숫자가 아닌 문자로 표시되어 몇 개의 범주를 나타내는 자료

ㄴ 양적자료 : 키, 몸무게, 생산량 등과 같이 관측된 값이 숫자로 표시되는 자료

② **양적자료의 분류**

ㄱ 이산형 자료 : 고객 수, 차량 수 등과 같이 셀 수 있는 자료

ㄴ 연속형 자료 : 길이, 무게, 온도 등과 같이 모든 가능한 측정값을 세는 것이 불가능한 자료

③ **변수(Variable)** : 관심의 대상이 되는 사물이나 사건의 속성으로, 서로 다른 두 개 이상의 값을 가지는 것

④ 변수의 분류

변수	척도	속성	설명	예시	특성
질적 변수	명목 척도	범주형 자료	측정 대상이 어느 집단에 속하는 지 분류하는 경우에 사용	• 성별(남/여) • 고객구분(신규, 기존, 휴면, 이탈)	모든 연산 불가
	서열 척도	순서형 자료	측정 대상이 서열관계를 갖는 척도로 선택사항이 일정한 순서인 경우	• 고객등급(A, B, C) • 순위(1등, 2등, 3등)	모든 연산 불가
양적 변수	등간 척도	상대적 크기	측정 대상이 갖고 있는 속성의 양을 측정, 결과가 숫자로 표현 됨	온도	가감(+,−) 가능
	비율 척도	절대 영점 존재	등간척도가 갖는 특성에 더하여 절대적인 영점이 존재하고 두 측정 값의 비율이 의미가 있는 척도	• 체중 • 구매회수 • 총구매액	사칙 연산 가능

(2) 표와 그래프에 의한 자료의 정리

목적	표와 그래프의 예
질적변수 분포파악	도수분포표 범주별 관측도수, 원그래프, 막대 그래프 등
양적변수 분포파악	도수분포표 구간별 관측도수, 점도표, 줄기잎 그래프, 히스토그램, 상자 그림 등
두 범주변수의 관계파악	산점도 분할표, 교차분류표 등

(3) 수치를 이용한 자료의 정리

① 중심위치의 특성값

분류	설명
평균 (mean)	측정 값의 산술적인 평균으로 산술평균이라고도 한다. • 장점 : 일반인에 친숙·명확하고, 모든 자료집합은 유일한 평균을 가지며 통계처리에 매우 편리하다. • 단점 : 극단 값의 영향을 받아 왜곡된 정보를 제공할 수 있다. 따라서 극단값(outlier)을 제거해야 한다.
중앙값 (median)	관측 값들을 순서대로 배열하였을 때 중앙에 오는 값을 의미한다. • 장점 : 극단 값의 영향을 받지 않는다. • 단점 : 최소/최대 자료의 순서, 상대적인 위치만 나타내므로 수치적인 특성을 알기 어렵다.
최빈수 (mode)	관측 값들 중 빈도가 가장 많은 값으로 주로 계산이 의미 없는 명목척도나 서열척도를 이용하여 측정된 질적변수의 대표값을 구하는 경우에 사용된다.
백분위수 (percentile)	자료를 크기 순으로 배열하여 100등분 하였을 때의 각 등분점을 백분위수라 한다.
사분위수 (inter-quartile)	자료를 크기 순으로 배열하고 누적백분율을 4등분 한 각 점에 해당하는 값을 의미한다.

② 분포형태의 특성값

분류	설명
왜도 (skewness)	분포의 기울어진 정도를 나타내는 척도로 기울기는 평균에 대한 비대칭 정도를 나타내는 값으로 분포의 모양이 평균을 중심으로 왼쪽으로 기울어져 있으면 양수로, 오른쪽으로 기울어져 있으면 음수로 나타낸다.
첨도 (kurtosis)	관측 값들이 평균 주위에 집중적으로 몰려있는 정도를 나타내는 척도를 말한다.

③ 산포도의 특성값 : 자료의 흩어진 정도를 나타내는 값

분 류	설 명
범위 (range)	최댓값과 최솟값 간의 차이로 나머지 자료에 대해서는 모두 무시한 특성 값을 말한다. • 자료의 분포에 대해서는 무시
분산 (variance)	관찰 값들이 평균으로부터 얼마나 떨어져 있는지를 나타내는 값을 말한다. • 산포도의 측정치 중 가장 많이 쓰이는 값 • 단점 : 편차를 제곱한 형태로 되어 있기 때문에 실제 변수 값과 비교가 어렵다.
표준편차 (standard deviation)	분산의 제곱근값을 구하여 실제변수 값에 근사한 산포도를 얻고자 한다. • 장점 : 표준편차를 이용하면 평균과 관련한 상대적인 위치를 알 수 있으며 측정 값이 특정 범위 내에 있을 확률을 알 수 있다. • 자료의 개수나 측정 단위가 서로 다른 두 개집단의 표준편차를 비교하는 것은 의미가 없다.
변동계수 (coefficient of variation)	평균에 대한 변동의 상대적인 산포도를 나타내는 값을 말한다.

④ 자료의 수집 : 관심의 대상이 되는 모집단 전체를 조사·분석하는 것은 시간이나 비용 측면에서 비효율적이다. 따라서 표본을 추출해 실시하는 것이 일반적이다. 그러나 빅데이터 분석에서는 전수 데이터를 사용하는 것을 원칙으로 하고 있는데 이는 시스템 성능에 따라 판단하면 된다.

분 류		설 명
비확률표본 추출법	• 할당(quota) 추출 • 편의(convenience) 추출 • 판단(judgement) 추출	각 추출 단위가 표본에 추출된 확률을 객관적으로 알 수 없는 추출법
확률표본 추출법	단순 무작위 추출 (random sampling)	모집단 내부의 자료가 추출된 확률이 동일하게 표본을 추출하는 방법
	계통 추출 (systematic sampling)	표본 추출단위들 간에 순서가 있는 경우 일정한 표본추출 간격으로 표본을 추출
	층화 추출 (stratified sampling)	모집단을 여러 개의 층으로 분류하고 각 층으로부터 일정한 표본을 추출
	집락 추출 (cluster sampling)	모집단을 몇 개의 집락클러스터라는 소그룹 부분집단으로 나누고, 여기서 표본집단을 추출한 후 표본들을 전수 조사하는 방법

② 추측통계

추측통계(추론통계)는 표본의 특성인 통계량으로부터 모집단의 특성인 모수를 추론하는 과정으로 모수의 추론은 추정과 가설검정(hypothesis test) 과정에 의해 수행된다.

> **! 주의**
>
> 필자 개인적인 의견으로 이 영역은 특수전문 연구 분야가 아닌 이상 사회에서 사용할 일이 거의 없을 것이다. 그냥 이런 것이 있다 정도로만 살펴보기를 권장한다.

(1) 추 정

① 추정량(Estimator) : 모평균, 모분산 등과 같은 모수를 추정하는 데 사용하는 표본평균, 표본분산 등과 같은 통계량

  예 표본평균, 표본의 중앙값, 최빈값 등

② 추정량의 바람직한 특성

특 성	설 명
불편성(unbiasedness)	추정량의 기대 값이 모수의 값과 일치한다.
일치성(consistency)	표본의 크기가 커질수록 추정량과 모수가 확률적으로 일치한다.
상대적 효율성 (relative efficiency)	하나의 모수에 대하여 불편 추정량이 여러 개 존재하면 그중 분산이 가장 작은 불편 추정량을 선택한다.
충분성(sufficiency)	추정량이 모수에 대한 충분한 정보를 포함한다.

③ 추정의 종류

  ㉠ 점추정(Point estimate) : 모수를 하나의 값을 사용하여 추정하는 것

  ㉡ 구간추정(Interval estimate) : 구간을 사용하여 추정하는 것

④ 점추정보다 구간추정이 더 많이 사용된다.

(2) 가설검정

모집단의 모수에 대한 가설을 설정하고 표본으로부터 조사한 결과에 따라 그 가설을 선택할 것인지를 통계적으로 결정하는 분석방법이다.

① 귀무가설과 대립가설

　㉠ 귀무가설(영가설, Null Hypothesis) : 기존에 알려져 있는 사실이 옳다고 주장하는 것으로 H_0로 표시

　㉡ 대립가설(연구가설, Alternative Hypothesis) : 연구자의 새로운 제안이 옳다고 주장하는 것으로 H_1로 표시

② 가설설정은 가설의 형태에 따라 양측검정과 단측검정으로 나누어진다.

③ 유의수준(Level of significance) : 통계적 검정은 귀무가설이 옳다는 것에서 출발한다. 표본들의 평균치 간에 생기는 차이가 우연에 의한 것이라기에는 큰 경우, 우연일거라는 의문이 발생하게 되며, 이때 우연인지를 여부를 판단하는 기준을 유의수준이라 한다.

　㉠ α : 귀무가설이 참인데도 기각하는 오류를 범할 확률, 보통 5%를 사용, 경우에 따라 1%도 사용

　㉡ β : 대립가설이 참인데도 귀무가설이 채택되는 오류를 범할 확률

④ 검정통계량(Test statistic) : 가설검정에 이용되는 통계량으로 분포는 항상 가설에서 주어지는 모수가 갖는 분포를 따른다.

⑤ 기각역 : 귀무가설이 사실이라는 전제하에서 구한 검정통계량의 분포에서 확률이 α인 부분을 말한다.

⑥ 통계적 가설검정 절차

　㉠ 귀무가설과 대립가설 설정

　㉡ 검정에 적용할 분포와 검정통계량을 선택

　㉢ 유의수준을 지정하고 임계값(기각역)을 구함

　㉣ 표본자료를 수집하여 검정통계량을 계산

　㉤ 임계값과 검정통계량을 비교하여 귀무가설의 기각 여부를 판정

제 3 절 통계적 검정

통계적 검정은 3가지로 구분할 수 있는데 t-Test, F-Test(ANOVA), x^2-Test(카이스퀘어 테스트라고 읽는다)가 있다. t-Test, ANOVA는 비율척도에 적용되고 x^2-Test는 명목척도 자료에 활용되며, t-Test는 2개의 집단간의 차이를 검정하고, ANOVA는 3개 이상의 집단을 비교할 때 적용된다. 그리고 집단간에 차이가 있다를 p-value로 보고 0.05 또는 0.01보다 작으면 유의한 것으로, 유의하지 않다는 H_0인 null hypothesis, 즉 귀무가설이 기각되어 집단간에 차이가 있다고 판정되는 것이다. 그러면 집단간에 차이가 있다면 두 집단의 평균이 어떠한지, 3집단의 평균이 동일한지 아니면 하나라도 차이가 있는지, 빈도가 예상빈도와 차이가 있어서 특성이 있는지를 각 세 가지 검정방법에서 통계값을 통해 확인하고 이를 이용해서 해석하게 된다.

이러한 방법은 모집단과 표본집단의 대표성을 고려하여 사용되는데, 실제 실무에서 집단간에 차이가 있다에 대한 논란에 대해 간단히 정리할 수 있는 과학적인 방법이다. 예를 들어 '특정 제품의 생산표준시간에 대해 임의로 하위 10%, 상위 20%를 제외하고 평균을 내는 자의적 평균과 다른 제품에 대해 하위 20%, 상위 30%를 제외한 평균을 낸 다음에 두 제품의 생산표준시간이 차이가 있다' 또는 '몇 배 빠르게 생산할 수 있다'라는 결론을 내리고 운영하는 기업들도 있다. 이런 황당한 일들을 피할 수 있는 방법이 통계적 검정이다.

1 t-Test

모집단 평균을 알고 있는 경우 표본의 평균과 분산정보를 갖고 두 집단간에 차이가 있는지를 test하는 방법이다. 이러한 유형의 단일표본 t-Test 사례로는 작년 한 공장에서 불량검사를 하였는데 불량률이 5%였다. 금년 300개의 표본에 대한 불량률이 6%라고 하면 불량률이 증가했다고 볼 수 있는지에 대한 판단을 내리는 데 사용된다. 이러한 검정을 하는 과정을 보면

① 가설설정
② 기준 t값 설정
③ t값 산정
④ 기각역 결정

으로 구분할 수 있는데 기업에서 이런 일을 수작업으로 하는 일은 없으며, 통계 패키지를 이용해서 자동으로 산출된 통계값을 활용해서 의사결정을 한다. 과거에 이런 일을 단계적으로 했던 것은 당시 컴퓨터 시스템이 광범위하게 사용되던 시점이 아니었기 때문이다. 이제는 수학 시간에도 전자계산기를 사용한다.

독립표본 t-Test는 2개의 표본이 독립적인 경우 두 집단의 평균과 분산정보를 이용하여 모집단간에 차이가 있는지를 검정하는 방법이며 가장 많이 활용되고 있다. 활용 예로는 화장품 제조사가 자사 화장품 고객들의 등급(총구매금액으로 결정되어있다고 가정)별 장바구니 금액을 분석해서 두 집단에 평균장바구니 금액이 차이가 있는지를 보고 전략을 수립하는 데 사용하는 것이 있다.

대응표본 t-Test는 한 개체에서 2회의 값을 얻은 경우의 표본으로 paired t-Test라고도 한다. 예를 들어 화장품 제조사의 작년 특정 고객집단의 id로 구성된 데이터에서 장바구니 금액과 금년도 장바구니 금액을 비교해서 이들의 장바구니 금액이 증가했는지를 평가하는 것이다. 차이가 있는지를 검정하고 평균값을 본 다음에 증가 여부를 해석한다.

② ANOVA

F-검정을 이용한 분산분석은 집단의 분산을 활용하여 총변동을 요인별로 분류하고 3개 이상의 모집단의 평균에 차이가 있는지를 검정하는 방법으로 독립변수의 수에 따라 일원배치, 이원배치, 다원배치 분산분석으로 구분된다. 일원배치의 대표적 사례로 4가지 제품의 불순도가 수집된 경우 불순도의 차이가 있는지를 검정하는 방법이다. 이 분석의 결과로 불순도에 차이가 있다는 결론이 나면 4개 중 어느 집단과 어느 집단에 평균의 차이가 있는지 평균값을 비교하게 된다. 이 검정의 결과는 직접적으로 모든 집단에 차이가 있다는 것이 아니라 모든 집단의 차이가 없다는 것을 기각한 것이다.

③ x^2-Test

데이터가 연속형이 아닌 성, 연령대, 도시유형 등 명목형인 경우의 해당 변수들로 구분되는 집단간의 차이가 있는지를 분석하는 방법이 카이스퀘어 검정이다. 예를 들어 설문조사 결과에서 거주하는 도시유형과 고객등급을 이용해서 도시유형과 고객등급 간에 차이가 있는지를 검정한다. 차이가 있다고 검정되면 어느 쪽에 더 많이 있는지를 보고 해석을 한다.

제 **4** 절 　상관관계 분석

상관관계(correlation analysis)는 변수들 사이의 밀접도 또는 긴밀도를 말한다. 상관관계가 1이면 종속적이고 0이면 독립적이며, +1에 가까울수록 비례하고 -1에 가까울수록 반비례한다. 유의할 사항은 상관관계 분석을 통해 correlation값을 구한 후 p value를 보고 유의한지를 확인해야 한다는 것이다.

예 흡연량과 폐암 발생률, 광고비와 매출액 등

1 상관분석의 종류

① 단순 상관분석 : 두 개의 변수에 대하여 연관성을 측정하는 경우
② 다중 상관분석 : 3개 이상의 변수들 간의 관계에 대한 연관성을 측정
③ 편 상관분석 : 다중상관분석에서 다른 변수들과의 관계가 고정되었을 때 두 변수만의 연관성을 측정하는 것

2 상관계수(Correlation coefficient)

관계를 하나의 수치로 나타낸 것으로 척도에 따른 상관 정도는 다음과 같이 분류하는 것이 일반적이며 절대적인 기준은 아니다.

|r| 값	해 석
0.8~1.0	매우 높은 상관관계
0.6~0.8	높은 상관관계
0.4~0.6	비교적 높은 상관관계
0.2~0.4	낮은 상관관계
0.2 이하	상관이 거의 없음

PART 4

③ 상관분석 방법

종류 \ 구분	척 도	
	등간·비율	순서, 순위 등위 서열
분석방법	피어슨 상관계수(r)	스피어만 순위상관계수 켄달 일치계수
예 시	아버지의 키와 아들의 키	중간시험 성적순위와 기말시험 성적순위

④ 산포도(Scatter plot)

두 변수를 XY좌표 평면상에 점들로 나타내어 변수 간의 비례성, 선형성, 밀집도 등의 관계를 시각적으로 쉽게 알아볼 수 있게 하여 상관관계에 대해 파악할 수 있다.

⑤ 활 용

가장 중요한 활용처는 변수 간에 관계가 있는지 없는지를 판단하고, 있다면 (+), (−) 관계인지를 파악하거나, 이를 기준으로 회귀분석이나 의사결정나무 모델 등에 투입할 변수 중에 상관관계가 높은 변수들에 대해서는 선별을 해서 투입하여 안정적인 결과를 나오도록 하는 데 활용할 수 있다. 주의할 점은 상관관계가 원인과 결과에 대한 인과관계를 나타내지는 않는다는 것이다.

제 5 절   회귀분석

회귀분석(regression analysis)은 독립변수와 종속변수들 간의 관계를 함수관계로 나타내고 독립변수가 종속변수에 미치는 영향의 정도를 분석하는 방법으로 주로 연속형 변수가 사용되나 연속형이 아닌 경우 dummy variable을 넣어 변환하여 사용하며, 회귀분석의 특수한 형태가 로지스틱 분석으로 Y가 0 또는 1이다. 단순회귀식은 Y를 단일 변수 X를 이용해 회귀식을 만드는 방식이고 다중회귀식(multiple regression)은 복수의 변수 X들을 투입해서 만든다.

> **⚠ 주의**
> 모델에 대한 상세 공식을 굳이 수학기호로 외울 필요는 없으나 구조를 명확하게 이해하기 위해 파악해야 한다.

① 로지스틱 회귀분석

회귀분석의 특수한 경우로 종속변수가 0, 1로 나타나는 경우를 말한다. 예를 들어 약물투입과 치료방법이 암 치료에 효과가 있는지에 대해 학습을 하고 예측을 하는데 활용될 수 있다. 회귀식의 특성상 선형성(linearity)의 가정조건이 있으므로 설명변수가 선형성을 만족하지 못하면 사용해서는 안 된다. 마케팅에서 연령의 경우 캠페인을 통한 제품구매에 대해 선형성이 보장되지 않는다. 한 예로 가정한다면 10대보다 20대가 많이 구매하지만 30대나 40대는 낮을 수 있다.

② 회귀분석의 기본모형 및 가정

(1) 기본 모형

$$Y_i = \alpha + \beta X_i + \varepsilon_i$$

α : 상수항, β : 회귀계수(변수 X의 Y에 대한 영향력), ε_i : 오차항

(2) 가 정

① 오차항의 기대 값은 '0'이다. $E(\varepsilon_i)=0$

② ε_i는 모두 동일한 분산을 갖는다.

③ ε_i는 서로 독립적이며 정규분포를 이룬다.

(3) 추정된 회귀식 표현

$$\hat{Y}_i = a + bX_i$$

추정된 표본회귀계수인 b는 모수 β와의 사이에 오차가 발생하므로 b의 정확성, 적합성, 유의성을 검토해야 하는데 b의 표준오차와 결정계수, 분산분석표에서의 차는 F-검정을 통하여 검토할 수 있다.

(4) 회귀모형 검정을 위해서는 adjusted R^2 값이 높을수록 설명력이 높다는 뜻으로 상대적 값이며 경우에 따라서는 0.6도 괜찮은 값이고 0.9도 적합한 값이다. 그러나 1인 경우는 입력변수값에 대해 확인을 해봐야 되는 경우로 잘못된 경우일 것이다. 그리고 오차값은 RMSE(Root Mean Square Error)를 참조하며, 절편, 변수, 모델 전체에 대한 유의성은 p값을 보고 0.05 또는 0.01 이하로 작으면 해당 유의수준에서 모델이 의미가 있다는 뜻이다.

(5) 모델개발을 위한 설명변수 선택은 모델에 투입되는 변수가 많아지면 관리가 어렵고 설명이 어려워지기 때문에 최소한의 설명변수로 모델을 만들고자 한다. 모든 가능한 변수조합으로 접근하는 방식(enter)과 단계적 변수선택(stepwise variable selection)이 있는데 하나씩 추가해보는 전진선택법(forward), 전체 변수를 투입하고 하나씩 제거하는 후진선택법(backward)이 있다.

제 6 절 설문조사

필자의 사견으로 설문조사를 빅데이터와 연관 짓는 것이 적합한지 모르겠으나 통계분석에 대한 이해를 위해 필요하다고 생각된다. 앞에서 변수의 유형과 기초통계 및 상관관계, 회귀분석 등의 기법을 배웠으므로 이를 이용해서 설문조사에 응용해보도록 한다. 설문조사는 자료수집을 위해 직·간접적으로 대상을 접촉하여 실시하는 형태이며, 최근 빅데이터 분야에서는 Social Media 등 Internet에 대한 조사를 통해 시장의 추이, 고객들의 반응 등을 조사하는 방식도 활용한다. 이러한 후자의 조사방식은 설문조사에 소요되는 많은 시간과 비용을 절감하고 시간 및 일/주/월/분기/반기/년 단위 조사 및 추이분석을 할 수 있는 많은 장점이 있다. 그러나 목적에 따라 기존 설문조사 방식을 대체할 수는 없고 보완적인 수단으로 사용할 수는 있다.

1 조사 유형

설문 조사방법으로는 전수조사(census)와 표본조사(sample census)가 있다. 통계청 등의 센서스는 5년 주기로 전 국민을 대상으로 시행되고 있으며 기업에서는 표본조사를 통해 효율적인 조사를 단기간에 수행하고자 한다.

2 조사 수단 또는 채널

조사수단 또는 채널을 구분하면 질문지를 통한 인터뷰 등 직접대면 방식, e-mail, 전화 등을 통한 간접조사 방식이 있다. 요즘은 인터넷을 이용한 조사도 매우 활발하게 사용되고 있다.

3 오퍼 제공

수많은 조사들로 인해 피조사대상들은 매우 피곤하다. 특히 설문문항이 10~20문항 정도이면 무리가 없으나 수십에서 수백문항이 되는 경우 자발적 참여를 기대하는 것은 매우 어렵다. 특히 이러한 경우 조사자들의 부정행위로 거짓 데이터가 입력되는 경우도 흔히 볼 수 있고, 피조사자들도 조사 자체를 거부한다. 따라서 게임을 통한 엔터테인먼트 요소나 포인트, 금전적, 물질적 보상을 동원하지 않으면 정확하고 가치 있는 정보를 입수하기 어렵다. 이러한 점들을 예산에 고려하여 반영해야 한다.

④ 조사 목적에 의한 분류

조사 목적에 따라 사회여론, 시장조사, 마케팅조사, 경제학의 산업조사, 의료분야의 역할조사 등 분야별 특성이 있는 조사들이 있다.[9] 이러한 조사는 산업과 시장에 대한 복합적인 조사 등 예를 들면 "SMB(Small Medium Business)시장에 대한 Market Intelligence조사 등" 산업 분류에 의한 특정 시장과 기업들에 대한 조사도 있을 수 있다. 이러한 조사에서는 산업 분류 체계 해당 산업을 대표할 수 있는 중견기업들을 대상으로 샘플조사를 실시하는데 시장 사이즈와 시장의 특성, 경쟁사의 영업특성 및 기업들의 반응 등 복합적인 조사를 하게 된다.

⑤ 체크 리스트

설문조사를 위한 기획단계에서 사전 확인할 체크리스트로는 아래와 같다. 특히 설문조사 방법은 매우 중요한 사항으로 외부 데이터에 대한 단순 설문조사와 내부 데이터와 결합한 조사 등 다양한 방법이 존재하며, 단순한 항목만을 암기하는 것은 의미가 없으므로 이해할 수 있도록 상세한 설명을 추가했다.

(1) 조사 목적

조사의 목적은 조사할 항목이 아니다. 조사를 통해 획득한 데이터를 결합해서 얻을 정보이다. 이러한 정보를 기반으로 의사결정을 할 수 있는 내용을 정해야 한다. 따라서 상위 개념의 목적을 정확히 해야 조사할 내용을 구성할 수 있다.

(2) 목 표

조사목적을 달성할 수 있는 데이터 수집대상항목으로 질문이 아니라 설문이다. 설문을 통해서 가동된 데이터를 얻어야 된다. 질문은 단순히 궁금한 사항을 묻는 것이고 그것을 통해 파생된 정보를 도출할 수 없다. 설문내용들은 상호간에 교차분석과 상세분석을 하기 위해 전체적인 구성을 Top-Down방식으로 설계해야 하고, 설문내용에 대한 답변의 정확성을 위해 중복적이거나 검증을 위한 항목을 넣어야 한다. 한 가지 항목으로 한 가지 정보를 산출하는 것은 편차가 클 수 있으므로 반드시 다수의 설문항목을 통해 정보를 얻어야 한다. 예를 들어 구매의지에 대한 내용이면 관련된 다수의 문항으로 구매의지가 있다고 판단할 수 있는지를 결합해서 평가할 수 있어야 된다. 또한 내부 데이터와 연계한 분석을 위해서는 이를 연계하기 위한 데이터가 획득 가능해야 한다. 예를 들어 주소, 성명, 연령, 전화번호 정도는 조사내용 검증 및 연계를 위해 필요하다.

---

9) 경영빅데이터 분석, 광문각, 2015

(3) 대 상

누구를 대상으로 할지는 목적에 따라 이미 결정되며, 해당 전체 집단을 충분히 반영할 수 있도록 샘플링을 하여야 한다. 이때 규모도 동시에 고려해야 하며 둘은 불가분의 관계가 있다. 또한 샘플링 방식은 단순 샘플링방식(simple random sampling)을 실시하는 경우 특정집단의 샘플이 너무 적어서 발생되는 문제나 접촉이 어려운 경우 등이 있으므로 샘플링 방식은 전문가와 상의하여 결정하는 것이 좋다. 예를 들어 층화추출 등 여러 가지 방식이 있다. 단순샘플링 방식이 아닌 경우 전체 집단을 서술하는 통계값을 가공해야 하므로 주의해야 한다. 그리고 내부 고객과 연계하여 대상을 선정하는 방식은 고객특성을 고려하여 충분하게 큰 집단을 선정하고, 시장점유율을 고려하여 경쟁사 고객도 포함시켜서 분석한다면 효율적이다. 이러한 경우 설문조사 내용을 통해 얻은 데이터의 신뢰도를 내부 데이터를 이용해 검증할 수 있어서 수집된 데이터를 선별할 때도 도움이 된다. 그리고 내부 데이터와 설문 데이터를 결합하면 우리가 내부 데이터로 얻을 수 없는 정보를 얻을 수 있으므로 매우 유용하다.

(4) 규 모

누구를 대상으로 어떤 내용으로 어떻게 결합해서 분석할 것인지를 고려해서 해당 cell하나에 들어갈 최소집단을 고려해 전체 조사규모를 결정한다. 신뢰구간을 고려해야 하는 것이다. 이에는 공식이 있으므로 샘플 사이즈를 해당공식으로 산출해도 되고, 경험적으로는 해당 cell 하나에 최소 20~30개의 샘플이 들어갈 수 있도록 조사해야 한다. 그리고 조사시 잘못된 조사나 불성실하거나 왜곡된 정보 및 빈칸이 많은 설문지에 대해 버릴 것을 고려하고, 충분히 더 많은 설문대상으로부터 자료를 입수해야 한다. 예를 들어 100%가 수거된 설문지라면 30%는 버릴 수 있는 것을 고려해서 조사규모를 결정해야 한다. 그리고 내부고객을 대상으로 조사를 하는 경우 조사에 응하는 비율을 고려해서 3~6배수까지 후보를 산출해서 접촉을 시도한다. 반드시 조사된 결과에 대해서는 접촉한 사람에 대한 명함이나 연락처 등 성실하게 조사를 했는지 검증할 수 있도록 평상시 검증할 수 있는 정보를 이용해서 조사진행을 확인해야 한다.

(5) 시 점

조사시점에 민감한 경우는 시점을 잘 선택해야 한다. 봄 상품에 대한 조사를 위해 겨울 말에 봄 상품을 조사하면 적합할지 모르지만 여름에 계절이 다 지난 봄 상품에 대한 조사를 하는 것은 적합하지 않을 수 있다. 그리고 일반적인 구매에 대한 분석을 하는데 명절 시점 전에 조사하는 것 또한 적합하지 않으므로 시즌과 시점에 대한 고려를 해야 한다. 그리고 가장 중요한 사항은 최종보고일을 기준으로 backward로 조사를 언제 설계하고, 확정하여 필드에서 조사가 시작되는 시점에 어느 정도의 규모와 채널로 어떻게 조사를 수행하고, 중간에 조사된 자료를 수집 및 전달 받을 수 있도록 일정을 계획해야한다. 보통 조사 기획에 1개월은 소요되고, 조사에 1개월은 필요하며, 수집된 조사정보를 데이터로 보고서 없이 받는 데도 1주일은 소요된다. 보고서 작성까지 고려하면 2주이상이 소요되고 최소 2.5개월은 조사에 소요되며, 이를 기반으로 전략보고서를 만드는경우는 추가적인 시간이 1개월은 필요하다. 그런데 이런 조사를 기획하고, 조사를 하고전략보고서를 만드는 데는 중간에 설문조사 기간 동안 전략보고서를 작성할 팀은 할 일이 적거나 없어진다. 이러한 경우를 고려하여 일정계획 - WBS(Work Break Down Structure) - 을 잘 작성해서 효율적인 인력관리가 될 수 있도록 해야 한다. 예를 들어내부 데이터에 대한 심도 있는 조사나 예상되는 결과를 이용한 시나리오 및 분석용 스크립트 작성 등이 있다.

(6) 방 법

방법으로는 어떤 채널로 어떻게 설문조사를 진행할지에 대한 사항이다. 채널은 설문지를 통한 대면접촉이 제일 좋으나 많은 분량을 처리하기 어려워 인터넷을 통한 조사 등을혼합하여 진행하는 경우도 많다. 인터넷이 꼭 나쁘다고는 할 수 없고 항목이 많은 경우는 전화조사는 어렵지만 5~10문항에 대한 간단한 전화설문은 매우 효율적으로 빠르게수행가능하다.

고객관계관리를 위한 전략수립을 위해 고객 세분집단별로 20명가량에 대해 5문항의 설문조사를 아주 효율적으로 사용한 경우가 다수 있다. 설문조사가 진행되기 전에 조사자들을 대상으로 또는 조사자들을 교육시키는 담당자를 대상으로 교육을 실행해서 설문조사시 유의할 사항과 방향성을 제대로 전달해야 한다. 조사인원도 파악해서 조사기관에서는 많은 인원으로 짧게 수행하는 데는 어려움이 있지만, 요청하는 입장에서는 많은인원으로 짧게 수행하는 게 도움이 된다. 따라서 일정 규모이상의 조사업체를 활용해야한다. 또한 설문조사가 진행되고 있는 상황에서는 조사를 수행하는 주체로 데이터가 집계가 안 되고 최종적으로 데이터가 한번 마감되어 전달되는 경우가 대부분이다. 조사도하고 설문지도 수거가 되는 것은 어려움이 있지만, 초반에는 매일, 3일에 한번 1주에 한번 이런 식으로 데이터를 중간에 받아서 진행이 제대로 진행되고 있는지, 잘못 교육이되어 조사가 다른 방향으로 진행되거나 오해할 만한 상황이 있는지, 경우에 따라서는설문조사를 중단하고 다시 해야 되는지를 판단해야 한다. 1개월 조사를 수행하고 최종시점에 잘못된 것을 파악하는 것은 수행업체나 요청한 곳이나 피해가 크기 때문이다. 그러나 이런 방식은 조사업체가 매우 싫어한다. 이렇게 중간 데이터를 받으면 중간에 가설을갖고 분석 시나리오를 수정할 수 있고 조사가 50% 수준으로 진행되면 결론을 웬만큼내릴 수 있다. 따라서 최종 데이터를 받으면 곧장 분석 스크립트를 돌려 변경된 내용만

보고서에 대체하면 되므로 효율적으로 작업을 할 수 있다. 최종적으로 조사업체로부터 데이터 및 보고서를 받는데 조사업체에서 나오는 보고서에 심도 있는 분석을 기대하는 것은 어렵다. 결국 컨설턴트나 담당자가 분석을 수행해야 한다. 만약 조사업체가 분석보고서를 완벽하게 작성하기를 바란다면 사전에 분석보고서를 작성할 담당자를 만나 자격이 충분한 사람인지 판단 후 요구사항을 명확히 전달해야 한다.

(7) 보고대상

조사기관으로 받은 보고서는 실무자용이고 대부분 backup 장표이다. 보고대상에 따라 보고서는 매우 압축되어 시사점(implication)과 전략(strategy)수립이 보고서에 들어가야 된다. 따라서 중역이 보고받는 자료에 조사기관의 상세자료를 메인 장표에 포함시키지 않고 별도나 아니면 뒤에 appendix수준으로 추가하고 본문은 25페이지 이내로 간단하고 명확하게 스토리라인을 갖고 작성해야 한다. 설문조사를 어떻게 설계했고 등의 구구절절한 내용은 제외한다.

(8) 예 산

설문조사는 채널 및 문항에 따라 비용이 천차만별이지만 기본적으로 천만원대를 넘는다. 적은 예산으로 집행하는 경우 당연히 결과는 부실하다. 내용이 부실하거나 일정이 지연되기 쉽다. 따라서 사전에 충분한 시간을 갖고 업체들의 비용견적과 진행방법을 조절해서 적합한 가격을 예산으로 수립해야 한다.

6 설문문항 종류

질문지의 종류는 자유형식으로 답할 수 있는 개방형과, 주어진 예제에서 선택을 하는 고정형이 있다. 고정형은 다지선다형과 양자택일형, 다지선다형은 1개 또는 복수 개를 선택하게 할 수 있다. 고정형에서 리커트 척도를 이용해서 1~5의 번호를 선택하게 하는 경우 강한부정을 1, 강한긍정을 5로 한다. 이를 바꾸어서 혼란을 주면 응답자는 자세히 보지 않고 강한긍정을 5번으로 생각하고 반대로 답을 줄 수 있다. 이런 경우 응답은 전혀 쓸모없는 정보로 뒤섞이게 된다. 누구는 자세히 라벨을 보고 답하고 누구는 상식적인 위치를 보고 선택하게 된다.

PART 4

7 주의사항

대부분 설문을 작성하는 경우 많은 것을 질문하고 싶어하다가 실패하게 된다. 많은 궁금한 것을 묻지 말고 데이터화할 것을 고려해서 설계해야 한다. 따라서 설문항목 결정의 3대 사항은 필수적요소, 응답가능여부, 정보제공여부를 고려해서 추진해야 한다. 이외의 주의사항은 아래와 같다.

① 단순하고 쉬운 것에서 어려운 것으로 질문하고 민감한 사항은 뒤에 배치한다.

② 흥미롭고 넓은 범위에서 시작해서 좁게 구체화해 간다.

③ 질문 내용의 분류가 달라지면 페이지를 다르게 해서 주제별로 구성한다.

④ 질문단어 선별을 주의하여 명확하게 의사전달이 되도록 한다.

⑤ 유도질문을 하지 않는다.

⑥ 질문유형별 선다형, 척도형, 자유응답 등 적합한 방법을 선택한다.

8 설문조사 대행업체 활용

기업에서 설문조사를 직접 운영하는 것은 매우 어렵고 비용효율적이지 않기 때문에 대부분 전문 리서치 업체를 이용한다. 복수의 리서치 업체를 선정해서 제안을 받고, 수준 및 제시하는 예산의 타당성을 고려하여 결정을 한다. 대부분의 업체들은 이미 진행하고 있는 일들이 있으므로 일정을 사전에 협의하여 시작과 종료일을 조정해야 한다. 그렇지 않으면 약속은 했으나 지켜지기 어려운 경우가 많다. 그리고 전적으로 대행업체에 맡기기 보다는 주기적인 미팅을 통해 협력적으로 진행하는 것이 적합하다. 잘못된 조사는 결국 담당자의 손실이므로 전문성을 갖고 도울 것은 도와야 되지 전문업체가 모든 것을 잘 알아서 하리라 가정해서는 안된다.

03 통계(2)

제 1 절　시계열 분석

① 시계열 분석의 목적

(1) **시계열(Time series) 데이터 :** 시간에 따라 관측되는 데이터, 연도별, 계절별, 월별, 일별 등의 시간에 따라 관측되어 과거 시간에서의 값에 영향을 받는 형태의 데이터로 이러한 시계열 데이터의 구성을 분해해서 보는 방법을 분해법(decomposition analysis)이라고 한다. 시계열 데이터는 추세(Trend), 순환(Cycle), 계절(Seasonality), 불규칙(Irregulaty) 값으로 구분해서 파악할 수 있는데 값을 정확하게 예측하는 것보다도 이러한 구성요소가 어떠한 상태인지를 파악하여 의사결정에 활용하는 것이 또한 중요하다.

　예 경제활동과 관련된 시계열, 물리적 현상에 관련된 시계열, 기업의 경영활동과 관련된 시계열, 인구와 관련된 시계열, 생산관리와 관련된 시계열, 사회생활과 관련된 시계열 등

(2) **시계열 분석의 목적 :** 현재까지 수집된 시계열 데이터를 분석하여 미래를 예측(forecast)하는 방법으로 과거의 값이 현재에 영향을 준다는 가정 하에 접근하는 방법이다. 또한 예측뿐만 아니라 시계열 데이터의 구성을 분해해서 TCSI를 파악함에 따라 Trend를 파악할 수 있는 점도 중요한 점이다.

(3) **예측방법 :** 추세분석법, 평활법, ARIMA(auto-regressive integrated moving average) 모형 등이 있다.

(4) 시계열 모형에 대한 적합

① 모형의 식별(Identification) : 일반적으로 관측한 시계열 데이터에 대해 산점도를 작성한 후 어떠한 모형에 적합시킬 것인가를 잠정적으로 선정한다.

② 추정(Estimation) : 일단 적합시킬 모형의 형태가 선정되면 최소제곱법(method of least squares)등에 의해 모형에 포함된 모수(계수)들을 추정한다.

③ 진단(Diagnostic checking) : 추정된 모수들의 유의성 검정 등을 통하여 모형의 타당성 여부를 진단한다.

④ 모수 추정에 사용되는 최소제곱법은 모형의 오차 제곱들의 합을 최소로 하도록 모수를 결정하는 것이다.

② TCSI 분해법(Decomposition)

앞에서 설명한대로 시계열 데이터를 Trend, Cycle, Seasonality, Irregular한 요소로 분리한다. Trend는 upward, downward로 장기적인 예측에 도움이 되고, Cycle은 Cyclical variation으로 1년 이상의 기간으로 반복되는 패턴이고, Seasonality는 매년 반복되는 월 단위 등의 기준으로 상승하거나 하락하며, Irregular한 요소는 TCS가 제거된 나머지로 예측될 수 없고 불규칙적인 정치, 폭동 등 다양한 요소가 영향을 준다.

분해법의 모델은 가법과 승법이 있는데 아래와 같으며, 데이터에 가장 적합한 모델방식을 선택하면 된다.

$$Y = T + C + S + I$$
$$Y = T \times C \times S \times I$$

③ 추세분석법

관측값을 시간의 함수로 표현하는 방법을 말한다.

(1) **선형추세모형** : 관측값이 일정한 추세를 가지고 증가하거나 감소하는 경우

(2) **계절추세모형** : 똑같은 패턴이 주기를 두고 반복되는 경우

(3) **선형계절추세모형** : 계절성을 가지면서 일정한 선형추세를 가지는 경우

(4) **비선형모형** : 관측값이 기하급수적으로 증가하거나 감소하는 경우

④ 평활법

최근의 데이터를 더 비중 있게 취급하는 예측방법을 말한다.

(1) **이동평균법(Moving average method)** : 최근 일정 시점 데이터들의 평균값을 이용하여 예측을 하는데, 일정 시점의 크기에 따라 그 결과가 달라진다. 즉, 현재 시점을 포함해서 최근 n개 데이터의 산술평균을 다음 시점의 예측으로 사용하는 것이다.

(2) **지수평활법(Exponential smoothing method)** : 가중치를 현시점에서 과거로 갈수록 지수적으로 작게 주는 방법. 최근의 데이터에 더 큰 비중을 주고 과거로 갈수록 비중을 줄이는 것으로 계산법이 쉽고, 많은 데이터의 저장이 필요 없다는 점에서 유용하게 사용될 수 있다.

예 평활법, 이중지수 평활법, 계절지수 평활법 등

(3) **단순 지수평활법(Simple Exponential smoothing method)**

① 시계열 데이터가 다음의 모형을 따른다고 가정한다.

$$Y_t = \alpha_t + \varepsilon_t$$

② 여기서 α_t는 시간에 따라 변화하는 미지의 모수, ε_t는 서로 독립이고 평균은 0, 분산은 σ_ε^2인 오차항을 나타낸다.

③ t+1시점 예측치인 $\hat{Y}_{t+1}$는 $\hat{Y}_{t+1} = rY_t + (1-r)\hat{Y}_t$

④ r은 0 < r < 1인 가중치(weight) 또는 평활상수(smoothing constant)라고 부른다.

⑤ 장점 : 예측치의 계산이 간단하다. 즉, 새로운 관측 값이 추가될 때마다 가장 최근에 관측한 Y_t와 바로 직전의 예측값 $\hat{Y}_t$만으로 갱신(updating)이 가능하다.

⑥ 위의 예측 식에서 t시점의 예측치 $\hat{Y}_t$를 t-1시점의 관측치와 예측치로, 다시 $\hat{Y}{t-1}$를 t-2시점의 관측치와 예측치로 바꾸면, 다음과 같다.

$$\hat{Y}_{t+1} = rY_t + r(1-r)\,Y_{t-1} + (1-r)^2\,\hat{Y}_{t-1}$$

$$\hat{Y}_{t+1} = rY_t + r(1-r)\,Y_{t-1} + (1-r)^2\,\hat{Y}_{t-2} + (1-r)^3\,\hat{Y}_{t-2}$$

$$\cdots$$

$$\hat{Y}_{t+1} = rY_t + r(1-r)\,Y_{t-1} + r(1-r)^2\,\hat{Y}_{t-2} + \cdots + r(1-r)^k\,\hat{Y}_{t-k} + r(1-r)^k{+}1\,\hat{Y}_{t-k}$$

⑦ 현재 시점 관측치 Y_t에는 가중치를 r, 1시점 전 관측치 Y_{t-1}에는 가중치를 r(1-r), 2시점 전 관측치 Y_{t-2}에는 가중치를 $r(1-r)^2$로 주는 것이다. 따라서 k시점 전 관측치 Y_{t-k}에는 가중치 $r(1-r)^k$가 곱해져 과거로 멀리 갈수록 기하급수적으로 줄어드는 가중평균 형태이다.

⑤ ARIMA 모형

ARIMA는 Auto Regressive Integrated Moving Average의 약자이다. ARIMA 모형은 데이터 특성에 따라 로그함수 등을 이용한 변환(Transformation)을 하는 경우도 있고, 데이터 시점간의 특정 간격을 갖고 데이터가 영향을 미치는지를 보는 차분(Difference)을 활용한다. 변환을 통해 변화가 심한 변수를 안정시키고, 차분을 통해 과거의 데이터의 영향을 반영하여 예측하는 것이다. 여기서 필요한 parameter로는 p, d, q가 있는데 이런 parameter추정을 수동으로 그래프를 보면서 파악할 수 있지만 이에 대한 절차는 다소 복잡하며 대부분의 통계 분석 패키지들이 auto mode를 제공하여 ARIMA모형의 최적화를 자동화해서 처리해주며, 자동화된 결과가 효율성이 높아 별도의 수작업을 통한 평가를 통해 작업하는 방식을 굳이 사용하지 않아도 된다.

제 2 절 다차원척도법(MDS ; Multidimensional Scaling)

1 정 의

p개의 변수로 설명되는 데이터를 유사성(또는 비유사성)의 값을 이용하여 2차원 평면에 상대적 거리만을 사용해 나타내는 기법으로 차원이 많아 쉽게 파악하기 어려운 관측값들 간의 상대적인 거리를 파악하기에 좋은 도구이다.

예 9개 도시의 상대적 거리가 주어진 경우 MDS를 이용한 위치도 생성

2 활 용

상대적 거리만 알고 있는 많은 개체들을 저차원의 가시적 공간에 쉽게 표현할 수 있고, 유클리드 거리와 같은 거리 데이터 이외에 심리적인 거리 데이터에 대해서도 사용할 수 있다.

예 시장조사에서는 시장 세분화에 적용할 수 있고, 사회조사에서는 심리적 태도에 따라 사람들을 위치화할 수 있다.

예 정치적 성향에 따른 9개 도시의 위치도

예 정치적 성향은 남북관계 전망 등 22개 변수를 이용해 측정

주성분분석(PCA ; Principal Component Analysis)

① 정 의

다변량 통계분석(Multivariate statistical analysis)에서 데이터의 특성을 하나 또는 두 개 변수의 상관관계를 분석해도 전체적인 모습을 파악할 수 없는 어려움을 해결하기 위해, 원래 의 변수들이 내포하는 정보를 최대한 유지하면서 변수 사이의 관련성을 분석하여 해석할 수 있는 적은 개수의 새로운 변수로 선형결합하여 많은 변수의 분산패턴을 간단하게 하는, 일종 의 차원을 축소하여 바라보는 분석방법으로 자체적인 결과만으로 활용되기보다는 주로 회귀 분석이나 다른 분석의 입력변수로 활용한다. 예를 들어 주성분 해당 변수에 주어진 가중치를 이용해서 새로운 변수명으로 의미를 부여하여 활용하게 되는데 농업환경과 수질오염물이라 는 변수가 비중이 크면 해당성분을 농업오염이라고 명칭하여 활용한다.

② 활 용

주성분 분석은 주어진 변수들과 동일차원의 주성분으로 나눌 수 있지만, 주성분의 일부만을 사용해도 최초 변수만큼의 설명력을 가지므로 변수의 차원을 축소할 수 있다는 것이다.

제 **4** 절 **요인분석(Factor Analysis)**

① 정 의

여러 개의 변수로 측정된 데이터에서 원래의 변수들이 내포하고 있는 정보를 최대한 유지하 면서 변수 사이의 관련성을 분석하고 그 변수들에 공통적으로 부여 가능한 요인을 파악하여 해석 가능한 적은 개수의 새로운 변수(요인)로 차원을 축소하는 방법을 말한다.
더 간단하게 말하면 관찰된 값을 몇 개의 요인으로 요약하는데 상호의존도를 통해 서로 유사 한 변수들끼리 묶어주는 것이다.
가정은 $Y = a_1F_1 + a_2F_2 + \cdots + aiFi + e$ 로 Y는 Factor F와 e인 Error에만 영향을 받는다는 것으로 관찰된 변수 간의 관계를 설명하는 소수의 공통요인이 존재하는데 공통요인과 고유요인 은 상관관계가 없고, 고유요인끼리도 상관관계가 없다는 가정 하에 이루어진다.

이는 PCA와 유사한 특성을 갖고 있으며 관찰되지 않은 잠재적 변수 Factor를 발견하는데 유용하다. 정리하면 Factor Analysis는 데이터를 축소하여 자료를 요약함으로서 불필요한 자료를 제거하고 변수의 구조를 파악하는 데 그 목적이 있다.

[예] 소형차 제조업체에서 실시한 구매자가 중요하게 생각하는 자동차의 특성 6가지에 대한 설문조사 결과 3개의 요인으로 전체의 96%를 설명할 수 있었다. 3가지 요인은 경제성, 공간성, 안전성을 나타낸다.

요인분석방법으로는 주성분분석, 최소제곱요인 추출, 최대우도요인 추출, 주축요인 추출(Principal Axis Factoring), 알파요인 추출(Alpha Factoring), 이미지요인 추출법(Image Factoring) 등이 있으며 가장 많이 사용되는 방법은 주성분분석법이다.

요인분석과 주성분분석의 공통점은 차원(변수 또는 데이터라고 표현을 하기도 하나 저자는 차원이 더 적합하다고 판단)을 축소한다. 차이점은 주성분분석은 2개의 주성분만을 찾고 요인분석에서는 몇 개라고 지정할 수 없으나 통계치 중 Eigenvalue가 1 이상을 갖는 요인의 수만큼 추출한다.

② 데이터 요건

(1) 변수가 간격/비율척도에 의해 측정되어야 한다.

(2) 관측치는 100개 이상이 바람직하며 최소 50개 이상이어야 한다.

(3) 변수의 수보다 관측치가 10배 이상이 바람직하며 5배 이상은 되어야 한다.

PART 4

제 5 절 판별분석(Discriminant Analysis)

판별분석은 경영 빅데이터 공식수험서에는 나오는 내용은 아니나 기본적으로 알고 있어야 되는 내용이기에 간단한 수준으로 설명하고자 한다.

간격척도 이상인 독립변수의 선형결합과 명목척도 종속변수에 대해 관계를 규명하여 관측치가 속한 집단을 예측하여 분류하는 방법으로 독립변수의 선형결합인 판별함수를 도출한다. 판별함수는 판별점주의 집단간 변동과 집단내 변동의 비율을 최대화하는 것을 찾는데 초점을 둔다. 그러나 여기에 적용되는 가정조건은 변수들은 각 독립변수의 조합이 정규분포를 이루고 있어야 하며, 각 집단의 변수 간 분산-공분산이 동일해야 한다.

04 정형 데이터마이닝

제 1 절 데이터마이닝의 이해

1 데이터마이닝 개념

(1) 대용량의 데이터로부터 자동 또는 반자동적인 방법으로 의미 있는 패턴, 규칙, 관계를 찾아내는 것이다.

(2) 많은 데이터베이스로부터 지금까지 잘 알려지지 않고 유용하며 활용이 가능한 정보를 추출하는 과정이다.

2 데이터마이닝의 특징

(1) 사용자의 경험이나 편견을 배제하고 전적으로 데이터에 기반으로 하여 지식과 패턴을 추출하기 때문에 영역 전문가가 간과해 버릴 수도 있는 지식과 패턴을 찾아낼 수 있다. 또한 분석가의 경험이 높고 낮음에 따른 차이가 적어 일정범위 안에서는 유사한 결론을 얻을 수 있어 업무 경험을 통한 학습보다 유리하다.

(2) **활용분야** : 카드사의 사기 발견, 금융권 대출 승인, 투자분석, 기업의 마케팅 및 판매데이터 분석, 생산 프로세스 분석, 기타 순수 과학 분야의 자료 분석 등 특별히 제한되는 분야는 없다.

(3) 대용량 데이터로 분석 패턴을 찾기 때문에 빅데이터에 가장 적합한 분석기법이다.

③ 데이터마이닝의 중요성

데이터가 방대해짐에 따라 영역 전문가라 하더라도 직접 데이터 내에서 일관된 패턴을 찾기가 어려워졌고 관심의 대상이 다수의 고객 등으로 넓혀져 감에 따라 그 패턴이 복잡하고 전문가의 경험에 의한 커버리지가 낮을 수밖에 없는 점에서 매우 과학적인 기법이다. 따라서 데이터마이닝이 더욱 중요해지고 있다.

! 주의

특히 통계적 지식이 있으면 좋으나 필수는 아니고, 현업 및 분석자라면 접근하는데 상대적으로 용이하다.

예를 들어 마케팅 분야에서는 기존 고객에 대한 개인화를 실행해 적합한 시기에 적합한 상품 혹은 서비스를 맞춤 추천함으로써 고객의 브랜드충성도를 높이고 기업의 경쟁력을 강화해 나가고 있다. 이렇듯 데이터마이닝은 기업의 경쟁력 강화에 중요한 역할을 하고 있다.

④ 데이터마이닝 기법

(1) 정형 데이터마이닝 기법 : 연관관계분석 기법, 의사결정나무 기법, 인공신경망 기법, 사례기반추론, 군집분석 기법이다.

(2) 비정형 데이터마이닝 기법 : 웹문서, 소셜 데이터를 주로 분석하는 텍스트 마이닝, 웹 마이닝, 오피니언 마이닝, 소셜 네트워크 분석을 말한다.

(3) 데이터 시각화 기법 : 단순 시각화 기법이 아닌 마이닝 기법별 적합한 시각화 기능이 마이닝에 포함되어 있다. 예를 들어 의사결정나무 기법에서는 시각화를 규칙에 대해 나무의 가지처럼 수직적인 구조로 로직을 표현해 준다.

! 주의

원래 정형데이터 마이닝, 비정형 데이터 마이닝이라는 정식 용어가 없었으나 필자가 빅데이터 시장에서의 마이닝 기법들에 대한 구분을 위해 정형/비정형 데이터를 사용하는 특성에 따라 구분을 하였고, 많이 참조되고 있다.

5 데이터마이닝 분석도구/프로그램

(1) 분석도구 : R, SAS사의 Enterprise Miner, SPSS사의 Clementine, Weka, Rapid Miner, Python, SAP Infinity Insight 등

(2) 시각화 도구 : 마이닝 도구 자체 기능, Google Chart API, Flot, D3, Processing 등

제 2 절 연관관계분석

1 연관관계분석 개념

동시 또는 시차를 두고 발생하는 관련된 이벤트들의 규칙을 산출하는 방법으로 상품 혹은 서비스 간의 관계를 살펴보고 이로부터 유용한 규칙을 찾아내고자 할 때 이용될 수 있는 기법이다. 예를 들어 동시 구매할 가능성이 큰 상품을 찾아내는 기법으로 대형 마트의 장바구니 분석을 통해 제품 프로모션을 번들링해서 같이 하거나, 과거 구매상품 정보를 활용해서 추가 상품에 대한 Cross-Sell, 신상품의 Promotion대상 선정, 제품 진열의 효율화 등의 문제에 많이 적용되어 왔다. 대표적인 예로 맥주와 기저귀의 사례처럼 "기저귀를 사러왔다가 야구경기를 보면서 맥주를 마시려고 둘을 같이 사더라"라는 규칙이 나올 수 있다. 그러나 이는 어디서나 통하는 절대적 규칙이 아닌 미국과 같은 특정 문화집단에서 나올 수 있는 패턴으로 우리나라에서는 이런 규칙이 나오지 않는다. 그리고 이러한 규칙은 고객집단별로도 상이하므로 연관성분석은 집단별 분석을 실시해서 적용하는 경우와 전체집단에서의 규칙을 산출하는 방법을 선별적으로 적합하게 활용해야 한다.

2 연관관계분석의 특징

대량의 데이터로부터 품목 간에 어떠한 관계가 있는지를 목적변수 없이 규칙 관계를 찾아낸다. 그 결과로 얻어진 규칙은 이해하기도 쉽고 적용도 쉽다.

③ 연관관계분석 기법

연관성 규칙은 간단히 아래와 같이 도식화할 수 있다.

LHS (Item set X) or (Event X)	→	RHS (Item set Y) or (Event Y)

위의 도식을 설명하면, "X제품을 사면 Y제품도 산다" 혹은 "X가 발생하면 Y가 발생한다"로 해석할 수 있다.

대량의 데이터에서 연관성 규칙을 찾으면 d개의 이벤트에서의 패턴을 찾는 경우 최대 2의 d 승까지의 셀 수 없이 많은 규칙이 도출된다. 이 중 의미 있는 것을 찾기 위해 다음의 세 가지 지표를 사용함으로써 규칙을 산출하는 시점에 최소 Support값과 최소 Confidence값을 설정해서 산출한다. 모든 경우의 조합을 산출하는 것은 시스템 성능이나 시간적으로, 비즈니스적 의미에 부합하지 않는다. 매우 중요한 사항이다. 그리고 산출된 규칙도 관심이 있는 LHS나 RHS 또는 Support 범위와 Confidence 범위, Lift 범위를 결합하여 관심규칙들을 산출해서 적용한다.

(1) 지지도(Support) : 전체 거래 중에서 어떠한 항목 조합이 포함된 거래의 빈도를 나타낸다.

$$Support = \frac{n(X \cap Y)}{N}$$

지지도는 distinct한 item, event가 몇 개가 있는지에 따라 그 값의 범위가 상대적으로 다르게 분포한다. 예를 들어 10개의 상품이 있는 경우 지지도는 0.1 이상이 나올 수 있다. 그러나 100만개 상품이 있는 데이터에서 지지도가 0.1 이상인 경우는 나오기 힘들고 그런 경우는 의심을 해봐야 한다. 예를 들어 유통사 거래정보에 구매하는 제품과 포장하는 포장지가 같이 포함되어 처리된 경우와 같이 데이터 전처리에서 제외시켰어야 할 정보가 들어가 있는 경우이다. 그리고 지지도가 매우 높은 경우는 너무나 예상이 가능한 경우로 문구류 구매시 "검은색 볼펜을 사면 파란색 볼펜을 산다"와 같은 의미가 없는 경우이다. 따라서 분석하는 비즈니스 상황에 따라 지지도 값의 의미나 선택은 상대적으로 다를 수 있으며 절대적 원칙은 없다.

(2) 신뢰도(Confidence) : X가 포함된 거래 중 Y도 포함되어 있는 비율로 X와 Y 사이의 관련성에 대한 확신의 정도를 나타내는데 조건부 확률로 생각하면 된다.

$$\text{Confidence} \;=\; P(Y|X) \;=\; \frac{\text{Support}(X,Y)}{\text{Support}(X)}$$

이 값은 크면 좋다고 판단할 수 있으며 우리가 온라인 쇼핑몰에서 상품추천시 구매율인 구매전환율이 현재 1.0%라고 하는 경우 신뢰도가 0.012만 되어도 20%가 높아서 의미 있는 결과가 될 수 있다. 단, Support가 낮고 Confidence가 높은 것은 실제 추천이 이루어질 가능성이 낮아서 적용해도 효과가 나오는 규모가 낮으므로 Support와 Confidence를 조합해서 적합한 범위의 규칙들을 선별해야 한다. 시스템 성능이 문제가 안 된다면 전체 규칙을 적용해도 적합하나, X에 따른 Y의 종류가 다양한 경우 우선순위를 정해서 일정 개수를 추천하는 방식으로 한다.

(3) 향상도(Lift) : X를 구매한 경우 그 거래에 Y가 포함될 경우와 Y가 단독으로 거래된 경우의 비율로써 Y가 X와 연관되어 구매되는 것이 일반적으로 Y가 구매되는 것에 비해 얼마나 더 많은지를 나타내는 것이다.

$$\text{Lift} \;=\; \frac{P(Y|X)}{P(Y)} \;=\; \frac{P(X \cap Y)}{P(X)\,P(Y)} \;=\; \frac{\text{Support}(X,Y)}{\text{Support}(X) \times \text{Support}(Y)}$$

보통 향상도가 1보다 크면 두 제품은 양의 상관도가 있는 것으로 보완재이며, 1보다 작으면 역의 상관도가 있는 것으로 대체재라고 볼 수 있다. 1인 경우는 독립적인 상품이라 보면 된다. 저자의 경우는 Lift 1.2 이상을 경험적인 값으로 많이 활용하나 절대적인 값은 아니다.

제 3 절 의사결정나무(Decision Tree)

1 의사결정나무 개념

목표 변숫값을 0, 1 또는 A, B, C 이런 식으로 정의해서 다른 설명변수들로 분류예측하는 분야에 사용되며 사용이 용이하고 그 결과를 이해하기 수월하다. 결과가 의사결정나무라는 나무가 가지가 분류되는 모양과 같은 그래프로도 표현되기도 하고, 규칙 셋의 형식으로도 이해하기 쉽게 도출된다. 그러나 이러한 규칙을 꼭 눈으로 볼 수 있어야 의미가 있는 것이 아니라 내부에 함수로 저장되어 언제든지 적용할 수 있으면 된다. 대부분의 의사결정 문제는 100, 110, 111.5 이런 연속형 값으로 예측이 반드시 되어야 되는 경우는 아니며, 대부분 100을 넘을지 아닐 지와 같이 의사결정하는 기준인 경우가 대부분이라 가장 적용성이 높다. 예를 들어 주가예측의 경우도 주가가 내일 3% 이상 오를지 아닐지를 0, 1로 예측할 수 있다.

예 고객 캠페인 반응여부 분류, 기업의 부도 예측, 주가상한가 종목 예측, 환율 예측, 경제 전망 등

설명변수의 경우 고객에 대한 분석인 경우, 고객의 인구통계변수, 고객행동에 대한 요약변수(Summary Variable), 작위적인 의미 있는 공식에 의한 값을 변환하여 정의한 파생변수(Derived Variable)를 이용한다. 그러나 이러한 변수들은 비즈니스적인 이해와 데이터에 대한 이해, 상식적이거나 논문 등 문헌에서 언급한 과거 연구 등을 참조하여 가설을 수립한 다음에 이러한 요약, 파생변수들을 개발한다.

PART 4

 TIP 분류식별모형(Classification Model)에서 의사결정나무 유형의 다양한 기법들이나 인공지능 등 어느 모델이 제일 좋은지는 데이터 특성에 따라 다르므로 절대적으로 어느 방법이 좋다고 말할 수는 없으나 로지스틱은 선형성에 대한 제약이 있어서 불리한 점이 항상 있고, 의사결정나무 유형들과 인공지능도 반드시 어느 것이 좋다고 할 수 없이 경우에 따라 다르다. 단, random forest나 SVM 등 최근 알고리즘이 대부분의 경우에 좋은 성능을 보인다.

(1) 분석 단계

① **의사결정나무의 형성** : 분석의 목적과 자료구조에 따라서 적절한 분리기준과 정지규칙을 지정하여 의사결정나무를 얻는다.

② **가지치기** : 분류오류를 크게 할 위험이 높거나 부적절한 추론규칙을 가지고 있는 가지를 제거한다.

③ **타당성 평가** : 이익도표나 위험도표 또는 검증용 자료에 의한 교차타당성 등을 이용하여 의사결정나무를 평가한다.

④ **해석 및 예측** : 의사결정나무를 해석하고 예측모형을 설정한다.

(2) 알고리즘 : 분리기준과 정지규칙, 가지치기 등에 차이

① **CART** : 지니지수(Gini Index) 또는 분산의 감소량을 분리기준으로 활용하고 이진분리를 수행하는 알고리즘

② **C4.5** : 엔트로피지수를 분리 기준으로 활용하는 알고리즘

③ **CHAID** : 카이제곱-검정 또는 F-검정을 분리기준으로 활용하고 다지 분리 수행이 가능한 알고리즘

(3) 의사결정나무의 장점

① **주요 변수의 선정이 용이**

② **교호 효과의 해석** : 두 개 이상의 변수가 결합하여 목표변수에 어떻게 영향을 주는지 쉽게 알 수 있다. 이점은 통계기법에 비해 제약사항이 없어서 매우 유용하다.

③ **비모수적 모형** : 선형성, 정규성, 등분산성 등의 가정이 필요가 없다.

④ **해석의 용이성** : 모형의 이해가 쉽고, 새로운 자료의 모형에 적합하며, 어떤 입력변수가 목표변수를 설명하기에 좋은지 쉽게 파악할 수 있다.

⑤ **지식의 추출** : 의사결정나무를 룰로 자동 변화가 가능하며, 이 룰은 다양한 활용이 가능하다.

(4) 의사결정나무의 단점 : 반드시 안 된다는 것은 아니지만 기법별로 차이가 있으며, 굳이 단점으로 지적한다면 아래와 같은 사항들이 있을 수 있다. 그러나 다행히 최근 기법들은 이러한 단점들이 많이 해결되어 있다.

① **비연속성** : 연속형 변수를 비연속적인 값으로 취급하기 때문에 분리의 경계점 근방에서 예측 오류가 클 가능성이 있다.

② **선형성 또는 주 효과의 결여** : 선형 또는 주 효과 모형에서와 같은 결과를 얻을 수 없다는 한계점이 있다. 로지스틱 분석의 경우에 해당되며 다른 기법에는 해당되지 않는다.

③ **비안정성** : 분석용 자료에만 의존하기 때문에 새로운 자료의 예측에서는 불안정할 가능성이 높다. 그러나 이는 학습과 검증용 데이터로 분리해서 모델이 로버스트하도록 개발하기 때문에 문제가 많이 없어진다.

④ 이진분리를 이용하는 알고리즘은 분리가지의 수가 너무 많지만 꼭 그렇다고 할 수는 없으며, 분리가지에 대한 제약을 분석자가 줄 수 있다.

⑤ 나무 형성 시 컴퓨팅 비용이 많이 든다. 이는 명목형 변수의 값이 매우 다양하게 32개 이상으로 된 경우가 많은 경우이다. 그렇다고 1초 걸릴 내용이 30분 걸린다는 뜻은 아니다.

② 의사결정나무 사례

상장폐지 기업 예측의사결정나무

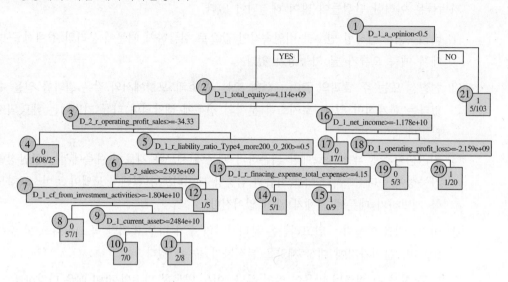

(1) 모델 성능 평가

실제 0, 1로 분류된 기업에 대해 의사결정나무가 0, 1로 예측분류한 수를 Confusion Matrix로 나타낼 수 있으며 이를 이용해서 Accuracy, Precision, Detect Rate를 이용하여 모델에 대한 성능을 평가할 수 있다. 실제 0을 0이라고, 실제 1을 1이라고 예측한 비율이 전체에서 차지하는 값이 Accuracy이며, 관심대상이 1인 경우 1이라고 예측한 것 중에서 실제 1인 비율을 Precision, 실제 1인 경우에 예측을 1로 한 비중을 Detect Rate(hit rate, sensitivity, recall rate)라고 한다. 이 세 가지 지표를 이용해서 전체적인 모델의 성능을 평가한다.

Train_79	실제				
예측	0	1	합계		
0	1,686	38	1,724		
1	22	138	160	86%	: Precision
합계	1,708	176	1,884	97%	: Accuracy
				78%	: Detect rate

이러한 통계가 학습용과 검증용에서 유사하게 나오면 안정된 모델의 경우로 실제 적용을 하면 되고, 차이가 있다면 불안정한 모델로 과적합(Overfitting)된 경우로 관측값 데이터의 수를 증대시켜야 된다. 그래서 학습용 데이터와 검증용 데이터를 전체 데이터에서 7:3으로 분리하여 학습과 검증용으로 사용한다. 모든 데이터를 학습에 사용하면 반드시 과적합이 되어 실제 적용시 안정성이 낮아지게 된다. 그리고 관측값이 크기가 크면 분리 비율을 6:4나 5:5로 나누어도 좋다. 단, Accuracy가 낮은 경우에는 유의미한 변수의 추가를 통해 해결해야 한다.

그리고 모델링의 목적에 따라 Precision이 높아야 되는 경우로 CRM에서 캠페인 대상고객 선정이 해당되고, Detection Rate를 높이면서 Precision을 희생할 필요가 있는 경우는 Fraud Detection으로 하나라도 놓치는 것을 방지할 필요가 있는 경우로 모델링 목적에 따라 성능지표의 평가방법이 다르다.

 필자의 경우, 본 사례와 유사하게 상장폐지 기업 예측을 하였는데, 모델 형성 후 새로운 셋에 적용한 결과 정확성 97%, Precision과 Detect Rate는 75% 이상 나왔다. 이러한 결과는 예상될 수 있는데, 상장폐지는 매우 안정적으로 예측이 가능하기 때문이다. 다만, 이를 활용하는 것이 중요한데 상장폐지로 예측된 기업은 의사결정나무에서 어떤 변수 흐름을 탔는지 파악하고, 그와 같은 재무지표를 개선하는 노력을 하여야 하는 것이다.

PART 4

① 인공신경망 개념

Artificial Neural Network(ANN)은 인간 뇌의 뉴런 작동원리를 모방하는 방법으로, 여러 층(layer)과 각 층 안에 노드(node)가 연결되어 있는 구조이다. 데이터 안의 독특한 패턴이나 구조를 인지하는데 필요한 모델구축을 입력층, 은닉층, 출력층을 통해서 기본적인 정보를 입력받아 처리요소에서 처리를 하고, 이를 이용하여 가중치를 결정 처리하는 학습 패러다임에 근거한 방식이다. 예측정확도를 위해 반복적으로 가중치를 수정하여 정확성을 증진시키며 이 과정에서 자기 조직화를 찾기 때문에 유연성이 높다.

② 인공신경망의 특징

(1) 장점 : 인공신경망은 복잡하고 비선형적이며 관계성을 갖는 다변량을 분석할 수 있다. 비선형기법으로 예측이 뛰어나며, 자료에 대한 통계적 분석 없이 결정을 수행할 수 있다. 통계적 기본가정이 적고 유연하다. 특히, 소량의 데이터, 불완전 데이터, 노이즈 데이터가 많은 경우에도 다른 기법에 비해 우수하며 병렬처리에 유리하다.

(2) 단점 : 처리속도 및 결과에 대한 해석이 어렵고, 모델 학습에 많은 시간이 소요되며, 전체관점의 최적해보다 지역 내 최적해가 선택될 수 있다. 과적합화(overfitting)가 될 수도 있다.

> **⚠ 주의**
>
> 저자의 경험으로는 인공신경망이 결과해석에 어려운 점은 동의하나 나머지 단점들은 치명적인 단점으로 보기에는 논란의 여지가 있다고 생각된다.

③ 활용분야

주가예측, 필기숫자 인식, 화상인식, 음성인식, 로봇제어, 부도예측, 무인운전 등 다양한 분야에 적용가능하다.

④ 최근기술 동향

최근 이세돌과 알파고의 바둑대결에서도 나왔듯이 GPU기능을 활용한 처리속도의 증대가 수퍼컴퓨터 성능에 가깝게 되어 저렴한 투자로 인공신경망의 활용이 증가하고 있다. 대표적인 것이 Deep Learning분야이다. GPU는 컴퓨터에서 그래픽 처리를 담당하지만, GPU 한 개에 수백에서 수천 개 이상의 core가 있어서 다수의 GPU를 활용하는 경우 처리속도를 수십, 수백 배 증대시키는 게 용이하다. NVidia 같은 그래픽 카드 전문회사들이 GPU 성능을 향상시켜 Deep Learning 전문기업으로 변신하고 있는 상황이다.

제 5 절 사례기반추론

① 사례기반추론 개념

과거에 있었던 사례들의 결과를 바탕으로 새로운 사례의 결과를 예측하는 기법으로 사례의 유사성(Similarity) 척도로 근접 이웃 방법론이 가장 많이 이용되고 있다. 사례기반추론 방식은 두 개의 기본 사상에 기반하는데 하나는 유사한 문제가 유사한 해법을 가진다는 것이고, 다른 하나는 한번 발생한 문제는 자주 발생할 수 있다는 것이다(참고논문 : 사례기반 추론을 이용한 인터넷 서점의 서적 추천시스템 개발)

② 사례기반추론 과정

(1) **검색(Retrieve)** : 사례 데이터베이스에서 유사한 적절한 사례 검색, 유사한 사례는 문제와 해결방법, 해결방법 도출 과정에 대한 설명을 포함하고 있다.

(2) **재사용(Reuse)** : 이전의 사례로부터 대상 문제의 해결방법을 연결하여 새로운 상황에 해결방안을 적응시키는 것을 포함한다.

(3) **수정(Revise)** : 새로운 해결방법을 실제 테스트하고, 수정한다.

(4) **유지(Retain)** : 성공적인 해법을 찾으면, 이를 적용 후 새로운 사례로서 데이터베이스에 저장한다.

③ 사례 기반추론 특징

(1) 사례 기반추론의 장점

① 인간의 문제해결 방식과 유사하기 때문에 결과의 이해가 쉽다.

② 새로운 사례를 저장하는 것만으로 학습이 진행된다.

③ 구조가 간단하고 이해가 용이하다.

④ 수치형 변수와 범주형 변수 모두 사용가능하다.

⑤ 복잡한 문제를 비교적 적은 정보로 의사결정, 문제해결이 가능하다.

⑥ 사용하기 쉽다.

(2) 사례 기반추론의 단점

① 정확도가 인공지능이나 데이터마이닝에 비해 상대적으로 크게 떨어진다.

② 사례저장을 위한 공간이 많이 필요하다.

③ 일반화를 위한 학습과정과 해결이 동시에 일어나기 때문에 많은 시간이 소요된다.

④ 사례를 설명하고 있는 속성이 적절하지 못한 경우 성능이 크게 저하된다.

⑤ 적용이 쉽고, 간단하다는 장점과 모형의 갱신이 실시간으로 이루어진다는 점 등으로 인해, 온라인 환경에서의 고객 관계관리를 위한 도구로 많은 주목을 받고 있다.
  예 프로젝트 관리, 기업신용평가, 채권등급평가, 콜센터의 자동응답시스템, 고장진단 헬프데스트, 전략 수립, 유비쿼터스 컴퓨팅 시스템의 상황인식 기능 및 개인화 서비스 구현에 활용

④ 사 례

온라인보험 판매지원 시스템으로 추천 성능이 12% 향상된 사례가 있으며, 다양한 산업의 신상품 출시의 경우 어떤 고객들에게 추천할지를 예측하는 데도 사용이 가능하다.

제 6 절 군집분석(Cluster Analysis)

데이터 구조 파악을 위해 특별한 사전 지식 없이 사용할 수 있는 방법으로, 데이터에서 유사한 개체들을 하나의 집단으로 묶어주는 방법이다. 유사한 특성을 가진 개체를 합쳐가면서 최종적으로 유사 특성의 군집을 찾아내는 분류방법으로 구분하려고 하는 각 군집에 대한 아무런 사전지식이 없는 상태에서 분류하는 것이므로 비지도 학습(Unsupervised Learning)에 해당한다. 대표적인 기법으로 비계층적 군집분석인 k-means가 많이 알려져 있다. 기본적으로 집단 간의 분산은 크게하고 집단 내의 분산은 작아야 적합하게 나누어졌다고 할 수 있다.

> **이해 더하기**
>
> 다양한 거리측정함수
> 군집 간의 거리를 측정하는 방법에는 여러 가지가 있다. 그 중 대표적인 것은 유클리디언 거리(Euclidean distance), 마할라노비스 거리(Mahalanobis distance), 헤밍 거리(Hemming distance) 등이 있다.

> **TIP** random number를 사용하므로 실행할 때마다 결과가 상이하게 나타나서 집단이름과 특성이 매번 달라진다. 따라서 random seed를 특정값으로 지정해 놓아야 재실현이 동일하게 되므로 보고서 작성 시 이점을 유의해야 한다.

① 계층적 군집분석

개별 대상 간의 거리에 의하여 가장 가까이에 있는 대상들로부터 시작하여 결합해 감으로써 나무모양의 계층구조를 형성해 가는 방법이다.
예 단일연결방식, 완전연결방식, 집단 간 평균연결방식, 집단 내 평균연결방식 등

(1) **장점** : 덴드로그램(Dendrogram)을 그려줌으로써 군집의 형성과정을 정확히 파악할 수 있고, 집단의 수를 나중에 결정할 수 있어서 유연한 방법이다.

(2) **단점** : 데이터의 크기가 크면 분석하기가 어렵다. 한 개체가 일단 특정 군집에 소속되면 다른 군집으로 이동될 수 없다. 이상치(outlier)가 제거되지 않고 반드시 어느 군집에 속하게 된다.

② 비계층적 군집분석

군집의 숫자를 사전에 정하고 수행하는데 대표적으로 k-means인데 k개 집단으로 나누는 숫자에 따라 결과가 다르며, 최적의 k개를 사전에 결정하는게 어려우나 시스템 성능의 발달로 2개에서 15개 등 k집단의 개수를 다양하게 시도해서 집단 내의 분산의 합이 급격히 최소화되는 집단의 개수로 나누는 방법을 주로 활용한다.

(1) 장점 : 많은 데이터를 빠르고 쉽게 분류할 수 있다.

(2) 단점 : 군집의 수를 미리 정해야 한다. 군집 형성 초기 값에 따라 군집결과가 달라진다.

CHAPTER

05 비정형 데이터마이닝

제 1 절 비정형 데이터마이닝의 이해

① 비정형/반정형 데이터와 XML

(1) 비정형 데이터 : 미리 정의된 데이터 모델을 가지고 있지 않은 데이터를 말한다.

> 예 아주 많은 양의 데이터를 가지고 있으면서 구조와 형태가 다르고 정형화되지 않은 문서, 영상, 음성, 책, 저널, 문서, 메타데이터, 건강기록, 오디오, 비디오, 아날로그 데이터, 이미지, 파일, 이메일, 웹페이지, 워드프로세서 문서, 채팅, 단문메시지(SMS), 블로그, 트위터, 페이스북 등을 말한다.

(2) 반정형 데이터 : 정형적 구조를 따르지 않지만 어의적 요소를 분리시키고 데이터 내의 레코드와 필드의 계층 구조가 있게 하는 태그나 다른 마커를 포함하고 있는 정형 데이터이다. 최근에 등장한 객체지향 데이터베이스에서의 데이터는 반정형 데이터가 많다. 마크업(Markup) 언어, 이메일, EDI(Eletronic Data Interface) 등이 이에 속한다.

> 예 XML(eXtensible Markup Language) : 마크업 언어의 하나로, 아주 엄격한 요소 구조와 데이터 형식뿐 아니라 인간 중심 흐름과 계층구조를 가능하게 하는 유연성 있는 구조이다.

② 비정형 데이터 분석과 마이닝

빅데이터 환경에서 거의 80% 이상이 비정형 데이터이므로 빅데이터에서의 데이터마이닝은 비정형 데이터마이닝에 관심이 많이 가게 된다. 그러나 비정형 데이터를 활용한 분석은 정형 데이터의 분석보다 더 심도있는 분석과 작업이 필요하다. 비정형 데이터마이닝 과정은 탐색, 이해, 분석으로 나누어진다.

(1) 탐색 : 질의, 집합연산, 재귀 및 팽창 등의 작업을 수행한다.

(2) 이해 : 통계, 분배, 특징 선택, 군집화, 분류 편집, 시각화 등의 작업을 수행한다.

(3) 분석 : 경향, 상관관계, 분류 등의 작업을 수행한다.

1 텍스트마이닝

(1) 텍스트마이닝의 이해

인간의 언어로 이루어진 비정형 텍스트 데이터들을 자연어 처리(Natural Lnguage Processing) 방식을 이용하여 대규모 문서에서 정보를 추출하거나, 연계성을 파악하거나, 분류 혹은 군집화, 요약 등 빅데이터에 숨겨진 의미를 발견하는 기법을 말한다. 텍스트마이닝은 비정형 텍스트 데이터로부터 자연어 처리 기술에 기반을 두고 의미 있는 정보를 추출하거나 가공하는 정보 발견 기술이다.

> **TIP** 텍스트 마이닝에 오피니언 마이닝, 감성분석을 포함시켜 말하기도 한다.

(2) 텍스트마이닝의 처리과정

> 입력 → 준비 단계 → 전처리 단계 → 지식 추출 단계 → 출력

① 준비 단계 : 정보검색이나 텍스트 식별을 말하며, 웹상에서 파일 시스템, 데이터베이스, 내용 관리 시스템 등에서 문제 범위에 맞는 일련의 텍스트들을 수집하거나 식별하여 텍스트 파일과 같은 컴퓨터 처리에 적합하게 통일된 형태로 디지털화하고 조직화하는 과정이다.

② 전처리 단계 : 조직화된 텍스트들을 정형화된 표현양식으로 만드는 것이다.
소스가 되는 텍스트 정보를 순수 텍스트(plain text)로 변환하고, 불용어(stopword)를 제거한 다음에 영어의 경우 소문자로 통일시키기, 빈칸(white space) 제거 등의 작업을 한 후에, 텍스트 문서에서 단어를 찾아 목록을 만드는데 이를 Document Term Matrix라고 한다. 이러한 매트릭스의 크기는 매우 크며, 텍스트 데이터가 많아짐에 따라 증가되며, 때에 따라 메모리나 CPU 성능상의 문제가 발생하기도 한다. 그러므로 문서에서 빈도가 지나치게 낮은 것과 전문가 입장에서 분석 목적과 멀다고 생각되는 것(Sparse Term)을 Sparcity 기준 값으로 제거하고, 특이 값 분해를 통해 행렬의 전반적인 의미 구조가 나타나도록 하여 다루기 쉬운 크기로 줄인다.

③ 지식 추출 단계 : 분석 목적에 맞게 변환된 정형 데이터에서 의미 있는 패턴이나 관계와 같은 지식을 발견하는 것이다. 분류(classification), 클러스터링(clustering), 개념 및 개체 추출과 세분화된 분류 체계의 생산과 같은 topic modeling분야가 있으며, 심리 분석, 문서 요약(frequent term finding), 개체 관계 모델링(associated term finding) 등으로 패턴을 찾는다. 텍스트마이닝은 그 자체로 사용하기 보다는 다른 분석기법과 결합하여 많이 사용한다.

② 웹 마이닝

인터넷을 통해 웹 서비스를 이용하면서 웹에서 패턴을 발견하는 것이다.

(1) 분류 : 웹 사용 마이닝, 웹 콘텐츠 마이닝, 웹 구조 마이닝 등이 있다.

(2) 웹 사용 마이닝 : 웹상에서 사용자가 찾고자 했던 것을 기록하고 있는 웹 서버로그에서 유용한 정보를 추출하는 과정을 말한다. 웹 사용자의 특성과 성향을 뽑아내는데 사용되며, 사용 데이터의 종류에 의존적이다. 사용 데이터는 웹 서버 데이터(IP주소, 페이지 참조사항, 접근 시간 등), 어플리케이션 서버 데이터, 어플리케이션 수준 데이터 등이 있다.

(3) 웹 구조 마이닝 : 웹사이트의 노드와 연결 구조를 분석하기 위해 그래프 이론을 사용하는 과정을 말한다. 웹 구조 유형에 따라 웹에서 하이퍼링크로부터 패턴을 추출하는 것과 문서 구조를 분석하는 것으로 구분할 수 있다.

(4) 웹 콘텐츠 마이닝 : 웹 페이지에서 유용한 데이터, 정보, 지식을 마이닝하고 추출하고 통합하는 것을 말한다. 웹 상에 이전부터 퍼트려진 수많은 정보들이 가지고 있는 구조적 결핍과 중복성을 개선하고자 각종 정보수집 도구를 사용하여 자동으로 발견하여 결합하고 인덱스화하여 데이터베이스에 저장해두고 검색도구를 통해 사용자가 보다 편리하게 검색할 수 있도록 진화되어 왔다.

> 예 포털사이트에서 웹 페이지를 주제별 또는 키워드별로 자동을 분류해놓은 검색엔진을 운영하는 것을 말한다.

(5) 웹 마이닝의 활용

> 예 포털을 위한 콘텐츠 파이프라인의 중요한 구성요소로서, 데이터 확인과 유효성 검증, 데이터 통합, 분류 체계 구축, 콘텐츠 관리, 콘텐츠 생산, 오피니언 마이닝 등

③ 오피니언 마이닝

(1) 오피니언 마이닝의 이해

① **개념** : 어떤 사안이나 인물, 이슈, 이벤트 등과 관련된 원천 데이터에서 주제에 대한 의견이나 평가, 태도, 감정 등과 같은 주관적인 정보를 식별하고 추출하는 것으로 오피니언 분석, 평판 분석, 정서 분석이라고도 한다.

② **기술** : 주요 분석 대상은 포털 게시판, 블로그, 쇼핑몰과 같은 대규모 웹 문서이기 때문에 자동화된 분석방법을 사용한다. 주로 텍스트 문서를 다루므로 자연어 처리, 텍스트 분석, 컴퓨터 언어학 등의 기술을 사용한다.
　예 상품이나 서비스에 대한 시장규모를 예측하거나 소비자의 반응 및 입소문을 분석하는 데 활용한다.

(2) 오피니언 마이닝 방법

① 오피니언 마이닝은 구문에서 의견을 뽑아내서 오피니언이 만들어진 특징을 파악하기 위해서 단어들의 문법적인 관계가 사용되고 문법적 의존 관계는 텍스트에 대한 깊이 있는 문장 분석을 통해서 이루어진다.

② 웹페이지, 온라인 뉴스, 인터넷 토론 그룹, 온라인 평론, 블로그, 소셜 미디어 등을 포함하여 대규모 텍스트 집합으로 오피니언 마이닝을 자동으로 수행하는 공개 소프트웨어 도구를 통하여 얻어진 결과에 기계학습, 통계처리, 자연어 처리 기술 등을 적용하면 효율적으로 이용할 수 있게 된다.

③ **오피니언 마이닝 시 주의할 사항** : 문화적 요인, 언어학적 뉘앙스, 맥락의 차이 등이 국가별, 산업별로 다르므로, 수집된 단어에 대한 찬성과 반대가 상황에 따라 달라질 수 있다는 점이다. 이러한 단어에 대한 정서가 국가별, 산업별로 탄탄하게 구성되어져야 의미 있는 분석이 가능한 쉽지 않은 영역이다.

④ 소셜 네트워크 분석

(1) 소셜 네트워크 분석의 이해

① **소셜 네트워크 서비스** : 개인의 생각이나 의견, 비전이나 가치 등을 디지털 콘텐츠 형태로 공유하거나 교환할 수 있도록 사회적 관계를 맺는 쌍방관계를 갖는 커뮤니티 서비스로 페이스북, 구글플러스, 카카오스토리, 트위터, 미투데이, 마이크로 블로그 등이 있다.

② **소셜 네트워크 분석** : 노드(점, Vertex)와 링크(선, Edge)로 구성되는 네트워크 이론에 의해서 사회적 관계를 보여주는 것을 말한다.

소셜 네트워크 분석의 핵심은 유사한 특성을 갖는 커뮤니티의 파악과 영향을 주는 Influencer를 파악하는 데 있다. 특히 소셜 미디어에서의 관계를 표시하거나 조직에서의 관계, 유통회사에서 고객의 상품구매 정보를 통한 고객들 간의 간접연결 등을 통한 분석 등 관계라는 비정형 데이터를 이용해서 분석을 한다.

(2) 소셜 네트워크 분석 기법

사회적 관계를 나타내는 네트워크를 모델화하고 시각화하는 것은 데이터를 이해하고 분석 결과를 전달하는 데 매우 중요하다.

① **데이터 탐색** : 다양한 레이아웃으로 노드와 링크를 표시하고, 색깔과 크기와 다른 진보된 속성 등을 노드에 덧붙임으로써 구별되게 하여 네트워크를 이해하는데 도움을 준다. 그러나 정량적으로 데이터를 이해하기 위한 수단이지 그것만으로 네트워크를 모두 설명하거나 이해했다고 생각하면 안 된다.

② **모델화와 시각화** : 협동 그래프와 표식 사회적 관계망 그래프
　　㉠ 협동 그래프 : 사람들 사이의 좋은 관계(우정, 동맹 등)와 나쁜 관계(증오, 화 등)를 나타내는 데 사용된다.
　　㉡ 표식 사회적 관계망 그래프 : 그래프의 미래 진화를 예측하는데 사용될 수 있다. 균형 그래프와 불균형 그래프가 있는데, 균형 그래프는 모든 표시의 결과가 긍정적인 사이클로 그룹에서 다른 사람들에 대한 그들의 의견을 바꾸는 것을 좋아하지 않는 집단을 나타내며, 불균형 그래프는 다른 사람들에 대한 그들의 의견을 바꾸는 것을 아주 좋아하는 사람들의 집단을 나타낸다.

③ **참여 네트워크 매핑** : 변화를 촉진시키는 도구로써의 분석 기법으로, 참여자와 면담자는 데이터 수집 시기에 그 네트워크에 실질적으로 매핑해 나감으로써 네트워크 데이터를 제공한다.

④ **그외 기법** : 데이터 집합, 데이터마이닝, 네트워크 전파 모델링, 네트워크 모델링 및 샘플링, 사용자 속성 및 행동 분석, 커뮤니티 유지관리 자원 지원, 위치 기반 상호작용 분석, 사회적 공유 및 필터링, 추천자 시스템 개발, 링크 예측 등이 있다.

PART 4

06 시각화 방안

제 1 절 데이터 시각화란?

① 데이터 시각화의 개념

(1) **과거의 개념** : 정보 전달의 부가적 설명을 위한 장치로서 단순히 수치를 그래프로 나타내는 것이다.

(2) **최근의 개념** : 방대한 양의 정보를 하나의 인사이트로 도출해낼 수 있는 분석도구이며, 정보전달 및 상황 진단을 위한 프로세스이다.

(3) **시각화의 역할** : 카테고리 안의 많은 양의 데이터에 의미를 부여하여 정보 사용자에게 효율적으로 전달하기 위한 과정이다.

② 데이터 시각화의 정의

데이터를 표시, 제시, 상호작용을 제공하는 것으로 많은 양의 데이터에 의미를 부여하는 노력을 추가해 패턴을 파악할 수 있게 되어 정보나 지혜를 전달할 수 있도록 하는 것이다.

③ 데이터 시각화의 특성

커뮤니케이션 측면의 특성이 강하다.

① 정보를 직관적으로 이해할 수 있게 한다.

② 많은 데이터를 동시에 차별적으로 보여줄 수 있다.

③ 지각적 추론(Perceptual Inference)을 가능하게 한다.

④ 흥미 유발 및 주목성을 증대시킨다.

⑤ 친근하게 정보를 전달하여 보다 다양한 사람들에게 접근가능하다.

⑥ 관계와 차이를 명확히 표시하여 추가적인 정보와 스토리를 제공한다.

⑦ 데이터를 입체화하여 거시/미시적 시각 등 수직적 구조를 부여할 수 있다.

제 2 절 데이터 시각화의 절차

① 시각화의 원칙

(1) 목적한 고유한 특성을 나타내도록 한다.

(2) 작은 내용으로 많은 정보를 전달하도록 한다.

(3) 원하는 정보를 제공한다.

② 데이터 시각화 프로세스

(1) **1단계 획득** : 데이터의 획득

(2) **2단계 구조화** : 데이터 구조화 및 분류

(3) **3단계 추출** : 관심 데이터 추출

(4) **4단계 마이닝** : 통계적인 방법 또는 데이터마이닝 기법 적용

(5) **5단계 시각화** : 바 그래프, 리스트 또는 트리 등의 기본적 시각모델 선택

(6) **6단계 재정의** : 보다 명확하게, 매력적 표현으로 개선

(7) **7단계 상호작용** : 데이터 변경 또는 보이는 특징을 조작하는 방법 추가

중첩모델(Nested Model)[10] : 시각화 시스템 설계 및 타당성 검증에 이용하는 4단계 모델로 A가 상위이고 D가 최하위이다. 상위는 출력이고 하위로 가면 입력인 구조로 되어 있는데 여기서의 중요한 사항은 중첩된(nested)된 모델구조로 인해 하나의 문제가 연속적으로 영향을 주게 된다. 안에 3단계는 디자인 관련 사항이며 각각의 특성을 갖고 있다.

A. 해당분야 문제 특성화(Domain Problem and Data Characterization)
- 위협요소(threat) : 도메인에 대한 잘못된 문제정의
- 유효성(validate) 테스트 : 대상 사용자 인터뷰 및 관찰수행

B. 데이터 및 운영 설계에 대한 추상화(data/operation abstraction design)
- 위협요소 : 설계된 데이터 타입과 업무가 해당 문제해결을 하지 못함
- 유효성 테스트 : 사용자에 의해 해당업무 수행과정을 통해 유효성이 확인되어야 하며 디자이너나 연구방식으로 추진해서는 안 됨

C. 코딩 및 상호작용 설계(encoding/interaction technique design)
- 위협요소 : 시각화 코딩내용과 상호작용이 커뮤니케이션하는데 효율적이지 않음
- 유효성 테스트 : 전문가 리뷰나 경험자 평가를 통해 설정된 원칙이 지켜졌는지 확인

D. 알고리즘 설계(algorithm design)
- 위협요소 : 기존 알고리즘과 비교했을 때 처리시간과 메모리 사용이 최적화되지 않음
- 유효성 테스트 : 연산복잡성에 대한 분석

주의

공식수험서에는 둥지모델로 되어 있으나 중첩모델이 적합하며, 내용을 영문 자료를 기준으로 재작성하였으므로 이점 참조하기 바란다.

---

10) A Nested Model for Visualization Design and Validation, Tamara Munzner

제 3 절 데이터 시각화 방법 및 관련 기술

① 데이터의 표현

둘 이상의 데이터 사이의 관계(혹은 구조)를 표현하는 것이다.

(1) 데이터 형식

① 단변수 데이터(Univariate data) : 단일 값에 대한 숫자들로 Bar/Pie Graph 등으로 표시

② 이변수 데이터(Bivariate data) : 산점도(scatter plot)로 표현하며, 시계열로서 하나의 축이 시간(x)을, 다른 축(y)이 시간과 관련된 수치 예 월별 매출액

③ 삼변수 데이터(Trivariate data) : 산점도 매트릭스로 표현, 3차원을 2차원으로 표시

④ 다변수 데이터(Hypervariate data) : 좌표플롯으로 표현, 평형 좌표플롯, 스타 플롯, 산점도 매트릭스, 링크드 히스토그램, 모자이크 플롯, 아이콘으로도 표현 가능

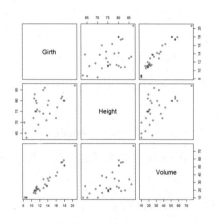

[scatter matrices(산점도 매트릭스)]

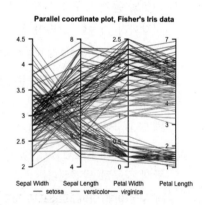

[parallel coordinate plot(평형좌표플롯)]

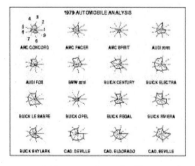

[star plot(스타플롯)]

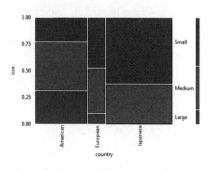

[mosaic plot(모자이크 플롯)]

(2) 시각적 표현

데이터에 따라서 변할 수 있는 일종의 시각적 차원으로 주로 크기, 색상, 위치, 네트워크 시간, 다중표현기법(앞에 기술한 여러 방법을 혼합하는 방법)을 기준으로 그 특성을 구분해 볼 수 있다.

(3) 관계의 인코딩

① 선(Line) : 두 가지 실체를 가장 간단하게 제시할 수 있는 방법으로 해당 실체의 표현 사이에 직선을 그려 넣은 것

② 지도와 다이어그램(Map & diagram) : 벤다이어그램, 인포크리스탈, 클러스터맵

③ 트리 표시(Tree representations) : 노드와 링크 형태의 관계에 적용되며, 콘트리, 하이퍼볼릭 브라우저, 수형도 등으로 표현

② 시각화 방법과 도구

① **차트와 통계 도구** : 시각화를 위한 모든 기능을 내장한 도구이며 몇 번의 클릭으로 시각화가 가능한 방법이다.

예 MS-Excel, google spreadsheet, Qlikview, Tableau, Tibco

② **프로그래밍** : 데이터량이 큰 경우 사용하며, 데이터 조작에 유리하나 프로그래밍 로직에 익숙해져야 한다.

예 D3.js, Flash/Actionscript, Python, HTML/CSS/Javascript, R, WebGL

③ **지도** : 지도와 같은 공간에 데이터 시각화, 모바일 위치정보를 이용한 빠른 데이터 탐색 도구로 발전된다.

예 구글/야후/마이크로소프트 지도, ArcGis, OpenStreetMaps

④ **일러스트레이션 등** : 데이터의 그래픽을 좀 더 매끈하게 만들어 준다.

예 Adobe Illustrator, Inkscape

③ 빅데이터 시각화 기술

방대한 양의 데이터를 시각적으로 묘사하는 분야로 데이터 분석 결과를 시각적으로 표현해 준다.

(1) 데이터 시각화 기술

① **시간 시각화** : 막대그래프, 누적막대그래프, 점그래프 등으로 표현한다.

② **분포 시각화** : 파이차트, 도넛차트, 누적막대그래프, 인터랙티브 누적영역 그래프로 표현한다. 시간에 따른 분포는 누적연속그래프, 누적영역그래프, 선그래프 등으로 표현한다.

③ **관계 시각화** : 스캐터플롯, 스캐터플롯 행렬, 버블차트 등으로 표현한다.

④ **비교 시각화** : 히트맵, 체르노프 페이스, 스타차트, 평행좌표 그래프, 다차원척도법, 아웃라이어 찾기 등으로 표현한다.

⑤ **인포그래픽** : 차트, 다이어그램, 로고, 일러스트레이션 등을 활용하여 표현한다.

(2) 빅데이터 시각화 기술

① 데이터 분석 결과를 시각적으로 표현해주는 기술

② 소셜 미디어 사용자 활동에 따라 정보의 흐름과 빈도를 표시

③ 공간 안에서 위치 기반의 정보흐름을 표시

④ 문서의 변화 양상을 표현

이해 더하기

빅데이터 시각화 기술의 사례

사례 1 Facebook Transaction : 페이스북 사용자들의 활동에 대해 정보흐름/빈도/지역별 사용 정도를 보여줌

사례 2 Spatial Information Flow : 특정 공간 내 정보흐름을 시각화. 정보흐름이 많을 수록 링의 크기가 커짐

사례 3 Clustergram : Cluster 수가 늘어남에 따른 데이터 셋에 Cluster가 할당되는 것을 보여주는 집약분석 기법

사례 4 History Flow : 위키피디아 문서에 다수의 저자가 수정하면서 변화되는 양상을 시각화

---

(3) 빅데이터 분석 가시화 기술

데이터의 분석 결과의 이해를 돕기 위해 일부 가시화 기술을 이용하여 표현하는 것이다. 데이터 분석 도구 기술인 R, 인포그래픽스 기술(InVis 등) 등이 있다.

① R : 자바, C, Python 등의 다른 프로그래밍 언어와 연결이 용이

　　예 AC OS, 리눅스/유닉스, 윈도우즈 등 대부분의 컴퓨팅 환경에서 동작

　　예 구글, 페이스북, 아마존 등에서 통계분석과 데이터마이닝을 위해 사용

② InVis : 컴퓨팅 자원의 유연한 할당 가능, 다중 사용자에게 서비스 제공

　　예 대용량 데이터의 시각화 인터페이스(IVI, InVis Integrated Vizualization Inter-face)와 데이터 가공 및 시각화 오브젝트인 폴리곤의 생성 엔진(IVE, InVis Viz-ualization Engine)으로 구성

제 4 절　시각적 결과물의 이해와 해석

① 시간 시각화의 이해

시계열 데이터를 시각화하는 것을 말한다.

(1) 시차(time lag, 관측시점간의 차이), 트렌드, 경향성이 중요하다.

(2) 추세선과 스캐터플롯 : 시간의 흐름에 따른 추세를 알아볼 수 있는 대표적인 시각화 방법이다.

(3) 계단식 차트 : 상승 또는 하락에 대한 차이를 표현할 때 많이 사용한다.

② 분포 시각화의 이해

(1) 구분단위 : 분류, 세부 분류 등의 가지 수, 가능한 선택이나 결과들의 수, 샘플측정 범위에서의 분류이다.

(2) 특성 : 최대, 최소, 전체분포로 나눌 수 있다.

(3) 다른 데이터 유형과의 차이점 : 전체의 부분을 나타낸다. 데이터의 양 또는 크기가 어떻게 분포되어 있는지에 대한 정보를 얻기 위해 사용된다.

(4) 차트의 종류

① 막대그래프 : 주로 막대의 길이나 명암 등으로 표현

② 파이차트 : 항목에 대한 비율을 원에서 차지하는 크기로 나타냄

③ 누적영역그래프 : 항목에 대한 값이나 비율을 누적하여 넓이로 나타냄

④ 트리맵 : 트리차트의 분류항목이 많아 한눈에 알아보기 어려운 단점을 보완한 표현 방법

③ 관계 시각화의 이해

상관관계를 시각적으로 표현한 것을 말한다.

(1) 스캐터플롯(Scatter plot) : 변수 간의 관계를 설명하기 위한 차트로 두 변수 간의 영향을 쉽게 이해할 수 있는데 2차원 공간에 점이 퍼져 있는 모양으로 두 변수 간에 관계가 있는지, 약간 있는지, 특정 구간에서만 있는지를 한눈에 파악하거나, 예측값 과 오차값(residual)간의 분포가 일정한지를 눈으로 확인해서 모델의 적합성을 판단 할 수도 있다.

(2) 히스토그램(Histogram), 밀도플롯(Density plot) : 측정값을 몇 개의 구간으로 나누 어 각 구간의 도수에 비례하는 높이로 표현한 것으로, 예를 들면 histogram 또는 density plot을 서로 다른 두 집단에 대해 동시에 하나의 축에 표시하면 집단간의 분포 의 차이를 쉽게 파악해서 두 집단에 대해 특정변수, 체중이나 구매금액에 있어서 차이 가 있는지, 유의미한 변수가 될 수 있는지를 판단할 수 있다. 주로 EDA(Explorative Data Analysis)에 많이 사용된다. 특히 빅데이터 분석에서는 스크립트를 자동화해서 이 러한 변수들에 대해 자동으로 pdf 보고서를 작성해서 한 번에 변수들을 조합해서 살펴 보면 모델 개발 전 데이터 특성과 구조에 대해 손쉽게 빠른 시간 내에 수행이 가능하다.

(3) 버블차트 : 스캐터플롯에 버블의 크기를 추가하여 3가지 정보를 2차원에 표현한 것 이다.

④ 비교 시각화의 이해

다양한 변수의 특징을 한 번에 비교하여 전체적인 정보표현이 가능하도록 한다.

(1) 히트맵 : 여러 변수에 대해 색상의 명암으로 값의 크기를 표현하는 방법으로, 예를 들면 고장요인들과 설비들을 비교해서 어느 설비에서 주로 어떤 원인으로 많이 발생하는지 한눈에 파악가능하다.

(2) 체르노프 페이스(Chernoff face) : 다차원 통계 데이터를 사람의 얼굴로 이미지화하는 방법으로 얼굴의 가로/세로, 눈/코/입/귀 등 각 부위를 변수로 대체 표현하는 방법으로, 예를 들면 야구선수에 대해 투수와 타자에 대해 다양한 지표에 대해 각각을 얼굴길이, 얼굴너비에 해당하는 값에 평균자책점/타율 이런 식으로 매핑해서 표시함으로 선수들의 특성을 한 번에 파악하고, 누가 다른 사람과 유사한지도 파악이 가능하다.

(3) 스타차트 : 중심으로부터 각 평가항목의 정량화된 점수에 따른 거리로 계산하여 평가항목 간 균형을 한 눈에 알아볼 수 있게 한 도표로 방사형 차트, 거미줄 차트라고도 하는데 중심을 최솟값, 가장자리를 최댓값으로 활용한다. 예를 들어 빅데이터 성숙도에 대한 평가를 6가지 항목으로 평가하는 경우 모양만으로도 자사는 각 항목의 값이 얼마인지 알 수 있고, 경쟁사는 어떤 요소가 부족한지, 강점인지를 한 번에 파악할 수 있다.

PART 05

빅데이터 기술

경영
빅데이터 분석사
2급 단기완성

빅데이터
기술

빅데이터 수집은 자동(로그 수집기, 크롤링, 센싱, RSS 리더) 또는 일부 수동으로도 수집이 되며, 수집시스템의 요건으로는 확장성, 안전성, 실시간성, 유연성이 있다. 이렇게 데이터를 수집, 저장, 처리, 분석하는 시스템의 대표적인 예가 하둡 시스템이다. 이 중에서 RSS는 사용자가 수집하려는 것을 요청한 경우 처리할 수 있는 웹 2.0을 구현하는 기술이다. 하둡 시스템의 맵리듀스는 주로 페타바이트(PB)이상의 데이터를 클러스터 환경에서 분산병렬처리하기 위한 기술로 사용자가 정의한 Job단위로 관리되며, 여러 노드의 컴퓨터에 task단위로 분산처리되어 최종 결과가 다시 결합되고 저장되는 형태이다.

로그수집 오픈소스 솔루션으로는 Scribe, Flume, Chukwa가 있는데 Scribe는 페이스북에서 채택했으며, Flume은 Cloudera가 채택, Chukwa는 야후에서 채택하였다. 데이터 처리기술로는 구글에서 개발한 GFS(Google File System)가 있고, GFS에서 구축된 상용 분산 데이터베이스 시스템은 Big Table이 있으며 이후 HBase에 영향을 주어 HBase는 하둡 프로젝트로 관리되고, Cassandra는 페이스북에서 개발했으나 아파치 소프트웨어 재단의 한 프로젝트로 관리되고 있다. 실시간 처리기술로는 데이터를 작게 쪼개서 분산병렬처리를 하는 형태로 CEP(Complex Event Processing)가 대표적인 활용 사례이며 트위터의 Storm, 아파치 Spark이 있다. 특히 Spark의 경우 machine learning library를 이용해서 in-memory에서 처리하는 기술이 큰 장점이다. 유사한 것으로 아마존의 kinesis streams와 IBM의 inforstreams가 있다.

분석 시스템들은 크게 상업용과 오픈소스로 구분되는데 상업용으로는 SAS, SPSS가 있으며 국내에서는 대다수가 SAS를 사용하고 있다. SAS, SPSS 모두 일반인용이라기보다는 고가의 기업 전문가용이다. SAS가 다소 SPSS에 비해 어렵게 느껴지는 부분은 script 방식으로 처리하는 경우이나 대부분의 SPSS 사용자들은 메뉴방식으로 작업을 한다. SAS의 경우 F8을 누르면 실행되며, 상업용으로 라이센스를 매년 갱신하지 않으면 실행이 되지 않고 디스크를 이용한 처리를 기본으로 하였기 때문에 속도 문제가 있었으나 최근에는 in-memory, in-database, grid computing을 지원한다. 오픈소스로 대표적인 R의 경우 R Studio상에서 Ctrl + Enter를 누르면 실행이 되는데 상업용 버전인 MS R, Oracle R도 있다.

01 수집 및 저장기술

① 빅데이터 수집의 특징

정형 데이터 외에 비정형 데이터가 포함되어 있다는 점이 빅데이터 수집의 가장 큰 특징으로 웹 문서, 시스템 로그가 그 대상이다. 이미지나 동영상 데이터도 포함되는데, 웹에서 가져오는 데이터의 경우 데이터의 범위가 매우 광범위하기 때문에 일반 기업이 수집할 때는 일정수준으로 제한된 범위의 데이터를 가져오거나 상업적으로 데이터 서비스를 하는 곳에서 웹 전체 데이터를 다운받고 난 뒤 비용을 지불하는 방식을 취하게 된다.

비정형 데이터도 정형 데이터와 마찬가지로 우선 저장한 다음에 데이터에 맞게 메타데이터를 추출하거나 파싱을 통해 원하는 데이터로 가공하고, 정형 데이터와 결합해서 사용할 수 있도록 처리하는 과정이 있다. 이러한 과정에서 직접 데이터를 가져오는 경우는 실시간 데이터 수집 및 대용량 처리와 확장성에 대한 기술을 갖고 있어야 된다.

 수집 시 로그 데이터 수집기를 통해 다양한 포맷의 데이터를 처리할 수 있어야 하며, crawling과 RSS reader, API를 이용해서 가져오는 방법이 있다. Crawling과 API를 이용하는 경우 데이터 소스가 되는 site와 agreement를 확인하고 난 후 whitelist에 들어가도록 해야 한다. 국내에서는 이러한 절차를 무시하고 편법적으로 수집하는 경우가 있는데 이는 적합하지 않은 방식이다.

② 사용되는 도구

(1) **로그 수집을 위한 오픈소스** : Scribe, Flume, Ghukwa 등

(2) **웹페이지 수집** : Wb Robot, Web Crawler 등

(3) **API의 경우** : 사이트별로 다른 규격과 인증을 통해 입수한다.

이해 **더하기**

오픈소스 Flume-NG
수집성능 확장성, 전송보장, 다양한 수집 플러그인, 인터페이스 상속을 통한 확장 등의 특징을 갖고 있다.

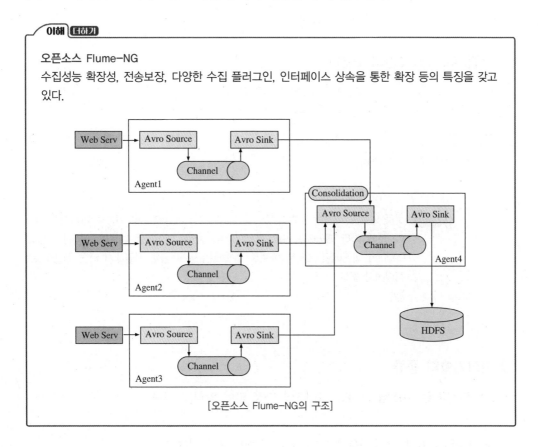

[오픈소스 Flume-NG의 구조]

③ 수집의 어려움

(1) 초기 데이터 수집 및 확보에 대한 어려움이 있다.

(2) 일단위 양은 상대적으로 초기 데이터에 비해 적은 편이라 일정을 고려해야 한다.

(3) 데이터 수집기준은 일관되지 않을 경우 발생하는 정보가 왜곡될 수 있다.

④ 수집 시스템 측면의 요건

(1) 확장성, 안정성, 실시간성, 유연성이 제공되어야 한다.

(2) 하둡과 같은 분산파일 시스템을 통해 방대한 데이터를 빠르고 확장성 있게 처리할 수 있도록 해야 한다.

> 하둡 외에도 다양한 방법이 있으며 맵리듀스(MapReduce) 기능을 이용해서 Key Value에 따라 매핑(Mapping)해서 cluster 간에 데이터를 나누어 처리한 다음에 Reduce 과정에서 요약된 정보를 결합하는 방식 등을 지원해서 빠른 성능이 보장되어야 한다.

⑤ 저장기술의 종류

(1) **분산파일 시스템** : GFS, HDFS이 가장 많이 알려져 있다.

(2) **NoSQL(Not only SQL)** : MongoDB 등이 잘 알려져 있다.

(3) **네트워크에 저장시스템 공유** : SAN/NAS와 클라우드 파일 저장 시스템인 Amazon S3 등이 있다.

⑥ 저장기술의 고려요소

저장단가, 속도, 신뢰성, 확장성

02 처리기술

① 정 의

빅데이터의 다양하고 대용량인 데이터를 저렴하게 초고속으로 처리할 수 있도록 하는 기술 및 아키텍쳐이다. HPC(High Performance Computing) 관련 연구가 활발히 진행되고 있으며 대표적 예는 GFS, HDFS이다. 데이터의 다양성으로 추론이 어려운 것은 NP-hard (Non-deterministic Polynomial hard) 문제로 보고, 특별한 다항식으로 해결하기보다는 휴리스틱 접근방법을 사용하고 있다.

> **이해 더하기**
>
> **휴리스틱 접근방법**
> 발견법(發見法) 또는 휴리스틱(heuristic)은 경험에 기반하여 문제를 해결하거나 학습하거나 발견해 내는 방법을 말한다. 전산학 등 과학분야에서는 한정된 시간 내에 수행하기 위해 최적의 해 대신 현실적으로 만족할 만한 수준의 해를 구하는 방법이다. 형용사구로 발견적 방법(heuristic method, 휴리스틱 기법)라고도 한다.

② 데이터 연계 아키텍쳐 비교

Batch형태는 DW 시대에 많이 사용하던 방식으로 이후 비동기식 실시간 통합으로 발전하다 빅데이터 시대가 오면서 아래 3가지 방식을 혼합하여 적용하고 있다.

Batch	비동기식 실시간 통합	동기식 실시간 통합
비실시간 통합	근접 실시간 통합	실시간 통합
대용량	중간 용량	데이터 가능 처리시간에만 작업
Batch	CDC	웹서비스, SOA
데이터 재처리 허용	데이터 재처리 허용	데이터 재처리 불가

PART 5

③ 대규모 분산병렬처리 및 데이터 연동, 대용량 질의 기술 지원

(1) 성능확장은 최소 5대 클러스터에서부터 하둡 기반 2만대의 서버들을 단일 클러스터로 구성할 수 있을 정도로 선형적인 확장성을 보이고 있다.

(2) 서버가 분리된 상태에서 3중 복제가 되어 고장에 대해 대응할 수 있도록 한다.

(3) 맵(map)과 리듀스(reduce) 기능을 통해 key-value기준으로 맵을 해서 처리하고 결과를 합치는 리듀스를 통해 데이터 크기에 상관없이 비즈니스 로직에 집중할 수 있도록 한다.

(4) 다양한 하둡 분산파일시스템(HDFS ; Hadoop Distributed File System)과 연계된 에코시스템을 통해 다양한 요구사항을 수용하고 있다.

기 술	방 식
데이터 수집	Flume-NG
데이터 연동	Sqoop
데이터베이스 기술	NoSQL, HBase
데이터 질의 기술	Hive, Pig
실시간 SQL	Impala, Tajo
워크플로우	Oozie, Azkaban

④ 분산 데이터 저장 기술

(1) 방 법

기존의 대용량 시스템의 구조는 고가의 마스터 서버를 활용한 중앙 집중형으로 장애차단에 집중한 방법이었으나, 최근 각광받는 시스템은 저가의 PC로 구성된 클러스터 구조로 장애가 항시 발생할 수 있음을 고려했다. 이 구조는 대규모 확장성과 TCO 절감을 특징으로 하고 있다.

(2) 분산파일시스템 종류

종 류	HDFS	Lustre
Architecture	중앙 집중형 분산파일시스템	중앙 집중형 분산파일시스템으로 데이터와 메타데이터의 복제가 제공되지 않고 대신 MDS(Metadata Servers)라는 공유저장소에 저장
Naming	• 네임스페이스와 메타데이터가 네임노드에 의해 관리 • 데이터노드에 저장된 파일에 대한 매핑을 수행	MDS를 통해 지원
API and client access	C를 이용한 일부 API, Java	별도 도구를 지원
Cache consistency	• 일회쓰기 및 반복 읽기 모델을 지원하여 수정이 불가능 • 동시쓰기 불가	• DLM(Distributed Lock Manager)를 사용하여 동시 읽기 저장을 지원
Replication and synchronisation	• 배치정책에 의해 블록이 여러 데이터노드에 복제 및 분산됨	• 별도 독립 소프트웨어로 지원
Load balancing	• 총 자원 대비 활용도를 지정·관리하며 균형을 위해 다른 곳으로 이동시킴	• 간단한 도구를 지원하여 새로운 곳에 저장
Fault detection	• 서버들 간에 완벽하게 연결·커뮤니케이션되어 이상시 대응	• 서버 커뮤니케이션에서보다 클라이언트 요청시 감지하여 대응
Chunk based	지 원	지원 안함
User DB for storing metadata	지 원	지원 안함
File modification	지원 안함	지 원

5 분산 컴퓨팅 기술

맵리듀스(MapReduce)를 이용한 대규모 고성능 플랫폼 구축을 통해 고성능 데이터 처리 및 연산에 활용되고 있다. 맵리듀스 방식으로는 구글과 하둡(hadoop)이 있으며 야후는 하둡 프로젝트의 주요 사용자로 2만대의 서버에서 사용하고 있고 가장 큰 단일 클러스터는 4천 대 규모이다. 이외에 병렬 쿼리 시스템으로는 구글 Sawzall, 아파치 Pig, 아파치 Hive 등이 있다.

6 클라우드 환경

클라우드 컴퓨팅은 동적확장이 가능한 가상화 자원을 인터넷 상에서 지원하는 것을 말한다. 대표적인 유형은 SaaS, PaaS, IaaS 등으로 구분된다.

> **이해 더하기**
>
> **클라우드 컴퓨팅 이용의 주요 기대효과**
> - 시스템 관리 편의성 제공
> - 서버 사이징의 유연성 및 정확성
> - QA, lab 환경 제공
> - 서버통합으로 데이터 센터 공간효율 증대
> - 즉각적인 서버제공
> - 오래된 응용프로그램의 수명연장
> - 응용프로그램 분리를 용이하게 함
> - 예측하지 못한 장애로부터 보호하여 서비스 시간 증대
> - 특정 하드웨어로의 종속성을 제거
> - 에너지 사용 감소
> - 클라우드로의 이동을 편리하게 함

03 주요 분석도구에 대한 이해

빅데이터 분석도구로는 지금까지 통계 및 데이터마이닝 상업용 시장을 대부분 차지하고 있는 SAS, IBM SPSS의 제품군들과 SAP에 인수된 KXEN의 Infinity Insight가 대표적인 예이다. 특히 Infinity Insight는 마이닝 자동화를 추구하는 제품으로 사용하기 매우 쉽다. 오픈소스로는 R, python 등을 고려할 수 있다. 물론 단순한 데이터나 통계값을 얻거나 시뮬레이션, 최적화 등을 처리하는 데는 엑셀도 가능하지만 Enterprise Level의 업무를 수행하는 측면에서 공동작업 및 데이터 처리량에서는 현실적이지 않고 많은 중복작업과 데이터 및 정보의 사일로화가 발생할 수 있다.

1 SPSS

가장 큰 특징은 구이(GUI)가 뛰어나다는 점으로 사용자들이 데이터 수집에서 통계, 데이터마이닝, 보고서 입수까지 클릭만으로 쉽게 활용할 수 있기 때문에 학교, 연구소 및 대량의 데이터 처리가 없는 곳 위주로 시장을 차지하고 있다.

2 SAS

모듈별로 상세한 기능이 있어서 다양한 분석을 위해서는 각각의 모듈을 임대해야 하며, 영구라이센스는 없다. 데이터 처리 언어가 매우 뛰어나고 전세계 시장 점유율의 대부분을 차지하고 있다고 해도 과언이 아니다. 구이(GUI)를 통한 클릭방식으로 처리도 가능하나 가장 뛰어난 기능은 프로시저 방식의 스크립트를 이용하는 방식이다. 그러나 스크립트 방식에 익숙하지 못한 초보들은 초기에 적응하기가 어렵다. 그리고 메모리에서 모든 걸 처리하는 제품도 있지만 하드디스크를 저장 공간으로 이용하여 대용량의 데이터를 문제없이 처리하는 데는 매우 빠른 속도를 보이고 있다. 단, 충분한 디스크와 시스템의 성능이 보장되지 않는다면 한번에 너무 많은 사용자들이 접속하여 사용할 경우 속도 저하를 피할 수 없으므로 투자가 필요하다. 핵심 모듈로 Base, Stat를 이용하여 기본적인 통계분석을 수행하며, 시계열 분석을 위해서는 ETS가 필요하고, 행렬 처리를 위해서는 IML, 데이터마이닝을 위해서는 E-Miner가 필요하다.

③ 오픈소스 R

2016년 7월 기준 8,000여 개 패키지로 구성되어 있으며 핵심기능은 코어 모듈에 기본적으로 패키지가 함께 제공되지만 필요에 따라 인터넷에서 다운로드 후 설치하면 된다.

(1) 장 점

① 오픈 소스로서 비용이 들지 않으며 언제 어디서든지 빠르게 입수해서 설치함과 동시에 대부분의 상업용 솔루션들이 제공하는 기능들을 최신 알고리즘으로 사용할 수 있다.

② 다양한 플랫폼에서 32/64bit와 멀티코어 및 클러스터환경이 지원되며, R Studio와 같은 IDE 환경에서 작업을 하면 매우 편하다.

③ 모든 데이터는 기본적으로 메모리에서 저장된다.

④ 처리되는 속도가 매우 빠르고 64bit 환경에서 최대 8TB까지 지원이 가능하므로 해당 메모리를 이용하여 저렴한 비용으로 빠른 처리속도의 작업환경을 구축할 수 있다.

⑤ 상업용 소프트웨어를 도입할 비용으로 서버에 투자하여 TCO를 감소시킬 수 있다.

(2) 사용법

① install.packages를 이용해서 패키지를 인터넷이나 디스크에서 설치한다.

② library와 require를 이용해서 설치된 패키지를 메모리에 구동시켜서 사용이 가능하게 한다.

③ 데이터 명령어로 패키지가 구동되어 있는 것에 대해 관련된 샘플 데이터를 메모리에 올려주어 사용이 가능하게 한다.

> 기본적인 패키지로 샘플 데이터가 들어가 있는 것은 대표적으로 datasets가 있다.
> * 분석을 위한 패키지 stats : 통계 모듈
> * Classification Modeling : party, rpart, randomForest, caret
> * clustering : cluster
> * 연관성분석 : arules, arulesSequences
> * 시계열 분석 : forecast, zoo, xts
> * 텍스트 마이닝 : tm
> * 소셜 네트워크 분석 및 시각화 : igraph, sna
> * 그래프 시각화 : ggplot2

4 python

R과 같은 오픈소스로, 다양한 라이브러리를 지원하고 IT 사용자들이 사용하기 쉬운 언어라는 큰 장점을 갖고 있다. 대체로 기존 데이터마이닝 인력들은 R을 보다 선호하고, IT 기반 인력들은 python을 선호한다.

TIP 최신 KDnugget 자료에 의하면 R, SAS, python 순으로 많이 사용하는 것으로 나와 있는데 여기서 python과 SAS는 거의 차이가 없음을 알 수 있고, R과 python을 같이 사용하는 인력이 매우 많음을 알 수 있다.

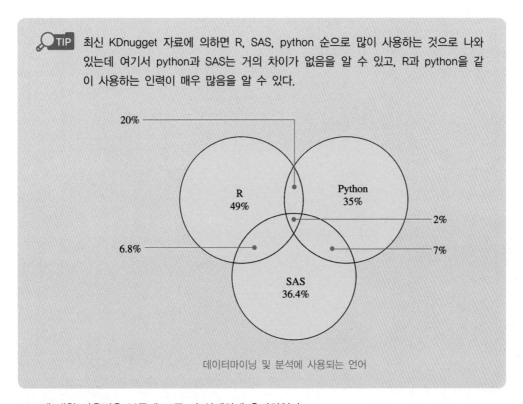

데이터마이닝 및 분석에 사용되는 언어

※ R에 대한 사용법은 부록에 조금 더 상세하게 추가하였다.

여기서 멈출 거예요? 고지가 바로 눈앞에 있어요.
마지막 한 걸음까지 시대에듀가 함께할게요!

PART 06

필수예제

경영
빅데이터 분석사
2급 단기완성

CHAPTER

01 빅데이터의 개요

01 | 개 념

01 디지털 정보량의 증가에 따라 대규모 데이터가 중대 이슈로 부각되며 '빅데이터'라는 용어가 등장하게 되었다. 이러한 디지털 정보량의 증가 배경과 관련이 없는 것은?

① 항공분야 산업 발달에 따른 전 세계 시공간의 축소와 교류의 발달
② 기술발전에 따른 데이터 저장 및 처리 비용의 하락
③ 소셜네트워크 서비스의 확대 등으로 막대한 데이터 폭발이 진행
④ 도로, 건축물 등에 내장된 임베디드 시스템의 증가
⑤ 인터넷의 일상화

> 항공분야 산업 발달은 빅데이터 등장 배경과 직접적인 관련이 있다고 보기는 어렵다.

PART 6

02 빅데이터에 대한 설명으로 옳지 않은 것은?

① 기존의 관심 및 분석 체계로는 감당할 수 없을 정도의 거대한 데이터의 집합을 지칭한다.
② 과거 빅데이터는 천문·항공·우주정보·인간게놈 정보 등 특수 분야에 한정됐었다.
③ 컴퓨터 생산 기술의 발달에 따라 전분야로 확산되었다.
④ 대규모 데이터와 관계된 기술 및 도구(수집·저장·검색·공유·분석·시각화 등)도 빅데이터 범주에 포함된다.
⑤ '빅데이터'의 가공과 분석에 따라 상황인식, 문제해결, 미래전망이 가능해지고 데이터가 경제적 자산과 경쟁력의 척도로 부각되었다.

> 컴퓨터 생산 기술이 아닌 정보통신기술의 발달에 따라 전분야로 확산되었다.

03 빅데이터 분석에 따른 영향에 대한 설명으로 옳지 않은 것은?

① ICT의 일상화가 이루어지는 스마트 시대에는 소셜, 사물, 라이프로그 데이터 등이 결합되며 '빅데이터'의 영향력이 증대되고 있다.

② 실시간 연결과 소통의 '스마트 혁명'으로 데이터가 폭증하였다.

③ 기존의 데이터 저장·관리·분석기법은 한계와 도전에 직면하게 되었다.

④ 데이터는 정보사회를 움직이는 핵심 연료인 만큼 '빅데이터'로의 환경변화는 정보사회의 패러다임을 견인할 정도의 큰 힘을 발휘하게 되었다.

⑤ 정보량이 산술적으로 증가하여 2020년에는 정보량이 현재보다 5배 정도 증가할 것으로 전망된다.

> 정보량이 기하급수적으로 증가하여 2020년에는 정보량이 현재보다 50배 급증할 것으로 전망된다.

04 빅데이터 분석에 따른 사회 변화에 대한 설명으로 옳지 않은 것은?

① '빅데이터'의 가공과 분석에 따라 상황인식, 문제해결, 미래전망이 가능해지고 데이터가 경제적 자산과 경쟁력의 척도로 부각되었다.

② 지능화, 개인화 등 스마트시대 주요 패러다임 선도를 위해서는 빅데이터의 활용이 핵심이며 그 수준이 경쟁력과 성패를 좌우하게 되었다.

③ 빅데이터 분석은 일시에 폭발적인 향상을 꾀하게 된다.

④ 스마트 시대에는 데이터의 저장 – 검색 – 관리 – 공유 – 분석 – 추론의 전체적 과정이 업그레이드되며 정보화 시대와 차별적으로 발전하고 있다.

⑤ 빅데이터는 데이터추출, 데이터저장, 데이터분석, 분석결과의 시각화, 미래행동의 예측, 결과의 적용으로 이루어진 순환과정을 거친다.

> '일시에 폭발적인 향상'이 아니라 '지속적인 향상'이다.

05 정보사회 패러다임 변화와 ICT 이슈의 연결이 적절하지 않은 것은?

① PC 시대 – 디지털화/전산화 – PC 통신
② 인터넷 시대 – 온라인화/정보화 – 차세대 PC
③ 모바일 시대 – 소셜화/모바일화 – 스마트폰
④ 스마트 시대 – 지능화/개인화 – 사물네트워크
⑤ 스마트 시대 – 지능화/사물정보화 – 빅데이터

'인터넷 시대 – 온라인화 / 정보화 – 초고속인터넷, WWW, 웹서버'이다. 차세대 PC는 스마트 시대의 ICT 이슈이다.

06 정보사회 패러다임별 핵심분야와 ICT비전, 대표기업의 연결이 적절하지 않은 것은?

① PC시대 – PC, OS – 1인 1PC – MS, IBM 등
② 인터넷 시대 – 포털, 검색엔진, Web3.0 – 클릭 e-Korea, 구글, 네이버, 유튜브 등
③ 모바일 시대 – 스마트폰, 앱서비스 – 손안의 PC – 애플 등
④ 스마트 시대 – 미래전망, 상황인식, 개인맞춤형 서비스 – ICT everywhere, 신(新) 가치창출 – 아직 드러나지 않음
⑤ 모바일 시대 – 스마트폰, SNS – 소통 – 페이스북, 트위터 등

'Web3.0'이 아니라 'Web2.0'이다. 인터넷 시대 – 포털, 검색엔진, Web2.0 – 클릭 e-Korea, 구글, 네이버, 유튜브 등

07 빅데이터 처리의 순환과정으로 맞는 것은?

① 추출 → 저장 → 분석 → 시각화 → 예측 → 적용
② 추출 → 저장 → 분석 → 예측 → 시각화 → 적용
③ 추출 → 저장 → 시각화 → 분석 → 예측 → 적용
④ 추출 → 저장 → 시각화 → 예측 → 분석 → 적용
⑤ 추출 → 저장 → 예측 → 분석 → 시각화 → 적용

빅데이터 처리는 추출, 저장, 분석, 시각화, 예측, 적용 후 다시 추출하는 순환과정을 거쳐 처리한다.

08 정보화 시대와 스마트 시대의 데이터 관련 이슈 변화에 대한 설명으로 옳지 않은 것은?

① 저장 측면의 변화는 정보화 시대의 관계형/정형 데이터베이스, 데이터웨어하우스에서 스마트 시대의 비관계형/비정형 데이터베이스, 가상화, 클라우드 서비스로 변모되었다.

② 검색 측면의 변화는 정보화 시대의 검색엔진(text), 포털서비스에서 스마트 시대의 자연어/음성·영상/시멘틱 검색서비스로 변모되었다.

③ 관리·공유 측면의 변화는 정보화 시대의 KWS, Web2.0에서 스마트 시대의 플랫폼, 소셜네트워크, 집단지성으로 변모되었다.

④ 분석 측면의 변화는 정보화 시대의 경영정보/고객정보/자산정보 분석(ERP, CRM, 데이터마이닝, 소셜 분석 등)에서 스마트 시대의 빅데이터 분석(고급 분석, BI, 시각화)으로 변모되었다.

⑤ 추론 측면은 전에 없던 영역으로 스마트 시대에 상황인식 서비스(미래전망, 사전대응, 자동화 서비스), 개인화 서비스가 새롭게 등장하였다.

> 소셜분석은 스마트 시대에 속한다. 분석 측면의 변화는 정보화 시대의 경영정보/고객정보/자산정보 분석(ERP, CRM, 데이터마이닝 등)에서 스마트 시대의 빅데이터 분석(소셜 분석, 고급 분석, BI, 시각화)으로 변모되었다.

09 빅데이터에 따른 미래에 대한 예측으로 옳지 않은 것은?

① 각 기업은 매년 8테라 바이트의 비즈니스 데이터를 생성할 것이다.

② 2020년 관리해야 할 정보량은 현재보다 50배 급증할 것이다.

③ 5년 이내에 데이터의 폭발적 증가로 인한 혼돈과 잠재적 가능성이 공존하는 명실상부한 '빅데이터 시대'가 도래할 것이다.

④ 2~5년 후에 빅데이터를 위한 고급분석 등 관련 기술이 성숙될 것이다.

⑤ 스마트 단말의 확산, SNS 활성화, 사물네트워크(M2M) 확산으로 데이터 폭발이 더욱 가속화되며 점차 빅데이터 기반이 확대되고 있다.

> '테라'가 아닌 '엑사'이다. 1엑사바이트는 1테라바이트의 1백만 배이다. 각 기업은 매년 8엑사바이트의 비즈니스 데이터를 생성할 것이다.

10 빅데이터 시장 동향에 대한 설명으로 옳지 않은 것은?

① IDC와 가트너 모두 빅데이터 시장규모가 두 자리 수의 연간 성장을 보일 것으로 예상하고 있다.
② 빅데이터 투자가 많은 산업은 교육, 운송, 에너지/유틸리티, 소매, 보험, 통신 및 미디어 등으로 조사되었다.
③ IDC에 따르면 빅데이터 시장은 2015년 169억 달러로 성장해 연평균 40%의 성장률을 보일 것이다.
④ 2011년 맥킨지의 보고서에 따르면, 유럽 공공 분야에서 빅데이터를 활용하면 2,500억 유로의 절감 효과가 있다.
⑤ 빅데이터 기술을 위한 어플라이언스, 클라우드, 아웃소싱 거래가 성장할 것으로 전망된다. 비즈니스 가치보다는 기술에 더 역점을 두고 있는 모습이다.

'기술 그 자체보다는 비즈니스 가치에 더 역점을 두고 있는 모습이다'로 고쳐야 한다.

11 국가별 빅데이터 동향에 대한 설명으로 옳지 않은 것은?

① 2012년 개최된 다보스 포럼에서는 빅데이터의 활용으로 금융, 교육, 보건, 농업 등의 분야에서 새로운 기회가 창출될 것으로 기대하였다.
② 2009년 UN은 빅데이터를 이용하여 보다 나은 세계로 발전하길 기대하며 글로벌 펄스(Global Pulse)를 출범시켰다.
③ 미국은 2012년 '빅데이터 연구개발 이니셔티브'를 통해 6개 정부 부처를 중심으로, 총 2억 달러를 투자하여 빅데이터 분야에서 주도권을 확보하는 계획을 발표했다.
④ 우리 정부도 정부 2.0 정책을 발표하면서 국민 맞춤형 서비스를 제공함과 동시에 일자리 창출과 창조경제를 지원하고자 하고 있다.
⑤ 우리 정부는 2017년까지 시스템 구축에 집중적으로 투자하여, 범죄, 자연재해, 탈세 방지, 맞춤형 복지 제공, 민원 데이터 분석을 통한 정책 수립 등에 빅데이터를 활용할 예정이다.

우리 정부의 국민 맞춤형 서비스 제공은 정부 3.0 정책이다.

PART 6

12 빅데이터의 개념에 대한 설명으로 옳지 않은 것은?

① 1980년대 개인용 컴퓨터의 확산으로 정형/비정형 정보가 무수히 발생하면서 정보홍수나 정보폭발이라는 개념으로 논의되었고, 빅데이터라는 개념으로 이어졌다.

② 기존 DBMS의 데이터 수집·저장·관리·분석 역량을 넘어서는 대량의 정형/비정형 데이터와 이로부터 가치를 추출하고 결과를 분석하는 기술이다.

③ 대용량 데이터를 활용·분석하여 가치 있는 정보를 추출하고 생성된 지식을 바탕으로 능동적으로 대응하거나 변화를 예측하기 위한 정보화 기술이다.

④ 기존의 관리 및 분석 체계로는 감당할 수 없을 정도의 거대한 데이터의 집합으로 대규모 데이터와 관계된 기술 및 도구(수집·저장·검색·공유·분석·시각화 등)를 모두 포함하는 개념이다.

⑤ 빅데이터의 정의는 데이터 규모와 기술 측면에서 출발했으나 빅데이터의 가치와 활용효과 측면으로 의미가 확대되는 추세에 있다.

> 정보폭발의 원인은 1980년대 개인용 컴퓨터의 확산이 아닌, 1990년대 인터넷의 확산이다.

13 빅데이터의 구분에 대한 설명으로 옳지 않은 것은?

① 정형 데이터, 반정형 데이터, 비정형 데이터로 나눌 수 있다.

② 정형 데이터는 통계청의 통계자료를 예로 들 수 있으며, 오늘날의 빅데이터는 정형 데이터에만 관심을 두고 있다.

③ 정형화된 데이터는 그 자체로 의미 해석이 가능하며, 바로 활용할 수 있는 데이터를 의미한다.

④ 반정형 데이터는 일반적으로 문자로 서술된 정보를 담고 있다.

⑤ 비정형 데이터는 스마트 미디어 이용자들이 의견을 교환하면서 생산된 정보이다.

> 오늘날의 빅데이터는 정형 데이터에 국한하지 않고 비정형 데이터에도 관심을 두고 있다.

14 빅데이터의 효용성에 대한 설명으로 옳지 않은 것은?

① 빅데이터를 분석하고 처리함으로써 기존의 데이터에서 볼 수 없었던 새로운 의미를 산출할 수 있다.

② 수많은 데이터를 분석하여 사용자에게 유용한 정보를 제공할 수 있어야 한다.

③ 새로운 가치와 의미를 산출하기 위해서는 축적된 데이터를 갖고 무엇을 분석할 것인가에 대한 문제제기가 필요하다.

④ 텍스트 마이닝, 웹 마이닝, 소셜 마이닝 등을 통해 현실 마이닝에 도달해야 한다.

⑤ 미래를 예측할 수 있는 데이터들을 산출하여 사후 대책을 해야 한다.

> '사후 대책'이 아니라 '사전 방지'를 해야 한다.

15 빅데이터의 구성요소가 아닌 것은?

① 규모(Volume) ② 다양성(Variety)
③ 변동성(Volatility) ④ 속도(Velocity)
⑤ 복잡성(Complexity)

> 빅데이터의 구성요소는 규모(Volume), 다양성(Variety), 속도(Velocity)의 3V이며, 여기에 가치(Value)나 복잡성(Complexity) 등이 추가되기도 한다. 그러나 변동성(Volatility)은 관련이 없다.

PART 6

16 빅데이터의 본질을 놓치게 되는 잘못된 빅데이터의 개념은 어떤 것인가?

① 데이터의 크기, 수십 배씩 증가하는 데이터의 증가 속도 등을 감안한 컴퓨팅 기술의 발전과 센싱 인프라의 확산

② 저장·관리·분석할 수 있는 범위를 초과하는 규모의 데이터와 이를 소화할 수 있는 기술, 그리고 이를 유통·활용하는 과정

③ 빅데이터를 구성하는 하드웨어, 소프트웨어, 어플리케이션 그리고 이를 포괄하는 모든 프로세스를 의미하는 거대 플랫폼

④ 물리적 하드웨어로부터 시작해서 애플리케이션과 소프트웨어로 확장되는 플랫폼

⑤ 빅데이터의 정의는 데이터 규모와 기술 측면에서 출발했으나 빅데이터의 가치와 활용효과 측면으로 의미가 확대되는 추세에 있음

초기 '빅데이터 솔루션' 업체들의 다양한 서비스 마케팅으로 발생한 본질을 놓치는 잘못된 빅데이터 개념이다.

17 빅데이터의 기술요소와 오픈소스의 예가 적절히 연결되지 않은 것은?

① 데이터 수집 – lume, Scribe, Chukwa, R
② 실시간 분석 플랫폼 – S4, Storm
③ 할당분석 실행 – Hadoop MapReduce(Hive, Pig), Giraph, GoldenOrb
④ 군집관리와 모니터링 – Zoo Keeper, Hue, Cloumon
⑤ 자료의 연속성 – Thrift, Avro, ProtoBuf

R은 데이터마이닝 통계툴이다.

18 빅데이터의 기술요소와 세부내용, 오픈소스의 예가 적절히 연결되지 않은 것은?

① 데이터 수집 – 원자료로부터 안전한 저장 공간을 확보하여 각 데이터의 특징 실행 – Flume
② 원자료 저장 – 수집된 자료를 안전하게 저장하는 저장 공간 – HDFS
③ 거래자료 저장 – 원자료를 실시간으로 저장하고 검색하는 저장 공간 – NoSQL
④ 실시간 분석 플랫폼 – 동시에 자료수집과 분석실행 – Mahout
⑤ 군집관리와 모니터링 – 분산시스템으로 구성되어 있어 전체군집의 관리와 모니터링 – Hue

실시간 분석 플랫폼 – 동시에 자료수집과 분석실행 – S4, Storm
Mahout은 데이터마이닝 통계툴이다.

19 빅데이터의 기술요소와 세부내용, 오픈소스의 예가 적절히 연결되지 않은 것은?

① 실시간 분석 플랫폼 – 동시에 자료수집과 분석실행 – S4, Storm
② 할당분석 실행 – 전체 혹은 부분 자료에 복잡하고 다양한 분석 – Hadoop MapReduce
③ 데이터마이닝 통계툴 – 군집, 분류 등과 같은 데이터마이닝을 위한 기본 알고리즘 라이브러리와 툴 – Mahout
④ 군집관리와 모니터링 – 분산시스템으로 구성되어 있어 전체 군집의 관리와 모니터링 – Hue
⑤ 자료의 연속성 – 이종의 플랫폼과 다양한 솔루션을 사용하기 때문에 송신과 처리의 다양한 프레임워크에 대한 이해 필요 – Zoo Keeper

> 자료의 연속성 – 이종의 플랫폼과 다양한 솔루션을 사용하기 때문에 송신과 처리의 표준프레임 워크 사용 필요 – Thrift, Avro, ProtoBuf

20 빅데이터가 이슈가 되는 이유는 크게 3가지 요인이 있는데, 이에 대한 설명으로 옳지 않은 것은?

① 모바일 스마트 기기에 탑재된 센서, 원격감지시술, 소프트웨어 등을 통한 데이터의 수집
② 비정형화된 데이터를 수집할 수 있게 된 것이 데이터 증가의 원인
③ 클라우드 서비스를 통한 개인과 조직의 데이터의 축적과 분석, 활용에 대한 요구 증가
④ 소셜 미디어 발전으로 인한 일방향 커뮤니케이션으로 수집된 데이터의 증가
⑤ 상호작용 데이터를 비즈니스 측면에서 활용하려는 관심의 증가

> 소셜 미디어 발전으로 인한 쌍방향 커뮤니케이션에 따른 상호작용 데이터의 증가

PART 6

01 Data 관리의 개념 설명으로 옳지 않은 것은?

① 데이터베이스는 데이터웨어하우스를 소규모로 구축한 것으로 분석에 용이하게 사용된다.

② 서로 관련이 있는 data를 효율적으로 관리하기 위한 data의 집합체이다.

③ 각 data는 상호 유기적 관계에 의해 구성되어 있다.

④ 파일 관리에서부터 시작하여 그 편리성을 도모하는 방향에서 데이터베이스로 발전되었다.

⑤ 1960년대말 데이터베이스라는 용어가 최초로 생겼는데, "한 조직의 응용 시스템들을 공용하기 위해 통합, 저장한 운영 데이터의 집합"이란 개념이었다.

> 데이터베이스가 아니라 데이터 마트에 대한 설명이다. 데이터베이스는 data를 효율적이고 통합적으로 저장하는 것을 가리킨다.

02 파일시스템에 대한 설명으로 옳지 않은 것은?

① 파일에 이름을 붙이고, 저장 및 검색을 위해 논리적으로 위치시키는 방법이다.

② 파일의 실제 데이터와 메타데이터를 유지·저장하는 체계이다.

③ IBM PC에서는 FAT와 NTFS, HPFS가 사용되고 있다.

④ 파일 저장 장소인 디렉토리의 이름을 붙이는 규칙이 있는데, FAT16, FAT32, ext2, ext3 등이 있다.

⑤ 도스, 윈도우, OS/2, 매킨토시 및 유닉스 기반의 운영체계들은 모두, 파일이 계층적인 구조로 위치하는 파일시스템에 해당한다.

> '파일 저장 장소인 디렉토리' 대신 '파일'이 들어가야 한다. '파일'의 이름을 붙이는 규칙이 있는데, FAT16, FAT32, ext2, ext3 등이 있다.

03 데이터베이스의 발전에 대한 설명으로 옳지 않은 것은?

① 파일이 발생시키는 데이터 관리 상 문제들을 해결하기 위해 데이터베이스가 등장했다.

② 데이터베이스는 한 조직의 데이터를 공유하기 위해 통합, 저장한 데이터의 집합이다.

③ 초창기 데이터베이스는 계층적 데이터 모델과 네트워크 데이터 모델에 기반을 두었다.

④ 1978년에는 최초의 관계형 데이터베이스 제품으로 오라클이 출시되었다.

⑤ DOS에서 윈도우로의 발전, C/S의 발전, 강력해진 하드웨어와 더불어 DBMS는 모든 프로젝트의 중심이 되었다.

> '데이터'가 아닌 '응용시스템'이다. 데이터베이스는 한 조직의 응용시스템들을 공유하기 위해 통합, 저장한 데이터의 집합이다.

04 다음은 무엇을 설명한 것인가?

> 컴퓨터가 출현하기 전 응용프로그램 역할은 사람이 하였고, 하드디스크는 문서함이 대신하였다.

① 수작업처리 시스템

② 파일처리 시스템

③ 데이터베이스 시스템

④ 클라우드 서비스

⑤ 파일시스템

> 자동화 이전의 수작업처리 시스템을 표현한 내용이다.

05 수작업처리 시스템에 대한 설명으로 옳지 않은 것은?

① 컴퓨터가 출현하기 전에도 정보처리 시스템은 존재하였다.
② 사람이 응용프로그램 역할을 하였다.
③ 문서함이 하드디스크 역할을 하였다.
④ 거래를 기록한 장부는 파일 역할을 하였다.
⑤ 정확성이 떨어지고 신속하지 않았으나 처리비용은 저렴했다.

정확성이 떨어지고, 신속하지 않았으며 자료 당 처리비용이 많이 들었다.

06 다음은 무엇을 설명한 것인가?

응용프로그램은 특정 부서의 요구사항만을 만족시키는 것을 목표로 제작되었으며 데이터 관리가 응용프로그램별로 수행되었다.

① 수작업처리 시스템   ② 파일처리 시스템
③ 데이터베이스 시스템   ④ 클라우드 서비스
⑤ 파일시스템

파일처리 시스템은 응용프로그램별로 별도의 구조를 갖고 있다.

07 파일처리 시스템에 대한 설명으로 옳지 않은 것은?

① 정보화 초기 단계 단위 부서의 개별적인 요구사항 해결을 위한 시스템이다.
② 급여관리, 자산관리, 재고관리, 구매관리 등 단위 업무를 처리하는 응용시스템별로 관리를 독립적으로 수행하는 시스템이다.
③ 파일시스템에서는 전사적인 정보시스템계획이나 모델이 존재하지 않는다.
④ 타 부서와 공유할 수 없었고, 부서별 구축에 따라 중복이 발생하였으며, 정보 품질 저하와 처리비용의 증가가 발생했다.
⑤ 부서간 정보를 통합적으로 요구하는 관리자의 요구사항을 만족시키기 위해 만들어진 시스템이다.

부서간 정보를 통합적으로 요구하는 관리자의 요구사항에 효과적으로 대응하지 못했다.

08 다음은 무엇을 설명한 것인가?

> 상호관계가 있는 자료들을 하나의 통합된 저장소에 논리적으로 저장·공유·관리하는 시스템 및 관리 방법

① 수작업처리 시스템
② 파일처리 시스템
③ 데이터베이스 시스템
④ 클라우드 서비스
⑤ 파일시스템

데이터 공유 및 재활용 측면은 데이터베이스의 장점이다.

09 데이터베이스 시스템의 장점이 아닌 것은?

① 조직 내 다수의 사용자나 다수의 부서의 정보요구사항에 부응할 수 있는 자료의 공유
② 조직 전체의 정보요구사항에 부응할 수 있는 자료의 통합 관리
③ 중복된 자료 간 매핑을 통해 쉽게 연관성 파악 가능
④ 한 곳에 집중되어 있는 자료를 모든 부서의 사용자가 쉽게 공유 가능
⑤ 여러 부서에서 따로 보관하고 있던 여러 개의 자료가 하나만 존재하여도 되므로 자료 중복을 배제할 수 있다.

자료의 중복 자체를 배제할 수 있으므로 틀린 설명이다.

PART 6

10 데이터베이스의 유형 설명으로 옳지 않은 것은?

① 개인용 PC 데이터베이스 : 단일 사용자가 데이터베이스를 만들고, PC서버에 데이터베이스 시스템을 구성해 놓고 다수의 사용자가 네트워크를 통하여 공유한다.

② C/S형 데이터베이스 : 다수의 사용자측 컴퓨터가 네트워크로 연결되어 데이터베이스 서버에 있는 정보를 공유한다.

③ 분산형 데이터베이스 : 여러 지역에 컴퓨터가 분산되어 있으며 이러한 컴퓨터에 위치한 각각의 데이터베이스를 논리적으로 하나의 데이터베이스로 통합한다.

④ 운영 데이터베이스 : 고객관리, 상품관리, 재무/회계 등의 단일 주제별 또는 지역별, 단일 부서 또는 사용자 집단 등 의사결정 그룹별로 구축한다.

⑤ 데이터웨어하우스 : 전사적인 수준에서 기업의 의사결정에 필요한 모든 데이터를 과거의 데이터까지 포함하여 축적한 대용량의 정보 저장소이다.

> **데이터 마트**
> 고객관리, 상품관리, 재무/회계 등의 단일 주제별 또는 지역별, 단일 부서 또는 사용자 집단 등 의사결정 그룹별로 구축한다.

11 데이터베이스와 데이터웨어하우스에 대한 설명으로 적절하지 않은 것은?

① 데이터베이스는 OLTP(On-Line Transaction Processing) 데이터를 저장하는 자료저장소이다.

② 데이터웨어하우스는 OLAP(On-Line Analytical Processing) 데이터를 저장하는 자료저장소이다.

③ 은행 창구 업무나 항공사 예약 업무 등 일상 업무와 관련된 데이터는 OLTP이다.

④ OLAP는 다양한 분석과 의사결정을 위해 OLTP데이터와 외부 데이터를 처리하여 다차원의 정보를 생성한다.

⑤ OLTP는 산업 성장률과 제품의 변화 분석 업무 분석적 질의들을 처리하기 위한 분석 뷰를 제공한다.

> OLTP가 아니라 OLAP에 대한 설명이다.

12 데이터베이스와 데이터웨어하우스와 관련된 개념 설명으로 적절하지 않은 것은?

① OLTP는 온라인 거래처리 데이터로 구성되며, 비즈니스 업무 처리 과정에서 발생한다.

② OLTP는 네트워크상에서 여러 사용자들이 실시간으로 데이터를 갱신하거나 조회하는 단위 업무를 처리함에 따라 발생한다.

③ OLAP는 다양한 분석과 의사결정을 위해 OLTP 데이터와 외부 데이터를 처리하여 다차원의 정보를 생성한다.

④ 데이터베이스는 데이터웨어하우스에 존재하는 수많은 데이터 레코드와 테이블 데이터를 집계 · 요약하여 저장하며 분석 뷰를 제공한다.

⑤ 은행 창구 업무나 항공사 예약 업무 등 일상 업무와 관련된 데이터는 OLTP이다.

데이터웨어하우스와 데이터베이스의 순서가 바뀌었다. '데이터웨어하우스'는 '데이터베이스'에 존재하는 수많은 데이터 레코드와 테이블 데이터를 집계 · 요약하여 저장하며 분석 뷰를 제공한다.

13 다음은 무엇에 대한 설명인가?

데이터웨어하우스의 구축과 이용이라는 관점에서 볼 때, 소규모로 분할하여 구축 · 이용하는 것이 보다 효과적일 수 있다.

① 데이터베이스
② 데이터웨어하우스
③ 데이터 마트
④ DBMS
⑤ OLTP데이터

분석을 용이하게 하기 위해 주제별로 데이터 마트를 구축해서 저장한다.

14 데이터웨어하우스의 구조에 대한 설명으로 옳지 않은 것은?

① 소스 부분 : 실제로 운영 중인 소스 데이터를 포함한다.

② 추출/변환/전송 부분 : 데이터 변환 도구들을 활용하여 외부 데이터를 데이터웨어하우스에 적재하는 과정

③ 데이터웨어하우스 부분 : 실제 구축된 데이터웨어하우스

④ 분석 부문 : 데이터웨어하우스를 활용하는 단계를 의미하고, 데이터웨어하우스 도구들을 활용하여 '마케팅', '중역정보시스템' 등의 업무에 접근하도록 한다.

⑤ 소스 부분 : 운영데이터, 관계형 데이터 등이 포함된다.

> 추출/변환/전송 부분 : 데이터 변환 도구들을 활용하여 소스 데이터를 받아 데이터웨어하우스에 적재하는 과정이다.

15 데이터웨어하우스의 구조의 각 부분과 관련 데이터 및 Tool의 연결이 옳지 않은 것은?

① 소스 부분 – 운영데이터, 관계형 DB

② 추출/변환/전송 부분 – 데이터 변환도구

③ 데이터웨어하우스 부분 – 관계형 DB, 외부 파일

④ 분석 부분 – 쿼리/리포팅, OLAP Tool, 웹브라우저

⑤ 소스 부분 – 외부 파일, 과거데이터

> 외부 파일은 소스 부분에 해당된다.

16 빅데이터 관리 방법에 대한 설명으로 옳지 않은 것은?

① 대량의 데이터, 미세하고 정밀한 데이터 및 데이터 소유자 불분명 등의 특성에 따라 관리 방법을 달리해야 한다.

② 데이터 수집 과정의 타당성은 품질기준을 정의할 시 고려하지 않아도 된다.

③ 개별 레코드에 대한 의미보다 데이터 전체가 나타내는 의미를 중심으로 품질기준을 정의하여야 한다.

④ 데이터 생산과정과 소유자가 불분명하므로 목적이나 통제 없이 생산된 데이터에 대한 데이터 품질 기준을 정의하기 위한 다른 방법 모색이 필요하다.

⑤ 빅데이터는 비정형화된 데이터를 포함하고 있어 새로운 형태의 저장 및 관리 기술과 방법이 등장하고 있다.

> 데이터 수집 과정의 타당성을 방해하는 예외 상황 탐지 수준으로 품질기준을 정의하여야 한다.

17 데이터베이스와 비교해 빅데이터의 데이터 관리 방법에 대한 설명으로 옳지 않은 것은?

① 빅데이터는 절대적으로 빠른 의사결정이 요구된다.

② 대용량 데이터에 기반을 둔 분석 위주로, 장기적·전략적 접근이 필요하다.

③ 기존의 데이터 처리에서의 즉각적인 의사 결정이 상대적으로 덜 요구된다.

④ 빅데이터는 처리 복잡도가 높다.

⑤ 빅데이터는 동시 처리량이 낮다.

> 빅데이터는 빠른 의사결정이 상대적으로 덜 요구되며, 장기적인 접근이 요구된다.

18 데이터베이스와 비교해 빅데이터의 데이터 관리 방법에 대한 설명으로 옳지 않은 것은?

① 다양한 소스, 복잡한 로직, 대용량 데이터 처리 등으로 복잡도가 높다.

② 복잡도의 처리를 위해 분산 처리 기술이 필요하다.

③ 빅데이터는 비정형 데이터 비중이 높다.

④ 대용량 및 복잡한 처리를 특징으로 하고 있어, 동시에 처리가 필요한 데이터 양은 낮다.

⑤ 소셜 미디어 데이터, 로그 파일, 클릭스트림 데이터, ERP data 등 비정형 데이터 파일의 비중이 매우 높다.

ERP data는 정형 데이터에 속한다.

19 데이터베이스와 비교해 빅데이터의 데이터 관리 방법에 대한 설명으로 옳지 않은 것은?

① 빅데이터는 처리·분석 유연성이 높은 편이다.

② 빅데이터는 제대로 정의된 데이터 모델, 상관관계, 절차 등이 있어 유연성이 높다.

③ 빅데이터는 동시 처리량이 낮다.

④ 실시간 처리가 보장되어야 하는 데이터 분석에는 적합하지 않다.

⑤ 복잡도의 처리를 위해 분산 처리 기술이 필요하다.

빅데이터는 제대로 정의된 데이터 모델, 상관관계, 절차 등이 없다.

20 비정형의 빅데이터를 처리하기 위한 데이터베이스 시스템의 요구사항에 대한 설명으로 옳지 않은 것은?

① 저장은 어느 매체를 사용하든 안정적으로 이루어져야 한다.
② 자료를 검색함에 있어서는 효율성이 확보되어야 한다.
③ 저장된 데이터를 이용한 분석의 결과가 정확해야 한다.
④ 다양한 분석에 사용될 수 있도록 보다 많은 알고리즘을 제공하여야 한다.
⑤ 분석의 수행이 신속하게 이루어질 수 있어야 한다.

> 비정형 빅데이터를 처리하기 위해 데이터베이스 시스템은 ① 저장의 안정성, ② 검색의 효율성, ③ 분석의 정확성, ⑤ 분석의 신속성을 제공해야 한다. ④ 알고리즘의 다양성은 분석시스템에 대한 요구사항이다.

21 다음 빈칸에 알맞은 말을 고르시오.

> 데이터 마트는 작은 규모의 (   )로서 고객관리, 상품관리, 재무·회계 등의 단일 주제별 또는 지역별, 단일 부서 또는 사용자 집단 등 의사결정 그룹별로 구축한다.

① 데이터웨어하우스
② OLAP
③ 관계형 DB
④ DBMS
⑤ OLTP

PART 6

> 운영계 시스템에서 정보계시스템으로 연계되는 과정에서 데이터웨어하우스(DW)와 데이터 마트(DM)가 있는데 데이터웨어하우스는 전사적 관점에서 분석을 하며, 특정 주제별로 작게 만들어서 담당 업무별로 분석이 용이하게 한 것이 데이터 마트이다. 대부분의 분석작업은 DM에서 이루어지며 필요 시 DW에 접근하여 분석을 하게 된다. 그럼에도 불구하고 보다 원천 데이터에 가까운 상세한 내용을 분석하고자 하는 경우 운영계와 정보계 사이에 존재하는 ODS(Operational Data Store)에 접속해서 분석을 실시한다.

03 가치

01 빅데이터의 활용을 통해 창출할 가치에 대한 전망으로 옳지 않은 것은?

① 데이터는 자본이나 노동력과 거의 동등한 레벨의 경제적 투입자본으로 비즈니스의 새로운 원자재 역할을 할 것이다.

② 데이터 분석을 잘 활용하는 조직일수록 차별적 경쟁력을 갖추고 높은 성과를 창출할 것이다.

③ 데이터는 21세기의 원유이며 미래 경쟁 우위를 결정할 것이다.

④ 기업은 다가올 '데이터 경제시대'를 이해하고 정보 공유를 경계해야 생존할 수 있다.

⑤ 빅데이터는 혁신, 경쟁력, 생산성의 핵심요소이다.

> '정보 공유'가 아닌 '정보 고립'이다. 기업은 다가올 '데이터 경제시대'를 이해하고 '정보 고립'을 경계해야 생존할 수 있다.

02 빅데이터를 활용해 얻을 수 있는 가치가 아닌 것은?

① 비용의 절감

② 의사결정의 고도화

③ 고객정보의 파악

④ 미래예측의 정확도 제고

⑤ 의미 있는 패턴의 발견

> '고객정보의 파악'이 아닌 '고객성향의 신속한 파악'이다. 빅데이터는 고객의 행동을 분석해 성향을 파악할 수 있다.

03 빅데이터 활용에 대한 노력으로 적절하지 않은 것은?

① OECD는 빅데이터의 경제적 가치측정을 주요 의제로 채택하였고, 주요 선진국을 중심으로 빅데이터 전략이 추진되고 있다.

② 영국의 연구기관인 팔러시 익스체인지는 세수 관리, 인구조사 등에 빅데이터를 활용하면 5억 파운드의 세수 증가가 가능할 것으로 예상하고 있다.

③ 영국 정부는 빅데이터 활용을 가로막는 장애사항들을 해결하고, 공공부문 인력의 역량을 강화하였다.

④ 영국 정부는 개인정보 및 프라이버시 침해 등에 대한 국민 신뢰 확보를 위해 최고 수준의 도덕성을 기반으로 빅데이터 정책을 추진하고자 하였다.

⑤ 빅데이터가 단순히 업무 중 관련 데이터를 다루는 것이 아니라 이를 통해 얻을 수 있는 가치 및 경쟁 우위의 중요한 원천으로 인식하기 시작했다.

> '세수 증가'가 아닌 '예산 절감'이다. 영국의 연구기관인 팔러시 익스체인지는 세수 관리, 인구조사 등에 빅데이터를 활용하면 5억 파운드의 예산 절감이 가능할 것으로 예상하고 있다.

04 빅데이터 도입의 영향으로 볼 수 없는 것은?

① 정치, 사회, 문화 분야보다는 경제, 과학 등 주로 정량적 정보와 관련이 있는 부문에서 가치 있는 정보를 제공할 수 있는 가능성을 제시하고 있다.

② 다변화된 현대 사회를 정확하게 예측하여 효율적 작동에 기여한다.

③ 개인화된 맞춤형 정보 제공, 관리, 분석 등 과거에는 불가능했던 기술들을 가능하게 한다.

④ 산업 경쟁력 제고, 생산성 향상, 혁신을 위한 새로운 가치를 창출할 것이다.

⑤ 소비자 맞춤형 비즈니스를 위한 고객 세분화가 가능하다.

> 정치, 사회, 경제, 문화 등 전 영역에 걸쳐 가치 있는 정보를 제공할 수 있는 가능성을 제시하고 있다.

05 맥킨지가 빅데이터의 사회경제적 가치로 언급한 다섯 가지로 옳지 않은 것은?

① 산업별 정보 비대칭으로 인한 진입장벽 제거
② 소비자 니즈 발견·트렌드 예측·성과향상을 위한 실험
③ 소비자 맞춤형 비즈니스를 위한 고객 세분화
④ 자동 알고리즘을 통한 의사결정 지원과 대행
⑤ 비즈니스 모델·상품·서비스 혁신

> 사회경제적 가치 중 하나는 '산업의 투명성 증대'이다.

06 빅데이터의 사회경제적 의미에 대한 설명으로 옳지 않은 것은?

① 빅데이터의 사회경제적 의미는 크게 천연자원, 새로운 재난, 산업적 도구 등 세 가지로 나눠 볼 수 있다.
② 천연자원 의미는 데이터에 내포된 가치와 가능성에 주목하고, 사회적 현안과 위험의 해결할 수 있는 잠재력으로 기대되며, 새로운 경제적 가치의 원천으로 활용될 것이라는 의미이다.
③ 새로운 재난이란 기업은 범람하는 정보에서 기회 파악이 가능해지고, 예산을 혁신 투자에 투입하고, 데이터 처리의 높은 응답속도 등이 기업생산성 증대로 이어져 자본 집중이 가속화 될 우려가 있다는 의미이다.
④ 산업적 도구란 데이터의 효율적 관리와 분석을 통해 기업 경쟁우위 확보가 가능하고, 신속한 데이터 처리로 실시간 의사결정이 가능하며, 이로 인해 데이터 분석 역량이 기업의 경쟁력을 좌우한다는 의미로서 데이터 산업혁명이라 할 수 있다.
⑤ 천연자원의 측면에서 새로운 원유, 데이터 골드러쉬, 데이터 금맥 찾기(data mining)라고도 불린다.

> 새로운 재난이란 정보 범람으로 기회 파악이 모호해지고, 규정 준수가 어려워지며, 현상 유지에 예산이 사용되어 혁신 투자가 어려워지고, 데이터 처리의 낮은 응답속도 등이 기업생산성 저하로 이어질 우려가 있다는 의미이다. 이와 관련하여 데이터 토네이도(data tornado), 데이터 홍수 (data deluge)라는 용어가 나타났다.

07 다음은 빅데이터의 가치측정 이슈 중 어느 것에 대한 설명인가?

> 재사용 및 재조합, 다목적용으로 데이터 개발 등이 보편화되면서 특정한 데이터를 언제, 어디서, 어떻게, 누가 활용하는지를 정확히 예측할 수 없다. 이로 인해 가치를 산정하는 것도 어려울 수밖에 없다. 데이터를 재사용하는 것은 과거뿐만이 아니라 현재에도 수시로 일어나고 있다.

① 데이터를 수집하는 방식
② 가치를 창출하는 방식
③ 분석하는 기술의 발전(발달)
④ 산출 기간의 산정 방식
⑤ 데이터를 활용하는 방식

빅데이터 가치측정 이슈 중 데이터를 활용하는 방식에 대한 이슈 설명이다.

08 빅데이터의 가치측정 이슈 중 데이터를 활용하는 방식과 관련된 언급으로 옳지 않은 것은?

① 재사용 및 재조합, 다목적용으로 데이터 개발 등이 보편화되면서 특정한 데이터를 언제, 어디서, 어떻게, 누가 활용하는지를 정확히 예측할 수 있다.
② 데이터를 재사용하는 것은 과거뿐만이 아니라 현재에도 수시로 일어나고 있다.
③ 데이터의 풀을 구성하는 자료로 다른 소비자에게 제공할 서비스를 위해서 활용될 수도 있다.
④ 데이터는 본연의 목적 외에도 활용되기도 하며, 이를 통해 새로운 가치를 창출할 수가 있게 된다.
⑤ 데이터의 가치를 산정하는 것도 어려울 수밖에 없다.

재사용 및 재조합, 다목적용으로 데이터 개발 등이 보편화되었지만 특정한 데이터를 언제, 어디서, 어떻게, 누가 활용하는지를 정확히 예측할 수는 없다.

09 다음은 빅데이터의 가치측정 이슈 중 어느 것에 대한 설명인가?

> 데이터를 창의적으로 조합하게 되면, 기존의 방식으로는 절대 풀 수 없었던 문제를 해결하는 데 큰 도움을 줄 수가 있다.

① 데이터를 활용하는 방식
② 데이터를 조합하는 방식
③ 분석하는 기술의 발전(발달)
④ 산출 기간의 산정 방식
⑤ 가치를 창출하는 방식

빅데이터 가치측정 이슈 중 가치를 창출하는 방식에 대한 이슈의 설명이다.

10 빅데이터의 가치측정 이슈 중 가치를 창출하는 방식과 관련된 언급으로 옳지 않은 것은?

① 데이터의 가치측정이 점점 더 어려워지고 있는 이유는 데이터가 점점 다용도로 개발되고 있기 때문이다.
② 킨들을 이용한 독자의 독서 패턴을 저자에게 제공하지만 이에 대한 가치 평가의 측정은 매우 어렵다.
③ 페이스북은 친구관계를 분석해 소셜그래프를 도출했는데, 이 분석을 통해 광고 등의 유발효과가 5억달러에 이르는 것으로 측정되었다.
④ 마트에서 CCTV를 통해 데이터를 수집해, 절도범 식별과 상품 진열방식 결정에 가치를 창출할 수 있다.
⑤ 휴대폰의 전자파와 종양 간에는 아무런 상관관계가 없음을 증명하였다.

페이스북이 친구관계를 분석하여 소셜그래프를 도출한 것은 사실이지만, 이런 새로운 가치의 측정은 상당히 어렵다.

11 다음은 빅데이터의 가치측정 이슈 중 어느 것에 대한 설명인가?

> 과거에는 데이터를 분석하는 비용이 전반적으로 높아서 분석할 수 없었던 빅데이터들을 지금은 클라우드 분산 컴퓨팅에서 저렴한 비용을 가지고 분석할 수 있게 되면서 점점 그 활용도가 높아지고 있다.

① 데이터를 활용하는 방식
② 가치를 창출하는 방식
③ 분석하는 기술의 발전(발달)
④ 산출 기간의 산정 방식
⑤ 데이터를 수집하는 방식

> 빅데이터 가치측정 이슈 중 분석 기술의 발전에 대한 이슈 설명이다.

12 빅데이터의 가치산정 프레임워크에 대한 설명으로 옳지 않은 것은?

① 빅데이터를 기존의 전통적인 데이터 처리와 구분하는 특징은 가트너가 제시한 3V로 표현할 수 있다.
② 3V를 어떻게 처리하고 정의하느냐에 따라 빅데이터가 창출할 수 있는 새로운 가치가 결정될 수 있다.
③ 3V는 Volume, Variety, Velocity로서 자체적으로 새로운 부가가치를 창출할 수 있다.
④ Variety(다양성)는 통상적으로 부가가치 창출에 있어서는 장애요인이라고 할 수 있다.
⑤ 빅데이터 부가가치 창출사슬(Value Chain)은 전통적 데이터 처리, 3V를 고려한 데이터 처리, 새로운 데이터 가치 창출의 순서로 이루어진다.

> 3V 자체가 새로운 부가가치를 창출하는 것이 아니라, 3V를 어떻게 정의하고 처리하느냐에 따라 새로운 부가가치를 창출할 수 있다.

PART 6

13 다음의 빅데이터의 영향에 대한 설명으로 옳지 않은 것은?

① 빅데이터는 가치 창출 방식에 있어 경제 부문, 공공 부문, 사회 부문에 다양한 영향을 미치고 있다.

② 빅데이터를 통해 창출된 가치는 개인에게 있어서는 혁신의 원동력을 제공한다.

③ 빅데이터를 통해 기업경쟁력을 향상시킬 수가 있으며, 생산성 향상을 통해 기업전반의 효율성을 높여주는 역할을 한다.

④ 빅데이터를 통해 국가의 전반적인 환경을 탐색하고 이를 통해 새로운 가치를 분석하여 기존의 방식으로는 해결하지 못했던 다양한 문제점들을 쉽고 빠르게 대응할 수 있도록 해준다.

⑤ 소비자의 행동패턴을 분석하고 시장의 동향을 예측하여 기업이 기존에 가지고 있던 비즈니스 프로세스의 문제점을 파악하고 개선 및 수정을 통해 기업의 비즈니스에 도움을 줄 수 있다.

> 빅데이터를 통해 창출된 가치는 산업과 기업에게 있어서는 혁신의 원동력을 제공한다.

14 빅데이터가 경제 부문에 미치는 영향에 대한 설명으로 옳지 않은 것은?

① 소비자의 행동패턴을 분석하고 시장의 동향을 예측하여 기업이 기존에 가지고 있던 비즈니스 프로세스의 문제점을 파악하고 개선 및 수정을 통해 기업의 비즈니스에 도움을 줄 수 있다.

② 기존에 기업에서 가지고 있던 ERP, SCM 등 생산 전반의 데이터만으로는 원가 절감, 제품 차별화가 불가능해 외부 데이터를 구매하여 분석하여야 생산성을 높일 수 있다.

③ 풍력발전 설비 업체인 베스타스는 빅데이터 분석을 통해 풍력 터빈의 에너지 효율성을 높였다.

④ 베스타스는 기후 요소 데이터를 수집·분석해 최적의 풍력 발전소 부지를 선정하고 있다.

⑤ 과거에는 버려졌던 생산 과정의 데이터가 손실을 줄이고 생산성을 높이는 데 활용될 수 있게 되었다.

> 기존 기업이 가지고 있던 ERP, SCM 등 생산전반의 데이터를 활용하여 원가 절감, 제품 차별화가 가능해졌다.

15 풍력 터빈 제조 및 풍력단지 설비 세계 1위인 베스타스가 빅데이터를 활용한 사례가 아닌 것은?

① 빅데이터 분석을 통해 풍력 터빈의 에너지 효율성을 높였다.

② 실시간으로 변하는 바람의 방향, 높이에 따른 변화, 기후 요소 데이터를 수집·분석해 최적의 풍력 발전소 부지를 선정하고 있다.

③ 풍력 터빈에 연결된 날씨 변화에 따라 어떻게 반응하는지를 분석해 세계 각 지역에 공급된 풍력 터빈의 생산량을 전망하고 있다.

④ 더 나아가 향후 공급할 풍력 터빈에 대해서는 최적 유지보수 일정을 계산해 유지보수에 도움을 줄 예정이다.

⑤ 베스타스는 날씨, 조수 간만의 차, 위성 이미지, 지리 데이터, 날씨 모델링 조사, 산림 및 해상 지도 등 페타바이트 규모의 정형 데이터와 비정형 데이터를 수집한다.

> 기존에 공급한 풍력 터빈의 최적 유지보수 일정을 계산하고 있다.

16 공공 부문의 빅데이터 활용 노력으로 옳지 않은 것은?

① 환경을 탐색하거나 상황에 대한 분석, 사회적인 현안, 미래에 대한 대응 등에 활용하고 있다.

② 공공 데이터인 기상 데이터, 인구 데이터, 각종 통계지표 등을 수집하고 있다.

③ 수집된 공공 데이터를 토대로 전반적인 재난 및 재해에 대한 정보를 추출하고 있다.

④ 시스템 다이나믹스, 복잡계 이론 등과 같은 분석을 통해 미래전략 수립을 예측할 수도 있다.

⑤ 시장의 동향을 예측하여 공공기관이 기존에 가지고 있던 프로세스의 문제점을 파악, 개선 및 수정을 통해 대민 서비스에 도움을 줄 수 있다.

> ⑤ 경제 부문의 활용으로, 시장의 동향을 예측하여 기업이 기존에 가지고 있던 비즈니스 프로세스의 문제점을 파악, 개선 및 수정을 통해 기업의 비즈니스에 도움을 줄 수 있다.

PART 6

17 일본의 노무라 연구소에서 수행한 빅데이터 활용에 대한 설명으로 옳지 않은 것은?

① 5개 정부기관과 협력하여 지능형 교통안내 시스템 서비스를 제공하고 있다.

② 5개 정부기관은 건설성, 통산성, 운수성, 우정성, 경찰청이다.

③ 택시와 버스의 GPS로 얻은 데이터로 자동차의 주행 스피드를 계산한다.

④ 실시간 교통정보를 수집하고 운전자들의 스마트폰으로 송신한다.

⑤ 지진 발생 시 구조 차량 및 지원 자원 수송 차량을 신속하게 투입하는 데 일조했다.

택시와 정보 제공에 동의한 자동차의 GPS로 얻은 데이터로 자동차의 주행 스피드를 계산한다.

18 다음은 빅데이터의 영향 중 어느 부문에 대한 영향을 설명하고 있는가?

빅데이터 분석을 통해 사회적 약자를 위한 활동들을 수행하는 데 도움을 줄 수 있으며, 다양한 기회를 창출할 수 있도록 도움을 줄 수 있다.

① 경제 부문

② 공공 부문

③ 사회 부분

④ 문화 부문

⑤ 정치 부문

보기는 사회 부문에 미치는 영향을 설명한 것이다.

19 바시니가 기브디렉틀리라는 기관과 수행하는 데이터카인드 프로젝트에 대한 설명으로 옳지 않은 것은?

① 데이터카인드는 모바일을 통해 아프리카의 가난한 가정들에게 무조건적으로 현금 기부를 이끌어 내기 위한 프로젝트이다.
② 케냐와 우간다 중에서 가장 가난한 마을을 찾아내기 위해 위성의 이미지를 사용한다.
③ 지붕의 형태로 각 마을의 상대적 빈곤상태를 파악하였다.
④ 다양한 인터넷 웹사이트들의 스크랩을 통해 식량 가격과 관련된 새로운 데이터를 만들어 내기도 하였다.
⑤ 기브디렉틀리는 데이터카인드 프로젝트 수행을 지원하기 위해 만들어진 빅데이터 수집 및 분석 플랫폼이다.

> 기브디렉틀리는 데이터카인드 프로젝트를 수행하는 기관이다.

20 기타 부문에서 빅데이터를 활용한 사례로 적절하지 않은 것은?

① 아직까지 빅데이터를 활용하는 개인은 드물다.
② 유명 정치인이나 연예인의 경우 빅데이터를 활용하여 성공을 거둔 사례가 종종 있다.
③ 빅데이터 분석을 통해 기회를 창출할 수 있지만, 사회 전반에 긍정적인 영향을 미칠지는 미지수이다.
④ 다양한 통찰을 통해 여러 가지 문제를 해결하는데 있어 새로운 돌파구를 마련하는 계기가 될 것이다.
⑤ 미국의 버락 오바마 대통령은 유권자의 데이터베이스를 확보 · 분석하여 대통령 선거에 활용하였다.

> 빅데이터 분석을 통해 기회를 창출할 수 있게 해주고, 사회 전반에 긍정적인 영향을 미칠 수 있도록 해준다.

21 빅데이터의 4가지 특징에 관한 설명이다. 다음 중 괄호에 알맞은 말을 고르시오.

> (   ) 증가, (   ) 증가, 속도 증가, 복잡성 증가

① 안전성, 다양성
② 변동성, 안전성
③ 규모, 다양성
④ 활동성, 다양성
⑤ 가치, 변동성

> 빅데이터의 특징으로 3V, 4V가 흔히 언급되는데 3V는 규모(Volume), 다양성(Variety), 속도(Velocity)이며 가치(Value)나 복잡성(Complexity)이 추가되어 4V가 된다.

04 비즈니스 모델

01 다음의 ( ) 안에 공통으로 들어갈 용어는?

> ( )(이)란 기업으로 하여금 수익을 유지하게 하는 일련의 활동, 즉 '수익모델'로 정의된다. 만약 인터넷을 이용하는 기업이라면, 인터넷을 이용하여 어떻게 수익을 올릴 것인지를 설계하는 인터넷 ( )이/가 있어야 한다. 기업이 가진 ( )이/가 훌륭하다면 이 기업은 이로 인해 경쟁우위를 가지게 되어 많은 수익을 얻을 수 있게 될 것이다.

① 비즈니스 모델　　　　　　　　② 비즈니스 케이스
③ 비즈니스 정보　　　　　　　　④ 빅데이터 모델
⑤ 비즈니스 서비스

비즈니스 모델의 개념 설명이다.

02 비즈니스 모델은 기업의 행동이 명시적이든 암묵적이든 여러 가지 질문에 대한 답변을 할 수 있어야 한다. 보기 중 이에 해당하는 것만 고른 것은?

> [보기]
> 1. 고객에게 어떠한 가치를 제공하는가?
> 2. 어떤 고객에게 가치를 제공하는가?
> 3. 가치의 가격은 어떻게 책정하는가?
> 4. 누구에게 비용을 청구할 것인가?
> 5. 가치를 제공하기 위한 전략은 무엇인가?
> 6. 어떻게 가치를 제공하는가?
> 7. 가치 제공으로부터 얻는 이익을 어떻게 유지하는가?

① 1, 2, 3, 4, 5, 6　　　　　　② 2, 3, 4, 5, 6, 7
③ 2, 3, 4, 5, 6　　　　　　　④ 3, 4, 5, 6, 7
⑤ 1, 2, 3, 4, 5, 6, 7

보기의 모든 질문에 대해 답변할 수 있어야 한다.

PART 6

03 성공적인 비즈니스 모델 개발을 위해 고려해야 할 점으로 바르지 않은 것은?

① 제품과 서비스를 어떤 고객에게 제공할 것인가에 대한 세밀한 조사가 필요하다.

② 분석된 고객 집단을 대상으로 어떤 제품과 서비스를 제공할 것인가에 대해서도 면밀히 검토해야 한다.

③ 과거의 방문판매 형태나 인터넷 판매는 한계가 있으므로 이를 넘어서는 새로운 거래 형태를 찾아야 한다.

④ 현재의 고객서비스 방식을 변화시켜 고객서비스 차별화를 도모하여야 한다.

⑤ 위의 고려사항을 어떤 ICT를 기반으로 실현할 것인가를 검토해야 한다.

> 방문판매 형태인지 혹은 인터넷 판매를 할 것인지와 같은 거래 형태를 고려해야 한다.

04 다음은 무엇에 대한 설명인가?

> 빅데이터 비즈니스 모델을 판별하는 주요 기준이기도 하며, 일정 기간 동안 사업을 하고 벌어들인 돈(재산)을 말한다. 다시 말해서 상품이나 서비스를 판매(제공)하고 그 대가로 받은 현금이나 기타 자산을 말한다. 예를 들어, 인터넷 쇼핑몰에서 물건을 팔아 고객으로부터 받은 돈이다.

① 비즈니스　　　　　　　　　② 수 익
③ 서비스　　　　　　　　　　④ 거래형태
⑤ 고객 차별화

> 수익(revenue)에 대한 설명으로, 빅데이터 비즈니스 모델은 수익을 창출하기 위한 모델이다.

05 빅데이터 산업구조에 대한 설명으로 옳지 않은 것은?

① 빅데이터 산업구조는 크게 인프라 부분과 서비스 부분 둘로 나눌 수 있다.

② 빅데이터를 구성하기 위한 컴퓨터, 단말, 네트워크, 서버 등의 하드웨어는 인프라 부분에 포함된다.

③ 데이터의 관리와 분석툴 등의 소프트웨어는 서비스 부분에 포함된다.

④ 교육, 컨설팅, 솔루션, 데이터 및 정보 제공, 데이터 처리는 서비스 부분에 포함된다.

⑤ 솔루션은 분석, 저장, 관리, 검색, 통합 등을 포함한다.

> 데이터의 관리와 분석툴 등의 소프트웨어는 인프라 부분에 포함된다.

06 다음은 무엇에 대한 정의인가?

> 빅데이터를 이용하여 경제적 수익을 창출할 수 있는 모든 사업 형태

① 비즈니스 모델

② 비즈니스 수익모델

③ 빅데이터 비즈니스 모델

④ 빅데이터 비즈니스 수익모델

⑤ 빅데이터 비즈니스 수익성 창출 모델

> 빅데이터 비즈니스 모델에 대한 설명으로 수익성이 판단 기준임을 의미한다.

07 교육 관련 비즈니스 모델에 대한 설명으로 옳지 않은 것은?

① 미국은 2018년까지 14만~19만 명의 고급 분석 인력과 데이터 관리자가 부족할 것으로 전망하고 있다.

② 미국에서의 인력수요는 44만~49만으로 추산되나, 공급은 30만 정도로 예정되어 있다.

③ 전문인력에는 통계, 기계, 학습, 경영 등에 전문 지식을 갖춘 데이터 분석가만 포함된다.

④ 전문인력에는 빅데이터로부터 제공되는 통찰력을 활용하고, 가치를 실현시키기 위한 데이터 관리자는 포함되지 않는다.

⑤ 절대적으로 부족한 빅데이터 관련 전문가의 양성은 기존 교육 인프라로 감당할 수 있는 실정이 아니므로 전문가 양성을 위한 교육 비즈니스 모델은 초기 단계의 비즈니스 모델로 전망이 매우 밝다.

전문 인력에는 데이터 관리자도 포함된다.

08 컨설팅 관련 비즈니스 모델에 대한 설명으로 옳지 않은 것은?

① 기업을 상대로 한 빅데이터 활용 컨설팅과 공공기관을 상대로 한 컨설팅으로 나누어 생각할 수 있다.

② 신용카드 사용 데이터와 금융정보(은행, 보험 등) 데이터를 이용한 개인별 종합금융 컨설팅이 가능하다.

③ 건강보험 데이터를 이용한 건강관리 컨설팅이 가능하다.

④ 고객 결제정보 및 SNS 데이터를 활용한 상권분석 컨설팅이 가능하다.

⑤ 구매 패턴 정보를 활용한 제품 개발 컨설팅이 가능하다.

기업과 개인을 상대로 한 컨설팅, 두 가지로 나눌 수 있다..

09 솔루션 및 도구 공급 관련 비즈니스 모델에 대한 설명으로 옳지 않은 것은?

① 하드웨어 부문은 빅데이터 수집, 저장, 분석을 위한 네트워크 장비, 서버, 스토리지 등이 있다.

② 하드웨어 부문에서는 기존 ICT 분야의 비즈니스 모델과 중복되어 대부분 기존 사업자들이 빅데이터 처리를 위해 기존 하드웨어 보다 성능이 우수한 고용량, 고속의 장비들로 대체하고 있다.

③ 소프트웨어 부문은 빅데이터 수집, 저장, 분석툴을 개발하여 공급하는 모델이다.

④ 솔루션 및 도구 공급 관련 빅데이터 비즈니스 모델은 기존 사업자들의 수익 구조 개선 모델로 아직 초기 단계의 비즈니스 모델이다.

⑤ 솔루션의 공급은 오픈소스 진영과 상용솔루션 진영으로 나뉘어 있다.

> 솔루션 및 도구 공급 관련 빅데이터 비즈니스 모델은 기존 사업자들의 수익 구조 개선 모델로 자리 잡아, 이미 성숙단계의 비즈니스 모델이다.

10 글로벌 ICT 기업의 빅데이터 솔루션 추진 현황으로 옳지 않은 것은?

① Oracle : Endeca, Exalytics 등 빅데이터 분석 솔루션 출시

② HP : 'ICT + 분석 + 비즈니스' 종합플랫폼 구현, 인메모리 컴퓨팅 기반의 어플라이언스 HANA 출시

③ Microsoft : Hadoop on Window, Hadoop on Azure 출시 예정

④ IBM : 분석용 데이터 저장 관리 업체 'Netezza', 분석 솔루션업체 'Cognus'등 비즈니스 분석 관련 업체 인수

⑤ Teradata : 'Easter MapReduce Platform' 제시

> SAP사의 추진 내용이다.
> HP : Autonomy에서 제공하는 정보처리 레이어와 Bertiva의 고성능 실시간 분석 엔진의 조합을 토대로 빅데이터 인프라 서비스 제공

11 글로벌 ICT 기업의 직데이터 솔루션 추진 현황으로 옳지 않은 것은?

① IBM : 분석용 데이터 저장 관리 업체 'Netezza', 분석 솔루션업체 'Cognus' 등 비즈니스 분석 관련 업체 인수

② SAP : 'ICT + 분석 + 비즈니스' 종합플랫폼 구현, 인메모리 컴퓨팅 기반의 어플라이언스 HANA 출시

③ Palantir : Enterprise Intelligence Platform 보유

④ Teradata : 'Easter MapReduce Platform' 제시

⑤ EMC : Hadoop on Window, Hadoop on Azure 출시 예정

> Microsoft사의 추진내용이다.
> EMC : 빅데이터에 대한 모든 것을 제공하기 위한 빅데이터 솔루션 및 데이터 관련 다수 업체 인수

12 국내 ICT기업의 빅데이터 솔루션 추진 현황으로 옳지 않은 것은?

① 다음소프트 : 기업용 빅데이터 DB솔루션인 '아이리스' 출시

② 티베로 : 공유 DB클러스터 기술인 '티베로 액티브 클러스터' 개발

③ 한화 S&C : 데이터 분석 솔루션 '빅데이터 애널라이저' 출시

④ 솔트룩스 : Truestory, N2, STORM, O2 등 분석/검색/추론/서비스 플랫폼 보유

⑤ 그루터 : 빅데이터 플랫폼 구축 및 컨설팅 서비스, 분석 및 데이터 제공 서비스

> 비젠사의 추진 현황이다.
> 다음소프트 : SNS 정보 기반 여론 진단 서비스

13 국내 ICT기업의 빅데이터 솔루션 추진 현황으로 옳지 않은 것은?

① 클루닉스 : 소셜 네트워크 분석 소프트웨어 넷마이너 및 컨설팅 제공
② 이씨마이너 : 분석 솔루션(ECMiner), 모니터링 솔루션(MS), 툴/연관분석 솔루션(Rule),
   이미지 마이닝 솔루션(SS) 기반의 패키지 서비스 제공
③ 이투온 : 분석 솔루션/서비스(SNSpider), 빅데이터 분석 플랫폼(UNNAN) 제공
④ 카다날 정보기술 : Monad Storage, Monad Integration, Monad Management 제공
⑤ 코난테크놀로지 : 데이터 수집, 검색, 분석 기술 전반의 소셜모니터링, 분석 서비스 제공

> 사이랑의 솔루션 추진현황이다.
> 클루닉스 : RN3D 솔루션 제공

14 기업의 회계분석 및 재무 자료를 토대로 하는 분석으로 옳지 않은 것은?

① 재무비율
② 성장성
③ 생산성
④ 미 래
⑤ 활용성

> 기업의 회계분석 및 재무 자료를 토대로 하는 분석으로는 재무비율, 성장성, 생산성, 활용성 등이
> 있다.

PART 6

15 빅데이터 판매 비즈니스 모델에 대한 설명으로 옳지 않은 것은?

① 빅데이터의 특성인 다양성, 대용량, 빠른 데이터 생성에 따른 다양한 데이터가 존재한다.
② 데이터들은 서비스 종류에 따라 필요한 데이터와 불필요한 데이터로 분류할 수 있다.
③ 데이터들은 원시 데이터 또는 가공한 형태의 데이터로 이를 필요로 하는 서비스 사업자에게 불필요한 데이터를 제외한 필요한 데이터만을 별도로 판매가 가능하다.
④ 데이터를 필요로 하는 사업자를 찾아 데이터를 직접 판매하거나 데이터를 필요로 하는 사업자를 연계시켜주는 비즈니스 모델이 향후에는 각광을 받을 수 있다.
⑤ 해외에서는 data를 대부분 무료로 공유하고 있어 비즈니스적 가치를 창출하기 어려운 것으로 전망하고 있다.

> 해외에서도 data를 유료로 공급하는 업체가 많은 수익을 올리고 있다. 대표적인 예로는 salesforce.com의 Radian6를 들 수 있다.

16 데이터 사용 증가 추세로 옳지 않은 것은?

① 매달 300억 개에 달하는 새로운 콘텐츠가 페이스북에 추가되고 있다.
② 매일 14억 개의 트윗이 전송되고 있다.
③ 2013년까지 전세계적으로 10조 규모의 텍스트 메시지가 발생했다.
④ 매시간 35시간 분량의 비디오가 유튜브로 업로드 되고 있다.
⑤ 각 기업은 매년 8TB의 비즈니스 데이터를 생성한다.

> 8TB가 아닌 8EB이다. EB = TB × 1 mil 이다.

17 다음은 무엇에 대한 설명인가?

> 실제 빅데이터 시장의 핵심이라 할 수 있는 시장으로 대부분의 빅데이터 비즈니스 모델이라 하면 이 모델을 의미한다. 빅데이터를 수집, 저장하여 이를 필요한 서비스 요건에 맞추어 분석하고 분석된 데이터를 이용하여 필요한 서비스를 제공하는 것이다.

① 교육 비즈니스 모델
② 빅데이터 판매 비즈니스 모델
③ 빅데이터 기반 서비스 비즈니스 모델
④ 빅데이터 기반 콘텐츠 제공 비즈니스 모델
⑤ 빅데이터 기반 맞춤형 데이터 서비스 모델

> 빅데이터를 활용해서 서비스를 제공하고 이러한 것들이 융합되는 시장이 제일 크다.

18 다음은 빅데이터 기반 서비스 비즈니스 모델의 데이터 활용 시나리오 중 어느 것에 해당하는가?

> 업무 상 이벤트를 수집·분석하여 정상/비정상 패턴을 파악, 이상여부를 판단해 부정행위 적발, 시스템 사고 예방 등에 활용한다.

① 이상 현상 감지 시나리오
② 가까운 미래 예측 시나리오
③ 현 상황 분석 시나리오
④ 생산 설비 최적화 시나리오
⑤ 비정상 사건 적발 시나리오

> 보기는 '이상 현상 감지 시나리오'에 대한 설명이다.

PART 6

19 다음은 빅데이터 기반 서비스 비즈니스 모델의 데이터 활용 시나리오 중 어느 것에 해당하는가?

> 수 분 또는 수 시간 후를 예측하는 시스템을 실현함으로써 현상에 대한 조치를 신속하게 실시할 수 있다.

① 이상 현상 감지 시나리오
② 가까운 미래 예측 시나리오
③ 현 상황 분석 시나리오
④ 생산 설비 최적화 시나리오
⑤ 예측 및 대응 시나리오

보기는 '가까운 미래 예측 시나리오'에 대한 설명이다.

20 빅데이터 기반 서비스 비즈니스 모델의 데이터 활용 시나리오와 예시가 바르게 연결된 것은?
① 이상 현상 감지 시나리오 : 상품별 원가율과 원가변동 추이 분석을 일별 주력 마케팅 정책 수립에 활용
② 현 상황 분석 시나리오 : 카드 부정 이용패턴의 갱신을 매일 수회 실시해 정밀도를 향상시켜 활용
③ 가까운 미래 예측 시나리오 : 운전자의 주행이력과 패턴을 분석하여 최단 또는 최적 경로와 연료 배분을 제안하는 주행시스템 구현
④ 현 상황 분석 시나리오 : 운전자의 주행이력과 패턴을 분석하여 최단 또는 최적 경로와 연료 배분을 제안하는 주행시스템 구현
⑤ 이상 현상 감지 시나리오 : 생산 공정의 효율적 설계를 통해 같은 자원으로 제품 생산을 극대화하는데 활용

빅데이터 기반 서비스 비즈니스 모델은 데이터의 활용 시나리오 측면에서 이상 현상 감지 시나리오, 가까운 미래 예측 시나리오, 현 상황 분석 시나리오로 나눌 수 있다.
• 이상 현상 감지 시나리오 : 카드 부정 이용패턴의 갱신을 매일 수회 실시해 정밀도를 향상시켜 활용
• 현 상황 분석 시나리오 : 상품별 원가율과 원가변동 추이 분석을 일별 주력 마케팅 정책 수립에 활용

05 | 분석을 위한 접근법

01 분석의 중요성에 대한 설명으로 옳지 않은 것은?

① 빅데이터의 의미는 다양한 유형의 데이터와 실시간성 데이터를 포함한 데이터 그 자체 뿐만 아니라 데이터에 대한 분석을 포함하고 있다.

② 빅데이터의 분석은 의사결정의 질적 수준을 높여 경영 생산성 향상과 공공부문 효율성 제고가 가능하며, 이러한 이유로 빅데이터의 핵심적 키워드라 할 수 있다.

③ 분석이 중요한 이유는 현명한 의사결정을 지원하는 유용한 정보를 분석을 통해 제공받을 수 있기 때문이다.

④ 기업, 국가가 주어진 상황을 타개하거나 소기의 목적을 달성하기 위한 합리적이고 과학적인 의사결정을 빅데이터 분석이 지원할 수 있기 때문이다. 개인 차원에서는 효용을 얻기 어렵다.

⑤ 단 한 번의 의사결정에 의해 크게 도약하거나 엄청난 시련을 겪는 것이 현실이므로 분석을 통한 합리적인 의사결정이 매우 중요하게 되었다.

> 개인, 기업, 국가가 주어진 상황을 타개하거나 소기의 목적을 달성하기 위한 합리적이고 과학적인 의사결정을 빅데이터 분석이 지원할 수 있기 때문이다.

02 사이먼이 언급한 의사결정의 과정을 순서대로 잘 나열한 것은?

① 탐색, 설계, 선택, 실행
② 탐색, 설계, 평가, 실행
③ 탐색, 설계, 선택, 평가
④ 탐색, 설계, 평가, 적용
⑤ 탐색, 설계, 적용, 평가

> 사이먼에 의하면, 의사결정은 탐색, 설계, 선택, 실행의 과정을 거친다.

03 다음의 (   ) 안에 들어갈 말은?

> 사이먼에 의하면, 의사결정은 탐색, 설계, (   ), 실행의 과정을 거친다. 이는 문제점을
> 인식하고 이를 해결하기 위한 대안을 모색한 뒤, 여러 대안들을 평가하여 그 중에서 최적을
> 선택하는 것으로서 그 과정에서 (   )와 (   )를 모두 고려한다.

① 선택, 계량적 정보, 비계량적 정보
② 평가, 계량적 정보, 비계량적 정보
③ 적용, 계량적 정보, 비계량적 정보
④ 선택, 내부 정보, 외부 정보
⑤ 평가, 내부 정보, 외부 정보

> 다양한 대안 중 선택을 하는 모든 의사결정은 계량적 정보와 비계량적 정보나 효과를 기준으로
> 평가한다.

04 오늘날 기업이 처한 치열한 경쟁에 대한 설명으로 옳지 않은 것은?

① 기업은 차별화, 원가 우위를 획득하고 유지해야 살아남을 수 있다.
② 전통적으로 기업에게 경쟁 우위를 제공했던 수단들은 이제 일상적이 되었다.
③ 글로벌 경제가 성숙됨에 따라 지리적 이점이나 정부의 시장보호 장치는 거의 사라졌다.
④ 독점적인 기술만이 해결책이지만 개발하기가 어렵다.
⑤ 경쟁 우위를 달성하기 위한 유일한 방법은 경영에서의 효율성을 높이고, 현명한 의사결정을
하는 것이다.

> 독점적인 기술은 개발하기 어렵고, 개발하여도 급속하게 복제되는 것이 현실이다.

05 오늘날 기업이 처한 치열한 경쟁에서 살아남기 위해 필요한 것은?

① 전통적으로 기업에게 경쟁 우위를 제공했던 수단들을 지속적으로 개선해야 한다.

② 경영효율성을 높이고, 현명한 의사결정을 위해 빅데이터 분석을 활용한다.

③ 제품이나 서비스의 혁신 주기를 획기적으로 단축시킨다.

④ 독점적 기술을 지속적으로 개발해 나간다.

⑤ 지리적 이점이나 정부의 시장 보호 장치를 활용한다.

> 분석의 중요성으로 실질적으로 줄 수 있는 가치이다.

06 다음의 (　　) 안에 들어갈 적절한 용어는?

> (　　)은/는 어떤 현상(문제)과 관련된 데이터를 수집·분해하여 데이터 속에 숨어 있는
> 의미 있는 패턴을 찾아내서 해결이나 의사결정 등에 활용하는 것이다. 여기서 현상이란
> 자연 혹은 사회의 모든 것으로 행동이나 심리 등을 포함한다. 따라서 (　　)은/는 우리가
> 관심을 갖는 모든 문제를 풀기 위하여 적용할 수 있다.

① 분 석　　　　　　　　② 통 계
③ 정 리　　　　　　　　④ 혁 신
⑤ 대 안

> 보기는 분석에 대한 정의와 적용 범위이다.

07 분석이 수행되는 목적에 따른 분석 유형에 대한 설명으로 옳지 않은 것은?

① 불확실한 상황에서 현명한 의사결정을 하기 위한 데이터 수집·분류·분석·해석·발표의 체계로서 통계 기법
② 과거 데이터와 변수 간의 관계를 이용하여 관심이 되는 변수를 추정하는 판별 기법
③ 많은 데이터 속의 유용한 패턴을 추출하여 분류, 군집, 연관, 변칙 탐지 등의 데이터마이닝 기법
④ 주어진 제한 조건을 만족하면서 목적함수를 최대화(또는 최소화)하는 최적화 기법
⑤ 통계에서는 빈도분석, 기술통계분석, 교차분석, 상관관계분석, 다차원척도법 등의 분석기법을 활용

> 과거 데이터와 변수 간의 관계를 이용하여 관심이 되는 변수를 추정하는 '예측 기법'이다.

08 다음 중 통계기법이 아닌 것은?

① 빈도 분석 　　　　　　　② 교차 분석
③ 상관관계 분석 　　　　　④ 감성 분석
⑤ 다차원척도법

> 감성 분석은 비정형 데이터마이닝의 기법이다.

09 다음 중 통계기법이 아닌 것은?

① 기술통계분석 　　　　　② 회귀 분석
③ 다차원척도법 　　　　　④ 소셜네트워크 분석
⑤ 주성분 분석

> 소셜네트워크 분석은 대표적인 비정형 데이터마이닝 기법이다.

10 경영분야와 분석 기반 의사결정 유형 예시가 적절히 짝지어진 것은?

① 재무관리 - 직원 교육효과 분석
② 마케팅관리 - 특정 제품의 효과 분석
③ 공급체인관리 - 상점과 지점의 위치 선정
④ 인적자원관리 - 성과평가표 효율성 측정
⑤ R&D - 제품의 고객 선호 특성 파악

인적자원관리 - 직원 교육효과 분석
R&D - 특정 제품의 효과 분석
마케팅관리 - 상점과 지점의 위치 선정
재무관리 - 성과평가표 효율성 측정

11 경영분야와 분석 기반 의사결정 유형 예시가 적절히 짝지어진 것은?

① 인적자원관리 - 재무성과 동인 파악
② 공급체인관리 - 제품과 차량의 경로 선택
③ R&D - 맞춤형 웹사이트 구축
④ 재무관리 - 이직 직원 예측
⑤ 마케팅관리 - 제품의 고객 선호 특성 파악

재무관리 - 재무성과 동인 파악
마케팅관리 - 맞춤형 웹사이트 구축
인적자원관리 - 이직 직원 예측
R&D - 제품의 고객 선호 특성 파악

PART 6

12 경영분야의 분석 기반 의사결정 유형 예시의 분류가 다른 하나는?

① 성과평가표 효율성 측정

② 상점과 지점의 위치 선정

③ 온라인 미디어 광고채널 선정

④ 판매촉진 목표 설정

⑤ 맞춤형 웹사이트 구축

> 다른 보기는 공급체인관리 분야이지만, ①은 재무관리 분야의 의사결정 유형이다.

13 빅데이터 시대 조직 구성원들에게 요구되는 역량에 대한 설명으로 옳지 않은 것은?

① 구성원 각각의 위치한 자리와 역할에 따라 요구되는 역량은 다르다.

② 기업의 경우 수행하는 직무와 역할에 따라 분석기술과 성향이 다른데, 경영층, 분석 전문가, 일반 직원으로 구분할 수 있다.

③ 경영층은 분석이 경쟁력의 핵심임을 확신하고 지속적인 투자를 해야 한다.

④ 전문가 집단은 다양한 정보 수집·분석·해석을 통해 전략적 조언을 해야 한다.

⑤ 일반 직원은 경영진과 전문가 집단에 의해 정해진 결정을 따르면 되므로 분석적 소양은 필요 없다.

> 일반 직원도 과학적이고 합리적인 의사결정을 수행하는 주체이므로 분석적 소양을 갖추어야 한다.

14 기업 구성원을 분석 기술과 성향에 따라 나눌 경우 다음은 어느 집단에 대한 설명인가?

> 조직 내에서 관련 데이터를 수집관리하고 다양한 분석과 해석을 통해 경영층에 전략적 조언을 하는 집단이다. 이들은 통계학, 컴퓨터 공학, 수학, 경영학 등 관련 전문 분야의 학력 소유자이거나 데이터 분석 전문지식을 습득한 집단이다.

① 경영층
③ 중간관리자
⑤ 태스크포스
② 전문가 집단
④ 일반 직원

> 기업 구성원을 분석 기술과 성향에 따라 경영층, 전문가 집단, 일반 직원으로 나누는데, 이 중 전문가 집단에 대한 설명이다. 태스크포스는 특정 목적을 위해 구성되며, 분석기술과 성향과는 관계가 없다.

15 다음 ( ) 안에 들어갈 용어로 적합한 것은?

> 로저 마틴은 ( )을/를 주어진 전제로부터 특정한 결론을 이끌어내는 추리과정인 연역적 추리와 개개의 특수한 사실로부터 일반적 결론을 이끌어내는 추리과정인 귀납적 추리를 이용하여 데이터를 체계적으로 분석하고 방법을 결론 내는 것이라고 하였다. 즉 ( )(이)란 개선해야 할 일을 선택하고, 그 일의 수행 방법을 분석적으로 생각하는 관습을 갖도록 하는 개념이다.

① 분석적 의사결정
③ 분석적 사고
⑤ 분석 마인드
② 분석 능력
④ 분석 프로세스

> '분석적 사고'에 대해 로저 마틴이 언급한 개념이다.

PART 6

16 분석적 사고방식에 대한 설명으로 맞지 않는 것은?

① 분석적 사고는 전문적인 지식, 창의성 그리고, 직관적 판단의 근거이다.

② 분석적 사고를 가진 전문가들은 현상과 사실을 객관적으로 나열하고 이를 연결하고, 부족한 부분은 분석을 통해 숨겨진 현상과 사실을 찾아내 결정할 수 있는 패턴을 만드는데 익숙하다.

③ 의미 있는 정보와 논리적인 구조를 도출함으로써 조직 내에서 의사소통이 매우 원활하게 한다.

④ 상황을 객관적으로 관찰, 나열한 뒤 상황간 관계를 연결하고 패턴을 만들어내는 과정을 거쳐 근본 원인을 찾아 해결하는 방식을 의미한다.

⑤ 관계와 맥락을 만들고 문제를 직관적으로 접근하고 해결하려는 사고방식이다.

> 직관적으로 문제를 접근하려고 하기 보다는 '관계와 맥락을 만들고 문제를 창의적으로 해결하려는 사고방식'이다.

17 분석 프로세스의 6단계를 바르게 나열한 것은?

① 문제인식 → 관련연구 조사 → 자료 수집 → 자료 분석 → 모형화 → 결과제시

② 문제인식 → 관련연구 조사 → 자료 수집 → 모형화 → 모형 평가 → 결과제시

③ 문제인식 → 관련연구 조사 → 모형화 → 자료 수집 → 자료 분석 → 결과제시

④ 문제인식 → 관련연구 조사 → 모형화 → 자료 분석 → 결과 분석 → 결과제시

⑤ 문제인식 → 관련연구 조사 → 자료 분석 → 모형화 → 결과 분석 → 결과제시

> 모형화는 개념적인 내용이고 자료분석은 실질적인 모델링을 통해 결과를 산출하는 것이다.

18 다음의 (   ) 안에 들어갈 용어로 적절한 것은?

> 분석의 핵심은 인식된 문제에 대해 관련된 데이터를 수집, 분석하여 문제해결에 필요한 정보를 얻는 것이다. 이 때 문제는 (   )의 형태로 표현하면 명확해지며, 분석을 통해 검정된다. 일반적으로 (   )(이)란 어떤 사실을 설명하거나 어떤 이론 체계를 검정하기 위하여 설정한 가정을 말한다. 그러나 분석을 위한 (   )은/는 변수들 간의 관계에 대한 잠정적인 믿음이나 주장으로, 분석을 통해 정보 가치를 얻게 된다.

① 가 설   ② 대 안
③ 모 형   ④ 이 슈
⑤ 초 안

> 보기는 가설에 대한 개념 설명과 분석에서 좁은 의미로 쓰이는 개념 설명이다.

19 문제가 인식되면 다음으로 관련되는 각종 문헌(논문, 책, 보고서, 잡지 등)들을 조사해야 한다. 이러한 관련 연구 조사에 대한 언급으로 바르지 않은 것은?

① 문제와 관련되는 연구와 저서를 요약, 분류하여 파악하는 과정에서 해결하고자 하는 문제가 명확해진다.
② 각종 문헌을 검토하는 과정에서는 변수들에 대한 파악을 하기 어렵다.
③ 관련 데이터를 찾는 가장 쉬운 방법은 네이버, 다음, 구글과 같은 검색엔진을 활용하는 것이다.
④ 다양한 데이터와 연구 문헌 외에 문제 영역의 전문가들의 조언을 얻는 것은 매우 중요하다.
⑤ 전문가들이란 해당 문제에 대한 오랜 경험과 지식을 축적하여 문제의 해결 대안이나 아이디어를 줄 수 있는 사람을 의미한다.

> 각종 문헌을 검토하는 과정에서 어떤 요인(변수)들이 중요하게 작용하는지를 파악할 수 있게 된다.

PART 6

20 모형화와 변수 선정에 대한 설명으로 옳지 않은 것은?

① 많은 변수가 포함된 문제에서 결정적인 변수만을 추리면, 분석이 한결 쉬워진다.

② 변수 선정이란 복잡한 현상을 문제의 본질과 관련되는 적은 수의 변수만을 추려서 단순화하는 과정이다.

③ 지도를 그린다면 거리와 방향이 중요하지만, 지하철 노선도는 역과 노선별 연결이 중요한 것처럼 문제 본질에 맞는 변수를 추려야 한다.

④ 모형은 문제를 의도적으로 단순화한 연구대상 변수들 간의 관계이다.

⑤ 변수란 수로 표현 가능한 측정치를 통칭한다.

> '모형화'란 복잡한 현상을 문제의 본질과 관련되는 적은 수의 변수만을 추려서 단순화·구조화하는 과정이다.

21 1차 데이터와 2차 데이터에 대한 개념 설명으로 옳지 않은 것은?

① 1차 데이터란 조사자가 설문조사, 관찰, 실험 등을 통하여 직접 수집한 데이터이다.

② 2차 데이터는 다른 목적을 위해 이미 수집, 정리되어 있는 데이터로, 그 원천이 매우 다양하다.

③ 2차 데이터의 예로는 기업의 내부 데이터, 통계청 통계데이터, 상업용 데이터, 학술 논문과 문헌 등이 있다.

④ 많은 경우 1차 데이터를 구하면 쉽게 분석을 할 수 있지만, 1차 데이터를 얻지 못했을 경우는 2차 데이터를 수집해야 한다.

⑤ 데이터 수집 방법의 선택은 해결해야 하는 문제의 성격과 측정해야 하는 변수의 특징에 달려 있다.

> '1차'와 '2차'가 바뀌었다. 많은 경우 2차 데이터를 구하면 쉽게 분석을 할 수 있지만, 2차 데이터를 얻지 못했을 경우는 1차 데이터를 수집해야 한다.

22 다음은 무엇을 설명한 것인가?

> 모아놓은 데이터에서 변수들 간의 관련성을 파악하는 것이다. 예를 들어, 각종 선거에서 유권자들의 출신지역, 연령, 학력, 소득수준 등에 따라 특정 후보에게 어떠한 투표형태를 보이는지를 파악할 수 있다.

① 문제 인식   ② 관련 연구 조사

③ 모형화   ④ 데이터 분석

⑤ 결과 제시

> 보기는 데이터 분석에 대한 개념 설명과 예시이다.

23 결과 제시 방법으로 적합하지 않은 것은?

① 결과 제시에는 연구 과정의 개요, 결과 요약, 문제의 해결을 위한 권고 등이 포함되어야 한다.

② 데이터 분석 결과를 명료하게 해석·요약하여 어떤 의사결정이 바람직한지 적절한 방법으로 제시해야 한다.

③ 결과를 제시할 때는 복잡한 차트나 그래프 보다는 간단한 표를 활용하는 것이 좋은 방법이다.

④ 기업의 문제나 목표와 직접적으로 연관된 스토리로 만들어 내는 것은 매우 호소력이 있는 방법이다.

⑤ 기업의 경우 수익, 비용 절감, 투자 회수율 등의 용어를 사용하면 전달력이 더 강해진다.

> 결과를 제시할 때는 표를 활용하는 것보다는 간단한 차트나 그래프를 활용하여 주의를 끄는 방법이 권고되고 있다.

PART 6

24 분석과 창의력에 대한 설명으로 옳지 않은 것은?

① 분석은 지루하고, 기계적이고, 숫자에 의한 것이어서 창의력의 발현을 방해한다.

② 분석을 통한 전문 지식과 역량이 뒷받침되지 않는다면 창의적인 아이디어는 달성할 수 없는 허상이다.

③ 분석의 뒷받침이 없는 창의력은 최적의 의사결정을 위한 충분조건이 되지 못한다.

④ 가장 성공적인 사람이나 조직은 창의력과 분석을 함께 사용한다.

⑤ 창의력과 분석의 결합은 창의력이 분석의 중요한 요소로 작용하면서 분석의 결과로 창의력이 발휘되는 것을 의미한다.

> 분석에 대한 편견이다.

25 창의성의 원동력에 대한 설명으로 옳지 않은 것은?

① 빅데이터 분석에 있어서 창의성의 원동력은 인문학적 소양과 직관 그리고, 통찰력을 예로 들 수 있다.

② 오늘날 인문학과 인문학적 소양이 중시되고 있는 이유는 인문학적 소양이 창의성과 통찰력을 가져다 줄 수 있는 토양이기 때문이다.

③ 직관적 사고가 옳은 것인지 입증하는 방법으로 경험적 검증은 사용할 수 없다.

④ 통찰이란 어떤 상황에 직면할 때 그 상황의 내용이나 문제의 본질을 정확히 보는 인간의 능력을 말한다.

⑤ 분석 결과에 대한 전문가의 통찰력이 문제를 해결하는 척도가 된다.

> 직관적 사고가 옳은 것으로 입증되기 위해서는 다시 엄밀한 논리적 추리나 경험적 검증에 의해 확인되어야 할 것이다.

26 분석에 있어서 스토리텔링을 이용한 전달역량은 매우 중요하다. 이에 대한 설명으로 옳지 않은 것은?

① 스토리텔링은 '스토리+텔링'의 합성어로서 말 그대로 '이야기를 말하다'라는 의미를 가진다.

② 스토리텔링은 상대에게 알리고자 하는 내용을 흥미 있고 보다 생생한 이야기로 설득력 있게 전달하는 것이다.

③ 분석대상과 분석 결과를 명확히 이해시키기 위해 사용자 언어로 원활하게 소통하기 위해 치밀한 이야기 전개과정이 필요하다. 이것이 스토리텔링이 중요한 이유다.

④ 스토리텔링은 최근에 와서 의사소통의 중심적인 역할로 부각되고 있다.

⑤ 분석과 관련해서 스토리텔링은 문제의 상황 디자인, 해결과정과 결과의 해석에 대한 전개를 의미한다.

> 스토리텔링은 인간의 의사소통에 있어 늘 중심적인 역할을 해왔다.

PART 6

02 빅데이터와 비즈니스

01 비즈니스 활용

01 다음은 무엇에 대한 설명인가?

> • 경영의 최종 목표인 가치 창출을 위한 제반 활동
> • 고객의 가치 창출을 위해 수행하는 제반 활동

① 마케팅　　　　　　　　　② 비즈니스
③ 고객관리　　　　　　　　④ 혁신
⑤ 가치사슬

비즈니스에 대한 용어 설명이다.

02 다음은 무엇에 대한 설명인가?

> 조직이 한 개 이상의 입력을 통해서 가치를 창출하는 활동

① 프로세스(Process)　　　　② 활동(Activity)
③ 직무(Task)　　　　　　　④ 시스템(System)
⑤ 가치사슬(Value Chain)

프로세스에 대한 용어 설명이다.

03 비즈니스 프로세스의 구성요소가 아닌 것은?

① 활 동   ② 의사결정
③ 역 할   ④ 자 원
⑤ 고 객

> 비즈니스 프로세스의 구성요소는 활동, 의사결정, 역할, 자원과 저장소이다.

04 비즈니스 프로세스의 구성요소에 대한 설명으로 옳지 않은 것은?

① 활동, 의사결정, 역할, 자원과 저장소로 이루어져 있다.
② 활동은 한 가지 형태의 자원과 정보를 다른 형태의 자원과 정보로 변환한다.
③ 의사결정은 처리의 집합이다.
④ 자원은 역할이 지정된 사람, 시설 혹은 컴퓨터 프로그램을 말한다.
⑤ 저장소는 비즈니스 기록들의 모음이다.

> 의사결정 : '예' 혹은 '아니오'로 답할 수 있는 질문
> 역할 : 처리의 집합

05 비즈니스 프로세스 관리(BPM)에 대한 설명으로 옳지 않은 것은?

① 비즈니스 프로세스는 기업의 성공과 직접적인 연관성을 가지므로 이에 대한 관리에 관심이 집중되고 있다.
② 기업의 프로세스를 자동화하고 통합하고 최적화하기 위한 기술이다.
③ 활동 순서를 그들 간의 정보흐름으로부터 분리해 내는 것이 목적이다.
④ 프로세스를 정확히 가시화하고 관리할 수 있도록 한다.
⑤ 프로세스 활동 순서와 그들 간의 정보흐름의 활동을 실행하는 리소스, 즉 애플리케이션이나 사람으로부터 분리해 낸다.

> 비즈니스 프로세스 관리는 활동 순서와 그들 간의 정보흐름을, 실행하는 리소스(시스템, 사람)로부터 분리해 내는 것이 목적이다.

06 개인의 의사결정 단계를 바르게 묶은 것은?

① 정보 수집, 설계, 선택, 적용, 수행
② 탐색, 설계, 선택, 수행
③ 탐색, 설계, 평가, 적용
④ 탐색, 설계, 적용, 평가
⑤ 정보수집, 설계, 평가, 수행

개인의 의사결정 단계는 '탐색, 설계, 선택, 수행'이다.

07 다음은 의사결정 단계 중 어느 단계에 대한 설명인가?

이 단계에서 정보시스템은 비교, 평가된 대안들에 대한 민감도 분석이나 What-if 분석 등을 통해 가상적인 변화 상황을 예측하고, 이에 대한 분석을 가능하게 하여 미래의 불확실성과 위험을 감소시키는데 도움을 준다.

① 탐 색   ② 설 계
③ 선 택   ④ 평 가
⑤ 적 용

선택단계의 정보시스템의 유용성에 대해 설명한 것이다.

08 다음은 의사결정 단계 중 어느 단계에 대한 설명인가?

> 이 단계에서 경영 관리자는 정보시스템을 이용해 조직의 내·외부 환경에 대한 정보를
> 수집하여, 조직이 당면하고 있는 문제를 발견하기도 하고, 새로운 기회를 파악하기도 한다.
> 예를 들어, 데이터베이스로부터 기업의 영업성과, 시설 투자 현황 등을 파악할 수 있다.
> 기업의 현황 정보나 외부 시장정보 등은 데이터베이스를 중심으로 하는 경영정보시스템에
> 의해 제공된다.

① 탐 색　　　　　　　　　　② 설 계
③ 평 가　　　　　　　　　　④ 수 행
⑤ 적 용

> 탐색단계의 정보시스템의 유용성에 대해 설명한 것이다.

09 다음은 무엇에 대한 설명인가?

> 개인이나 조직이 의사결정을 할 때 사용할 수 있도록 의미 있고 유용한 형태로 가공, 처리된
> 데이터 지식의 교류나 습득을 수반하며, 불확실성을 인식하거나 평가하며 또한 이를 줄이기
> 도 한다.

① 데이터베이스　　　　　　② 정 보
③ 데이터웨어하우스　　　　④ 데이터 마트
⑤ 데이터베이스 관리 시스템

> 보기는 정보에 대한 설명이다.

PART 6

10 다음은 경영관리자의 의사결정유형 중 어느 것에 대한 설명인가?

> 경영자원의 획득 및 조직화, 전술선택, 업무의 구조화, 인력 채용과 교육의 중기적인 계획을
> 수립하여 하위부서의 정책, 절차, 목적을 구체화하는 중간 관리층의 의사결정

① 전략기획   ② 관리통제
③ 운영통제   ④ 프로세스통제
⑤ 위험관리

보기는 중간 관리층의 의사결정유형인 관리통제에 대한 설명이다.

11 의사결정 유형별 주요 특징이 잘못 설명된 것은?

① 정확도는 전략기획에서는 낮고, 운영통제에서는 높다.
② 전략기획은 운영통제에 비해 상세하지 못하다.
③ 전략기획은 가끔 발생하는 의사결정유형이나, 운영통제는 빈번하게 발생하는 의사결정유형
   이다.
④ 의사결정에 사용하는 정보의 범위는 전략기획은 좁고, 운영통제는 넓다.
⑤ 정보의 현재성은 전략계획에서는 오래된 것을 사용하고, 운영통제에서는 새 정보를 활용한다.

의사결정에 사용하는 정보의 범위는 전략기획은 넓고, 운영통제는 좁다.

12 정보의 정의로 부적합한 것은?

① 경영정보시스템에 저장된 외부의 원천 데이터
② 데이터로부터 파생된 지식
③ 데이터에 의미를 부여하여 나타낸 것
④ 가공된 데이터로 가공의 방법은 합계, 정렬, 평균, 그룹화, 비교 등
⑤ 정보가 어떠한 정의로 사용될지라도 의사결정과정에서 사용될 때 그 가치를 가지게 됨

정보가 아닌 데이터의 정의이다.

13 정보의 특징에 해당하지 않는 것은?

① 정확성   ② 적시성

③ 관련성   ④ 비용가치

⑤ 균등성

> 정보의 특징은 정확성, 적시성, 관련성, 적당량, 비용가치로 구분할 수 있다.

14 정보의 특징별 설명으로 옳은 것은?

① 정확성 : 상황 및 주제와 관련된 데이터

② 적시성 : 필요할 때 이용 가능한 데이터

③ 관련성 : 의사결정을 위해 정보의 양은 딱 필요한 만큼만 있으면 됨

④ 적당량 : 정보 산출의 가치가 비용을 넘어서야 함

⑤ 비용가치 : 정확하고 안전한 데이터로부터 정확하게 처리되어 인지된 정보

> 정보의 특징별 설명은 다음과 같다.
> • 정확성 : 정확하고 안전한 데이터로부터 정확하게 처리되어 인지된 정보
> • 적시성 : 필요할 때 이용 가능한 데이터
> • 관련성 : 상황 및 주제와 관련된 데이터
> • 적당량 : 의사결정을 위해 충분해야하지만 딱 필요한 만큼만 있으면 됨
> • 비용가치 : 정보 산출의 가치가 비용을 넘어서야 함

15 의사결정에서의 정보의 역할에 대한 설명으로 옳지 않은 것은?

① 정보를 이용함으로써 의사결정의 4단계를 부드럽게 연결할 수 있다.

② 구조화 정도가 낮은 의사결정에 대해서는 충분하고 정확한 정보를 활용하여 불확실성을 크게 줄일 수 있다.

③ 의사결정을 함에 있어서 원하는 목적을 달성할 수 있게 하는 정보의 특성은 효율성이다.

④ 의사결정을 함에 있어서 시간과 비용을 적게 들이고 동일한 의사결정을 하는 정보의 특성은 효율성이다.

⑤ 효과성을 담보한 상태에서 효율성을 추가로 담보할 수 있다면 제일 좋은 의사결정이 될 것이며, 정보를 통해서 가능하게 된다.

16 다음은 무엇에 대한 설명인가?

> - 데이터를 수집·분석해 이를 근거로 올바른 의사결정을 내릴 수 있도록 해주는 솔루션 및 기술
> - 의사결정에 사용되는 기술, 프로세스, 스킬, 응용프로그램 등을 모두 포괄
> - 고객, 제품, 서비스, 운영, 공급자, 파트너에 대한 개별정보와 관련데이터를 수집·관리· 분석
> - 과거 성과를 분석하고 미래를 예측할 수 있는 운영상의 데이터를 처리하는 시스템

① 비즈니스 인텔리전스　　　　　② 데이터베이스 관리시스템
③ 비즈니스 프로세스 매니지먼트　④ 데이터 마트
⑤ 데이터웨어하우스

17 BI의 활용 유형의 5가지에 속하지 않는 것은?

① 조직 내외부의 방대한 데이터를 수집·추출·변형하는 기술
② 분석을 위해 데이터를 다양한 관점에서 분석할 수 있도록 도와주는 다차원 데이터 분석기술
③ 보고서 작성을 위한 리포팅 툴
④ 분석결과를 한 눈에 알 수 있도록 보여주는 시각화 기술
⑤ 자료의 수집·분석·보고서 작성 과정을 관리하는 프로세스 관리 툴

18 다음은 BI의 활용 유형의 5가지 중 무엇에 대한 설명인가?

> 조직이나 기업 전반에서 널리 사용되고 있는 출력 형태와 웹기반 형태의 보고서를 작성하는
> 것을 말한다. 각 제품이나 서비스에 대한 현황 자료를 주기별로 요약함으로써 특이사항을
> 발견할 수 있다.

① 엔터프라이즈 리포팅
② 큐브분석
③ 애드혹 쿼리 & 분석
④ 통계 및 데이터마이닝
⑤ 보고서 전달 및 알림

보기는 엔터프라이즈 리포팅에 대한 설명이다.

19 BI 프로세스에 대한 설명으로 옳지 않은 것은?

① BI는 고객, 제품, 서비스, 운영, 공급자, 파트너에 대한 개별 정보 및 모든 관련 거래 데이터를
모으고, 관리하며, 분석하는 것이다.
② BI 프로세스의 중요한 세 가지 활동은 데이터 획득, 분석수행, 결과발행이다.
③ 데이터 획득은 소스 데이터 취득, 정제, 조직 및 연결 그리고 웹서버 게시 절차로 진행된다.
④ 분석은 보고서 작성, 데이터마이닝, 빅데이터 활용으로 구성된다.
⑤ 결과공개는 BI가 필요한 이해관계자에게 전달하는 과정으로 출력, 보고서 서버 게시, 자동화
등이 포함된다.

• 데이터 획득은 소스 데이터 취득, 정제, 조직 및 연결 그리고 범주화 절차로 진행된다.
• 웹서버 게시는 결과공개의 과정에 포함된다.

20 BI 데이터 처리를 위한 세 가지 기법에 대한 설명으로 옳지 않은 것은?

① 보고서 작성 : 과거 성과에 대한 정보를 생성한다.

② 데이터마이닝 : 패턴과 관계 발견을 위해 정교한 통계기법을 사용한다.

③ 빅데이터 : 맵리듀스 기술의 볼륨, 속도, 맵리듀스 기술의 다양한 힘을 사용하고 일부 응용 프로그램은 보고 및 데이터마이닝까지 사용한다.

④ 데이터마이닝 : 정렬, 그룹화, 합계, 필터링 그리고 양식제공 등에 구조화된 데이터 처리를 수행한다.

⑤ 빅데이터 : 빅데이터에서 패턴 및 관계를 발견하는 것이다.

'데이터마이닝'이 아닌 '보고서 작성'에 대한 특징 설명이다.

02 마케팅

01 다음은 무엇에 대한 설명인가?

> 비즈니스의 당면 이슈를 기업 내·외부 데이터의 통계적·수학적인 분석을 이용하여 분석하는 의사결정 분석틀이다. 즉, 전략적, 전술적, 운영적 비즈니스 의사결정 문제를 데이터분석 역량인 통계적·수학적 지식, 데이터 프로그래밍, 전문적 지식 등을 통해 해결하려는 분석틀로 강력한 해결책이다.

① 애널리틱스 　　　　　　② 데이터마이닝
③ 데이터웨어하우스 　　　 ④ 마케팅 애널리틱스
⑤ 데이터 애널리틱스

효율성 제고를 위한 도구이다.

02 분석 기법의 발전단계에 대한 설명으로 옳지 않은 것은?

① 분석기법은 사후판단, 통찰, 예측/행동 단계로 발전한다.
② 사후판단은 담당부서별 데이터 취합을 주기적으로 리포팅하는 단계를 말한다.
③ 통찰은 통계기반 지표간 연관관계 분석 및 전사적 지표관리의 단계이다.
④ 예측/행동은 고급분석 기법을 이용한 예측 및 직접적 의사결정의 단계이다.
⑤ 기업에서 진정한 비즈니스 가치와 통찰을 부여하는 것은 빅데이터 자체이다.

기업에서 진정한 비즈니스 가치와 통찰을 부여하는 것은 빅데이터 자체가 아니라 빅 애널리틱스라고 할 수 있다.

PART 6

03 다음의 설명은 분석 기법의 발전단계 중 어느 단계에 대한 설명인가?

> 통계 기반 지표 간 연관관계 분석 및 전사적 지표관리의 단계

① 사후 판단 단계   ② 통찰 단계
③ 예측/행동 단계   ④ 평가 단계
⑤ 적용 단계

보기는 통찰 단계에 대한 설명이다.

04 다음의 (　　) 안에 알맞은 용어를 올바르게 나열한 것은?

> 과거 분석방법인 (　　　)은/는 일회성 분석에 그쳐 자산화 되지 못하고 포괄성이 없어 의사결정의 일부 참고자료에 그치고 있으며, 대상주체에 따라 해석이 달라진다는 단점이 있다. 반면, (　　　)은/는 의사결정 문제를 먼저 정의하고 이후 데이터 수집·결합·분석이 이루어진다.

① 데이터마이닝, 애널리틱스
② 애널리틱스, 데이터웨어하우스
③ 비즈니스 인텔리전스, 데이터마이닝
④ 비즈니스 인텔리전스, 애널리틱스
⑤ 데이터웨어하우스, 애널리틱스

보기는 '데이터마이닝'과 '애널리틱스'를 비교 설명한 것이다.

05 마케팅 애널리틱스에 대한 마케터의 활용 현황과 니즈에 대한 조사 결과 응답이 가장 많은 두 가지는?

① 가끔 애널리틱스 데이터로부터 통찰을 얻음, 통찰을 얻기 위해 애널리틱스 데이터를 거의 활용하지 않음

② 데이터를 활용하여 정보를 얻을 수 있는 툴이나 기술이 부족함, 애널리틱스 데이터를 활용할 방법이 없음

③ 가끔 애널리틱스 데이터로부터 통찰을 얻음, 일상적/효율적으로 애널리틱스로부터 통찰을 얻음

④ 통찰을 얻기 위해 애널리틱스 데이터를 거의 활용하지 않음, 애널리틱스 데이터를 활용할 방법이 없음

⑤ 가끔 애널리틱스 데이터로부터 통찰을 얻음, 애널리틱스 데이터를 활용할 방법이 없음

> 마케팅효과 측정에 애널리틱스 데이터 활용 정도는 다음과 같이 조사되었다.
> • 일상적/효율적으로 애널리틱스로부터 통찰을 얻음 (39%)
> • 가끔 애널리틱스 데이터로부터 통찰을 얻음 (46%)
> • 통찰을 얻기 위해 애널리틱스 데이터를 거의 활용하지 않음 (6%)
> • 데이터를 활용하여 정보를 얻을 수 있는 툴이나 기술이 부족함 (3%)
> • 애널리틱스 데이터를 활용할 방법이 없음 (2%)

06 마케팅 애널리틱스 활용목적 중 가장 큰 비중을 차지한 두 가지 항목은?

> A. 마케팅 성과의 증대
> B. 다양한 원천으로부터 나온 데이터를 결합하여 상관관계의 도출과 예측
> C. 새로운 애널리틱스와 솔루션에 대한 펀딩
> D. 채널 속성과 상호작용을 측정

① A, D   ② B, D

③ C, D   ④ A, B

⑤ B, C

> A는 56%, B는 39%로 1위와 2위를 차지했다.

PART 6

07 고객 데이터의 분류에 속하지 않는 것은?

① 업무상 데이터　　　　　② 가족 관계 데이터
③ 신체 데이터　　　　　　④ 보안 데이터
⑤ 개인상세 데이터

> 고객 데이터는 업무상 데이터, 신체 데이터, 보안 데이터, 개인상세 데이터가 있다.

08 고객 데이터에 대한 설명으로 옳지 않은 것은?

① 업무상 데이터는 웹사이트나 이메일 리스트 등이다.
② 신체 데이터는 키와 몸무게 등이다.
③ 보안 데이터는 소득수준, 휴대폰 번호, 신용카드 번호 등이다.
④ 업무상 데이터는 소셜미디어 가입 시에 필요한 소비자들이 통상 고유하는 기초데이터이다.
⑤ 개인상세 데이터는 생일, 주소, 종교, 정치색, 신조 등이다.

> 개인상세 데이터는 종교, 정치색, 신조 등이다. 생일, 주소는 업무상 데이터이다.

09 다음은 고객정보 중 어느 것에 해당하는가?

> 웹사이트나 이메일 리스트, 소셜미디어 가입 시에 필요한 소비자들이 통상 공유하는 기초
> 데이터이다. 생일, 주소, 이메일 주소 등이다.

① 업무상 데이터　　　　　② 신체 데이터
③ 보안 데이터　　　　　　④ 개인상세 데이터
⑤ 가족관계 데이터

> 보기는 고객정보 중 업무상 데이터에 해당한다.

10　고객정보관리의 사례인 카탈리나의 빅데이터 활용과 관련이 없는 것은?

① 데이터 분석을 통해 마케팅에 응답할 가능성이 높은 고객을 정확하게 예측하여 마케팅에 활용한다.
② 구매자의 거래 이력이 장기간 축적됨에 따라 고객데이터를 기반으로 타깃 마케팅을 통한 수익을 창출한다.
③ 카탈리나는 전세계 700개 매장에 설치되어 매주 2천5백만 건 이상의 트랜잭션으로부터 데이터를 수집한다.
④ 소비자의 구매행동을 분석 및 예측하여 컬러쿠폰, 광고 및 전국 소매 매장과 약국에 대한 정보지를 제작한다.
⑤ 카탈리나 마케팅의 특징은 맞춤형 쿠폰 시스템에 있다.

> 카탈리나는 전세계 7,000개 매장에 설치되어 매주 2억 5천만 건 이상의 트랜잭션으로부터 데이터를 수집한다.

11　빅데이터를 활용한 카탈리나 마케팅의 특징 설명으로 옳지 않은 것은?

① 카탈리나 마케팅의 특징은 맞춤형 쿠폰 시스템에 있다.
② 포인트 카드 등으로 고객을 식별하고 판매시스템과 연동하여 고객의 현재 구매 데이터만을 측정한다.
③ 고객이 계산할 때, 수천만 명의 구매패턴과 비교분석하여 가장 관심이 높을 만한 쿠폰을 즉석에서 발행한다.
④ 쿠폰을 사용하면 그에 대해 더 많은 정보가 생기고 더욱 정확하게 맞춤형 마케팅 서비스를 제공한다.
⑤ 두 명의 고객이 같은 장소에서 같은 품목을 구매해도 구매패턴에 따라 서로 다른 맞춤형 쿠폰이 발행된다.

> 포인트 카드 등으로 고객을 식별하고 판매시스템과 연동하여 고객의 과거 3년 간의 구매 데이터를 축적한다.

12 다음과 같이 고객정보를 빅데이터에 성공적으로 활용한 기업은?

> 개개인의 카드소비 성향패턴을 분석하여 고객만족도를 높이고 카드사의 매출액 증대에 기여한 사례이다. 고객 정보를 새로운 가치로 재창출하여 다수가 아닌 고객맞춤형 마케팅에 주력하였는데 빅데이터를 활용하여 소비패턴을 분석하여 카드회원들의 소비성향을 분석한 결과를 바탕으로 선호도가 가장 높은 품목에 대해 할인 혜택을 집중 제공하는 콤보 서비스를 제공하였다.

① 비씨카드   ② 신한카드
③ 마스터카드   ④ 비자카드
⑤ 체크카드

보기는 신한카드의 빅데이터 도입 성공사례이다.

13 다음의 (   ) 안에 알맞는 용어는?

> B2C 기업에 있어 가장 중요한 의사결정은 (   )이며, 애널리틱스 성공기업은 공통적으로 (   ) 의사결정에 많은 노력을 투입하고 있다. 빅데이터를 활용하여 효과를 보는 분야가 (   )과 프로모션의 의사결정이다. 사례로 68개 미국 소재 소매상 대상으로 한 설문조사 결과 70~80%가 (   ) 최적화를 향후 전략방향에 가장 중요한 도구로 인식하고 있었다.

① 가 격   ② 마케팅
③ 품 질   ④ 고객만족
⑤ 애프터서비스

보기는 빅데이터를 활용한 가격의 결정에 대한 내용이다.

14 다음과 같이 가격/프로모션 결정에 빅데이터를 활용한 기업은?

> 고객들의 가격민감도는 상품과 상황에 따라 천차만별로 달라짐을 알 수 있다. 즉, 커피와 에스프레소, 프라프치노, 티와 쵸콜릿, 메뉴에 없는 음료에 따라 다양한 가격최적화를 이룬 사례이다.

① 커피빈   ② 카페베네
③ 이디야   ④ 스타벅스
⑤ 할리스

보기는 스타벅스의 가격 결정에 대한 설명이다.

15 콘텐츠 분야의 빅데이터 활용에 대한 설명으로 옳지 않은 것은?

① 넷플릭스는 데이터마이닝을 통해 유명 감독과 배우를 캐스팅해 성공을 거두었다.
② 넷플릭스는 가입자의 콘텐츠 기호를 파악하여 게임이나 음악을 추천하는 서비스를 제공한다.
③ 게임 분야에서는 1회/일간/월간 접속 시간, 아이템 구매 횟수 등을 분석해 유료 아이템 판매를 끌어 올린다.
④ 판도라는 고객의 취향에 맞는 음악을 추천하는 기능을 제공하는 인터넷 라디오 방송 서비스를 구축하였다.
⑤ 넷플릭스는 '하우스 오브 카드' 제작 과정에서 전문적인 데이터마이닝을 활용하였다.

넷플릭스는 가입자의 콘텐츠 기호를 파악하여 영화나 TV프로그램을 추천하는 서비스를 제공한다.

PART 6

16 다음의 빅데이터 활용사례는 어느 것에 대한 것인가?

> 음악 분야에서 빅데이터 분석을 통해 최소한의 정보 입력만으로도 자신의 취향에 맞는 음악을 추천해주는 기능을 제공함으로써 효과적인 인터넷 라디오 방송 서비스를 구축하였다.

① 판도라   ② iTunes
③ 멜 론   ④ Mnet
⑤ 넷플릭스

판도라는 빅데이터를 활용해 개인별 음악을 추천하는 인터넷 라디오 방송 서비스를 구축하였다.

17 물류 분야의 빅데이터 활용 사례로서 DHL의 사례에 대한 설명으로 옳지 않은 것은?

① 2009년에 빅데이터를 도입해 매일 기록되는 배송 도착지, 크기, 무게, 내용물 등 수백만 건의 배송 정보를 활용하고 있다.
② 스마트 트럭은 실시간 교통 상황, 수신자의 상황, 지리·환경적 요소를 고려한 최적 배송경로를 제공한다.
③ 스마트 트럭 도입 후 배송실패율은 제로에 가까워졌고, 연료비도 줄일 수 있었다.
④ 장·단기 투자에도 빅데이터를 활용해 물류 센터 확장, 차량 증편 등에 활용해 투자위험을 최소화하고 있다.
⑤ 각 프로세스 단계별 소요시간, 정시 배송 비율, 국가별 처리 화물량 등이 배송서비스 개선에 활용되고 있다.

각 프로세스 단계별 소요시간, 정시 배송 비율, 국가별 처리 화물량 등을 배송서비스 개선에 활용하는 것은 TNT의 사례이다.

18 물류 분야의 빅데이터 활용 사례로서 TNT의 사례에 대한 설명으로 옳지 않은 것은?

① 배송시간 단축, 비용절감과 정시 배송 서비스 개선에 활용하고 있다.

② 마케팅 부서는 소비자의 이탈을 방지하고 소비자 지향적 서비스와 솔루션 상품을 개발하였다.

③ 장·단기적으로 물류 센터 확장, 차량 증편 등에 활용해 투자위험을 최소화하고 있다.

④ 일정 기간 미 발송 화물 데이터를 축적해 사고 또는 배송 지연 등을 미연에 예방하고 있다.

⑤ 각 프로세스 단계별 소요시간, 정시에 배송되는 비율, 각 국가별 처리 화물량 등 다양한 데이터를 배송서비스 개선에 적극 활용하였다.

> 장·단기적으로 물류 센터 확장, 차량 증편 등에 활용해 투자위험을 최소화하고 있는 것은 DHL 의 사례이다.

19 IDC의 빅데이터 분석 성숙도 모델의 5단계를 순서대로 바르게 나열한 것은?

① 임시 → 반복 → 기회 → 관리 → 최적화

② 임시 → 기회 → 관리 → 반복 → 최적화

③ 임시 → 기회 → 반복 → 최적화 → 관리

④ 임시 → 기회 → 반복 → 관리 → 최적화

⑤ 임시 → 관리 → 기회 → 반복 → 최적화

> 성숙도 모델은 임시, 기회, 반복, 관리, 최적화의 5단계를 거친다.

PART 6

20 신시내티 동물원의 빅데이터 활용 사례에 대한 설명으로 옳지 않은 것은?

① 6개월 간의 입장객 분석 결과 입장료 외에 돈을 쓰지 않는다는 사실을 발견하였다.

② 마케팅 활동을 중단해 연간 14만 달러의 마케팅 비용을 절감하였다.

③ 아이스크림은 해질녘에 잘 팔리는 것을 발견해 운영시간을 2시간 연장, 월 2천 달러 수익을 창출하였다.

④ 3개월 내 ROI 100%, 첫해에 400%의 ROI를 달성하였다.

⑤ 관람객 5만명 증가, 식음료와 유통 상품 판매 35%이상 증가에 기여하였다.

'월' 2천 달러가 아닌 '1일' 2천 달러이다. 아이스크림은 해질녘에 잘 팔리는 것을 발견해 운영시간을 2시간 연장, '1일' 2천 달러 수익을 창출하였다.

03 생 산

01 생산운영 애널리틱스의 의미를 구성하는 항목이 아닌 것은?

① 다양한 고객데이터
② 복잡한 연산
③ 수학적 최적화
④ 고도의 분석 알고리즘
⑤ 실시간 분석을 통한 결과 도출

> 생산운영 애널리틱스의 의미는 복잡한 연산을 수학적 최적화나 고도의 분석 알고리즘을 통해 실시간으로 유입되는 데이터에 대해 분석을 통해 얻은 모델을 적용해 결과를 도출한다는 의미이다.

02 제조업에서 활용이 가능한 데이터가 아닌 것은?

① 제조영업데이터
② 고객데이터
③ 제조요청일
④ 다양한 시장데이터
⑤ 신용등급 데이터

> 신용등급 데이터는 금융기관에서 여신 등에 활용하기 위한 데이터이다.

03 제조업 중 반도체와 같이 자동화된 장비로부터 수집되는 데이터는?

① MES 데이터
② 장비 로그 데이터
③ ERP 데이터
④ SCM 데이터
⑤ SNS의 텍스트 데이터

> 장비 로그 데이터는 반도체 산업과 같이 대부분의 장비가 자동화된 장비에서 운영상황 모니터링 등을 위해 수집하는 데이터이다.

04 과거에는 여러 가지 한계점으로 인해 생산운영 데이터가 존재하더라도 이의 분석이 어려웠다. 이를 극복하게 된 최근의 기술 발달에 해당하지 않는 것은?

① 대용량 데이터의 분산 저장 기술의 발달
② 풍부한 분석 기술 적용 인력
③ 시스템의 병렬 연결 기술의 발달에 따른 시스템 가용성 확보
④ ICT 인프라 구축비용의 하락
⑤ 장비의 로그 데이트를 수집하는 센서의 발달

분석 기술을 적용할 인력은 부족한 상태이다.

05 다음은 무엇에 대한 설명인가?

주문에서 생산에 이르기까지의 과정에서 생성된 정보를 가장 효과적으로 활용함으로써 데이터들이 발생할 때마다 공정들을 관리, 응답, 보고하는 시스템

① ERP
② SCM
③ MES
④ CRM
⑤ SNS

보기는 국제 MES 협회(Manufacturing Execution System Association)의 정의이다.

06 MES의 주요 기능이 아닌 것은?

① 생산계획
② 생산관리
③ 설비관리
④ 재무관리
⑤ 품질관리

MES의 주요 기능은 생산계획, 자재조달, 생산관리, 원가관리, 설비관리, 품질관리 등이 있다.

07 MES의 주요기능과 관리하는 데이터의 결합이 옳지 않은 것은?

① 생산관리 : 생산능력, 설비수, 생산 진척 정보 등
② 자재조달 : 재고수, 공정 위치, 생산량 및 작업시간 등
③ 원가관리 : 가동시간, 재료사용량, 에너지 사용량, 재고, 작업자 공수 등
④ 설비관리 : 가동상태, 고장시간, 사용/가공 이력, 비가동 내역 등
⑤ 품질관리 : 운전조건, 복구시간, 불량원인, 불량수, 불량 내용 등

자재조달이 아니라 생산관리이다.

08 MES의 주요기능 중 설비 관리에서 요구하는 데이터가 아닌 것은?

① 가동 상태
② 고장 시간
③ 복구 시간
④ 사용/가공 이력
⑤ 비가동 내역

복구 시간은 품질 관리에서 필요한 데이터이다.

09 MES의 주요기능 중 원가 관리에서 요구하는 데이터가 아닌 것은?

① 가동 시간
② 생산 능력
③ 재료 사용량
④ 에너지 사용량
⑤ 작업자 공수

생산 능력은 자재조달에서 필요한 데이터이다.

10 맥킨지 앤 컴퍼니의 빅데이터에 대한 보고서에서 언급한 가치사슬 단계가 아닌 것은?

① R&D 및 설계 단계
② 공급 사슬 단계
③ 마케팅 및 판매
④ A/S 단계
⑤ 재무보고 단계

> 맥킨지 앤 컴퍼니의 빅데이터에 대한 보고서에서 언급한 가치사슬 단계는 R&D 및 설계 단계, 공급 사슬 단계, 생산 단계, 마케팅 및 판매, A/S 단계이다.

11 맥킨지 앤 컴퍼니의 빅데이터에 대한 보고서에서 언급한 가치사슬 단계별 활용방안에 대한 설명으로 옳지 않은 것은?

① R&D 및 설계, 공급 사슬, 생산 및 마케팅, 서비스 등에서 빅데이터를 활용할 수 있다.
② R&D 및 설계 단계 : 제품생산주기관리(PLM)에서 빅데이터를 포착하여 활용할 수 있다.
③ 공급 사슬 단계 : 판매업체 등의 수요를 예측하거나 실시간 재고 관리로 운영 품질을 높일 수 있다.
④ 마케팅 및 판매 : 사물인터넷, RFID 센서 기술 등을 이용해 제조 품질 향상 및 설비 예측 정비를 할 수 있다.
⑤ A/S : 고객과의 의사소통에 대한 데이터를 활용해 실시간 제품 결함 관리가 가능하다.

> '마케팅 및 판매'가 아닌 '생산 단계'의 활용방안이다.
> 생산 단계 : 사물인터넷, RFID 센서 기술 등을 이용해 제조 품질 향상 및 설비 예측 정비를 할 수 있다.

12 다음 중 공급 사슬 단계에서 제조업체들이 판매업체의 수요를 예측하기 위해 통합하는 데이터의 대상이 아닌 것은?

① 판매 촉진 관련 데이터(아이템, 가격 등)
② 판매 실적
③ 제품 출시 데이터(제품 목록, 증가/감소 목록 등)
④ 재고 데이터
⑤ 최종 고객의 VOC 데이터

> '최종 고객의 VOC 데이터'는 주로 판매업체에서 고객 만족도를 위해 수집하는 데이터이다.
> ①, ②, ③, ④는 보통 공급업체의 마켓센싱을 담당하는 부서나 영업부서에서 수집하며, 이를 통해 수요를 예측할 수 있다.

13 제조업에서 사용되는 대표적인 빅데이터 구분, 유형과 예에 대한 연결이 올바른 것은?

① 제조 장비 데이터 – 장비로그 데이터(비정형) – 제품 센서로 제품 사용 실시간 파악
② 운영 통합 데이터 – 영업/마케팅/물류 통합 데이터(정형) – 고객 구매 데이터/주문데이터/물류 및 생산 통합 데이터
③ 고객 경험 데이터 – 제품 사용 후기(비정형) – 반도체 장비에서 생성되는 이벤트 로그 데이터
④ 제조 장비 데이터 – 실시간 유입되는 제품 사용정보(정형) – 고객 댓글/사용후기/AS자료
⑤ 운영 통합 데이터 – 제품 사용 후기(비정형) – 고객 구매 데이터/주문데이터/물류 및 생산 통합 데이터

> 제조업에서 사용되는 대표적인 빅데이터 구분, 유형과 예는 다음과 같다.
> • 제조 장비 데이터 – 장비로그 데이터(비정형) – 반도체 장비에서 생성되는 이벤트 로그 데이터
> • 운영 통합 데이터 – 영업/마케팅/물류 통합 데이터(정형) – 고객 구매 데이터/주문데이터/물류 및 생산 통합 데이터
> • 고객 경험 데이터 – 제품 사용 후기(비정형) 혹은 실시간 유입되는 제품 사용정보(정형) – 고객 댓글/사용후기/AS자료, 제품 센서로부터 수집된 데이터

PART 6

14 빅데이터의 제조 활용에서 가장 많이 언급되고 가장 직접적인 효과를 기대할 수 있는 분야는?

① 제조 장비 데이터의 활용 분야
② 운영 통합 데이터의 활용 분야
③ 고객 경험 데이터의 활용 분야
④ 공급 사슬 데이터의 활용 분야
⑤ 공정 설계 데이터의 활용 분야

> 빅데이터의 제조 활용에서 효과를 기대할 수 있는 분야는 제조 장비 데이터의 활용 분야이다.

15 마이크론 테크놀로지의 반도체 장비의 로그데이터 분석에 대한 설명으로 옳지 않은 것은?

① 자동화 로봇의 움직임과 같은 물리적인 행동뿐만 아니라 행동이 이뤄지기까지의 의사결정 형태가 모두 데이터화되어 있다.
② 로그 데이터의 목적은 장비의 예상치 못한 고장이나 문제를 파악하기 위한 사후 분석용 데이터이다.
③ 로그 데이터는 끊임없는 이미지로 저장된다.
④ 장비가 효율적으로 작업을 진행하고 있는지 관련 분석을 시도하였다.
⑤ 분석 적용으로 장비가 항상 최적으로 운영되고 있는지 모니터링하고 이상변화가 감지되었을 경우 사전에 감지하여 장비의 가용율을 높이는 작업을 수행하였다.

> '이미지'가 아니라 '텍스트'이다. 로그 데이터는 끊임없는 '텍스트' 스트림으로 저장된다.

16 마이크론 테크놀로지의 반도체 장비의 로그데이터 분석에 대한 설명으로 옳지 않은 것은?

① 장비의 로봇들과 웨이퍼들의 작업 순서를 논리적으로 분석한 Petri Net 모델을 적용하였다.

② Petri Net 모델을 통해 장비가 최적의 상황으로 운영될 경우 실제 움직임의 차이를 분석해 개선점을 찾았다.

③ 로그 분석에서는 프로세스 마이닝을 적용하였다.

④ 마이크론은 이러한 분석의 결과로 생산성을 20% 향상시켜 전사적으로 3,800억 원의 비용을 절감하였다.

⑤ 텍스트로 된 로그데이터를 분석해 패턴을 찾은 전형적인 비정형 데이터 분석방식이 응용되었다.

> 마이크론은 분석의 결과로 생산성을 10% 향상시켜 전사적으로 380억 원의 비용을 절감하였다.

17 다음은 무엇에 대한 설명인가?

> 각 이벤트가 다른 이벤트와 순차적인 상관관계로 이뤄진 작업에서 작업이 일어난 시간과 형태가 로그를 분석하여 각 작업의 상관관계를 분석하는 로그 데이터 분석 방식이다. 로그의 이벤트 정보를 바탕으로 사건과 사건의 관계를 파악하고 이러한 일련의 사건들의 상관관계를 바탕으로 어떤 순서로 작업들이 이뤄지고 있는지 수학적 알고리즘으로 유추한다.

① Petri Net 모델   ② 프로세스 마이닝

③ 시리얼 프로세스   ④ 파라렐 프로세스

⑤ 비정형 데이터 분석

> 보기는 프로세스 마이닝에 대한 설명이다.
> • Petri Net 모델은 여러 작업들이 서로 직렬–병렬 형태의 상관관계를 가지는 작업을 논리적 모델로 구현한 방식이다.
> • 시리얼 프로세스와 파라렐 프로세스는 웨이퍼를 가공하는데 있어 순차적으로 여러 챔버를 거쳐 가공되는지, 한 챔버에서 모든 공정을 거치고 이러한 챔버가 병렬로 여러 개가 있는지에 따른 분류이다.

PART 6

18 많은 기업들이 각 부서별 데이터 관리의 효율성을 높일 수는 있지만, 통합된 환경에서 전사적인 효율의 관리란 측면에서는 많은 단점을 지니고 있는데, 전체적인 효율성을 간과하고 부서별 효율성만 추구하는 사례에 해당되지 않는 것은?

① 구매부서는 월별 확정된대로 원재료 구매를 원한다.

② 제조는 월별 확정 계획대로 생산하기를 원한다.

③ 영업은 변화하는 고객의 요구를 제조에 반영하기를 원한다.

④ 영업은 고객의 요구에 제조가 대응할 수 있는지 실시간 시뮬레이션으로 대응 가능 여부를 확인할 수 있다.

⑤ A/S는 센터별로 부품을 충분히 확보해 빠르게 대응하기를 원한다.

> 전사적인 데이터 통합이 이루어지고 부서별 최적화보다는 전사적 최적화를 추구할 때 할 수 있는 사항이다.

19 웅진 케미칼의 정수기 필터 사업부가 구축한 통합 분석환경에 대한 설명으로 옳지 않은 것은?

① 제조에서 영업 요구를 파악하고, 분석을 통한 적정 설비 규모 산출로 고객의 니즈에 신속히 대응할 수 있다.

② 6시간 소요되던 생산계획을 통합데이터와 최적화 알고리즘을 통해 수 분내로 단축하였다.

③ 1주일 단위 생산계획을 개선해 고객 수요에 능동적으로 최적 계획을 산출하였다.

④ 재고를 줄일 수 있게 되었다.

⑤ 기존 따로 관리되던 영업데이터, 제조데이터, ERP 데이터를 통합하고 최적화를 바탕으로 의사결정시스템을 연동하였다.

> 설비 규모 산출은 장기적인 의사결정이고, 고객에 신속하게 대응하기 위해서는 단기적으로 재고를 조절해야 한다. 제조에서 영업 요구를 실시간 파악하고, 분석을 통한 '적정 재고 산출'로 고객의 니즈에 신속히 대응할 수 있다.

20 빅데이터를 마케팅과 제품 설계에 활용하는 것에 대한 설명으로 옳지 않은 것은?

① 고객 불만 분석 및 사용 후기 분석을 제품 개발에 사용한다.

② 고객 불만 분석이나 사용 후기 분석은 분류분석을 통해 가능하다.

③ 제품에 부착된 센서 정보를 바탕으로 고객의 사용성을 분석해 제품 개발 및 서비스 운용에 이용한다.

④ 자동차 업체들은 센서 정보를 취합해 리콜 여부를 결정하거나 제품 개발에 활용하고 있다.

⑤ 볼보자동차는 빅데이터 분석을 통해 문제점을 파악하고 선제적으로 대응해 고객의 신뢰도를 높였다.

고객 불만 분석이나 사용 후기 분석은 비정형분석인 텍스트 마이닝, 감성 분석 등을 통해 가능하다.

21 로그분석의 사용기법으로 알맞은 것은?

① 웹 마이닝
② 오피니언 마이닝
③ 감성 분석
④ 토픽 모델링
⑤ Influencer 분석

웹 마이닝은 웹로그를 이용해서 언제 접속을 했고 어떤 경로를 거쳐 사용자가 제품을 조회하고 구매했는지를 분석하는 분야이다.

01 다음 보기 중 경영자의 의사결정에 있어서 가장 객관적인 판단 근거만 모은 것은?

> A. 회계정보   B. 재무정보   C. IT자원 정보   D. 인적자원 정보

① A, B, C

② A, B, D

③ A, C, D

④ B, C, D

⑤ A, B, C, D

> 경영자의 의사결정에 있어서 가장 객관적인 판단 근거는 회계, 재무, 인적자원 정보이다.

02 경영자의 의사결정에 가장 객관적인 판단 근거가 되는 세 가지 정보에 대한 설명으로 옳은 것은?

① 회계정보 : 기업의 활동 결과를 수치적으로 나타내준다.

② 재무정보 : 기업의 핵심 자원인 인력을 어떻게 활용할 것인가에 대한 판단 근거를 제시한다.

③ 인적자원정보 : 도출된 회계정보를 바탕으로 경영 의사결정 활동을 위한 정량적 시사점을 도출한다.

④ 재무정보 : 기업의 활동 결과를 수치적으로 나타내어 준다.

⑤ IT자원 정보 : 기업의 핵심 자원인 시스템 인프라를 어떻게 활용할 것인가에 대한 판단 근거를 제시한다.

> 경영자의 의사결정에 가장 객관적인 판단 근거가 되는 세 가지 정보는 다음과 같다.
> • 회계정보 : 기업의 활동 결과를 수치적으로 나타내어 준다.
> • 재무정보 : 도출된 회계정보를 바탕으로 경영 의사결정 활동을 위한 정량적 시사점을 도출한다.
> • 인적자원정보 : 기업의 핵심 자원인 인력을 어떻게 활용할 것인가에 대한 판단 근거를 제시한다.

03 다음은 경영자의 의사결정에 가장 객관적인 판단 근거가 되는 세 가지 정보 중 어느 것에 대한 설명인가?

> 경영계획 중 자금계획과 조합되어 가장 적절한 인적자원 배치, 활용 계획을 만들어 낼 뿐만 아니라 자금 계획을 가장 효과적으로 수행할 수 있는 조직 및 인력 구성에도 기여하여 경영기획 활동 중 가장 핵심적인 기능을 수행한다고 할 수 있다.

① 회계정보
② 재무정보
③ IT자원 정보
④ 인적자원 정보
⑤ 현금흐름 정보

보기는 인력 활용에 대한 내용이므로 인적자원 정보에 대한 설명이다.

04 다음 (   ) 안에 들어갈 적절한 용어는?

> (   )(이)란 경제적 의사결정을 하는 이용자를 돕기 위해 유용한 경영활동 정보를 수치로 제공하기 위한 일련의 과정이다. 이 과정은 경영활동 결과를 식별측정보고하는 절차로 이루어져 있고, 그 정보를 화폐액으로 표현하며, 이렇게 화폐액으로 표시된 정보를 (   )정보라고 한다.

① 회 계   ② 재 무
③ IT자원   ④ 인적자원
⑤ 현금흐름

보기는 회계와 회계정보에 대한 설명이다.

05 회계정보를 이용하여 의사결정을 하는 기업 내외부의 회계정보 이용자에 포함되지 않는 것은?

① 정 부
② 시민단체
③ 채권자
④ 노동자
⑤ 경영자

시민단체는 해당되지 않는다. 회계정보 이용자는 주주, 채권자, 경영자, 정부, 노동자 등이 있다.

06 회계데이터 발생 절차를 바르게 나열한 것은?

① 거래발생 → 분개장 → 원장 → 수정분개 → 시산표 → 회계보고서
② 거래발생 → 분개장 → 원장 → 시산표 → 수정분개 → 회계보고서
③ 거래발생 → 분개장 → 수정분개 → 원장 → 시산표 → 회계보고서
④ 거래발생 → 분개장 → 시산표 → 원장 → 수정분개 → 회계보고서
⑤ 거래발생 → 분개장 → 수정분개 → 시산표 → 원장 → 회계보고서

회계데이터는 거래발생, 분개장, 원장, 시산표, 수정분개, 회계보고서의 단계를 거쳐 발생된다.

07 아래의 재무상태표 데이터 분류가 적절하지 않은 것은?

① 자산 : 매출채권, 미수금, 미수수익
② 자산 : 선급금, 선급비용, 대여금
③ 부채 : 매입채무, 미지급금, 선수금
④ 자본 : 자본잉여금, 이익잉여금
⑤ 자본 : 자본금, 자본조정, 매출원가

매출원가는 재무상태표가 아니라 손익계산서 데이터이다.

08 아래의 손익계산서 데이터 분류가 적절하지 않은 것은?

① 수익 항목 : 매출액, 이자 수익, 수수료

② 비용 항목 : 매출원가, 급여, 통신비, 임대료

③ 수익 항목 : 유형자산 처분이익, 잡이익

④ 비용 항목 : 보험료, 감가상각비, 이자비용

⑤ 비용 항목 : 법인세 비용

- 임대료 : 부동산을 임대하고 받는 대가로 수익항목이다.
- 임차료 : 부동산을 임차하고 지급하는 대가로 비용항목이다.

손익계산서 데이터 분류는 다음과 같다.

수 익	비 용
매출액, 이자수익, 배당수익, 임대료수입, 유형자산 처분이익, 지분법 평가이익, 유가증권 평가이익, 잡이익 등	매출원가, 광고비, 운송비, 판매촉진비, 급여(판관비), 이자비용, 지급임차료, 유형자산 처분손실, 지분법 평가손실, 유가증권평가손실, 잡손실 등

참고로, 이익과 손실은 수익에서 비용을 차감한 개념으로 매출총이익, 영업이익, 경상이익, 법인세 차감전 순이익, 당기순이익, 기타포괄이익, 총포괄이익이 있으며, 손실은 매출총손실과 같이 '이익' 대신 '손실'을 붙이면 된다. 때로는 '손익'으로 하여 이익과 손실을 함께 표기하기도 한다.

---

09 ERP의 회계 기능 모듈에 해당되지 않는 것은?

① 재무회계   ② 고정자산관리

③ 인사관리   ④ 자금관리

⑤ 관리회계

인사관리는 회계 기능 모듈에 해당하지 않는다.
회계 기능 모듈은 재무회계, 세무회계, 고정자산관리, 관리회계, 자금관리로 구성되어 있다.

PART 6

10 ERP의 회계 기능 모듈에 대한 설명으로 올바르지 않은 것은?

① 세무회계 모듈은 부가가치세, 소득세, 법인세 등 세무 업무와 관련한 데이터의 처리·분석을 담당한다.

② 고정자산관리 모듈은 고정자산의 취득·감가상각·이동·매각·폐기와 관련한 데이터의 처리·분석을 담당한다.

③ 관리회계 모듈은 비용분석, 제조원가 분석, 실제원가 분석 등을 수행한다.

④ 재무회계 모듈은 현금유출입 관리, 계좌 잔고 관리, 자금계획 등과 관련한 데이터의 처리·분석을 담당한다.

⑤ 자금관리 모듈은 단기적인 현금관리, 장기적인 자금관리 등에 관한 정보를 제공한다.

④는 자금관리 모듈에 대한 설명이다.
• 자금관리 모듈은 현금유출입 관리, 계좌 잔고 관리, 자금계획 등과 관련한 데이터의 처리·분석을 담당한다.
• 재무회계 모듈은 총계정원장, 계정별 원장, 각종 보조부, 분개장, 재무제표 등의 데이터 저장 관리와 외부보고 목적 보고서 작성 등의 기능을 담당한다.

11 재무관리에 대한 설명으로 옳지 않은 것은?

① 재무관리는 재무계획과 재무운용으로 구분된다.

② 재무계획은 자본의 흐름과 관련한 자금관리, 이익계획, 이익통제를 의미한다.

③ 재무통제는 자본의 조달과 운영을 효율적으로 관리하기 위한 것이다.

④ 재무관리는 재무정보에 기반하고, 재무정보는 회계정보를 기반으로 양질의 회계정보 산출이 매우 중요하다.

⑤ 재무통제는 회계데이터에서 도출된 유동성, 수익성, 생산성 등의 재무정보에 대한 체계를 확립하여 실시한다.

재무관리는 재무계획과 재무통제로 구분된다.

12 회계보고서별 재무정보의 연결이 옳지 않은 것은?

① 재무상태표 – 총자산 증가율, 부채비율, 재고자산회전율
② 손익계산서 – 매출액 증가율, 영업이익율, 순이익율
③ 손익계산서, 현금흐름표 – 현금보상비율
④ 재무상태표, 현금흐름표 – 영업현금흐름/차입금
⑤ 재무상태표, 손익계산서 – 주당 순이익률

재고자산회전율은 기초·기말 재고자산가액과 매출원가가 필요하므로 재무상태표와 손익계산서가 함께 필요하다.
회계보고서별 관련 재무정보 분류는 아래와 같다.

회계보고서	재무정보
재무상태표	총자산증가율, 유형자산증가율, 자기자본비율, 부채비율, 유동비율, 고정비율 등
손익계산서	매출액증가율, 매출원가율, 매출총이익률, 영업이익률, 금융비용 보상비율, 순이익율 등
현금흐름표	영업현금흐름/투자현금흐름 등
재무상태표, 손익계산서	총자산경상이익률, 총자산영업이익률, 총자산순이익률, 자기자본 경상이익률, 차입금평균이자율, 총자산회전율, 재고자산회전율, 유형자산회전율, 총자본회전율, 주당 순이익률 등
재무상태표, 현금흐름표	영업현금흐름/차입금 등
손익계산서, 현금흐름표	현금보상비율 등

13 재무 애널리틱스의 절차가 바른 것은?

① 회계데이터 발생 → 재무(비율) 정보 발생 → 회계보고서 작성 → 재무계획/재무통제
② 회계데이터 발생 → 회계보고서 작성 → 재무(비율) 정보 발생 → 재무계획/재무통제
③ 회계데이터 발생 → 재무(비율) 정보 발생 → 재무계획/재무통제 → 회계보고서 작성
④ 재무계획/재무통제 → 회계데이터 발생 → 회계보고서 작성 → 재무(비율) 정보 발생
⑤ 재무계획/재무통제 → 회계보고서 작성 → 재무(비율) 정보 발생 → 회계데이터 발생

재무 애널리틱스는 회계데이터 발생, 회계보고서 작성, 재무(비율) 정보 발생, 재무계획/재무통제의 단계를 거친다.

14 재무정보의 유형에 대한 설명이 올바르지 않은 것은?

① 안정성 : 기업의 재무상태가 얼마나 양호한지를 측정하는 것으로 유동비율, 당좌비율, 부채비율 등이 있다.

② 활동성 : 기업자산이 얼마나 효율적으로 사용되고 있는가를 측정하는 것으로 매출채권 회전율, 재고자산회전율 등이 있다.

③ 수익성 : 기업의 이익 여부를 판단하기 위해 측정하는 것으로 총자본이익률, 이자보상비율 등이 있다.

④ 성장성 : 기업의 미래 가치를 측정하는 것으로 매출액증가율, 총자산증가율 등이 있다.

⑤ 활동성 : 매출채권회전율, 총자산회전율, 자기자본회전율 등도 활동성 지표이다.

이자보상비율은 안정성 재무정보이다.

15 인사업무의 구성에 포함되지 않는 것은?

① 급여관리　　　　　　　　② 자금관리
③ 채용관리　　　　　　　　④ 교육훈련 관리
⑤ 노사관리

자금관리는 회계정보의 구성요소이다.

16 다음 중 인적자원관리의 업무와 세부업무, 데이터의 연결이 옳지 않은 것은?

① 조직관리 – 분업, 부문화, 권한위양 – 이력서, 연봉/직급 테이블, 조직원 정보
② 인사관리 – 경력관리, 이직관리, 승급관리 – 인사기록카드, 인사발령이력
③ 급여관리 – 기본급/성과급 관리, 임금결정 – 급여, 상여금, 연장근무
④ 복리후생관리 – 연금, 휴가, 상병 – 시설관리, 건강관리표, 4대보험
⑤ 교육훈련관리 – 교육, 훈련 – 교육참가이력, 시험결과, 성과평가, 승진이력

조직관리 데이터는 직급, 호봉테이블, 부문별 이력이다.
이력서, 연봉/직급 테이블, 조직원 정보는 채용관리를 위해 필요한 데이터이다.

17 다음 설명은 인사업무 중 어느 부분에 해당하는가?

> 신규 구성원 및 기존 구성원들의 교육 및 훈련에 관한 각종 프로그램을 개발하고 실행하는
> 활동을 말하는 것으로 교육훈련의 대상, 실시장소, 내용, 방법 등에 따라 다양한 데이터가
> 축적되고 활용되는데, 교육참가 이력, 시험결과, 성과평가, 승진 이력 등이 있다.

① 조직관리 　　　　　　　　　② 노사관리
③ 채용관리 　　　　　　　　　④ 교육훈련관리
⑤ 급여관리

> 보기는 인사업무 중 교육훈련관리에 대한 설명이다.

18 처리·분석된 인적자원정보는 기업전략에 따른 인적자원계획 수립을 위한 애널리틱스 활동
으로 이어진다. 이에 대한 예로서 잘못 연결된 것은?

① 비용절감 전략에 따른 인적자원계획 – 해고, 임금삭감 등
② 성장전략에 따른 인적자원계획 – 임금인상, 교육강화 등
③ 합병전략에 따른 인적자원계획 – 선별해고, 직무통합 등
④ 합병전략에 따른 인적자원계획 – 기업문화 변경 등
⑤ 틈새시장 전략에 따른 인적자원계획 – 재협상, 채용확대 등

> 틈새시장 전략에 따른 인적자원계획 – 특수교육, 직무범위 축소, 특수직무 창조 등
> 재협상은 '비용절감 전략에 따른 인적자원계획'에, 채용확대는 '성장전략에 따른 인적자원계획'에
> 해당된다.

19 인적자원 계획은 인적자원 데이터에 대한 분석 애널리틱스를 통해 수립되는데, 그 과정이 바르게 나열된 것은?

① 환경분석 → 인적자원 공급예측 → 인적자원 수요예측 → 인적자원 수급불균형 조정
② 환경분석 → 인적자원 수요예측 → 인적자원 공급예측 → 인적자원 수급불균형 조정
③ 환경분석 → 인적자원 수급불균형 조정 → 인적자원 수요예측 → 인적자원 공급예측
④ 환경분석 → 인적자원 공급예측 → 인적자원 수급불균형 조정 → 인적자원 수요예측
⑤ 환경분석 → 인적자원 수급불균형 조정 → 인적자원 공급예측 → 인적자원 수요예측

> 인적자원 계획은 인적자원 데이터에 대한 분석 애널리틱스를 통해 '환경분석 → 인적자원 수요예측 → 인적자원 공급예측 → 인적자원 수급불균형 조정'의 과정으로 진행되어진다.

20 e-HR을 구성하는 요소는 사용자 그룹에 따라 네 가지로 분리된다. 이에 속하지 않는 것은?

① 직원 자율 서비스
② 경영자 정보 시스템
③ 관리자 자율 서비스
④ 인사 실무자 관리 시스템
⑤ 노무 관리자 자율 시스템

> e-HR은 ①, ②, ③, ④로 구성된다.

21 다음 중 재무정보의 용도로 틀린 것을 고르시오.

① 안정성 정보   ② 활동성 정보
③ 수익성 정보   ④ 성장성 정보
⑤ 정확성 정보

> 재무정보의 용도는 크게 안정성(유동비율, 부채비율 등), 활동성(재고자산회전율, 총자산회전율 등), 수익성(자기자본순이익율, 매출액영업이익율 등), 성장성(매출액증가율, 총자산증가율)으로 구성된다.

22 다음 중 기업의 회계 재무정보가 아닌 것은?

① 노동 생산성

② 유동비율

③ 매출채권회전율

④ 매출액경상이익율

⑤ 자기자본비율

노동 생산성은 생산성지표이다. 생산성지표와 재무비율에 대한 차이를 구분하는 내용이다.

23 기업의 안정성을 평가하는 기준이 아닌 것은?

① 자기자본순이익률

② 유동비율

③ 차입금의존도

④ 이자보상비율

⑤ 당좌비율

자기자본순이익률은 수익성을 평가하는 지표이다.

01 미래 상황의 특징이 아닌 것은?

① 불확실성   ② 리스크

③ 기 회   ④ 스마트

⑤ 융 합

> 미래 상황의 특징은 불확실성, 리스크, 스마트, 융합이다.

02 미래상황에 대응하기 위해 필요한 빅데이터의 역할이 아닌 것은?

① 통찰력   ② 대응력

③ 경제력   ④ 창조력

⑤ 경쟁력

> 경제력이 아니라 경쟁력이다.

03 미래의 불확실한 다양한 상황을 확률적으로 모델링하여 예측하는 기법은?

① 실시간 조회   ② 데이터마이닝

③ 최적화   ④ 시뮬레이션

⑤ 인공지능

> Monte Carlo Simulation의 비결정적 모형으로 다양한 상황을 확률적으로 발생시켜서 미래의 상황을 예측할 수 있다.

04 빅데이터를 활용하고 도입하기 위해 초기에 접근하기 좋은 방법은?

① Bigbang으로 한 번에 도입하여 신속하게 정리한다.

② 작은 단위 조직 내에서 특정요건에 따른 파일롯 프로젝트를 추진하여 성공사례를 만든다.

③ 외부에 턴키로 맡겨서 성공시킨다.

④ 남들이 다 추진한 다음에 안정적으로 따라서 한다.

⑤ 내부 인력을 외부 세미나에 참석시켜 흐름을 파악하고 내부 스터디를 수행 후 전사적으로 프로젝트를 추진한다.

> 빅데이터 활용은 경쟁력이므로 남이 하는 걸 기다렸다 따라하거나 단순하게 외부에 맡기는 것 보다는 교육을 통해 내재화시켜서 작은 조직에서의 규모로 시작해서 확대/복제하는 것이 적합하다.

05 기업의 빅데이터 활용 및 도입에서 첫 번째 수용단계는 무엇인가?

① 실 험 ② 탐 색

③ 시 험 ④ 교 육

⑤ 전문가 채용

> 교육부터 시작해서 내부 역량을 일정수준 이상으로 만들어야 한다.

06 솔루션이나 접근방법 등 개념에 대한 검증을 위해 업체들에게 요청하여 수행하는 작업은 무엇인가?

① Benchmarking ② PoC

③ Test ④ Trial

⑤ Prototyping

> Proof of Concept로 개념의 증명이다.

07 데이터 사이언티스트인 존 라우저 아마존 수석 엔지니어는 포브스와 인터뷰에서 데이터 사이언티스트가 갖추어야 할 6가지 자질을 제시하였다. 이에 해당하지 않는 것은?

① 수학과 공학 능력

② 비판적 시각

③ 글쓰기 능력

④ PT 능력

⑤ 호기심과 개인의 행복

> 6가지 자질은 수학적 재능, 공학적 능력, 비판적 시각, 글쓰기 능력, 대화 능력, 호기심과 개인의 행복이다.

08 복잡한 결과를 단순화하여 커뮤니케이션 하는데 필요한 기법은?

① Change Management　　　　② Visualization

③ Reporting　　　　　　　　　④ OLAP

⑤ Presentation

> 빅데이터에서는 특히 효율적인 커뮤니케이션을 위해 시각화를 중요하게 평가하고 있다.

09 미국의 빅데이터 플랫폼으로 우리의 data.go.kr과 같은 것은?

① data.go.us

② data.gov.us

③ opendata.us

④ data.gov

⑤ world-data.org

> 영국은 data.gov.uk 일본은 openlabs.go.jp 이다.

10 베인앤컴퍼니가 제시한 조직에서 빅데이터를 활용할 수 있는 영역이 아닌 것은?

① 내부 업무 처리의 개선
② 기존 제품과 서비스의 종료시기 결정
③ 신제품과 신서비스의 개발
④ 고객에게 제공하는 제품과 서비스의 표적화 향상
⑤ 실시간 정보와 피드백을 활용하기 위해 전체 비즈니스 모델의 변경

> 기존 제품과 서비스의 개선을 제시하였다.

11 맥아피와 브린욜프손이 제시한 기업의 빅데이터 성공적 활용을 위한 조건이 아닌 것은?

① 리더십   ② 역량관리
③ 기술도입   ④ 의사결정
⑤ 자본투자

> 리더십, 역량관리, 기술도입, 의사결정, 기업문화이다.

12 다음은 기업의 성공적인 빅데이터 활용 조건 중 하나이다. (   )에 들어갈 말로 알맞은 것은?

> 데이터가 폭발적으로 늘어나는 빅데이터 시대에는 문제를 해결하는 데 적합한 데이터를 이해하는 사람과 그 데이터를 활용하여 문제를 해결하는 데 적용하는 사람, 그리고 빅데이터 분석을 통해 도출된 통찰력을 실행에 옮기는 사람 등 세 집단이 모두 중요하다. 데이터에 기반을 둔 (   )가/이 그렇지 않은 경우에 비하여 우수하다는 점은 명확하다.

① 리더십   ② 역량관리
③ 기술도입   ④ 의사결정
⑤ 자본투자

> 보기는 의사결정에 대한 설명이다.

13 터너가 제시한 빅데이터 수용의 4단계로 옳은 것은?

① 탐색 → 교육 → 시험 → 실행
② 탐색 → 시험 → 교육 → 실행
③ 교육 → 시험 → 탐색 → 실행
④ 교육 → 탐색 → 시험 → 실행
⑤ 탐색 → 교육 → 시험 → 실행

14 맥아피와 브린욜프손이 제시한 기업에서 빅데이터를 도입하는데 있어서 역량을 형성하는 접근방법에 대한 설명으로 옳지 않은 것은?

① 1단계 : 시험적으로 도입할 사업 부문을 선택
② 2단계 : 빅데이터에 기반을 둔 다섯 가지 성공적인 빅데이터 활용의 조건(리더십, 역량관리, 기술도입, 의사결정, 기업문화)을 식별하기 위해 개별 핵심 기능에 도전하는 단계
③ 3단계 : 정보기술 혁신 4단계(시험, 측정, 공유, 복제)를 포함하여 혁신 프로세스를 실행하는 단계
④ 4단계 : 조이의 법칙 "당신이 누구든 가장 똑똑한 대부분의 사람들은 당신 이외의 사람들을 위해 일하고 있다." 되새기기(데이터 개방의 중요성)
⑤ 5단계 : 분석 결과를 Business Model로 등록하고 참여 인력을 보호하는 단계

> 맥아피와 브린욜프손은 역량형성 접근방법을 4단계로 제시하였다.

15 다음은 터너가 제시한 빅데이터 수용의 4단계 중 어느 것에 대한 설명인가?

> 빅데이터의 지식 기반을 형성하는 단계로, 시장 동향을 주시하며 관련 지식 수집에 중점을 두는 단계이다. 이 단계에서 빅데이터 개념 및 정의에 대한 이해와 관련 시장에 대한 탐색 및 관측 등의 활동이 주로 진행된다.

① 교 육   ② 탐 색
③ 시 험   ④ 적 용
⑤ 실 행

보기는 교육 단계에 대한 설명이다.
- 탐색 : 기업요구와 도전과제에 기반을 두고 전략과 로드맵을 개발하는 단계
- 시험 : 가치와 요구사항을 검증하기 위해 선도적으로 빅데이터 파일럿 프로젝트를 수행하는 단계
- 실행 : 2개 이상의 빅데이터 선도사업 수행 및 고차원 분석방법을 지속적으로 적용하는 단계

16 성공적인 빅데이터 활용을 위한 3대 요소에 대한 설명으로 옳지 않은 것은?

① 빅데이터의 성공적 활용을 위한 3대 요소는 자원, 기술, 인력이다.
② 빅데이터를 핵심 자원으로 인식하고, 필요한 정보를 뽑아낼 수 있도록 자원을 키워나가는 것이 중요한 성공전략이다.
③ 조직과 기업의 혁신 전략으로 적용할 수 있도록 빅데이터 플랫폼, 빅데이터 분석 기술 및 데이터 분석 기법에 대한 이해가 필요하다.
④ 데이터 처리와 분석 능력을 갖춘 인력은 ICT 분야에서만 필요하다.
⑤ 데이터 사이언티스트는 대규모 데이터를 분석한 결과를 생성하고 차별화되게 시각화하여 이해하기 쉽게 전달하는 역량도 중요하다.

데이터 처리와 분석 능력을 갖춘 인력은 ICT 분야뿐만 아니라 대부분의 기업과 조직에서 필수적으로 확보해야 할 핵심 인력이다.

17 가트너의 데이터 경제 시대의 4단계 중 1단계에 대한 설명으로 옳지 않은 것은?

① 1단계는 사일로로서 조직의 독자적인 데이터 생성, 저장 중심의 단계이다.
② 외부데이터는 인터넷을 통해 수집이 가능하다.
③ 데이터의 신뢰성과 품질제고 노력이 필요하다.
④ 데이터를 생성, 저장, 수집(검색)하는 단계이다.
⑤ 오픈 방식 플랫폼을 통한 데이터 공유가 가능하다.

오픈 방식 플랫폼을 통한 데이터 공유가 가능한 단계는 4단계 공유데이터 단계이다.

18 가트너의 데이터 경제 시대의 4단계 중 3단계에 대한 설명으로 옳지 않은 것은?

① 3단계는 데이터풀(통합) 단계이다.

② 기업의 데이터를 외부 기관들과 상호 교환하는 단계이다.

③ 특정한 활동이나 목적을 위해 모인 연합, 그룹, 클럽들이 상호 협력과 공유의 장을 형성한다.

④ 표준화된 데이터풀의 연계를 통해 국경을 초월한 정보 교환과 상호이용이 가능하다.

⑤ 참여와 협력을 통해 이루어진다.

> 기업의 데이터를 외부 기관들과 상호 교환하는 단계는 2단계 교환(공유)의 단계이다.

19 데이터 관점에서 전통적인 BI와 빅데이터의 차이점에 대한 설명으로 옳지 않은 것은?

① 전통적인 BI의 데이터 원천은 기업내부의 ERP와 SCM등의 OLTP 데이터이다.

② 빅데이터의 데이터 원천은 MIS, 스마트폰 데이터 등 기업 내·외부 시스템이다.

③ 전통적인 BI의 데이터 구조는 관계형 데이터이다.

④ 빅데이터의 데이터 구조는 Key-Value pairs이다.

⑤ 전통적인 BI의 데이터 양은 페타바이트, 엑사바이트 급이다.

> 전통적인 BI의 데이터 양은 기가바이트, 테라바이트 급이다.

20 우리나라는 2011년 '빅데이터를 활용한 스마트 정부구현방안'을 발표하여 '데이터의 창조적 활용을 통한 (   ) 강국 실현'을 추진하고자 하였다. (   )안에 들어갈 용어는?

① 창조경영　　　　　　　　② 공공 데이터

③ 스마트　　　　　　　　　④ 융합기술

⑤ IT

> 스마트 강국 실현이다.

21 BI 분석을 위한 데이터 획득단계로 틀린 것을 모두 고르시오.

① 데이터웨어하우스   ② CRM

③ OLAP   ④ OLTP

⑤ Data Mining

> 데이터 획득은 소스 데이터 취득, 정제, 조직 및 연결 그리고 범주화 절차로 진행된다. IT 시스템은 운영계와 정보계로 이루어지는데, 운영계는 OLTP(Online Transaction Processing)성 데이터가 발생하는 ERP, CRM, 생산 등으로 구성되어 있으며, 정보계는 데이터웨어하우스, 데이터마트가 있어서 이를 기반으로 OLAP, Statistical Analysis, Data Mining 등의 도구를 이용해서 분석한다.

22 다음 중 BI의 목적으로 거리가 먼 것은?

① 데이터의 생성
② 데이터의 수집
③ 정보의 생성
④ 정보의 배포
⑤ 미래의 예측

> 데이터의 생성은 운영계(Legacy)의 역할이다. 데이터의 수집해서 정제하고 정보를 생성해서 배포하고 미래를 예측하는 것은 정보계의 역할이다.

01 다음의 빅데이터 애널리틱스에 대한 설명 중 ( )안에 들어갈 말이 잘못된 것은?

> 애널리틱스는 기업이나 조직의 문제를 컴퓨터 기술, OR(Operational Research) 또는 (①)을/를 이용하여 (②)하는 응용이라고 정의하며 (③)로/으로 설명하기도 한다. 빅데이터 분석을 통하여 전에는 알지 못하던 새로운 (④)을 발견하거나 새로운 (⑤)을/를 제공한다는 것이 큰 의미를 갖는다.

① 통계학   ② 문제를 해결
③ 통계과학   ④ 사 실
⑤ 통찰력

> 애널리틱스는 분석과학(the science of analysis)으로 설명하기도 한다.

02 빅데이터가 아니라도 우리 주위에서 애널리틱스의 사례를 찾아볼 수 있는데, 기업이 상품이나 서비스를 제공하는 웹 방문자의 특성을 분석하여 얻을 수 있는 정보에 해당하지 않는 것은?

① 시간별·날짜별 방문자 수
② 지역별 방문자 정보
③ 방문자가 머문 페이지 정보
④ 방문에 사용한 기기, 브라우저
⑤ 방문자의 대인관계

> 방문자의 대인관계 등은 소셜네트워크 분석을 통해 알 수 있다.

03 다음은 무엇에 대한 설명인가?

> 검색 시스템을 사용하여 검색에 등장하는 단어를 지역별, 시계열별로 분석하여 보여주며, "flu"와 관련된 단어의 검색 빈도가 독감환자의 수와 거의 일치하기도 하였으며, 이를 확장하여 소비자의 관심을 파악할 수 있어 소비자의 기호 변화를 쉽게 파악할 수 있게 해준다.

① 구글 트렌드 분석
② 구글 파이낸스
③ 인터렉티브 검색
④ 폴리티즈
⑤ 구글 애널리틱스

> 보기는 구글 트렌드 분석(https://www.google.com/trends/)에 대한 설명이다.

04 온라인이 사람들이 정보를 생산하고 교류하는 주된 공간이 됨에 따라 소비자들의 온라인상에서의 활동에 대한 기업들의 관심이 커지고 있다. 이를 분석하기 위한 기업의 노력으로 적절하지 않은 것은?

① 뉴스 클릭 데이터 분석, SNS 텍스트 분석을 통해 소비자의 관심사를 파악하는 중요한 소스이다.
② SNS 데이터는 이를 생산하는 포털·검색업체들만 접근과 분석이 가능하다.
③ SNS 데이터는 자연어로 되어 있어 분석하는 기술은 아직 미흡한 실정이다.
④ 검색 데이터는 키워드 중심으로 분석이 용이하나 검색업체들만 접근이 가능하다.
⑤ 구글은 독감 레벨과 전파경로를 예측하였고, 미국 대선 투표일 수개월 전에 결과를 예측하기도 하였다.

> 검색데이터는 누구나 자유롭게 접속하여 분석하는 것이 가능하다.

05 제조업체들의 가치사슬 단계별 빅데이터 활용분야에 대한 설명으로 옳지 않은 것은?

① R&D 및 설계단계 : 제품 설계시 판매 데이터 및 고객의 데이터를 참고하고 활용하여 더 가치 있는 생산을 도모한다.

② 품질관리 단계 : 운전조건, 복구시간, 불량원인 및 불량수, 불량내용 파악으로 고객 서비스 품질을 고도화한다.

③ 공급사슬단계 : 재고 데이터 등을 통합하고 분석하여 수요 예측, 실시간 관리한다.

④ 마케팅, 판매, 애프터서비스 단계 : 고객과의 의사소통에 대한 데이터를 활용하여 실시간으로 생산 프로세스 조정이 가능하다.

⑤ 생산단계 : 사물 인터넷, RFID, 센서 기술 등을 이용하여 생산과 관련된 많은 데이터를 입수, 분석하여 품질 향상에 기여한다.

> 품질관리 단계에서는 고객 서비스 품질이 아닌 제품 품질을 고도화한다.

06 빅데이터를 이용한 건강증진에 대한 관심이 고조되고 있는데, 이에 대한 설명으로 옳지 않은 것은?

① 전 세계적으로 글로벌화, 양극화, 고령화라는 메가트렌드가 경험되고 있다.

② 특히 양극화 사회 진입으로 인한 대응책 마련이 필요한 상황이다.

③ 개인건강기록부 기반의 건강관리 비즈니스가 부상하면서, 유전자(DNA) 정보를 개방하는 추세가 나타나고 있다.

④ 의료 데이터와 보험 등 기업의 데이터 등이 융합된 빅데이터 처리 기술 및 제도적 환경이 향상되면 건강 ICT분야가 핵심 비즈니스로 자리잡을 것이다.

⑤ AWS는 DNA정보를 클라우드에 저장하고, 연구원들은 이 DNA 데이터를 무료로 사용가능하며, 컴퓨팅 서비스 비용은 사용한 만큼만 지불한다.

> 특히 고령화 사회 진입으로 인한 대응책 마련이 필요한 상황이다.

07 다음 보기는 어느 사례에 대한 설명인가?

> 인큐베이터 안의 미숙아로부터 얻어진 다양한 실시간 데이터를 분석하는 것으로, 신생아 중환자실의 혈압, 체온 등 심전도, 혈중산소포화도 등 미숙아 실시간 모니터링 장비에서 생성되는 환자당 하루 9,000만 건 이상의 생리학 데이터 스트림이 실시간 분석된다. 인포스피어 스트림즈라는 IBM의 분석 솔루션이 활용된다.

① 캐나다 온타리오 공과대병원의 미숙아 모니터링 사례
② EU 스마트 티셔츠 사례
③ 미국 건강보험회사 웰포인트 사례
④ 서울시 건강보험 최적화 빅데이터 사례
⑤ 일본의 미숙아 모니터링 빅데이터 사례

보기는 캐나다 온타리오 공과대병원의 미숙아 모니터링 사례이다.

08 다음 보기는 어느 사례에 대한 설명인가?

> 만성 폐쇄성 폐질환 및 만성 신부전 등의 치료를 목적으로 한다. 가벼운 재질로 만들어진 장비에 심장박동, 호흡, 활동 등 환자의 신체 상태를 모니터링하는 센서가 부착돼 있고, 디지털 체중계, 혈당측정계, 혈압계 등 모바일 단말과 연동된다. 환자의 생체정보를 의사에게 전송하고, 의사는 이를 분석해 진단에 활용하게 된다.

① 캐나다 온타리오 공과대병원의 만성환자 모니터링 사례
② EU 스마트 티셔츠 사례
③ 미국 건강보험 증진 장비 사례
④ 서울시 만성질병 관리 최적화 빅데이터 사례
⑤ 일본의 질병관리 분야 빅데이터 사례

보기는 EU 스마트 티셔츠 사례이다.

09 다음 보기는 어느 사례에 대한 설명인가?

> 한 건강보험 회사는 회사에 등록된 건강보험 자료와 3,420만 명에 대한 환자 정보를 종합 분석하여 이를 기초로 복잡한 의학적 진료법을 검색한다. 이를 통해 환자나 의료보험 회사의 불필요한 진료비 낭비를 방지할 수 있게 해주고 노인들의 만성질환을 체계적으로 관리하여 효과적인 진료 서비스를 제시한다.

① 캐나다 온타리오 의료보험 진료 모니터링 사례
② EU 스마트 의료진료 사례
③ 미국 건강보험회사 웰포인트 사례
④ 서울시 국민건강 증진 빅데이터 사례
⑤ 일본의 의료서비스 분야 빅데이터 사례

보기는 미국 건강보험회사 웰포인트 사례이다.

10 국내 의료 분야의 빅데이터 활용 사례를 잘못 묶은 것은?

① 분당 서울대 병원 – 빅데이터 활용을 위한 지식자산 구축 및 실시간 데이터 응용 기술 개발
② KT – 후헬스케어 설립 참여
③ 세브란스 병원 – 빅데이터 인프라와 분석기술을 통해 클라우드 기반 DNA 분석 사업을 추진
④ 코리아 메디케어 – 건강 포털인 코메디닷컴을 운영
⑤ 솔트룩스 – 헬스 IT 분야에서 빅데이터 관련 정부 연구 프로젝트를 시작

분당 서울대 병원은 빅데이터 분석 기술을 도입해 임상 데이터웨어하우징 구축 사업을 추진한다고 발표했다.

11 의료분야에서 사용되는 시스템이 아닌 것은?

① PAC   ② PHR
③ EHR   ④ EDR
⑤ EMR

EDR이란 것은 없다.

12 서울시에서 추진한 심야버스 노선 최적화 빅데이터 분석 사례에서는 심야에 어느 곳에 승객이 있는지를 파악하기 위해 위치 정보를 사용하였는데, 무엇을 이용해 위치정보를 획득했는지 두 개를 고르시오.

① CDR
② POS
③ RFID
④ wifi
⑤ SNS

CDR(Call Detail Record)를 이용한 GPS의 위경도 정보, wifi신호를 이용한 위치정보를 이용할 수 있다.

13 다음 보기는 어느 사례에 대한 설명인가?

민간 이동통신사의 30억 개 통화량 데이터를 활용해 유동인구 밀집도 분석, 유동인구 기반 노선 최적화, 유동인구 기반 배차간격 조정 등의 심야버스 운영 정책을 수립하고 8개 노선을 운영 중에 있다.

① 캐나다 심야버스 이용인구 모니터링 사례
② EU 스마트 심야버스 사례
③ 미국 포드 자동차 사례
④ 서울시 심야버스 노선 최적화 빅데이터 사례
⑤ 일본의 교통분야 빅데이터 사례

보기는 서울시 심야버스 노선 최적화 빅데이터 사례이다.

PART 6

14 포드의 사용자 경험을 개선하기 위한 빅데이터 활용에 대한 설명으로 옳지 않은 것은?

① PHEV의 센서 데이터를 수집·분석해 배터리 잔량을 스마트폰 앱으로 보내준다.

② 센서 데이터는 이동통신망을 이용해 포드의 클라우드 컴퓨팅 서비스에 모아진다.

③ 모아진 데이터는 처리 후 마이포드 모바일 앱을 통해 운전자에게 보내진다.

④ 마이포드 모바일 앱에는 운전스타일, 운전 기록 등의 다양한 정보가 제공된다.

⑤ 여러 운전자들의 센서 데이터를 함께 분석하는 소셜 드라이빙 서비스가 제공되고 있다.

> 소셜 드라이빙 서비스로 발전할 가능성이 있다.

15 다음 보기는 어느 사례에 대한 설명인가?

> 전국의 모든 택시와 데이터 제공에 동의한 사용자로부터 실시간 교통정보를 수집하고 있다. 자연 재해 상황에서 GPS 데이터에서 자동차의 주행 스피드를 계산할 수 있도록 교통정보를 예측한 후 스마트폰으로 전송해 가장 빠른 길을 탐색하여 안내한다. 이를 통해 인명피해와 차량피해를 최소화할 수 있을 것으로 기대하고 있다.

① 캐나다 재해상황 모니터링 사례

② EU 스마트 교통상황 사례

③ 미국 포드 교통상황 사례

④ 서울시 심야 교통상황 빅데이터 사례

⑤ 일본의 교통분야 빅데이터 사례

> 보기는 일본의 교통분야 빅데이터 사례이다.

16 국내 빅데이터 활용 사례로 옳지 않은 것은?

① 교육분야 : 전국의 학교로부터 센서 데이터를 수집해 분석함으로써 교내 폭력 예방과 학습효과 증진을 위한 시스템을 구축 중이다.

② 의료분야 : 정부와 R&D, 소셜분석, 검색 업체 등이 파트너십을 통해 빅데이터 수집과 활용을 시도하고 있다.

③ 교통분야 : 서울시는 민간통신 회사의 데이터를 활용해 심야버스 운영 정책 수립에 빅데이터를 활용하고 있다.

④ 통신분야 : 대규모 이용 패턴 데이터를 분석해 품질에 영향을 미치는 요인을 실시간으로 파악하고 개선에 활용하고 있다.

⑤ 금융분야 : 자사 고객을 분석해 비즈니스에 적극 활용하기 위한 빅데이터 분석에 관심을 갖고 있다.

> 교육분야의 빅데이터 도입 사례는 많지 않다.

17 국내 카드사의 빅데이터 분석사례에 대한 설명으로 옳지 않은 것은?

① KB국민카드는 고객이 이동하는 곳마다 필요한 카드할인 혜택을 알려준다.

② 신한카드는 업계 최초로 빅데이터센터를 설립하였다.

③ 현대카드는 소비자 트렌드와 경기변동 상황을 분석해주는 서비스를 제공한다.

④ 롯데카드는 창업적정지역을 찾아주는 점포 평가 서비스를 개발했다.

⑤ 스마트폰은 신용카드사의 빅데이터 마케팅을 촉진하는 엔진 역할을 하고 있다.

> BC카드는 창업적정지역을 찾아주는 점포 평가 서비스를 개발했다.

18 다음 중 정보통신정책연구원이 소개한 국내 금융기관의 6가지 빅데이터 활용전략이 아닌 것은?

① 지점의 효율화 : 지점 입지 분석을 통해 지점의 개수와 인원을 효율적으로 조정할 수 있다.

② 고객 데이터 수집·분석 : 고객의 니즈에 맞춤화된 상품개발 및 마케팅 활동 수행

③ 고객 행동 사례 수집·분석 : 고객 유지율을 높이는데 활용

④ 보험 계약 및 보험금 심사 등의 업무 효율성을 높일 수 있다.

⑤ 예금, 보험, 쇼핑의 고객 DB를 분석하여 신규 고객 유치

②, ③, ④, ⑤ 외에 신규 수익원 확보와 일대일 마케팅에 활용할 수 있다.

19 제조에서 많이 사용되는 빅데이터 소스는?

① PLC
② RFID
③ CCTV
④ PAC
⑤ SCM

PLC(Programmable Logic Control)로 자동화 설비에 포함된다.

20 이동위치 및 재고관리, 구매금액 처리에 활용할 수 있는 빅데이터 소스는?

① PLC
② RFID
③ CCTV
④ PAC
⑤ SRM

RFID chip을 이용해서 위치 및 기타 정보를 상품에 대해 처리할 수 있다.

18 ① 19 ① 20 ② **정답**

07 정부기관의 활용 사례

01 공공정보의 의미에 대한 설명으로 옳지 않은 것은?

① 다수의 행위자들 간의 특정 정보에 대한 공동 소유 또는 상호 이용 현상을 뜻한다.

② DB의 공동 이용 및 여러 행위자들 간 정보의 교환과 흐름이다.

③ 정보의 소유권 획득을 주목적으로 한다.

④ 정보공개, DB이용, 사회적 작용을 통한 자료나 사건 내용의 확인, 인지 등을 통해 발행한다.

⑤ 공통 정보의 보유, 내용 파악의 상태나 조건으로, 공유가 일어나는 하나의 과정을 뜻한다.

> 정보의 소유권 획득보다는 개방 및 공유가 주목적이다.

02 공공정보 공유의 목적을 파악하는 관점이 아닌 것은?

① 통제, 감시   ② 경쟁 완화

③ 조직의 생산성 향상이나 효율   ④ 신뢰 증대

⑤ 서비스 제공

> 정보의 공유 목적은 통제, 감시, 조직의 생산성 향상이나 효율, 신뢰 증대, 서비스 제공 등 관점에 따라 여러 가지로 파악된다.

03 공공 정보 공유를 통한 긍정적 효과가 아닌 것은?

① 투명성 개선   ② 국민의 정부에 대한 신뢰

③ 정부 책임성의 강화   ④ 시민 참여

⑤ 조직 내 경쟁 분위기 고조

> 공공 정보의 공유는 투명성 개선을 통해 국민의 정부에 대한 신뢰, 정부 책임성의 강화, 시민 참여 등 많은 긍정적 효과를 불러온다.

04 공공서비스의 발전 단계가 아닌 것은?

① 정보취득   ② 활 용

③ 참 여   ④ 개인화

⑤ 창 출

> 공공서비스의 발전단계는 정보취득 → 활용 → 참여 → 창출의 단계를 거친다.

05 정부 2.0에 대한 설명으로 옳지 않은 것은?

① 정부중심

② 쌍방향 소통

③ 사용자가 정보의 생산·공유·참여 등이 가능한 플랫폼 제공

④ 정부 서비스가 업무의 효율성과 고객 만족을 충족시키는 방향으로 발전

⑤ 1단계 개방, 2단계 참여, 3단계 융합의 단계를 거침

> 정부 2.0은 정부중심이 아닌 시민중심이다.

06 정부 3.0에 대한 설명으로 옳지 않은 것은?

① 개인중심   ② 개인별 맞춤정보 제공

③ 실시간 정보 공개   ④ 중단 없는 서비스

⑤ 정부·민간 융합 서비스

> 정부·민간 융합 서비스는 정부 2.0의 서비스 내용이다.

07 정부 분야의 공공 데이터 공개를 통해 예상되는 효익이 아닌 것은?

① 국가 운영의 투명화
② 국가 운영의 효율화
③ 국민의 정치 참여도 제고
④ 대민 신뢰도 향상
⑤ 10조원 이상의 경제효과

> 국민의 정치 참여도 제고는 해당되지 않는다.

08 정부의 빅데이터 사례로 기존에 누적된 데이터를 활용하는 사례는?

① 미국 국세청의 탈세방지시스템
② 영국 런던시의 혼잡통행료 부과 시스템
③ 미국 FBI의 유전자 색인 시스템 활용 단시간 범인 검거
④ 한국 서울시의 도시 내수 침수 전조 감지 시스템
⑤ 일본 5개 정부기관의 지능형 교통안내 시스템

> 미국 FBI의 유전자 색인 시스템 활용 단시간 범인 검거 외에는 센서링 데이터를 이용한 분석사례
> 이다.

09 다음 중 우리나라 정부의 누적된 데이터를 활용한 빅데이터 사례가 아닌 것은?

① 한국수자원공사 : 스마트 그리드를 통한 물부족 현상 해결
② 국민권익위원회 : 온라인 민원정보 분석 시스템
③ 통계청 : 일자리 현황 파악을 통한 의사결정 지원 시스템
④ 한국도로공사 : 고객목소리 분석 시스템
⑤ 한국전력거래소 : 전력시장 실시간 통합 분석 및 예측 리포트 보고 시스템

> 한국수자원공사의 스마트 그리드를 통한 물부족 현상 해결은 센서링 데이터를 이용한 분석사례
> 이다.

10 코호트 DB에 공개되지 않은 내용은?

① 주 소　　　　　　　　　　② 흡연여부
③ 음주량　　　　　　　　　　④ 진단결과
⑤ 연령대

주소 등 개인정보는 노출되지 않도록 되어 있다.

11 서울 열린 데이터 광장(http://data.seoul.go.kr)에 대한 설명이 아닌 것은?

① 서울시는 광역자치단체 중에서 공공정보 개방과 활용에 가장 적극적이다.
② 공공 데이터를 활용한 버스노선, 지하철 등 교통관련 애플리케이션을 개발했다.
③ 공공 데이터 개발을 위한 법률 제정을 준비하고 있다.
④ 공공 데이터의 존재여부 및 소재정보를 안내·검색·다운로드 받을 수 있다.
⑤ Open API 서비스를 제공하고 있다.

공공 데이터 개방 및 재활용을 활성화하기 위해 개방정책과 조례를 마련할 예정이다.

12 우리나라 정부의 빅데이터 활성화를 위한 역할과 관련이 없는 것은?

① 공공정보 활용 지원센터
② 공공데이터포털
③ 국가지식포털
④ 한국데이터산업진흥원
⑤ 퇴역 군인국

퇴역 군인국은 미국의 기관으로 퇴역군인에게 맞춤형 의료서비스를 지원하고 있다.

13　다음은 각 기관이 빅데이터에 대해 언급한 내용이다. 잘못 묶인 것은?

① IDC : 다양한 종류의 대규모 데이터로부터 저렴한 비용으로 가치를 창출하고 데이터의 초고속 수집, 발굴, 분석을 지원하도록 고안된 차세대 기술 및 아키텍처

② 한국정보화진흥원 : 당초 수십~수천 TB의 거대한 데이터 집합만을 지칭하였으나, 점차 관련 도구, 플랫폼, 분석기법까지 포괄하는 용어로 변화하였다고 평가

③ 이코노미스트 : SNS와 M2M 센서 데이터의 효과적 분석으로 전세계가 직면한 환경, 에너지, 식량, 의료문제에 대한 해결책을 제시할 것으로 전망

④ 가트너 : 데이터는 21세기 원유로 미래의 경쟁우위를 좌우하게 될 것, 기업들은 데이터 경쟁 시대를 이해하고 정보 공유를 늘려 Information Silo를 극복해야 함.

⑤ 맥킨지 : 빅데이터의 활용에 따라 기업이나 공공분야의 경쟁력 확보와 생산시설 개선, 사업혁신 및 신규 사업발굴이 가능해질 것이라고 진단

> 한국정보화진흥원이 아닌 삼성경제연구소이다.

14　한국정보화진흥원과 관련이 없는 것은?

① 공공정보 활용 지원센터　　　　② 공공데이터포털
③ 국가지식포털　　　　　　　　　④ 공공정보 민간활용 촉진 종합계획
⑤ DB스토어

> DB스토어는 한국데이터산업진흥원에서 운영 중인 DB 중개 서비스 시스템이다.

15　공공정보 활용 지원센터의 역할이 아닌 것은?

① 정보제공 대행　　　　　　　　② DB의 G2B 마켓플레이스
③ 저작권 자문　　　　　　　　　④ 공공정보의 소재 안내
⑤ 보유기관 연계

> DB의 G2B 마켓플레이스는 DB스토어가 제공하는 DB 중개 서비스이다.

16 다음은 정부의 빅데이터 활성화를 위한 역할의 일환으로 무엇에 대한 설명인가?

> 국가기관 등이 보유하고 있는 개방 가능한 공공정보를 다양한 형태로 공개하여 국가기관 및 민간에서 공유·활용할 수 있도록 지원하는 단일 창구로 한국정보화진흥원에서 운영하는 포털이다.

① 공공정보 활용 지원센터
② DB스토어
③ 국가지식포털
④ 공공데이터포털
⑤ 한국데이터산업진흥원

보기는 공공데이터포털(http://www.data.go.kr)에 대한 설명이다.

17 다음 ( )에 들어갈 적절한 용어는?

> ( ) 포털은 한국정보화진흥원이 각 기관별로 전산화된 ( ) 자료를 통합 검색하여 제공함으로써 모든 기관과 국민이 ( ) 정보자원을 마음껏 활용할 수 있도록 운영하고 있는 장소이다. 2010년 기준으로 1,389개 기관이 연계되어 3억여 건의 지식정보를 통합 제공하고 있으며, 지식백서DB, 공공정보 목록 등이 주요서비스에 해당한다.

① 국가지식   ② 공유자원
③ 공공 데이터   ④ 빅데이터
⑤ 정부3.0

국가지식포털(http://www.knowledge.go.kr)에 대한 설명이다.

18 다음은 정부의 빅데이터 활성화를 위한 역할의 일환으로 무엇에 대한 설명인가?

> 데이터베이스 산업분야의 성장과 데이터베이스 관련 업무를 수행하는 기관으로 공공 DB개
> 발 사업 등을 추진하며, 데이터베이스 관련 법·제도, 공공 데이터베이스 개발·보급, 품질
> 관리체계 고도화 등의 업무를 수행하고 있다. DB스토어(http://www.dbstore.or.kr)를 구
> 축하여 기업이나 기관이 갖고 있는 DB를 비즈니스나 서비스 개발에 활용코자 하는 이용자에
> 게 중개 서비스하는 DB B2B, G2B 마켓플레이스로 활용하고 있다. 또한, 2013년부터는
> 빅데이터아카데미를 운영하며 빅데이터 기술인력과 분석인력을 양성하고 있다.

① 국가지식포털
② 공공데이터포털
③ 한국데이터산업진흥원
④ 한국정보화진흥원
⑤ 공공정보 활용 지원센터

보기는 한국데이터산업진흥원에 대한 설명이다.

19 스마트 모바일 앱개발지원센터에 대한 설명으로 옳지 않은 것은?

① 한국정보화진흥원과 한국인터넷진흥원이 공동으로 주관하고 있다.
② 국내 스마트 모바일 응용서비스의 글로벌 경쟁력을 확보하고자 한다.
③ 국내 민·관·연의 20개 무선인터넷 관련 핵심 사업자·기관이 참여한다.
④ 온라인 상에서는 Open API, S/W모듈, 기술 및 정책동향 정보 등을 제공한다.
⑤ 오프라인 상에서는 교육을 실시하고 있다.

방송통신위원회와 한국인터넷진흥원이 공동으로 주관하고 있다.

PART 6

20 민간영역과 공공영역의 빅데이터 활용사례로부터 도출된 유형에 대한 설명으로 옳지 않은 것은?

① 전통적 공공영역에서는 정부의 사무로 직접 수집·생산하는 방식으로 활용한다.

② 사회영역에서는 스마트폰의 앱을 통한 센서링 데이터를 수집·분석하고 있다.

③ 민간 협업 공공영역에서는 시민이 보유한 단말과 자발적 보고에 의해 활용된다.

④ 민간 협업 공공영역이 사회영역과 다른 점은 민간 협업의 동의가 명시적으로 있었다는 점이다.

⑤ 민간 협업 공공영역이 사회영역과 다른 점은 데이터 보유 주체가 공공영역이라는 점이다.

사회 영역에서는 소셜네트워크를 통해 빅데이터를 수집·분석하고 있다.

03 빅데이터 기획

01 기 획

01 다코 가가야쿠가 말하는 기획과 계획의 차이에 대한 설명으로 옳지 않은 것은?

① 계획은 기획한 목표를 실행하기 위한 구체적인 방법을 모색하는 것이다.

② 기획이란 왜 할 것인가(why to do)를 결정하는 것이다.

③ 기획이란 무엇을 할 것인가(what to do)를 결정하는 것이다.

④ 기획은 어떻게 할 것인가(how to do)를 결정하는 것이다.

⑤ 기획은 목표 설정의 역할을 하는 것이다.

> 계획이 어떻게 할 것인가(how to do)를 결정하는 것이다.

02 빅데이터를 분석하는 많은 기업들의 현황이라고 보기 어려운 것은?

① 다양한 분석이 가능한 솔루션 도입에 치중하고 있다.

② 빅데이터 기획 분석 전문가들을 외부에서 채용하고 있다.

③ 빅데이터 분석시 통찰력을 증대시키려는 노력을 경주하고 있다.

④ 빅데이터에 대한 인식과 이해부족의 상태이다.

⑤ 적절한 빅데이터 분석 기획에 대한 지식을 갖추고 있다.

> 적절한 빅데이터 분석 기획에 대한 지식이 부족한 상태이다.

PART 6

03 기업이 가지고 있는 데이터 분석이 성과로 이어지기 위해 넘어야 할 제약조건이 아닌 것은?

① 분석대상의 발굴 및 구체화
② 축적된 데이터 원천의 활용
③ 분석 운영관리체제의 정규화
④ 데이터 기반 의사결정 문화의 정착
⑤ 데이터 확보 역량

> 다양한 데이터 원천의 활용이 제약조건이다.

04 빅데이터 분석의 기획단계에 대한 설명으로 옳지 않은 것은?

① 분석단계와 계획단계로 구분된다.
② 분석단계는 문제를 발굴하는 것에서부터 시작된다.
③ 분석단계의 목표는 과제를 도출하는 데 있다.
④ 계획단계는 프로젝트를 어떻게 수행하여 원하는 목적을 달성할 수 있는가에 대한 계획을 설정하는 단계이다.
⑤ 계획단계는 과제추진 요구사항 도출부터 시작된다.

> 계획단계는 과제 목표 정의부터 시작된다.

05 빅데이터 기획의 분석 절차에 해당하지 않는 것은?

① 문제 발굴   ② 문제 정의
③ 해결 대안 설계   ④ 타당성 검토
⑤ 모델링

> 빅데이터 기획의 분석 절차는 문제 발굴 → 문제 정의 → 해결 대안 설계 → 타당성 검토 → 과제 선택의 순서로 이루어진다. 모델링은 빅데이터 기획의 실행단계에 해당한다.

06 데이터 분석기획을 위해 분석을 하는 경우 타당성 검토 항목에 대한 설명이 옳지 않은 것은?

① 기술적 타당성 : 분석시스템 환경 등을 고려
② 경제적 타당성 : 비용대비 편익을 분석
③ 운영적 타당성 : 보안과 프라이버시에 대한 대응 마련
④ 운영적 타당성 : 조직의 규모, 문화, 여건 등을 감안
⑤ 데이터 타당성 : 데이터의 존재여부 고려

> 보안과 프라이버시에 대한 대응은 데이터 타당성에서 고려한다.

07 과제 선택시 비즈니스 임팩트가 크고 실행하기 용이한 내용을 무엇으로 정의하는가?

① Roadmap
② Quick-win 과제
③ Data Science
④ Data Exploration
⑤ WBS

> 신속하게 적용해서 효과를 볼 수 있는 내용으로 Quick-win 과제라고 한다.

08 빅데이터 기획의 계획단계 절차에 해당되지 않는 것은?

① 과제 목표 정의
② 요구사항 도출
③ 예산안 수립
④ 관리 계획 수립
⑤ 해결대안 수립

> 해결대안 수립은 빅데이터 기획의 분석절차에 속한다.

정답 6 ③ 7 ② 8 ⑤

09 성과지표와 같은 과제목표는 어느 단계에서 수립해야 하는가?

① 분 석   ② 계 획

③ 실 행   ④ 재수행

⑤ 적 용

'How to'에 해당하는 것으로 계획단계에 수행한다.

10 과제목표 정의 시 적합한 성과지표를 고르시오.

① 정량적 지표

② 정성적 지표

③ 성숙도 지표

④ 만족도 지표

⑤ 균형성과 지표

과제목표 정의 시 정량적인 지표로 추가수익, ROI, 반응률 등 정량적 지표들로 구성해야 한다.

11 다음은 과제추진 요구사항 도출에 대한 내용이다. 옳지 않은 것은?

① 필요 데이터 확보 및 관리계획 등의 데이터에 지원

② 기존시스템 혹은 도구 활용, 플랫폼의 구축 등 기술적 인프라의 지원

③ 인력 및 관리 예산

④ 분석모델이나 개발도구에 대한 요구사항

⑤ 개인정보 보호와 보안을 유지하기 위한 요구수준

인력 및 관리 예산은 과제추진 예산안 수립시 검토된다.

12 계획단계의 과제추진 예산안 수립에 해당되지 않는 것은?

① 데이터 예산

② 시스템 예산

③ 운영계(ERP 등) 구축 예산

④ 외주 발주 예산

⑤ 분석 후 소요되는 유지보수 예산

> 운영계(ERP 등) 구축 예산은 빅데이터 분석과는 관계가 없다.

13 계획단계의 과제관리 계획에 포함되지 않는 것은?

① 역할정의　　　　　　　　　② 조직정의

③ 품질관리　　　　　　　　　④ 요건정의

⑤ 일정관리

> 요건정의는 계획단계의 과제목표 정의에 포함된다.

14 프로젝트 관리자의 일반적인 요건이 아닌 것은?

① 관리능력　　　　　　　　　② 의사소통 능력

③ 기술적 지식　　　　　　　　④ 기업가적 능력

⑤ PT 능력

> 프로젝트 관리자의 일반적인 요건은 기업가적 능력, 관리능력, 지휘능력, 의사소통 능력, 기술적 지식이다.

PART 6

15 프로젝트 인적자원관리 계획에 대한 내용으로 옳지 않은 것은?

① 철저한 보고 양식의 확립

② 명확한 역할과 책임의 규정과 실행

③ 적절한 역량을 갖춘 인력의 구성이 중요

④ 서로 간에 어떠한 방법으로 어떻게 정보교환을 할 것인지 규정

⑤ 서로 간에 꼭 지켜야 할 기본 법칙 규정

철저한 보고 양식의 확립보다는 철저한 의사소통 구조를 확립하는 것이 중요하다.

16 프로젝트 추진 일정관리 계획에 대한 내용을 옳지 않은 것은?

① 세부 과제별로 소요예상기간을 산정하여 수립하여야 한다.

② 일정 단계별로 소요예상기간을 산정하여 일정계획을 수립하여야 한다.

③ 단계 내의 활동별 소요예상기간 산정 및 일정계획은 수행단계가 진행되면서 구체화하면 된다.

④ 공동으로 업무를 추진할 경우에는 공동 일정계획을 수립하여야 한다.

⑤ 일정계획 수립을 위한 주요 도구 중의 하나가 간트차트이다.

단계 내의 활동별로도 소요예상기간을 산정하여 일정계획을 수립하여야 한다.

17 프로젝트 실행관리 계획서에 기술할 내용으로 옳지 않은 것은?

① 관리목표로서의 계획 값

② 인력 및 관리 예산

③ 프로젝트 진행상황파악의 방법

④ 변경요구에 대한 대응방법

⑤ 프로젝트 완료 확인 방법

인력 및 관리 예산은 과제추진 예산안에 포함되어 있어야 한다.

18 아직 발생하지 않은 문제 요소의 관리는 프로젝트 과제관리 계획 중 어느 영역에서 담당하는가?

① 커뮤니케이션 방안　　　　　　　② 역할 정의
③ 이슈 관리　　　　　　　　　　　④ 리스크 관리
⑤ 일정 관리

> 리스크(위험) 관리는 아직 발생하지 않았으나 현상을 보니 발생가능한 정황이 나타난 것에 대해 관리하는 것이다.

19 프로젝트 품질관리계획에 대한 내용으로 옳지 않은 것은?

① 프로젝트팀과 사용자는 산출물의 품질에 대해 계획단계 종료 후 협의해야 한다.
② 산출물의 품질 규정이 가장 중요하다.
③ 산출물을 도출하는 과정과 활동 역시 품질관리의 대상이 된다.
④ 품질 표준과 품질유지방안에 대한 계획이 프로젝트팀에 의해 개발되어야 한다.
⑤ 창의성이 분석시스템의 성능과 품질을 좌우한다는 것 또한 명확히 인식해야 한다.

> 프로젝트 개시 전, 프로젝트팀과 사용자는 산출물의 품질에 대한 계약을 수립해야 한다.

20 빅데이터 기획에 따른 실행시 프로젝트 초반부터 지속적으로 수행해야 하는 사항으로 옳은 것을 2개 고르시오.

① 모델링　　　　　　　　　　　　② 변화관리
③ 요건정의　　　　　　　　　　　④ 프로젝트 관리
⑤ 타당성 검토

> 흔히 변화관리는 마지막에 하는 것으로 오해하는데 초반부터 지속적으로 수행해야 한다.

01 빅데이터 분석 과제에 대한 설명으로 옳지 않은 것은?

① 과제란 처리하거나 해결해야 할 문제를 의미한다.
② 대안설계란 과제 관련 현상, 원인, 해결방안에 대한 자료를 수집하여 의사결정에 활용하는 일련의 활동이다.
③ 분석과제는 분석활동의 대상이 된다.
④ 문제는 기대상태와 현재상태 간의 차이이다.
⑤ 문제를 해결하기 위해서는 기대상태를 낮추거나 현재상태를 높여야 한다.

> 분석이란 과제 관련 현상, 원인, 해결방안에 대한 자료를 수집하여 의사결정에 활용하는 일련의 활동이다.

02 현실과 기대의 차이에서 발생하는 것을 가리키는 용어는?

① 문 제   ② 대 안
③ 분 석   ④ 저 항
⑤ 개 선

> 문제는 기대상태와 현재상태 간의 차이이다.

03 캠페인을 아무리 해도 캠페인 효과가 증가하지 않는 경우와 같이 벌어지고 있는 특정한 현상에 대한 이해를 목적으로 하는 문제는?

① 원인문제   ② 개념문제
③ 비정형문제   ④ 위급문제
⑤ 정형문제

> 개념문제는 벌어지고 있는 특정한 현상이 어떤 과정을 통해 전개되는지, 어떠한 원인을 통해 일어나게 되는지를 파악해 현상에 대한 이해를 목적으로 하는 문제이다.

04 문제 풀이를 위한 순서와 필요한 공식과 기법들이 정해져 있어 해결방법을 알고 있는 상태로 실행에 옮겨지지 않은 문제는?

① 개념문제   ② 정형문제
③ 비정형문제   ④ 위급문제
⑤ 원인문제

> 정형문제는 문제 풀이를 위한 순서와 필요한 공식과 기법들이 정해져 있어 이를 따라가면서 해결하는 특성을 가지고 있다.

05 기존에 적용했던 해법을 사용할 수 없으며, 원인을 새롭게 규명하고, 새로운 해법을 개발해야하는 문제유형은 무엇인가?

① 개념문제   ② 정형문제
③ 비정형문제   ④ 위급문제
⑤ 원인문제

> 비정형문제는 과거에 적용했던 해법을 다시 적용하기가 어려우며, 원인을 새롭게 규명하고 이에 대한 해법을 차별적으로 제시해야 한다.

06 다음 중 분석과제의 유형이 다른 하나는?

① 발생 원인을 파악하는 것은 의미가 없다.
② 조기에 해결하지 않으면 막대한 손실이 예상된다.
③ 현재 처한 위급성을 빠르게 해소하는 것이 중요하다.
④ 상황이 호전되면 원인 규명이 필요하다.
⑤ 미래지향적 관점에서 더 나은 대안 마련에 주안점을 둔다.

> 미래지향적 관점에서 더 나은 대안 마련에 주안점을 두는 것은 회복형문제이다. 나머지는 위급문제에 대한 설명이다.

07 다음 설명은 분석과제 유형 중 무엇에 대한 설명인가?

> 의도적으로 설정한 문제로서 현재상태가 비교적 만족스러워 별다른 조치가 필요하지 않지만 기대상태를 더 높게 설정하여 새로운 목표를 지향하도록 하는 목적을 가진 문제 유형

① 원인문제
② 정형문제
③ 비정형문제
④ 설정형문제
⑤ 회복형문제

보기는 설정형문제에 대한 설명이다.

08 분석과제 기획을 위한 전략적 접근방법 중 수요기반 분석과제 도출에 대한 설명으로 옳지 않은 것은?

① 이슈나 문제들은 데이터 종류나 분석기법에 끼워 맞추려 하면 안된다.
② 해결해야 할 이슈/문제를 먼저 정의한다.
③ 문제해결 시나리오를 정의한다.
④ 활용되는 데이터 및 분석기법은 하나의 실행동인 역할을 한다.
⑤ 다양한 데이터의 조합 및 통합적/시각적 분석을 통해 의미 있는 패턴을 파악한다.

데이터 주도 분석과제의 도출에 대한 설명이다.

09 데이터주도 분석과제 도출에 대한 설명으로 옳지 않은 것은?

① 시스템 성능향상, 데이터 다양화, 새로운 알고리즘을 이용한 다양한 시도가 가능
② 다양한 시도를 통해 패턴/정보/통찰을 추출
③ 원인진단-연관된 해결방안 도출이라는 일련의 시나리오를 수립
④ 데이터가 비즈니스 변화를 리드
⑤ 교차분석, 상호연관성 분석을 통해 업무의 내재적인 현상과 파생 정보를 획득

원인진단-연관된 해결방안 도출이라는 일련의 시나리오를 수립하는 것은 수요기반 분석과제 도출의 과정이다.

10 수요기반 빅데이터 분석과제 도출과 유사한 접근방법을 가지고 있는 것은?

① Top-down

② Bottom-up

③ Spiral Approach

④ Heuristic

⑤ Issue-driven Approach

> 기존의 접근 방법인 문제인식, 대안설계, 선택 그리고 실행이라는 하향식(Top-down) 접근방법
> 의 틀을 유지하고 있다.

11 다음 보기의 설명은 빅데이터 분석의 기회탐색 프레임워크 중 어느 부분에 해당하는가?

> 측정관리가 필요한 성과지표를 중심으로 빅데이터로부터 사전에 정의된 질의나 다차원분석
> 을 통하여 의사결정자에게 주로 그래픽을 이용한 대시보드 형식으로 빅데이터 분석결과가
> 제공된다. 이 영역의 활용은 주로 계획 대비 성과를 이용한 문제인식 단계에 주로 활용될
> 수 있다.

① 소셜분석

② 소셜추정

③ 성과관리

④ 데이터추정

⑤ 데이터관리

> 거래처리데이터를 이용하고 측정을 목적으로 하는 구분으로 성과관리의 내용이다.

PART 6

12 다음 보기의 설명은 빅데이터 분석의 기회탐색 프레임워크 중 어느 부분에 해당하는가?

> 고객이 남긴 상품관련 후기, 아이디어, 리뷰 등과 같이 비정형 데이터를 이용하여 조직의
> 신상품개발과 같은 주요 의사결정에 반영할 수 있는 빅데이터 분석결과의 활용 영역

① 소셜분석
② 소셜추정
③ 성과관리
④ 데이터추정
⑤ 데이터관리

비거래처리데이터를 이용하고 실험을 목적으로 하는 구분으로 소셜추정의 내용이다.

13 빅데이터 분석의 기회탐색 프레임워크에 대한 설명으로 옳지 않은 것은?

① 측정의 경우 주요성과지표에 대한 시각화 도구를 이용한다.
② 실험은 새로운 비즈니스 규칙을 발견하고 적용할 수 있는 기회를 제공한다.
③ 측정 분석에서 정의된 지표에서 이상 징후가 발견될 경우 실험을 유도하게 된다.
④ 실험결과에 따라 업무의 통제가 이루어진다.
⑤ 은행에서 통장의 개수와 잔고로 우량고객을 결정하는 것은 소셜추정에 해당된다.

은행에서 통장의 개수와 잔고로 우량고객을 결정하는 것은 성과관리에 해당된다.

14 포터와 포터(Porter & Porter)가 1985년 발표한 가치사슬과 가치시스템 모형에 대한 설명으로 옳지 않은 것은?

① 빅데이터에 적용하면 활동자체의 최적화를 통해 가치를 상승시킬 수 있다.

② 활동 간의 세련된 연계도 가능하다.

③ 가치사슬에서 의사결정이 고도화를 통해 활동수준과 연계수준을 동시에 높일 수 있다.

④ 조직의 가치시스템은 조직이 속한 산업에서의 가치사슬 중 일부이다.

⑤ 가치시스템은 상류에 위치한 공급자 가치사슬과 하류에 위치한 구매자 가치사슬로 중첩하여 연계된다.

> 조직의 가치사슬은 조직이 속한 산업에서의 가치시스템 중 일부이다.

15 다음 설명은 수요기반 빅데이터 분석 기회 발굴 중 어느 주제에 해당되는가?

> 공급을 수요에 일치시키고 재고수준을 낮추며, 향상된 물류배송, 그리고 신상품 출시속도를 빠르게 할 수 있는 기회를 제공할 수 있다.

① 조직 경쟁력 관점에서의 분석과제

② 운영의 효율성 관점에서의 분석 기회 발굴

③ 고객과 공급자 간의 긴밀성 유지 관점에서의 분석 기회 발굴

④ 개선된 문제해결 역량 관점에서의 분석 기회 발굴

⑤ 지식 중개자로서의 분석 기회 발굴

16 다음은 사이먼이 제안한 문제해결 프로세스의 단계 중 어느 단계에 해당하는가?

> 문제가 무엇인지, 그 원인은 무엇인지에 대하여 명확한 정의가 필요하다. 만약 이에 대한 정의가 부정확하다면 다음 단계도 무의미하게 된다. 이런 관점에서 빅데이터 분석을 통한 문제해결의 품질을 높일 수 있는 여지가 매우 높다.

① 문제인식   ② 대안설계

③ 해결책의 평가   ④ 해결책의 선택

⑤ 실 행

17 그린 컴퓨팅 분석 기회 발굴과 관련이 없는 것은?

① 컴퓨팅 관련 기기 자체의 전력소비량을 감소시키는 관점에서 시작되었다.

② 에너지 소비는 각종 센서에 의해 포착되고 저장된다.

③ 에너지 절감은 기업의 가치사슬 중 부수적 활동에 해당된다.

④ 사물인터넷을 이용한 빅데이터 분석 기회를 제공한다.

⑤ 분석 결과는 각종 업무 매뉴얼에서 규칙으로 제정되어 시행이 가능하다.

분석 결과는 각종 제어시스템에서 규칙으로서의 내재화가 가능하다.

18 지식 중개자로서의 분석 기회 발굴과 관련이 없는 것은?

① 비즈니스에서 얻어진 정보와 지식을 새로운 수입원으로 활용한다.

② 모든 조직은 자신이 축적한 지식을 바탕으로 지식중개자 역할을 할 수 있다.

③ 빅데이터 분석은 해당 조직의 가치사슬이나 비즈니스 모델에 제한할 필요는 없다.

④ CRM과 SCM을 통한 각 주체 간의 긴밀도를 더욱 높일 수 있는 기회가 존재한다.

⑤ 부수적인 사업으로 확대·적용이 가능하다.

CRM과 SCM을 통한 각 주체 간의 긴밀도를 더욱 높일 수 있는 기회가 존재하는 것은 고객과 공급자 간의 긴밀성 유지 관점에서의 분석 기회 발굴 영역이다.

19 다음 보기는 수요기반 빅데이터 분석 기회 발굴 중 어느 주제의 예시인가?

> 신용카드회사의 경우, 고객의 구매이력을 바탕으로 고객의 선호도를 파악할 수 있다. 이러한 선호도를 이용하여 매달 고객에게 발송하는 신용카드 청구서 봉투에 특정회사의 광고를 게재하는 조건으로 광고비를 요구할 수 있다. 광고를 의뢰하는 회사는 신용카드회사의 고객 빅데이터 분석 능력을 인정하는 것이다.

① 고객과 공급자 간의 긴밀성 유지 관점에서의 분석 기회 발굴
② 운영의 효율성 관점에서의 분석 기회 발굴
③ 지식 중개자로서의 분석 기회 발굴
④ 개선된 문제해결 역량 관점에서의 분석 기회 발굴
⑤ 조직 경쟁력 관점에서의 분석과제

20 균형성과표는 조직의 비전과 전략을 달성하기 위한 조직의 성과를 여러 관점에서 측정한다. 이에 대한 설명으로 옳지 않은 것은?

① 측정관점 : 의사결정자에게 주요성과지표에 대한 시각화 도구를 제공하고 있는가?
② 재무관점 : 주주들에게 우리 조직이 재무적으로 어떤 모습을 하고 있어야 하는가?
③ 고객관점 : 비전을 달성하기 위해 우리는 고객에게 어떤 모습이어야 하는가?
④ 내부비즈니스 운영관점 : 우리의 주주들과 고객들을 만족시키기 위해서 어떤 비즈니스 프로세스에서 우리는 우수해야 하는가?
⑤ 학습과 성장 관점 : 비전을 달성하기 위한 혁신을 이루고 환경변화에 대응하기 위해 우리의 역량을 지속적으로 계발하고 있는가?

> 균형성과표는 재무관점, 고객관점, 내부비즈니스 운영관점, 학습과 성장 관점 4개 관점에서 기업별 특성에 맞는 지표를 선정하여 가중지를 적용하여 산출한다.

PART 6

CHAPTER

04 빅데이터 분석

01 플랫폼

01 기존의 전통적인 비즈니스 인텔리전스 프로그램이 시도하지 않았던 새로운 종류의 데이터의 예가 아닌 것은?

① 웹 서버 로그
② 인터넷 클릭 정보
③ 회계 전표 정보
④ 소셜 미디어 활동 보고서
⑤ 이동전화 통화 기록

> 기존의 전통적인 비즈니스 인텔리전스 프로그램이 시도하지 않았던 새로운 종류의 데이터로는 웹 서버 로그, 인터넷 클릭 정보, 소셜 미디어 활동 보고서, 이동전화 통화 기록, 센서들이 감지한 정보 등이 있다.

02 빅데이터 분석의 순환과정으로 옳은 것은?

① 데이터 수집 → 저장 → 처리 → 분석 → 시각화 → 이용 → 폐기
② 데이터 수집 → 저장 → 처리 → 시각화 → 분석 → 이용 → 폐기
③ 데이터 수집 → 처리 → 저장 → 분석 → 시각화 → 이용 → 폐기
④ 데이터 수집 → 저장 → 처리 → 분석 → 이용 → 시각화 → 폐기
⑤ 데이터 수집 → 분석 → 저장 → 처리 → 이용 → 시각화 → 폐기

> 빅데이터 분석은 데이터 수집, 저장, 처리, 분석, 시각화, 이용, 폐기 그리고 다시 데이터 수집으로 돌아가는 순환과정을 반복한다.

03 다양한 데이터 소스에서 수집한 데이터를 분석 처리하여 지식을 추출하고, 이를 기반으로 지능화된 서비스를 제공하는데 필요한 ICT 환경을 무엇이라 하는가?

① 빅데이터 수집 플랫폼
② 빅데이터 플랫폼
③ 빅데이터 컴퓨팅 인프라
④ 빅데이터 처리 플랫폼
⑤ 빅데이터 서비스 플랫폼

04 빅데이터 플랫폼 중 대용량 데이터의 고속 저장 및 고성능 계산능력을 갖춘 기술이 구현되는 요소는?

① 빅데이터 수집 플랫폼
② 빅데이터 처리 플랫폼
③ 빅데이터 컴퓨팅 인프라
④ 빅데이터 입력 원천
⑤ 빅데이터 서비스 플랫폼

> 빅데이터 컴퓨팅 인프라는 대용량 데이터의 고속 저장 및 고성능 계산능력을 갖춘 기술을 구현하는 구성요소이다.

05 빅데이터 수집의 세부 절차는?

① 수집 세부 계획 수립 → 수집 대상 데이터 선정 → 데이터 수집 실행
② 수집 세부 계획 수립 → 데이터 수집 실행 → 수집 대상 데이터 선정
③ 수집 대상 데이터 선정 → 데이터 수집 실행 → 수집 세부 계획 수립
④ 수집 대상 데이터 선정 → 수집 세부 계획 수립 → 데이터 수집 실행
⑤ 데이터 수집 실행 → 수집 대상 데이터 선정 → 수집 세부 계획 수립

> 빅데이터는 수집 대상 데이터 선정, 수집 세부 계획 수립, 데이터 수집 실행 과정을 거쳐 수집된다.

PART 6

06 빅데이터 수집 세부 단계 중 분석 경험이 많은 전문가의 의견이 반드시 필요한 단계는?

① 수집 대상 데이터 선정
② 수집 세부 계획 수립
③ 데이터 수집 실행
④ 빅데이터 변화/통합
⑤ 빅데이터 수집 단계에서는 분석 전문가의 의견이 필요하지 않다.

> 이 단계는 빅데이터 분석의 성공 여부를 결정하는 매우 중요한 단계로 분석 경험이 많은 전문가의 의견이 반드시 필요하다. 목적을 달성하기 위한 수집 대상의 선정(Performance 측면) 외에도 개인정보 보호 등의 관련 규제를 준수(Compliance 측면)하여야 하며, 수집비용과 같은 원가(Cost Efficiency 측면) 또한 고려하여야 한다.

07 빅데이터 수집 세부 단계 중 데이터 소유자, 데이터 유형, 데이터 포맷 등을 고려하는 단계는?

① 수집 대상 데이터 선정
② 수집 세부 계획 수립
③ 데이터 수집 실행
④ 데이터 수집 결과 검토
⑤ 빅데이터 변화/통합

> 데이터 소유자, 데이터 유형, 데이터 포맷 등의 데이터의 특성을 고려해 빅데이터 수집 세부 계획을 수립하여야 한다.

08 빅데이터 수집 세부 계획 수립시 고려사항이 아닌 것은?

① 불변성　　　　　　　② 실시간성
③ 안정성　　　　　　　④ 확장성
⑤ 유연성

> 기술 선정시 고려사항은 확장성, 안정성, 실시간성, 유연성 등이 있다.

09 데이터 수집 실행 단계에서 데이터를 소유하는 주체가 웹페이지를 통해 데이터를 공개하고, 이를 데이터 수집을 원하는 주체가 수집하는 것과 관련된 용어와 수집방법은?

① 내부 데이터 : ETL
② 외부 데이터 : 크롤링 엔진
③ 능동적 수집 : 로그데이터, 설문조사
④ 수동적 수집 : 웹 로봇, 웹 크롤러
⑤ 온라인 수집 : 스크래핑

수동적 수집에 대한 설명이며, 웹 로봇과 웹 크롤러를 사용하여 수집한다.

10 로봇이 인터넷 사이트를 방문하여 모든 페이지의 복사본을 생성함으로써 데이터를 수집하는 것으로, SNS, UCC, 온라인 쇼핑, 검색 등 사용자들의 다양한 활동과 관련된 많은 양의 데이터 수집에 적용되는 것을 무엇이라 하는가?

① 빅데이터의 능동적 수집
② 빅데이터의 수동적 수집
③ 크롤링 엔진을 통한 내부 데이터 수집
④ 크롤링 엔진을 통한 외부 데이터 수집
⑤ 웹 로봇을 이용한 수동적 데이터 수집

크롤링 엔진을 통한 외부 데이터 수집은 로봇이 인터넷 사이트를 방문하여 모든 페이지의 복사본을 생성함으로써 데이터를 수집하는 것으로, SNS, UCC, 온라인 쇼핑, 검색 등 사용자들의 다양한 활동과 관련된 많은 양의 데이터 수집에 적용된다.

PART 6

11 빅데이터를 수집하는 과정에서 컴퓨터가 바로 처리할 수 없는 비정형 데이터를 구조적 형태로 전환하여 저장하는 것으로, 비정형 데이터의 정제, 누락 데이터 처리, 형식 일치, 내용이 틀린 데이터 교정을 포함하는 것을 무엇이라 하는가?

① 빅데이터 전처리
② 빅데이터 후처리
③ 빅데이터 저장
④ 빅데이터 변환
⑤ 빅데이터 통합

> 빅데이터 전처리는 데이터를 수집하여 저장소에 적재하기 위한 전반적인 처리 과정을 일컫는 것으로 필터링, 유형변환, 정제의 과정을 거치며, 빅데이터 후처리는 분석 전 작업에 용이하도록 가공하는 작업으로 변환, 통합, 축소를 거친다. 이 중 빅데이터 통합은 레거시 데이터간 통합하고, 비정형 데이터를 구조화하여, 처리된 비정형 데이터와 레거시 데이터를 통합하는 것을 일컫는다.

12 빅데이터를 수집하는 과정에서 레거시 데이터 간 통합하고, 비정형 데이터를 구조화하여, 처리된 비정형 데이터와 레거시 데이터를 통합하는 것을 무엇이라 하는가?

① 빅데이터 전처리
② 빅데이터 후처리
③ 빅데이터 저장
④ 빅데이터 변환
⑤ 빅데이터 통합

> 빅데이터 수집 과정 중 '통합'에 대한 설명이다.

13 가트너가 발간한 보고서에서 빅데이터 처리가 기존의 데이터 처리 방식과 다른 사항을 기술한 것 중 옳지 않은 것은?

① 기존의 데이터(CEP, OLTP, ODS, EDW)보다 의사결정의 즉시성이 더 많이 요구된다.

② 장기적이고 전략적이다.

③ 때때로 일회성 거래처리나 행동분석을 지원하여야 한다.

④ 다양한 데이터 소스, 복잡한 로직 처리, 대용량 데이터 처리 등을 위해 처리의 복잡도가 가장 높고 통상적으로 분산 처리 기술을 필요로 한다.

⑤ 실시간 또는 준실시간 처리가 보장돼야 하는 데이터 분석에는 약간 적합하지 않을 수 있다.

> 기존의 데이터보다 의사결정의 즉시성이 적게 요구된다.

14 분석 목적에 맞는 데이터만 선별하는 것으로, 비정형 데이터는 데이터마이닝을 통해 오류나 중복을 제거하여 저품질 데이터를 개선하는 과정으로 자연어 처리와 기계학습과 같은 기술 적용을 통해 추후 분석시간의 단축과 저장 공간의 효율화를 제공하는 것을 무엇이라 하는가?

① 정 제   ② 필터링
③ 통 합   ④ 유형변환
⑤ 축 소

> 통합은 레거시 데이터 간 통합하고, 비정형 데이터를 구조화하여, 처리된 비정형 데이터와 레거시 데이터를 통합하는 것이다. 유형변환은 분석에 용이한 형태로 변환하는 과정이다. 정제는 데이터의 불일치성을 교정하는 것으로, 결측치(Missing Value) 처리와 Noise 데이터 처리 등을 하는 것을 말한다.

15 빅데이터 저장 방식이 아닌 것은?

① RDB   ② NoSQL
③ Mahout   ④ 분산파일시스템
⑤ HDFS

> 저장방식은 RDB, NoSQL, 분산파일시스템(HDFS)이다. Mahout은 빅데이터 분석을 위한 알고리즘 패키지이다.

16 빅데이터 실시간 처리 기술이 아닌 것은?

① 스트림 처리 기술
② 분산 스트림 처리 기술
③ 인-데이터베이스 처리 기술
④ Mahout
⑤ 이벤트 기반 실시간 처리 기술

> 빅데이터 실시간 처리 기술은 스트림 처리 기술, 분산 스트림 처리 기술, 인-데이터베이스 처리 기술, 이벤트 기반 실시간 처리 기술 등이 있다.

17 다음 보기 중 빅데이터 분석의 세부 단계로만 묶인 것은?

A. 분석 계획 수립
B. 분석 시스템 구축
C. 분석 실행
D. 분석 시각화

① A, B, C
② A, B, D
③ A, C, D
④ B, C, D
⑤ A, B, C, D

> 빅데이터 분석의 세부 단계는 분석 계획 수립, 분석 시스템 구축, 분석 실행이다.

18 분석 시스템 구축에 필요한 소프트웨어의 결합이 옳지 않은 것은?

① 빅데이터 수집 : MapReduce, R 등

② 분산 파일 관리 : HDFS 등

③ 빅데이터 분석 : MapReduce, Pig 등

④ 빅데이터 수집 : Flume, Sqoop, Crawler, Open API 등

⑤ 빅데이터 분석 : Hive, Mahout 등

> MapReduce, Pig, Hive, Mahout, R 등은 빅데이터 분석을 위한 소프트웨어이다.

19 벤 프라이(Ben Fry)의 저서 'Visualizing Data'에 언급된 빅데이터 시각화의 7단계에 해당하지 않는 것은?

① Acquire   ② Parse

③ Visualize   ④ Refine

⑤ Interact

> 빅데이터 시각화의 7단계는 Acquire, Parse, Filter, Mine, Represent, Refine, Interact 이다.

20 빅데이터 폐기와 관련이 없는 것은?

① 이용 기한이 지난 개인정보는 적법하게 폐기해야 한다.

② 정보의 가치가 없는 데이터는 향후 다시 필요할 수 있으므로 백업해 두어야 한다.

③ 하드디스크를 물리적으로 폐기하거나, 다른 데이터로 덮어쓰기(Overwriting)하는 방법이 있다.

④ HDFS의 경우 여러 곳에 분산 저장하므로 데이터의 폐기가 제대로 이루어졌는지를 검증하기 어려운 문제가 있을 수 있다.

⑤ 물리적으로 하드디스크 등을 파기하는 경우에는 일부의 데이터만 골라서 삭제하는 것은 어려운 문제다.

> 정보의 가치가 없는 데이터는 폐기해야 한다.

01 다음 중 옳지 않은 것은?

① 초기 통계는 주로 국가의 조세와 병역들을 위하여 국민의 인구와 재산상태를 조사하는 형태였다.

② 센서스(Census)는 로마의 인구조사를 시행하는 감찰관의 명칭 켄소르(Censor)에서 유래되었다.

③ 고대 중국과 이집트 등에도 센서스가 있었다.

④ 고려 시대의 고려사나 고려사절요에는 병역과 요역, 과세를 목적으로 통계조사를 실시하였고, 어린아이와 노인의 구휼에도 활용하였다.

⑤ 조선 시대 때 지방통치 자료인 '민정문서'에는 촌락 단위로 면적, 호구, 인구수, 토지 면적과 소, 말, 뽕나무, 잣나무, 호두나무 등의 수효에 대한 통계가 기록되어 있다.

> 민정문서는 통일신라시대의 문서이다.

02 다음 중 통계에 대한 내용으로 옳지 않은 것은?

① 17세기에는 베이컨, 데카르트의 경험론과 합리론을 기반으로 하여 천문학, 확률론, 농업 등에 활용하였다.

② 18세기에는 케틀레나 갈톤에 의해 생물학 분야에 통계가 활용되었다. 이 시기에 기술통계학(Descriptive Statistics)이 비약적으로 발전하였으며, 추측통계학(Inferential Statistics)의 발전으로 이어졌다.

③ 19세기에 칼 피어슨이 기술통계학을 체계화시키고, 수리통계의 기초를 확립하였으며 피셔는 추측통계학 또는 추론통계학을 정립하였다.

④ 20세기에는 컴퓨터의 발전에 힘입어 생물의학통계, 금융통계, 전산통계 등으로 통계학의 영역이 확대되었다.

⑤ 최근에는 데이터마이닝, 빅데이터 등의 분야에서도 통계방법의 활용이 핵심적인 역할을 하고 있다.

> 19세기에 케틀레와 갈톤에 의해 생물학 분야에 통계가 활용되었다.

03 수집된 자료를 정리, 요약하여 그 집단의 특성을 표나 그래프 또는 수치로 정리 요약하여 알기 쉽게 정보화하는 방법을 다루는 통계분야를 일컫는 것은?

① 기술통계학 　　　　　　　　② 추측통계학
③ 통계적 추론 　　　　　　　　④ 분석통계학
⑤ 모수통계학

> 수집된 자료를 정리, 요약하여 그 집단의 특성을 알기 쉽게 정보화하는 방법을 다루는 통계분야는 기술통계학이다.

04 모집단의 일부인 표본의 특성을 이용하여 모집단의 특성을 추정(estimation)하거나 가설을 검정(hypothesis test)하는 방법을 다루는 통계분야를 일컫는 것은?

① 기술통계학 　　　　　　　　② 추측통계학
③ 통계적 추론 　　　　　　　　④ 분석통계학
⑤ 모수통계학

> 모집단의 일부인 표본의 특성을 이용하여 모집단의 특성을 추정(estimation)하거나 가설을 검정(hypothesis test)하는 방법을 다루는 통계분야는 추측통계학이다.

05 다음의 용어 설명 중 잘못된 것은?

① 모집단은 관심의 대상이 되는 집단 전체를 말한다.
② 표본(sample)은 모집단의 일부이다.
③ 모수는 모집단의 특성을 말한다.
④ 통계량은 모집단의 특성을 말한다.
⑤ 추정량은 모평균, 모분산 등과 같은 모수를 추정하는데 사용하는 표본평균, 표본분산 등과 같은 통계량이다.

> 통계량은 표본의 특성을 말한다.

06 모집단에서 추출된 표본의 통계량으로부터 모수를 추정하고 예측하는 과정을 일컫는 용어는?

① 기술통계학 　　　　　　　　② 추측통계학
③ 통계적 추론 　　　　　　　　④ 분석통계학
⑤ 모수통계학

> 모집단에서 추출된 표본의 통계량으로부터 모수를 추정하고 예측하는 과정을 '통계적 추론'이라
> 한다.

07 자료의 분류에 대한 설명으로 틀린 것은?

① 질적자료는 성별, 직업, 혈액형과 같이 관측된 값이 숫자가 아닌 문자로 표시되어 몇 개의
　범주를 나타내는 자료이다.
② 양적자료는 키, 몸무게, 생산량 등과 같이 관측된 값이 숫자로 표시되는 자료이다.
③ 양적자료는 이산형 자료와 연속형 자료로 나뉜다.
④ 연속형 자료는 고객수, 차량수 등과 같이 자료가 유한하거나 셀 수 있는 것을 말한다.
⑤ 척도에 따라 명목척도, 서열척도, 등간척도, 비율척도로 구분된다.

> 고객수, 차량수 등과 같이 자료가 유한하거나 셀 수 있는 것은 연속형 자료가 아닌 이산형 자료
> 이다.

08 측정 대상이 어느 집단에 속하는지 분류하는 경우에 사용하는 것으로 성별(남, 여), 지역(서
울, 부산, 광주) 등이 이에 해당하며, 모든 연산이 불가능한 자료는 어느 척도에 속하는가?

① 명목척도 　　　　　　　　　② 서열척도
③ 등간척도 　　　　　　　　　④ 절대척도
⑤ 비율척도

> 명목척도는 범주형 자료이며, 측정 대상이 어느 집단에 속하는지 분류하는 경우에 사용하는 것으로
> 성별(남, 여), 지역(서울, 부산, 광주) 등이 이에 해당하며, 모든 연산이 불가능한 자료이다.

09 사칙연산이 모두 가능한 척도와 예시는?

① 명목척도 : 성별
② 서열척도 : 성적, 순위
③ 등간척도 : 온도
④ 절대척도 : 시간
⑤ 비율척도 : 키, 몸무게, 월수입

> 비율척도는 등간척도가 갖는 특성에 더하여 절대적인 영점이 존재하고 두 측정값의 비율이 의미가 있는 척도로서 키, 몸무게, 월수입이 이에 속하며, 사칙연산이 모두 가능하다. 대표적인 등간척도에는 온도가 있다.

10 표와 그래프의 목적과 예가 올바르게 연결되지 않은 것은?

① 질적 변수 분포 파악 – 도수분포표
② 질적 변수 분포 파악 – 원그래프
③ 양적 변수 분포 파악 – 줄기–잎 그래프
④ 양적 변수 분포 파악 – 산점도
⑤ 양적 변수 분포 파악 – 상자그림

> 산점도의 목적은 두 범주 변수의 관계를 파악하기에 좋은 그래프이다.

11 관측 값들 중 빈도가 가장 많은 값으로 주로 계산이 의미 없는 명목척도나 서열척도를 이용하여 측정된 질적 변수의 대푯값을 구하는 경우에 사용하는 특성 값은?

① 평 균
② 중앙값
③ 최빈수
④ 백분위수
⑤ 사분위수

> • 평균 : 측정값의 산술적인 평균으로 산술평균이라고도 한다.
> • 중앙값 : 관측값들을 순서대로 배열하였을 때 중앙에 오는 값을 의미
> • 백분위수 : 자료를 크기순으로 배열하여 100등분 하였을 때의 각 등분점
> • 사분위수 : 자료를 크기순으로 배열하고, 누적 백분율을 4등분한 각 점에 해당하는 값

PART 6

12 평균에 대한 변동의 상대적인 산포도를 나타내는 값을 무엇이라 하는가?

① 범 위   ② 분 산

③ 표준편차   ④ 변동계수

⑤ 공분산

> • 범위 : 최댓값과 최솟값 간의 차이로 나머지 자료에 대해서는 모두 무시한 특성 값
> • 분산 : 관찰 값들이 평균으로부터 얼마나 떨어져 있는지를 나타내는 값
> • 표준편차 : 분산의 제곱근 값을 구하여 실제 변수 값에 근사한 산포도를 얻고자 한 것

13 분포의 기울어진 정도를 나타내는 척도로서, 기울기는 평균에 대한 비대칭 정도를 나타내는 값으로 분포의 모양이 평균을 중심으로 왼쪽으로 기울어져 있으면 양수로, 오른쪽으로 기울어져 있으면 음수로 나타나는 척도의 명칭은?

① 왜 도   ② 첨 도

③ 최빈수   ④ 변동계수

⑤ 분 산

> • 첨도 : 관측 값들이 평균주위에 집중적으로 몰려 있는 정도를 나타내는 척도
> • 최빈수 : 관측 값들 중 빈도가 가장 많은 값으로 주로 계산이 의미 없는 명목척도나 서열척도를 이용하여 측정된 질적 변수의 대푯값을 구하는 경우에 사용하는 특성 값
> • 변동 계수 : 평균에 대한 변동의 상대적인 산포도를 나타내는 값

14 수치를 이용한 자료의 정리에 대해 잘못 짝지은 것은?

① 중심위치의 특성 값 – 중앙값, 최빈수

② 산포도의 특성 값 – 범위, 분산

③ 분포형태의 특성 값 – 평균, 첨도

④ 중심위치의 특성 값 – 백분위수, 사분위수

⑤ 산포도의 특성 값 – 표준편차, 변동계수

> 평균은 중심위치의 특성 값이다.

15 다음 보기 중 비확률표본추출법만 고른 것은?

> A. 할당(quota) 추출
> B. 편의(convenience) 추출
> C. 판단(judgement) 추출
> D. 단순무작위추출(random sampling)

① A, B, C
② A, B, D
③ A, C, D
④ B, C, D
⑤ A, B, C, D

단순무작위추출은 확률표본추출법이다.

16 다음의 확률표본추출법에 대한 설명으로 틀린 것은?

① 확률표본추출법(Peobability Sampling) : 모집단의 구성요소가 표본으로 선택될 가능성이 동일하게 되도록 하는 표본추출 방법
② 단순무작위추출(Random Sampling) : 각 추출 단위가 표본에 추출될 확률을 객관적으로 알 수 없는 추출법
③ 계통추출(Systematic Sampling) : 표본추출 단위들 간에 순서가 있는 경우 일정한 표본추출 간격으로 표본을 추출
④ 층화추출(Stratified Sampling) : 모집단을 여러 개의 층으로 분류하고 각 층으로부터 일정한 표본을 추출
⑤ 집락추출(Cluster Sampling) : 모집단을 몇 개의 집락(cluster, 소그룹)이라는 부분집단으로 나누고, 여기서 표본집단을 추출한 후 그 표본들을 전수 조사하는 방법

단순무작위추출(Random Sampling) : 모집단 내부의 자료를 추출될 확률이 동일하게 표본을 추출하는 방법
각 추출 단위가 표본에 추출된 확률을 객관적으로 알 수 없는 추출법은 비확률표본추출법에 대한 설명이다.

17 모평균, 모분산 등을 추정하는데 사용하는 표본평균, 표본분산 등과 같은 통계량으로 표본평균, 표본의 중앙값, 최빈값 등을 무엇이라 하는가?

① 모 수   ② 유의수준
③ 추정량   ④ 검정통계량
⑤ 추정값

- 모수 : 모집단의 특성
- 유의수준 : 통계적 검정 시 표본들의 평균치 간에 생기는 차이가 우연인지를 판단하는 기준
- 검정통계량 : 가설검정에 이용되는 통계량

18 추정량의 바람직한 특성이 아닌 것은?

① 불편성   ② 일치성
③ 상대적 효율성   ④ 충분성
⑤ 재현성

추정량의 바람직한 특성은 불편성, 일치성, 상대적 효율성, 충분성이다.

19 기존에 알려져 있는 사실에 반하여 연구자의 새로운 제안이 옳다고 주장하는 가설을 무엇이라 하는가?

① 귀무가설   ② 대립가설
③ 영가설   ④ 통계적 가설
⑤ 검정가설

- 귀무가설(영가설) – 기존에 알려져 있는 사실이 옳다고 주장하는 것으로 H_0로 표시
- 대립가설(연구가설) – 연구자의 새로운 제안이 옳다고 주장하는 것으로 H_1로 표시

20 통계적 검정은 귀무가설이 옳다는 것에서 출발한다. 표본들의 평균치 간에 생기는 차이가 우연에 의한 것이라기에는 큰 경우, 우연이 아니라는 의문이 발생하게 되며, 이 때 우연인지를 판단하는 기준을 무엇이라 하는가?

① 유의수준　　　　　　　　　　② 검정통계량
③ 기각역　　　　　　　　　　　④ 구간추정
⑤ 점추정

- 검정통계량 : 가설검정에 이용되는 통계량으로 분포는 항상 가설에서 주어지는 모수가 갖는 분포를 따른다.
- 기각역 : 귀무가설이 사실이라는 전제하에서 구한 검정통계량의 분포에서 확률이 α인 부분을 말한다.
- 구간추정 : 추정의 종류로서 구간을 사용하여 추정하는 것을 말한다.
- 점추정 : 모수를 하나의 값으로 추정하는 것을 말한다.

21 다음 보기의 통계적 가설검정 절차를 바르게 배열한 것은?

〈보기〉
A. 유의수준을 지정하고 임계값(기각역)을 구한다.
B. 임계값과 검정통계량을 비교하여 귀무가설의 기각 여부를 판정한다.
C. 표본자료를 수집하여 검정통계량을 계산한다.
D. 귀무가설과 대립가설 설정한다.
E. 검정에 적용할 분포와 검정통계량을 선택한다.

① E → D → A → C → B
② D → A → E → C → B
③ E → A → C → B → D
④ D → E → C → A → B
⑤ D → E → A → C → B

통계적 가설검정 절차는 다음과 같다.
귀무가설과 대립가설 설정, 검정에 적용할 분포와 검정통계량을 선택, 유의수준을 지정하고 임계값(기각역)을 구한다, 표본자료를 수집하여 검정통계량을 계산, 임계값과 검정통계량을 비교하여 귀무가설의 기각 여부를 판정한다.

22 귀무가설이 참인데 귀무가설을 기각할 경우에 쓰이는 용어는?

① 옳은 결정(특이도) 　　　　　② 옳은 결정(민감도)

③ 제1종 오류 　　　　　　　　④ 제2종 오류

⑤ β 오류

제1종 오류이며 α 오류라고도 불린다.

23 상관분석에 대한 설명으로 틀린 것은?

① 상관분석 : 변수들 사이의 선형관계 정도를 분석하는 방법

② 단순상관분석 : 두 개의 변수에 대하여 연관성을 측정하는 경우 사용

③ 다중상관분석 : 3개 이상의 변수들 간의 관계에 대한 연관성을 측정 시 사용

④ 산포도(scatter plot) : 관계를 하나의 수치로 나타낸 것

⑤ 등간척도의 상관분석 방법 : 피어슨 상관계수 이용

상관분석은 변수들 사이의 선형관계 정도를 분석하는 방법으로 산포도와 상관계수가 사용된다.
- 산포도(scatter plot) : 두 변수를 XY좌표 평면 상에 점들로 나타내어 변수 간의 비례성, 선형성, 밀집도 등의 관계를 시각적으로 쉽게 알아볼 수 있게 한다.
- 상관계수(coefficient relation, r) : 관계를 하나의 수치로 나타낸 것

24 상관계수(r)는 관계를 하나의 수치로 나타낸 것이다. 척도에 따른 상관 정도에 대한 설명으로 옳지 않은 것은?

① 0.2 이하는 미약한 상관관계

② 0.2~0.4 낮은 상관관계

③ 0.4~0.6 비교적 높은 상관관계

④ 0.6~0.8 높은 상관관계

⑤ 0.8~1.0 매우 높은 상관관계

0.2 이하는 상관이 거의 없음을 나타낸다.

25 독립변수(연속형)와 종속변수(연속형) 간의 관계를 함수관계로 나타내고 독립변수가 종속변수에 미치는 영향의 정도를 분석하는 방법을 무엇이라 하는가?

① 통계분석   ② 상관분석
③ 회귀분석   ④ 데이터마이닝
⑤ 연관성 분석

> 회귀분석은 독립변수(연속형)와 종속변수(연속형) 간의 관계를 함수관계로 나타내고 독립변수가 종속변수에 미치는 영향의 정도를 분석하는 방법이다.

26 회귀분석의 특수한 경우로 종속변수가 이항형 또는 순서형인 회귀분석을 무엇이라 하는가?

① 로지스틱 회귀분석   ② 이항 회귀분석
③ 순서 회귀분석   ④ 다항 회귀분석
⑤ 다중 회귀분석

> 로지스틱 회귀분석은 회귀분석의 특수한 경우로 종속변수가 이항형 또는 순서형인 회귀분석이다.

27 회귀분석 기본 모형의 가정이 아닌 것은?

① 오차항의 기대값은 '0'이다.
② 오차항은 모두 동일한 분산을 갖는다.
③ 오차항은 서로 독립적이다.
④ 오차항의 합은 항상 일정하다.
⑤ 오차항은 정규분포를 이룬다.

> ①, ②, ③, ⑤는 회귀분석의 기본 가정이다.

PART 6

28 회귀모형의 검정 도구가 잘못 설명된 것은?

① 정확성은 표준오차로 검정한다.

② 표준오차가 작을수록 정확성이 높다.

③ 적합성은 분산분석으로 검정한다.

④ R2 값이 1에 가까울수록 모형의 설명력이 높다.

⑤ F값이 클수록 통계적으로 유의하다.

> 적합성은 결정계수로 검정한다.
> 유의성은 분산분석으로 검정하며, F값이 클수록 추정된 모형이 통계적으로 유의하다.

29 설문조사 추진 순서대로 바르게 나열한 것은?

① 계획의 입안 → 집계와 분석 → 준비와 실시 → 보고와 활용

② 계획의 입안 → 준비와 실시 → 집계와 분석 → 보고와 활용

③ 집계와 분석 → 계획의 입안 → 준비와 실시 → 보고와 활용

④ 집계와 분석 → 계획의 입안 → 보고와 활용 → 준비와 실시

⑤ 계획의 입안 → 준비와 실시 → 보고와 활용 → 집계와 분석

> 분석은 설문조사나 빅데이터나 기본적인 틀이 동일하다. 계획을 수립하고 데이터를 수집해서 분석한 후에 보고를 통해 의사결정을 내린 다음 실무에 활용하게 된다.

30 다음 중 비율척도가 아닌 것은?

① 월 수입   ② 몸무게

③ 키   ④ 성 별

⑤ 판매량

> ④는 명목형(nominal) 척도로 남·여, 도시·지방과 같이 분류되는 유형이다.

31 통계적인 관찰의 대상이 되는 집단 전체는 무엇인가?

① 모집단 ② 표본집단

③ 대표본 ④ 소표본

⑤ 샘 플

전체 집단을 모집단(population)이라고 하며, 30건 이상인 표본을 대표본이라고 한다.

01 다음은 어떤 용어에 대한 설명인가?

> 시간에 따라 관측되는 데이터, 연도별, 계절별, 월별, 일별 등의 시간에 따라 관측되어 시간의 영향을 받는 형태의 데이터

① 범주형 데이터
② 순서형 데이터
③ 시계열 데이터
④ 정성적 데이터
⑤ 정량적 데이터

시계열 데이터에 대한 설명이다.
• 범주형 데이터 : 측정 대상이 어느 집단에 속하는지 분류
　　　　　　　 예 성별(남, 여), 지역(서울, 부산, 광주) 등
• 순서형 데이터 : 측정 대상이 서열 관계를 갖는 척도로 선택사항이 일정한 순서
　　　　　　　 예 성적(A, B, C), 순위(1등, 2등, 3등)

02 다음 중 시계열 데이터를 이용한 예측 방법이 아닌 것은?

① 추세분석법
② 지수 평활법
③ 이동평균법
④ ARIMA 모형
⑤ 다차원척도법

다차원척도법은 p개의 변수로 설명되는 n개의 개체를 개체간 유사성(또는 비유사성)의 측도 값을 이용하여 저차원의 가시적 공간에 표현하는 그래프적 기법이다.

03 시계열 분석에 대한 설명으로 옳지 않은 것은?

① 시계열 분석의 가장 큰 목적은 시계열 데이터의 주기를 찾는 것이다.
② 데이터들은 계절별, 월별 등의 시간에 따라 관측되어 시간의 영향을 받는다.
③ 추세분석법, 평활법, ARIMA 등의 모형이 있다.
④ 모형의 식별, 추정, 진단의 단계를 거친다.
⑤ 시간의 일차, 이차 등의 다항함수를 비롯한 선형모형과 경우에 따라 비선형모형을 고려할 수 있다.

> 시계열 분석의 가장 큰 목적은 현재까지 수집된 시계열 데이터를 분석하여 미래를 예측하는 것이다.

04 추세분석법은 관측값을 시간의 함수로 표현하는 방법이다. 이에 해당하지 않는 것은?

① 선형추세모형　　　　　　② 선형계절추세모형
③ 이동평균법　　　　　　　④ 계절추세모형
⑤ 비선형모형

> 추세분석법에는 선형추세모형, 계절추세모형, 선형계절추세모형, 비선형모형이 있다.

05 다음은 추세분석법 중 어떤 모형에 대한 설명인가?

> 관측값이 일정한 추세를 가지고 증가하거나 감소하는 모형

① 선형추세모형　　　　　　② 계절추세모형
③ 선형계절추세모형　　　　④ 비선형모형
⑤ 이동평균법

> 보기는 추세분석법 중 '선형추세모형'을 설명한 것이다.

06 다음은 추세분석법 중 어떤 모형에 대한 설명인가?

> 계절성을 가지면서 일정한 선형추세를 가지는 모형

① 선형추세모형
② 계절추세모형
③ 선형계절추세모형
④ 비선형모형
⑤ 이동평균법

보기는 추세분석법 중 '선형계절추세모형'을 설명한 것이다.

07 평활법은 최근의 데이터를 더 비중 있게 취급하는 예측법이다. 다음 중 평활법에 해당하지 않는 것은?

① 단순지수 평활법
② ARIMA 모형
③ 이동평균법
④ 계절지수 평활법
⑤ 이중지수 평활법

평활법에는 이동평균법과 지수 평활법이 있으며, 지수 평활법에는 단순지수 평활법, 이중지수 평활법, 계절지수 평활법 등이 있다.

08 다음은 평활법 중 무엇에 대한 설명인가?

> 최근 일정 시점 데이터들의 평균값을 이용하여 예측을 하는데, 일정 시점의 크기에 따라 그 결과가 달라진다. 즉, 현재 시점을 포함해서 최근 n개 데이터의 산술평균을 다음 시점의 예측치로 사용하는 것이다.

① 단순지수 평활법
② ARIMA 모형
③ 이동평균법
④ 계절지수 평활법
⑤ 이중지수 평활법

> 보기는 평활법 중 이동평균법을 설명한 것이다. 이동평균법은 과거부터 현재의 시계열 자료를 토대로 기간별 이동평균을 계산하고 추세를 파악한다.

09 지수 평활법에 대한 설명으로 옳지 않은 것은?

① 시계열 데이터를 분석하는 기법에 속한다.
② 최근의 데이터를 더 비중 있게 취급하는 예측법이다.
③ 가중치를 과거로 갈수록 지수적으로 작게 주는 방법이다.
④ 직관적으로도 타당하며 계산법이 쉽고 많은 데이터의 저장이 필요없다.
⑤ 단순지수 평활법, 다중지수 평활법, 계절지수 평활법 등이 있다.

> 단순지수 평활법, 이중지수 평활법, 계절지수 평활법 등이 있다.

10 다음 중 ARIMA 모형에 대한 설명으로 옳지 않은 것은?

① ARIMA 모형은 현 시점의 관측값 Y_t를 과거의 관측값 $Y_t(k<t)$들과 오차들인 $\varepsilon_k(k\leq t)$의 선형결합이다.

② $Y_t = f(Y_1, Y_2, \cdots, Y_{t-1}, \varepsilon_1, \varepsilon_2, \cdots, \varepsilon_{t-1}) + \varepsilon_t$로 표현되며, ε_k는 k시점의 오차항이다.

③ Slutsky(1927)의 이동평균(Moving Average, MA) 모형 : Y_t가 현재 및 과거의 오차항(ε_t, ε_{t-1}, $\cdots$)들의 가중평균으로 결정

④ Walker(1931)의 자귀회귀(Autoregressive, AR) 모형 : Y_t가 과거의 관측치(Y_{t-1}, Y_{t-2}, $\cdots$)에 영향을 받는다.

⑤ 박스와 젠킨스(Box & Jenkins)가 1970년에 ARIMA 모형에 적합시키는 3단계 절차를 제안한 것이 최초의 ARIMA 모형이다.

> 박스와 젠킨스가 ARIMA 모형에 적합시키는 3단계 절차를 제안한 것은 사실이나, ARIMA 모형을 최초로 제안한 것은 1962년 워커(Walker)이다.

11 다음은 무엇에 대한 설명인가?

> p개의 변수로 설명되는 n개의 개체를 개체간 유사성(또는 비유사성)의 측도값을 이용하여 저차원의 가시적 공간에 표현하는 그래프적 기법으로 시장조사에서는 시장 세분화에 적용할 수 있고, 사회조사에서는 심리적 태도에 따라 사람들을 위치화할 수 있다.

① 시계열 분석
② 다차원척도법
③ 주성분분석
④ 요인분석
⑤ 연관성분석

> 보기는 다차원척도법에 대한 설명이다.

12 다차원척도법에 대한 설명으로 옳지 않은 것은?

① 상대적 거리만 알고 있는 많은 개체들을 저차원의 가시적 공간에 쉽게 표현할 수 있다.

② 유클리드 거리와 같은 거리 데이터 이외에 심리적인 거리 데이터에 대해서도 사용할 수 있다.

③ 시장조사에서는 시장 세분화에 적용할 수 있다.

④ p개의 변수로 설명되는 데이터를 유사성(또는 비유사성)의 값을 이용하여 2차원 평면에 절대적 거리만을 사용해 나타내는 기법이다.

⑤ 정치적 성향에 따른 도시의 위치도를 작성할 수 있다.

> 절대적 거리가 아니라 상대적 거리만을 이용해 나타내는 기법이다.

13 다음은 무엇에 관한 설명인가?

> 다변량 통계분석(multivariate statistical analysis)에서 원래의 변수들이 내포하는 정보를 최대한 유지하면서 변수 사이의 관련성을 분석하여 해석 가능한 적은 개수의 새로운 변수로 차원을 축소하기 위한 분석방법으로, 주어진 변수들과 동일차원의 변환된 변수로 나눌 수 있지만, 변환된 변수의 일부만을 사용해도 최초 변수만큼의 설명력을 가지므로 변수의 차원을 축소할 수 있다.

① 시계열 분석

② 다차원척도법

③ 주성분분석

④ 요인분석

⑤ 연관성분석

> 보기는 주성분분석에 대해 설명한 것이다.

14 다음은 무엇에 관한 설명인가?

> 여러 개의 변수로 측정된 데이터에서 원래의 변수들이 내포하고 있는 정보를 최대한 유지하면서 변수 사이의 관련성을 분석하고 그 변수들에 공통적으로 부여 가능한 요인을 파악하여 해석 가능한 적은 개수의 새로운 변수(요인)로 차원을 축소하는 방법으로, 처음부터 적은 수의 새로운 변수로 기존 변수를 대체할 수 있다고 가정하고 시작한다.

① 시계열 분석
② 다차원척도법
③ 주성분분석
④ 요인분석
⑤ 연관성분석

보기는 요인분석에 대해 설명한 것이다.

15 주성분분석에 대한 설명으로 옳지 않은 것은?

① 제1성분은 그 분산이 최소가 되도록 한다.
② 제2성분은 제1성분과는 서로 상관되지 않으면서 분산이 가장 큰 선형결합이다.
③ 제2성분은 제1성분과 공분산이 최소가 되는 일차결합이다.
⑤ 주성분은 변수들의 선형결합으로 표현된다.
④ 변수의 차원을 줄이는 대표적인 분석이다.

주성분분석은 주어진 변수들과 동일차원의 주성분으로 나눌 수 있지만, 주성분의 일부만을 사용해도 최초 변수만큼의 설명력을 가지므로 변수의 차원을 축소할 수 있다는 것이다.

16 다음은 어느 분석의 예시인가?

> 소형차 제조업체에서 실시한 구매자가 중요하게 생각하는 자동차의 특성 6가지에 대한 설문조사 결과 3개의 요인으로 전체의 96%를 설명할 수 있었다. 처음부터 적은 요인으로 변환이 가능할 것으로 보고 접근하였고, 도출된 3가지 요인은 경제성, 공간성, 안전성을 나타낸다.

① 시계열 분석
② 다차원척도법
③ 주성분분석
④ 요인분석
⑤ 연관성분석

> 요인분석은 처음부터 적은 수의 새로운 변수로 기존 변수를 대체할 수 있다고 가정하고 시작한다.

17 다음은 어느 분석의 예시인가?

> 경제활동, 물리적 현상, 기업의 경영활동, 인구 등의 변동을 시간의 흐름에 따라 파악이 가능하므로, 연도별로 집계한 데이터를 분석하여 의미 있는 모형을 얻을 수 있다.

① 시계열 분석
② 다차원척도법
③ 주성분분석
④ 요인분석
⑤ 연관성분석

> 보기는 시계열 분석에 대한 예시이다.

18 다음은 어느 분석의 예시인가?

> • 9개 도시의 상대적 거리가 주어진 경우 위치도 생성
> • 정치적 성향에 따른 9개 도시의 위치도 생성

① 시계열 분석
② 다차원척도법
③ 주성분분석
④ 요인분석
⑤ 연관성분석

보기는 다차원척도법(Multidimensional Scaling ; MDS)의 예시이다.

19 요인분석에 대한 설명으로 옳지 않은 것은?

① 변수를 적은 수의 공통요인의 선형결합으로 표현할 수 있다고 가정한다.
② 요인들을 회귀분석 또는 판별분석 등 차후의 분석에 이용할 때 사용할 수 있다.
③ 요인적재값은 변수와 공통요인의 상관관계를 나타낸다.
④ 요인의 수는 총분산 중에서 각 요인에 의해 설명되는 분산의 비율을 고려하여 결정할 수 있다.
⑤ SAS에서는 주성분방법, 최소제곱법, 최대우도방법, 주축요인추출방법 등을 제공한다.

SPSS에서는 주성분방법, 최소제곱법, 최대우도방법, 주축요인추출방법 등을 제공한다.

20 다음은 주요 통계기법에 대한 설명이다. 연결이 적절하지 않은 것은?

① 시계열분석 : 시간에 따라 관측되는 데이터를 분석하여 미래를 예측하는 기법
② 평활법 : 관측값을 시간의 함수로 표현하는 방법
③ 다차원척도법 : 개체의 유사성의 측도값을 이용하여 저차원의 가시적 공간에 표현하는 그래프적 기법
④ 주성분분석 : 변수의 차원을 축소하는 대표적인 분석. 변수의 개수와 동일한 주성분으로 표현이 가능하다고 가정
⑤ 요인분석 : 변수의 차원을 축소하는 방법. 적은 수의 공통요인으로 변수를 표현할 수 있다고 가정

> • 추세분석법 – 관측값을 시간의 함수로 표현하는 방법
> • 평활법 – 최근의 데이터를 더 비중있게 취급하는 예측법

21 다음 중 대·중·소도시의 1인당 노인복지 만족도 조사에 활용되는 검정법은?

① F-검정   ② T-검정
③ 카이스퀘어   ④ ANOVA
⑤ MANOVA

> 두 집단 간의 연속형값의 평균차 검정은 T-검정, 두 개·복수의 집단간 평균에 차이가 있는지 분산분석을 수행한 것은 각각 ANOVA·MANOVA, 복수집단의 빈도차이에 대한 것은 카이스퀘어 테스트이다.

22 각 변량이 평균을 중심으로 흩어진 정도는 무엇인가?

① 분 산   ② 표준편차
③ 범 위   ④ 첨 도
⑤ 왜 도

> 분산은 기댓값으로부터 얼마나 떨어져 있는지, 표준편차는 자료의 산포도에 대한 값, 범위는 최솟값과 최댓값의 차이, 첨도는 분포의 뾰족한 정도, 왜도는 분포가 한쪽으로 치우쳐 있는지에 대한 값이다.

01 다음은 무엇에 대한 설명인가?

> • 대용량의 데이터로부터 자동 또는 반자동적인 방법으로 의미 있는 패턴, 규칙, 관계를 찾아내는 것
> • 많은 데이터베이스로부터 지금까지 잘 알려지지 않고 유용하며 활용이 가능한 정보를 추출하는 과정

① 통계분석
② 데이터마이닝
③ 연관관계분석
④ 데이터 시각화
⑤ 비즈니스 인텔리전스

보기는 데이터마이닝을 설명한 것이다.

02 다음은 무엇에 대한 특징 설명인가?

> 사용자의 경험이나 편견을 배제하고 전적으로 데이터를 기반으로 지식과 패턴을 추출하기 때문에 영역 전문가가 간과해 버릴 수도 있는 지식과 패턴을 찾아낼 수 있다.

① 통계분석
② 데이터마이닝
③ 연관관계분석
④ 데이터 시각화
⑤ 비즈니스 인텔리전스

보기는 데이터마이닝의 특징이다.

03 다음 중 데이터마이닝 기법이 아닌 것은?

① 연관관계분석 기법   ② 인공신경망 기법

③ 오피니언 마이닝   ④ 다차원척도법

⑤ 군집분석 기법

> 다차원척도법은 통계분석 기법이다.

04 다음 중 데이터마이닝 기법인 것은?

① 회귀분석   ② 질의(Query)

③ 상관관계분석   ④ 군집분석 기법

⑤ 요인분석법

05 다음 중 분류가 다른 하나는?

① 텍스트마이닝   ② 연관관계분석 기법

③ 인공신경망 기법   ④ 사례기반추론

⑤ 군집분석 기법

> 텍스트마이닝은 비정형 데이터마이닝 기법이고, 나머지는 정형 데이터마이닝 기법이다.

06 다음 중 분류가 다른 하나는?

① 웹 마이닝   ② 군집분석 기법

③ 오피니언 마이닝   ④ 소셜 네트워크 분석

⑤ 텍스트 마이닝

> 군집분석 기법은 정형 데이터마이닝 기법이고, 나머지는 비정형 데이터마이닝 기법이다.

PART 6

07 다음 중 데이터마이닝 분석도구가 아닌 것은?

① R

② SAS사의 Enterprise Miner

③ SPSS사의 Clementine

④ SAP사의 InfiniteInsight

⑤ Flot

①, ②, ③, ④은 데이터마이닝 분석도구이고, ⑤는 시각화 도구이다.

08 다음 중 데이터마이닝 분석도구가 아닌 것은?

① Weka   ② Rapid Miner

③ Python   ④ D3

⑤ R

①, ②, ③, ⑤는 데이터마이닝 분석도구이고, ④는 시각화 도구이다.

09 다음 중 시각화 도구가 아닌 것은?

① Weka   ② Google Chart API

③ Flot   ④ Processing

⑤ Gephi

①은 데이터마이닝 분석도구이고, ②, ③, ④, ⑤는 시각화 도구이다.

10 다음은 무엇에 대한 설명인가?

> 상품 혹은 서비스 간의 관계를 살펴보고 이로부터 유용한 규칙을 찾아내고자 할 때 이용할
> 수 있는 기법이다. 동시 구매될 가능성이 큰 상품들을 찾아내는 기법으로 대형 마트의 장바
> 구니 분석을 통해 제품 진열의 효율화 등의 문제에 많이 적용되어 왔다.

① 통계분석
② 데이터마이닝
③ 텍스트마이닝
④ 데이터 시각화
⑤ 연관관계분석

보기는 연관관계분석에 대한 설명이다.

11 다음은 무엇에 대한 특징 설명인가?

> 대량의 데이터로부터 품목 간에 어떠한 관계가 있는지를 목적변수 없이 규칙 관계를 찾아낸
> 다. 그 결과로 얻어진 규칙은 이해하기도 쉽고 적용도 쉽다.

① 통계분석
② 데이터마이닝
③ 텍스트마이닝
④ 데이터 시각화
⑤ 연관관계분석

보기는 연관관계분석의 특징이다.

PART 6

12 연관관계분석의 지표 중 다음은 무엇에 대한 설명인가?

> 전체 거래 중에서 어떠한 항목 조합이 포함된 거래의 빈도를 나타낸다. 계산공식은 n(X∩Y)/N 이다.

① 지지도(Support)
② 신뢰도(Confidence)
③ 향상도(Lift)
④ 정확성(Accuracy)
⑤ 민감도(Sensitivity)

> 연관관계의 세 가지 지표는 지지도, 신뢰도, 향상도이며, 보기는 지지도에 대한 설명이다.

13 연관관계분석의 지표 중 다음은 무엇에 대한 설명인가?

> X를 구매한 경우 그 거래에 Y가 포함될 경우와 Y가 단독으로 거래된 경우의 비율로서, Y가 X와 연관되어 구매되는 것이 일반적으로 Y가 구매되는 것에 비해 얼마나 더 많은지를 나타내는 것이다. 공식은 P(Y|X)/P(Y) 이다.

① 지지도(Support)
② 신뢰도(Confidence)
③ 향상도(Lift)
④ 정확성(Accuracy)
⑤ 민감도(Sensitivity)

> 연관관계의 세 가지 지표는 지지도, 신뢰도, 향상도이며, 보기는 향상도에 대한 설명이다.

14 의사결정나무에 대한 설명이 아닌 것은?

① 분류 및 예측에 주로 사용되는 기법이다.

② 생물학적 뇌의 작동원리를 그대로 모방하는 방법이다.

③ 사용이 비교적 용이하고 그 결과를 이해하기가 수월하다.

④ 결과가 의사결정나무라는 그래프로도 표현되고, 규칙 세트의 형식으로도 도출된다.

⑤ 의사결정나무를 룰로 자동 변화가 가능하며, 이 룰은 다양한 활용이 가능하다.

'뇌의 작동원리를 모방하는 방법'은 인공신경망의 개념 설명이다.

15 다음은 어느 기법의 활용 사례인가?

> 고객 분류, 기업의 부도 예측, 주가예측, 환율 예측, 경제 전망 등

① 회귀분석

② 연관관계분석

③ 의사결정나무 기법

④ 군집분석

⑤ 텍스트 마이닝

보기는 의사결정나무 기법을 활용한 사례이다.

16 의사결정나무 기법의 분석 단계를 바르게 나타낸 것은?

① 의사결정나무의 형성 → 가지치기 → 해석 및 예측 → 타당성 평가

② 의사결정나무의 형성 → 해석 및 예측 → 가지치기 → 타당성 평가

③ 의사결정나무의 형성 → 타당성 평가 → 가지치기 → 해석 및 예측

④ 의사결정나무의 형성 → 가지치기 → 타당성 평가 → 해석 및 예측

⑤ 의사결정나무의 형성 → 타당성 평가 → 해석 및 예측 → 가지치기

PART 6

의사결정나무 기법의 분석 단계는 다음의 순서로 진행된다.
1) 의사결정나무의 형성 : 분석의 목적과 자료구조에 따라서 적절한 분리기준과 정지규칙을 지정하여 의사결정나무를 얻는다.
2) 가지치기 : 분류오류를 크게 할 위험이 높거나 부적절한 추론규칙을 가지고 있는 가지를 제거한다.
3) 타당성 평가 : 이익도표나 위험도표 또는 검증용 자료에 의한 교차타당성 등을 이용하여 의사결정나무를 평가한다.
4) 해석 및 예측 : 의사결정나무를 해석하고 예측모형을 설정한다.

17 의사결정나무의 알고리즘 설명으로 옳은 것은?

① CART : 지니지수(Gini Index) 또는 분산의 감소량을 분리기준으로 활용하고 이진분리를 수행하는 알고리즘
② C4.5 : 카이제곱-검정 또는 F-검정을 분리기준으로 활용하고 다지 분리수행이 가능한 알고리즘
③ CHAID : 엔트로피지수를 분리기준으로 활용하는 알고리즘
④ C4.5 : 지니지수(Gini Index) 또는 분산의 감소량을 분리기준으로 활용하고 이진분리를 수행하는 알고리즘
⑤ CART : 엔트로피지수를 분리기준으로 활용하는 알고리즘

- C4.5 : 엔트로피지수를 분리 기준으로 활용하는 알고리즘
- CHAID : 카이제곱-검정 또는 F-검정을 분리기준으로 활용하고 다지 분리수행이 가능한 알고리즘

17 ① 정답

18 의사결정나무의 장점이 아닌 것은?

① 주요 변수의 선정이 용이하다.

② 두 개 이상의 변수가 결합하여 목표변수에 어떻게 영향을 주는지 쉽게 알 수 있다.

③ 연속형 변수를 비연속적인 값으로 취급하기 때문에 분리의 경계점 근방에서 예측 오류의 가능성이 적다.

④ 선형성, 정규성, 등분산성 등의 가정이 필요 없다.

⑤ 의사결정나무를 룰로 자동 변환할 수 있으며, 이 룰은 다양한 활용이 가능하다.

> 단점의 비연속성에 해당하는 것으로, 연속형 변수를 비연속적인 값으로 취급하기 때문에 분리의 경계점 근방에서 예측 오류가 클 가능성이 있다.

19 의사결정나무의 단점이 아닌 것은?

① 연속형 변수를 비연속적인 값으로 취급하기 때문에 분리의 경계점 근방에서 예측 오류가 클 가능성이 있다.

② 선형성, 정규성, 등분산성 등의 가정이 필요하다.

③ 선형 또는 주 효과 모형에서와 같은 결과를 얻을 수 없다는 한계점이 있다.

④ 분석용 자료에만 의존하기 때문에 새로운 자료의 예측에서는 불안정할 가능성이 높다.

⑤ 나무 형성시 컴퓨팅 비용이 많이 든다.

> 비모수적 모형에 대한 설명으로, 선형성, 정규성, 등분산성 등의 가정이 필요 없다.

20 인공신경망에 대한 설명으로 옳지 않은 것은?

① 생물학적 뇌의 작동원리를 그대로 모방하는 방법

② 데이터 안의 독특한 패턴이나 구조를 인지하는데 필요한 모델을 구축하는 기법

③ 가장 일반적인 모형은 다계층 퍼셉트론 모형

④ 노드(node)와 층(layer)으로 구성되며, 층에는 입력층(Input layer), 출력층(Output layer) 두 가지가 있다.

⑤ 예측오차를 줄이고 예측정확성을 증진시키기 위해 반복적으로 가중치(weight)를 수정한다.

> 노드(node)와 층(layer)으로 구성되며, 층에는 입력층(Input layer), 은닉층(Hidden layer), 출력층(Output layer)이 있다.

21 인공신경망의 장점이 아닌 것은?

① 인공신경망은 복잡하고 비선형적이며 관계성을 갖는 다변량을 분석할 수 있다.
② 회귀분석과 같은 선형기법과 비교하여 비선형기법으로 예측이 뛰어나다.
③ 자료에 대한 통계적 분석 없이 결정을 수행할 수 있다.
④ 결과에 대한 해석이 쉽고, 모델 학습에 소요되는 시간이 짧다.
⑤ 통계적 기본가정이 적고 유연하다. 특히, 소량의 데이터, 불완전 데이터, 노이즈 데이터가 많은 경우에도 다른 기법에 비해 우수하다.

> 인공신경망의 단점으로 결과에 대한 해석이 어렵고, 모델 학습에 많은 시간이 소요된다.

22 인공신경망의 단점이 아닌 것은?

① 인공신경망은 복잡하고 선형적이며 관계성을 갖는 다변량을 분석할 수 있지만, 비선형적인 다변량을 분석할 수는 없다.
② 결과에 대한 해석이 어렵다.
③ 모델 학습에 많은 시간이 소요된다.
④ 전체관점의 최적해보다 지역 내 최적해가 선택될 수 있다.
⑤ 과적합화(overfitting)가 될 수도 있다.

> 인공신경망의 장점으로 복잡하고 비선형적이며 관계성을 갖는 다변량을 분석할 수 있다.

23 다음은 무엇에 대한 설명인가?

> 과거에 있었던 사례들의 결과를 바탕으로 새로운 사례의 결과를 예측하는 기법으로 사례의
> 유사성(Similarity) 척도로 근접이웃 방법론이 가장 많이 이용되고 있다.

① 연관관계분석
② 의사결정나무 기법
③ 인공신경망
④ 사례기반추론
⑤ 텍스트마이닝

보기는 사례기반추론의 개념 설명이다.

24 사례기반추론의 과정으로 올바른 것은?

① 검색 → 재사용 → 유지 → 수정
② 검색 → 재사용 → 수정 → 유지
③ 검색 → 수정 → 재사용 → 유지
④ 검색 → 수정 → 유지 → 재사용
⑤ 검색 → 유지 → 수정 → 재사용

사례기반 추론 과정
1) 검색(Retrieve) : 사례 데이터베이스에서 적절한 유사한 사례 검색. 유사한 사례는 문제와 해결
   방법, 해결방법 도출 과정에 대한 설명을 포함하고 있다.
2) 재사용(Reuse) : 이전의 사례로부터 대상 문제의 해결방법을 연결한다. 새로운 상황에 해결방
   안을 적응시키는 것을 포함한다.
3) 수정(Revise) : 새로운 해결방법을 실제 테스트하고, 수정한다.
4) 유지(Retain) : 성공적인 해법을 찾으면, 이를 적용 후 새로운 사례로서 데이터베이스에 저장
   한다.

PART 6

25 사례기반추론의 장점이 아닌 것은?

① 인간의 문제해결 방식과 유사하기 때문에 결과의 이해가 쉽다.

② 새로운 사례를 저장하는 것만으로 학습이 진행된다.

③ 구조가 간단하고 이해가 용이하다.

④ 사례저장을 위한 공간이 많이 필요하지 않다.

⑤ 복잡한 문제를 비교적 적은 정보로 의사결정, 문제해결이 가능하다.

> 사례기반추론의 단점으로, 사례저장을 위한 공간이 많이 필요하다.

26 사례기반추론의 단점이 아닌 것은?

① 정확도가 상대적으로 크게 떨어진다.

② 사례를 저장하기 위한 공간이 많이 필요하다.

③ 일반화를 위한 학습과정과 해결이 동시에 일어나기 때문에 많은 시간이 소요된다.

④ 사례를 설명하고 있는 속성이 적절하지 못한 경우 성능이 크게 저하된다.

⑤ 인간의 문제해결 방식과 유사하기 때문에 결과의 이해가 어렵다.

> 인간의 문제해결 방식과 유사하기 때문에 결과의 이해가 쉽다.

27 다음은 어떤 기법 활용의 예인가?

> 적용이 쉽고, 간단하다는 장점과 모형의 갱신이 실시간으로 이루어진다는 점 등으로 인해, 온라인 환경에서의 고객관계 관리를 위한 도구로 많은 주목을 받고 있다. 프로젝트 관리, 기업신용평가, 채권등급평가, 콜센터의 자동응답시스템, 고장진단 헬프데스트, 전략 수립, 유비쿼터스 컴퓨팅 시스템의 상황인식 기능 및 개인화 서비스 구현에도 활용되고 있다.

① 의사결정나무 기법　　　　② 인공신경망

③ 사례기반추론　　　　　　④ 군집분석

⑤ 텍스트 마이닝

> 보기는 사례기반추론의 활용 예이다.

28 다음은 무엇에 대한 설명인가?

전체 데이터를 군집을 통해 잘 구분하는 것으로 다양한 특징을 가진 관찰 대상으로부터 동일 집단으로 분류하는데 사용된다. 이는 유사한 특성을 가진 개체를 합쳐가면서 최종적으로 유사 특성의 군집을 찾아내는 분류방법으로 구분하려고 하는 각 군집에 대한 아무런 사전지식이 없는 상태에서 분류하는 것이므로 무감독 학습(Unsupervised Learning)에 해당한다.

① 의사결정나무 기법
② 인공신경망
③ 사례기반추론
④ 군집분석
⑤ 텍스트 마이닝

보기는 군집분석(Cluster Analysis)의 개념 설명이다.

29 군집분석에서 쓰이는 다양한 거리측정함수가 아닌 것은?

① 유클리디언 거리
② 브로드웨이 거리
③ 마할라노비스 거리
④ 헤밍 거리
⑤ 맨하탄 거리

거리측정함수에 브로드웨이 거리는 없다.

30 군집분석에 대한 설명으로 옳지 않은 것은?

① 계층적 군집분석은 군집의 숫자를 사전에 정한다.

② 계층적 군집분석은 덴드로그램(Dendrogram)을 그려줌으로써 군집의 형성과정을 정확히 파악할 수 있다.

③ 계층적 군집분석에서는 한 개체가 일단 특정 군집에 소속되면 다른 군집으로 이동시킬 수 없다.

④ 비계층적 군집분석은 많은 데이터를 빠르고 쉽게 분류할 수 있다.

⑤ 비계층적 군집분석은 군집 형성 초기 값에 따라 군집결과가 달라진다.

군집의 숫자를 사전에 정하는 것은 비계층적 군집분석이다.

31 의사결정나무의 설명으로 빈칸에 적합하지 않은 단어는?

> 의사결정나무는 (   )변수들에 대한 규칙들을 (   )구조로 분류와 예측을 수행하는 기법으로 (   ), (   )와 같은 알고리즘이 있다.

① CART
② 목 표
③ 나 무
④ CHAID
⑤ 인공신경망

의사결정나무는 목표 변수들에 대한 규칙들을 나무 구조로 분류와 예측을 수행하는 기법으로 CART, CHAID와 같은 알고리즘이 있다.

32 다음 중 연속형 변수의 예가 아닌 것은?

① 고객수
② 온 도
③ 무 게
④ 길 이
⑤ 부 피

양적자료로서 연속형은 세는(count)것이 불가능한 단위이며 이산형은 개수를 측정할 수 있다.

05 비정형 데이터마이닝

01 다음은 무엇에 대한 설명인가?

> 미리 정의된 데이터 모델을 가지고 있지 않은 데이터로서, 아주 많은 양의 데이터를 가지고 있으면서 구조와 형태가 다르고 정형화되지 않은 문서, 영상, 음성 등을 말하며, 책, 저널, 문서, 메타데이터, 건강기록, 오디오, 비디오, 아날로그 데이터, 이미지, 파일, 이메일, 웹페이지, 워드 프로세서 문서, 채팅, 단문메시지(SMS), 블로그, 트위터, 페이스북 등의 데이터가 이에 속한다.

① 정형 데이터   ② 비정형 데이터
③ 반정형 데이터   ④ 아날로그 데이터
⑤ 메타 데이터

보기는 비정형 데이터의 정의와 예를 설명한 내용이다.

02 다음은 무엇에 대한 설명인가?

> 정형적 구조를 따르지 않지만 어의적 요소를 분리시키고 데이터 내의 레코드와 필드의 계층 구조가 있게 하는 태그나 다른 마커를 포함하고 있는 정형 데이터이다. 최근에 등장한 객체지향 데이터베이스에서의 데이터가 이에 속한다. 마크업(Markup) 언어, 이메일, EDI(Eletronic Data Interface) 등도 이에 속한다.

① 정형 데이터   ② 비정형 데이터
③ 반정형 데이터   ④ 아날로그 데이터
⑤ 메타 데이터

반정형 데이터의 정의와 예를 설명한 내용이다.

03 비정형 데이터마이닝 과정에 대한 설명으로 옳은 것은?

① 탐색 : 경향, 상관관계, 분류 등의 작업을 수행
② 이해 : 질의, 집합연산, 재귀 및 팽창 등의 작업을 수행
③ 이해 : 통계, 분배, 특징 선택, 군집화, 분류 편집, 시각화 등의 작업을 수행
④ 분석 : 질의, 집합연산, 재귀 및 팽창 등의 작업을 수행
⑤ 분석 : 통계, 분배, 특징 선택, 군집화, 분류 편집, 시각화 등의 작업을 수행

비정형 데이터마이닝의 과정은 다음과 같다.
1) 탐색 : 질의, 집합연산, 재귀 및 팽창 등의 작업을 수행
2) 이해 : 통계, 분배, 특징 선택, 군집화, 분류 편집, 시각화 등의 작업을 수행
3) 분석 : 경향, 상관관계, 분류 등의 작업을 수행

04 다음은 무엇에 대한 설명인가?

인간의 언어로 이루어진 비정형 텍스트 데이터들을 자연어 처리(Natural Language Processing) 방식을 이용하여 대규모 문서에서 정보를 추출하거나, 연계성을 파악하거나, 분류 혹은 군집화, 요약 등 빅데이터에 숨겨진 의미를 발견하는 기법을 말한다. 텍스트 분석, 텍스트 데이터베이스로부터 지식발견, 문서 마이닝 등으로 불리기도 한다.

① 텍스트 마이닝
② 웹 마이닝
③ 오피니언 마이닝
④ 소셜 네트워크 분석
⑤ 연관관계분석

보기는 텍스트 마이닝에 대한 설명이다.

05 텍스트 마이닝의 처리과정으로 옳은 것은?

① 입력 → 준비 단계 → 지식 추출 단계 → 전처리 단계 → 출력
② 지식 추출 단계 → 입력 → 준비 단계 → 전처리 단계 → 출력
③ 전처리 단계 → 입력 → 준비 단계 → 지식 추출 단계 → 출력
④ 입력 → 준비 단계 → 전처리 단계 → 지식 추출 단계 → 출력
⑤ 지식 추출 단계 → 준비 단계 → 입력 → 전처리 단계 → 출력

> 텍스트 마이닝은 입력, 준비 단계, 전처리 단계, 지식 추출 단계, 출력을 거쳐 처리된다.

06 다음은 텍스트 마이닝의 처리과정 중 어느 단계에 해당하는가?

> 조직화된 텍스트들을 정형화된 표현양식으로 만드는 단계로 텍스트 문서에서 단어를 찾아
> 목록을 만들고, 단어 목록에서 분석 목적에 맞는 용어를 식별하여 텍스트 문서와의 관계를
> 인덱스로 연결하여 행렬구조로 만든다. 각 텍스트 문서에서 빈도가 지나치게 드문 것과
> 전문가 입장에서 분석 목적과 멀다고 생각되는 것을 제거하고, 특이값 분해를 통해 행렬의
> 전반적인 의미 구조가 나타나도록 하여 다루기 쉬운 크기로 줄인다.

① 입력 단계   ② 준비 단계
③ 전처리 단계   ④ 지식 추출 단계
⑤ 후처리 단계

> 전처리 단계를 설명한 글이다. 그 외 다른 단계의 내용은 다음과 같다.
> • 준비 단계 : 정보검색이나 텍스트 식별을 말하며, 웹상에서나 파일시스템, 데이터베이스, 내용
>   관리 시스템 등에서 문제 범위에 맞는 일련의 텍스트들을 수집하거나 식별하여 텍스트 파일과
>   같은 컴퓨터 처리에 적합하게 통일된 형태로 디지털화하고 조직화하는 과정이다.
> • 지식 추출 단계 : 분석 목적에 맞게 변환된 정형 데이터에서 의미 있는 패턴이나 관계와 같은
>   지식을 발견하는 것이다. 분류, 클러스터링, 개념 및 개체 추출, 세분화된 분류 체계의 생산,
>   심리 분석, 문서 요약, 개체 관계 모델링 등으로 패턴을 찾는다.

07 다음은 무엇에 대한 설명인가?

> 인터넷을 통해 웹 서비스를 이용하면서 웹에서 패턴을 발견하는 것으로 웹 사용 마이닝, 웹 콘텐츠 마이닝, 웹 구조 마이닝 등이 이에 속한다.

① 텍스트 마이닝
② 웹 마이닝
③ 오피니언 마이닝
④ 소셜 네트워크 분석
⑤ 연관관계분석

웹 마이닝에 대한 설명과 분류이다.

08 다음의 웹 마이닝에 대한 설명 중 옳은 것은?

① 웹 사용 마이닝은 웹사이트의 노드와 연결 구조를 분석하기 위해 그래프 이론을 사용하는 과정을 말한다.
② 웹 구조 마이닝의 예로는 포털사이트에서 웹 페이지를 주제별 또는 키워드별로 자동을 분류해 둔 검색엔진을 운영하는 것이 있다.
③ 웹 콘텐츠 마이닝은 웹 페이지에서 유용한 데이터, 정보, 지식을 마이닝하고 추출하고 통합하는 것을 말한다.
④ 웹 구조 마이닝은 웹 사용자의 특성과 성향을 뽑아내는데 사용되며, 사용 데이터의 종류에 보다 의존적인 것이다.
⑤ 웹 콘텐츠 마이닝은 웹사이트의 노드와 연결 구조를 분석하기 위해 그래프 이론을 사용하는 과정을 말한다.

• 웹 사용 마이닝 : 웹 상에서 사용자가 찾고자 했던 것을 기록하고 있는 웹 서버 로그에서 유용한 정보를 추출하는 과정을 말한다. 웹 사용자의 특성과 성향을 뽑아내는데 사용되며, 사용 데이터의 종류에 보다 의존적인 것이다.
• 웹 구조 마이닝 : 웹사이트의 노드와 연결 구조를 분석하기 위해 그래프 이론을 사용하는 과정을 말한다.

09 **웹 마이닝의 활용 예가 아닌 것은?**

① 웹 데이터 확인과 유효성 검증
② 웹 데이터 통합, 분류 체계 구축
③ 웹 콘텐츠 관리, 콘텐츠 생산
④ 웹 사용자간 관계 분석
⑤ 오피니언 마이닝

웹 사용자 간 관계 분석은 웹 마이닝이 아닌 소셜네트워크 분석에 가깝다.

10 **다음은 무엇에 대한 설명인가?**

웹 페이지에서 유용한 데이터, 정보, 지식을 마이닝하고 추출하고 통합하는 것을 말한다. 웹 상에 이전부터 퍼트려진 수많은 정보들이 가지고 있는 구조적 결핍과 중복성을 개선하고자 각종 정보수집 도구를 사용하여 자동으로 발견하여 결합하고 인덱스화하여 데이터베이스에 저장해두고 검색도구를 통해 사용자가 보다 편리하게 검색할 수 있도록 진화되어 왔다. 포털사이트에서 웹 페이지를 주제별 또는 키워드별로 자동을 분류해둔 검색엔진을 운영하는 것이 이에 속한다.

① 웹 사용 마이닝
② 웹 콘텐츠 마이닝
③ 웹 구조 마이닝
④ 웹 관계 마이닝
⑤ 오피니언 마이닝

웹 콘텐츠 마이닝에 대한 설명이다.

11 다음은 무엇에 대한 설명인가?

> 어떤 사안이나 인물, 이슈, 이벤트 등과 관련된 원천 데이터에서 주제에 대한 의견이나 평가, 태도, 감정 등과 같은 주관적인 정보를 식별하고 추출하는 것이다.

① 텍스트 마이닝
② 웹 마이닝
③ 오피니언 마이닝
④ 소셜 네트워크 분석
⑤ 감성 분석

보기는 오피니언 마이닝의 개념을 설명한 글이다.

12 오피니언 마이닝에 대한 설명으로 옳지 않은 것은?

① 어떤 사안이나 인물, 이슈, 이벤트 등과 같은 원천 데이터에서 의견이나 평가, 태도, 감정 등과 같은 주관적인 정보를 식별하고 추출하는 것과 관련되어 있다.
② 오피니언 분석, 평판 분석, 정서 분석, 분류분석이라고도 한다.
③ 주요 분석 대상은 포털 게시판, 블로그, 쇼핑몰과 같은 대규모 웹 문서이기 때문에 자동화된 분석방법을 사용한다.
④ 주로 텍스트 문서를 다루므로 자연어 처리, 텍스트 분석, 컴퓨터 언어학 등의 기술을 사용한다.
⑤ 사용예로는 상품이나 서비스에 대한 시장규모를 예측하거나 소비자의 반응 및 입소문을 분석하는데 활용된다.

분류분석은 오피니언 마이닝과 관련이 없다.

13 오피니언 마이닝 방법에 대한 설명으로 옳지 않은 것은?

① 오피니언 마이닝은 구문에서 의견을 뽑아내서 오피니언이 만들어진 특징을 파악하기 위해서 단어들의 문법적인 관계가 사용되고 문법적 의존 관계는 텍스트에 대한 깊이 있는 문장 분석을 통해서 이루어진다.

② 사람에 의한 수작업 정서 분석과 기계에 의한 자동화된 정서 분석으로 분리할 수 있다.

③ 웹페이지, 온라인 뉴스, 인터넷 토론 그룹, 온라인 평론, 블로그, 소셜미디어 등을 포함하여 대규모 텍스트 집합으로 오피니언 마이닝을 자동으로 수행하는 공개 소프트웨어 도구를 통하여 얻는다.

④ 얻어진 결과에 기계학습, 통계처리, 자연어 처리 기술 등을 적용하면 효율적으로 이용할 수 있게 된다.

⑤ 오피니언 마이닝 시 문화적 요인, 언어적 뉘앙스, 맥락의 차이 등이 국가별로 다르므로, 수집된 단어에 대한 찬성과 반대가 상황에 따라 달라질 수 있으나 산업별로는 별 차이가 없어 그대로 사용이 가능하다.

> 오피니언 마이닝 시 주의할 사항은 문화적 요인, 언어적 뉘앙스, 맥락의 차이 등이 국가별, 산업별로 다르므로, 수집된 단어에 대한 찬성과 반대가 상황에 따라 달라질 수 있다는 점이다. 이러한 단어에 대한 정서가 국가별, 산업별로 탄탄하게 구성되어야 의미 있는 분석이 가능한 쉽지 않은 영역이다.

14 다음은 무엇에 대한 설명인가?

> 개인의 생각이나 의견, 비전이나 가치 등을 디지털 콘텐츠 형태로 공유하거나 교환할 수 있도록 사회적 관계를 맺는 쌍방관계를 갖는 커뮤니티 서비스이다.

① 포털 사이트
② 소셜 네트워크 서비스
③ 문자 메시지
④ 검색엔진
⑤ 통합 검색 서비스

> 보기는 소셜 네트워크 서비스에 대한 설명이다. 예로는 페이스북, 구글플러스, 카카오스토리, 트위터, 미투데이, 마이크로블로그 등이 있다.

15 소셜 네트워크 분석의 용어로서 다음 중 그 분류가 다른 것은?

① 노 드 ② 점
③ 관 계 ④ 객 체
⑤ Vertex

소셜 네트워크 분석은 다음의 두 가지 요소로 구성되어 있다.
• 노드(점, Vertex, 객체)
• 링크(선, Edge, 관계)

16 소셜 네트워크 분석의 용어로서 다음 중 그 분류가 다른 것은?

① 관 계 ② 우 정
③ 연대감 ④ 행위자
⑤ 성 향

소셜 네트워크 분석은 다음의 두 가지 요소로 구성되어 있다.
• 노드(점, Vertex, 객체) : 행위자
• 링크(선, Edge, 관계) : 우정, 연대감, 성향

17 다음은 소셜 네트워크 분석 기법 중 무엇을 말하는가?

다양한 레이아웃으로 노드와 링크를 표시하고, 색깔과 크기와 다른 진보된 속성 등을 노드에 덧붙임으로써 구별되게 하여 네트워크를 이해하는데 도움을 준다. 그러나 정량적으로 데이터를 이해하기 위한 수단이지 그것만으로 네트워크를 모두 설명하거나 이해했다고 생각하면 안 된다.

① 데이터 탐색 ② 모델화와 시각화
③ 참여 네트워크 매핑 ④ 커뮤니티 생성
⑤ 통합 검색 서비스

보기는 소셜 네트워크 분석 기법 중 데이터 탐색에 대한 설명이다.

18 다음은 소셜 네트워크 분석의 모델화와 시각화 중 무엇에 대한 설명인가?

> 모든 표시의 결과가 긍정적인 사이클로, 그룹에서 다른 사람들에 대한 그들의 의견을 바꾸는 것을 좋아하지 않는 집단을 나타내는 그래프

① 협동 그래프
② 표식 사회적 관계망 그래프
③ 균형 그래프
④ 불균형 그래프
⑤ 대칭 그래프

- 협동 그래프 : 사람들 사이의 좋은 관계(우정, 동맹 등)와 나쁜 관계(증오, 화 등)를 나타내는데 사용된다.
- 표식 사회적 관계망 그래프 : 그래프의 미래 진화를 예측하는데 사용될 수 있다. 균형 그래프와 불균형 그래프가 있는데, 균형 그래프는 모든 표시의 결과가 긍정적인 사이클로 그룹에서 다른 사람들에 대한 그들의 의견을 바꾸는 것을 좋아하지 않는 집단을 나타내며, 불균형 그래프는 다른 사람들에 대한 그들의 의견을 바꾸는 것을 아주 좋아하는 사람들의 집단을 나타낸다.

19 소셜 네트워크 분석 기법에 대한 설명으로 옳지 않은 것은?

① 다양한 레이아웃으로 노드와 링크를 표시하고, 색깔과 크기와 다른 진보된 속성 등을 노드에 덧붙임으로써 구별되게 하여 네트워크를 이해하는데 도움을 준다.
② 균형 그래프 : 다른 사람들에 대한 그들의 의견을 바꾸는 것을 아주 좋아하는 사람들의 집단을 나타낸다.
③ 협동 그래프 : 사람들 사이의 좋은 관계(우정, 동맹 등)와 나쁜 관계(증오, 화 등)를 나타내는 데 사용된다.
④ 참여 네트워크 매핑 : 변화를 촉진시키는 도구로서의 분석 기법으로, 참여자와 면담자는 데이터 수집 시기에 그 네트워크에 실질적으로 매핑해 나감으로써 네트워크 데이터를 제공한다.
⑤ 그 외의 분석기법은 데이터 집합, 데이터마이닝, 네트워크 전파 모델링 등의 폭넓은 응용 범위를 가지고 널리 사용되고 있다.

> 균형 그래프가 아닌 불균형 그래프에 대한 설명이다.

PART 6

20 소셜 네트워크 분석 기법이 아닌 것은?

① 군집분석
② 네트워크 전파 모델링
③ 네트워크 모델링 및 샘플링
④ 사용자 속성 및 행동 분석
⑤ 커뮤니티 유지관리 자원 지원

> 군집분석은 소셜 네트워크 분석이 아닌 정형 데이터마이닝에 속한다.

21 데이터 전처리 과정에 속하는 것으로 알맞게 고른 것은?

> ㉠ 데이터 정제　　　　　　　　　㉡ 데이터 인증
> ㉢ 데이터 익명화　　　　　　　　㉣ 데이터 수집
> ㉤ 데이터 필터링

① ㉠, ㉡, ㉢　　　　　　　　　　② ㉠, ㉡
③ ㉠, ㉡, ㉢, ㉣　　　　　　　　④ ㉠, ㉡, ㉣
⑤ ㉠, ㉤

> 데이터 수집이 이루어진 다음에 전처리(pre-processing)단계에서는 필터링, 유형변환, 정제 작업을 실시한다. 데이터 인증, 데이터 익명화는 논란의 여지가 있을 수 있는 항목이나 인증은 최종 확정된 내용이 인증되어야 되므로 전처리 대상이 아니며, 익명화도 정제과정을 거쳐서 통합이 된 다음에 익명화가 가능하다.

22 다음 중 비정형 데이터가 아닌 것은?

① 스마트폰 앱 로그   ② 생산설비 온도
③ 할인점 매출액   ④ 건물 출입시 보안카드 이력
⑤ 소셜 데이터

> 비정형 데이터 여부는 데이터가 대부분 RDBMS에서 정형화된 형태로 관리되는지 여부로 평가하는 것이 정확하다고 볼 수 있다. 할인점 매출액은 메인프레임 시대의 VSAM파일에서는 비정형에 가깝다고 볼 수 있으나 최근 RDBMS에서 정규화되어 사용되고 있으므로 정형 데이터가 맞다. 그러나 앱 로그나 온도처럼 비정형 로그 형태로 전송되어 관리되는 데이터는 비정형으로 보는 게 적합하다.

23 데이터 후처리 과정으로 틀린 것은?

① 평활화(smoothing)   ② 집계(aggregation)
③ 축소(reduction)   ④ 통합(integration)
⑤ 정제(cleansing)

> 정제(cleansing)은 전처리 과정이다. 후처리는 변환, 통합, 축소 등의 과정으로 구성되어 있고 smoothing(평활화), aggregation(집계) 등은 변환과정이다.

24 소셜 네트워크 응용분야가 아닌 것은?

① 제품 추천시스템
② 커뮤니티 영향자 분석
③ 사용자 행동분석
④ 링크 예측
⑤ 지역별 매출예측

> 지역별 매출예측은 forecasting의 영역이다.

01 다음은 무엇에 대한 설명인가?

> 같은 범주 안에서 많은 양의 데이터에 의미를 부여함으로써 공간에 배치된 숫자의 패턴을 인지하게 만든 것. 전통적으로 단순한 수치의 그래프나 데이터의 패턴을 파악하는 방법으로 사용되었으나 최근 빅데이터 분석에 따라 다양한 정보전달이나 상황분석을 위한 시각적 도구로 메시지 전달을 위한 시각적 표현으로 많이 사용되고 있다.

① 회귀분석
② 상관관계 분석
③ 데이터마이닝
④ 텍스트 마이닝
⑤ 데이터 시각화

보기는 데이터 시각화의 최근 개념이다.

02 데이터 시각화의 특성으로 옳지 않은 것은?

① 인간의 정보 처리 능력을 확장시켜 정보를 직관적으로 이해할 수 있게 한다.
② 많은 데이터를 동시에 균일하게 보여 줄 수 있다.
③ 다른 방식으로는 어려운 지각적 추론(Perceptual Inference)을 가능하게 한다.
④ 보는 이로 하여금 흥미를 유발하며, 주목성이 높아지며 인간의 경험을 풍부하게 한다.
⑤ 문자보다 친근하게 정보를 전달하며, 다양한 계층의 사람들에게 쉽게 다가갈 수 있다.

데이터 시각화는 많은 데이터를 동시에 차별적으로 보여 줄 수 있다.

03 데이터 시각화의 특성으로 옳지 않은 것은?

① 많은 데이터를 동시에 차별적으로 보여줄 수 있다.

② 보는 이로 하여금 흥미를 유발하며, 주목성이 높아지며 인간의 경험을 풍부하게 한다.

③ 문자보다 친근하게 정보를 전달하며, 다양한 계층의 사람들에게 쉽게 다가갈 수 있다.

④ 데이터 간의 유사성을 명확히 드러냄으로써 문자나 수치에서 발견하기 어려운 이야기를 창출할 수 있다.

⑤ 데이터를 입체적으로 만들 수 있으며, 필요에 따라 거시적 혹은 미시적으로 표현이 가능하고 위계를 부여할 수 있다.

> 데이터 간의 관계와 차이를 명확히 드러냄으로써 문자나 수치에서 발견하기 어려운 이야기를 창출할 수 있다. 즉, 데이터 시각화는 데이터 이면의 내러티브를 만든다.

04 데이터 시각화 프로세스에 대한 설명으로 옳지 않은 것은?

① 1단계 획득 : 데이터의 획득

② 2단계 구조화 : 데이터 구조화 및 통합

③ 3단계 추출 : 관심 데이터 추출

④ 4단계 마이닝 : 통계적인 방법 또는 데이터마이닝 기법 적용

⑤ 5단계 시각화 : 바 그래프, 리스트 또는 트리 등의 기본적 시각모델 선택

> 2단계 구조화 : 데이터 구조화 및 분류

05 데이터 시각화 프로세스에 대한 설명으로 옳지 않은 것은?

① 3단계 추출 : 관심 데이터 추출

② 4단계 마이닝 : 통계적인 방법 또는 데이터마이닝 기법 적용

③ 5단계 시각화 : 바 그래프, 리스트 또는 트리 등의 기본적 시각모델 선택

④ 6단계 재정의 : 명확하지 않은 데이터에 대한 개선

⑤ 7단계 상호작용 : 데이터 변경 또는 보이는 특징을 조작하는 방법 추가

PART 6

06 둥지모델(Nested Model)과 관련이 없는 것은?

① 실제 사용자의 문제를 특성화
② 데이터 유형에 대한 조작을 추상화
③ 비쥬얼 코딩과 인터랙션 기술 설계
④ 효과적 기법을 실행하는 알고리즘 개발
⑤ 데이터 시각화를 위해 4개의 레이어로 시각화 설계 및 타당성 검증을 하는데 이용

효율적 기법을 실행하는 알고리즘 개발이다. 참고로, 공식 자격증 서적에서는 둥지모델(Nested Model)이라는 용어를 사용하는데, 필자는 중첩모델이라 쓰는 것이 적합하다고 본다.

07 다음은 무엇에 대한 설명인가?

> 둘 이상의 데이터 사이의 관계(혹은 구조)를 표현하는 것

① 데이터의 표현
② 데이터 형식
③ 시각적 표현
④ 관계의 인코딩
⑤ 데이터 관계 표현

보기는 데이터의 표현에 대한 설명이다.

08 데이터 표현에서 데이터 형식에 대한 설명으로 옳지 않은 것은?

① 데이터 표현은 단변수 데이터, 이변수 데이터, 삼변수 데이터, 다변수 데이터로 분류할 수 있음

② 단변수 데이터(Univariate data) : 단일의 수, 숫자의 집합

③ 이변수 데이터(Multivariate data) : 산점도(scatter plot)로 표현, 시계열로서 하나의 축이 시간을, 다른 축이 시간의 기능을 나타내는 것

④ 삼변수 데이터(Trivariate data) : 산점도로 표현, 3차원 특징을 지니고 있는 개체에 대한 데이터를 동일한 공간에서 2차원으로 제시

⑤ 다변수 데이터(Hypervariate data) : 좌표플롯으로 표현, 평형 좌표 플롯, 스타 플롯, 산점도 매트릭스, 링크드 히스토그램, 모자이크 플롯, 아이콘으로도 표현 가능

> 삼변수 데이터(Trivariate data) : 산점도 매트릭스로 표현, 3차원 특징을 지니고 있는 개체에 대한 데이터를 동일한 공간에서 2차원으로 제시

09 시각적 표현에서 데이터에 따라 변할 수 있는 일종의 시각적 차원에 대한 설명으로 옳은 것은?

① 크기(Size) : 면적, 도형 모양의 확대/축소. 직관적으로 구별할 수 있어 널리 쓰임

② 색상(Color) : 시간 순서에 따라서 데이터를 나열, 전통적으로 많이 쓰였던 방법

③ 위치(Position) : 규칙성과 특이성을 구분해 내는데 효과적

④ 시간(Time) : 지도나 가상의 장소와 데이터를 연결하여 나타냄

⑤ 색상(Color) : 면적, 도형 모양의 확대/축소. 직관적으로 구별할 수 있어 널리 쓰임

> • 색상(Color) : 규칙성과 특이성을 구분해 내는데 효과적
> • 위치(Position) : 지도나 가상의 장소와 데이터를 연결하여 나타냄
> • 시간(Time) : 시간 순서에 따라서 데이터를 나열, 전통적으로 많이 쓰였던 방법

10 관계의 인코딩에 대한 설명으로 옳은 것은?

① 선(Line) : 세 가지 이상의 실체를 가장 간단하게 제시할 수 있는 방법으로 해당 실체의 표현 사이에 직선을 그려 넣은 것

② 지도와 다이어그램(Map & Diagram) : 벤다이어그램, 인포크리스탈, 클러스터맵, 덴드로그램

③ 트리표시(Tree representations) : 노드와 링크 형태의 관계에 적용되며, 콘트리, 하이퍼볼릭 브라우저, 수형도 등으로 표현

④ 선(Line) : 두 가지 실체를 가장 간단하게 제시할 수 있는 방법으로 해당 실체의 표현 사이에 화살표를 그려 넣은 것

⑤ 트리표시(Tree representations) : 벤다이어그램, 인포크리스탈, 클러스터맵

> • 선(Line) : 두 가지 실체를 가장 간단하게 제시할 수 있는 방법으로 해당 실체의 표현 사이에 직선을 그려 넣은 것
> • 지도와 다이어그램(Map & Diagram) : 벤다이어그램, 인포크리스탈, 클러스터맵

11 다음은 시각화 방법 중 무엇에 대한 설명인가?

> 시각화를 위한 모든 기능을 내장한 도구. 몇 번의 클릭으로 시각화가 가능한 방법

① 차트와 통계 도구
② 프로그래밍
③ 지 도
④ 일러스트레이션
⑤ 잉크스케이프

> 보기는 시각화 방법과 도구 중 차트와 통계 도구에 대한 설명이다.

12 차트와 통계도구가 아닌 것은?

① 마이크로소프트 엑셀

② 타블로 소프트웨어

③ Qlikview

④ R

⑤ Visualization API

> R은 프로그래밍에 해당된다.
> 차트와 통계도구로는 마이크로소프트 엑셀, 구글 스프레드시트, 매니아이즈, 타블로 소프트웨어, YFD, Chandoo.org, DataRemixed, Fusion Tables, Google Developers, Jeromecukier.net, Panopticon, Peltiertech.com, Polychart, Qlikview, Tableau, Theinformationlab.co.uk/blog, Tibco, Visualization API, Wordle 등이 있다.

13 다음은 시각화 방법 중 무엇에 대한 설명인가?

> 데이터량이 방대해짐에 따라 데이터 활용 범위도 확대되고 소프트웨어의 지원범위를 벗어나는 기능이 필요할 때 시각화에 유용한 방법이다. 데이터 조작에 유리하나 자신의 목적에 맞게 코딩하기 위해 로직에 익숙해져야 한다.

① 차트와 통계 도구   ② 프로그래밍

③ 지 도   ④ 일러스트레이션

⑤ 잉크스케이프

> 보기는 시각화 방법 중 프로그래밍에 대한 설명이다.

14 다음 중 프로그래밍에 해당되지 않는 것은?

① D3.js   ② Python

③ R   ④ Visualization API

⑤ WebGL

15 다음은 시각화 방법 중 무엇에 대한 설명인가?

> 직관적인 시각화 방법. 공간데이터 시각화에 유리. 모바일 위치정보를 이용한 빠른 데이터 탐색 도구로 발전하고 있다.

① 차트와 통계 도구   ② 프로그래밍

③ 지 도   ④ 일러스트레이션

⑤ 잉크스케이프

보기는 시각화 방법 중 지도에 대한 설명이다.

16 다음 중 지도에 해당되지 않는 것은?

① Gephi

② Modest Maps

③ Insta Atlas

④ 구글/야후/마이크로소프트 지도

⑤ Insta

Gephi는 일러스트레이션에 해당된다.
지도에는 구글/야후/마이크로소프트 지도, Modest Maps, ArcGis, CartoDb, Geocommons, Indiemapper, Insta Atlas, Kartograp, Leaflet, OpenStreetMaps, Polymaps, TileMill 등이 있다.

17 다음은 시각화 방법 중 무엇에 대한 설명인가?

> 데이터의 그래픽을 좀 더 매끈하게 만들어 준다.

① 차트와 통계 도구　　　　　　② 프로그래밍
③ 지 도　　　　　　　　　　　④ 일러스트레이션
⑤ 잉크스케이프

보기는 시각화 방법 중 일러스트레이션에 대한 설명이다.

18 다음 중 일러스트레이션이 아닌 것은?

① Adobe Illustrator　　　　　② Geocommons
③ Keylines　　　　　　　　　④ Zoomit
⑤ Inkscape

Geocommons은 지도에 해당된다.
일러스트레이션에는 Adobe Illustrator, Inkscape, Gephi, Keylines, Zlosr.it, Zoomit 등이 있다.

19 데이터 시각화 기술에 대한 설명으로 옳지 않은 것은?

① 시간 시각화 : 분절형과 연속형으로 구분. 분절형은 특정 시점 또는 구간 값을 막대그래프 등으로 표현
② 분포 시각화 : 전체 분포와 시간에 따른 분포로 구분. 전체 분포는 파이차트 등으로 표현
③ 관계 시각화 : 변수 사이의 관계를 찾는 기술. 상관관계는 스캐터플롯 등으로 표현
④ 비교 시각화 : 여러 변수를 비교하는 기술. 도넛차트 등으로 표현
⑤ 인포그래픽 : 인포메이션과 그래픽의 합성어로 다량의 정보를 차트, 로고, 일러스트레이션 등을 활용하여 표현

도넛차트는 비교가 아닌 분포 시각화의 방법이다.

20 데이터 시각화 기술과 표현이 적절히 연결되지 않은 것은?

① 시간 시각화 : 막대그래프, 누적막대그래프, 점그래프 등

② 분포 시각화 : 파이차트, 도넛차트, 누적막대그래프, 인터랙티브 누적영역 그래프 등

③ 관계 시각화 : 체르노프 페이스, 스타차트 등

④ 비교 시각화 : 히트맵, 평행좌표 그래프, 다차원척도법, 아웃라이어 찾기 등

⑤ 인포그래픽 : 차트, 지도, 다이어그램, 로고, 일러스트레이션 등

관계 시각화 : 스캐터플롯, 스캐터플롯 행렬, 버블차트 등
체르노프 페이스, 스타차트는 비교 시각화 표현 방법이다.

21 다음은 무엇에 대한 설명인가?

정보, 데이터, 지식을 시각적으로 표현한 것으로 정보를 빠르고 쉽게 표현하기 위해 사용함

① 시간 시각화

② 분포 시각화

③ 관계 시각화

④ 비교 시각화

⑤ 인포그래픽

보기는 인포그래픽에 대한 설명이다.

22 빅데이터 시각화 기술에 대한 예시로 옳지 않은 것은?

① Facebook Transaction : 페이스북 광고 게재 기업들의 활동에 대해 제한적으로 정보흐름/빈도/지역별 사용 정도를 보여줌
② Spatial Information Flow : 특정 공간 내 정보흐름을 시각화. 정보흐름이 많을수록 링의 크기가 커짐
③ Clustergram : Cluster 수가 늘어남에 따른 데이터 세트에 Cluster가 할당되는 것을 보여주는 집약분석 기법
④ History Flow : 위키피디아 문서에 다수의 저자가 수정하면서 변화되는 양상을 시각화
⑤ Google Trend : 사람들이 google을 통해 검색한 검색어의 양을 통해 사람들의 해당 검색어에 대한 관심도와 인기도를 그래프화해 준다. 시간별, 지역별 등으로 조건을 세분화할 수 있다.

> Facebook Transaction : 페이스북 사용자들의 활동에 대해 정보흐름/빈도/지역별 사용 정도를 보여준다. 광고 게재나 제한 등을 두지 않는다.

23 다음은 빅데이터 분석 가시화 기술 중 무엇에 대한 설명인가?

> 자바, C, Python 등의 다른 프로그래밍 언어와 연결이 용이하고, MAC OS, 리눅스/유닉스, 윈도우즈 등 대부분의 컴퓨팅 환경에서 동작하며, 구글, 페이스북, 아마존 등에서 통계분석과 데이터마이닝을 위해 사용하고 있다.

① R
② InVis
③ D3.js
④ Visualization API
⑤ Gephi

> 보기는 빅데이터 분석 가시화 기술 중 R에 대한 설명이다.

24 다음은 빅데이터 분석 가시화 기술 중 무엇에 대한 설명인가?

> 컴퓨팅 자원의 유연한 할당이 가능하고, 다중 사용자에게 서비스를 제공하며, 대용량 데이터의 시각화 인터페이스와 데이터 가공 및 시각화 오브젝트인 폴리곤의 생성 엔진으로 구성되어 있다.

① R

② InVis

③ D3.js

④ Visualization API

⑤ Gephi

보기는 빅데이터 분석 가시화 기술 중 InVis에 대한 설명이다.

25 시간 시각화와 관련된 설명으로 옳지 않은 것은?

① 시차(time lag, 관측시점간의 차이), 트렌드, 경향성이 중요하다.

② 추세선과 스캐터플롯의 경우 상승 또는 하락에 대한 차이를 표현할 때 많이 사용한다.

③ 계단식 차트는 상승 또는 하락에 대한 차이를 표현할 때 많이 사용한다.

④ 트리맵은 시간의 흐름에 따른 추세를 알아볼 수 있는 대표적인 시각화 방법이다.

⑤ 경제활동과 관련된 시계열에는 국내총생산(GDP), 소비자물가지수, 수출액, 주가지수, 환율, 금리 등이 있다.

트리맵은 분포 시각화와 관련이 있다.
이 외에 시간 시각화와 관련하여 추세선과 스캐터플롯(시간의 흐름에 따른 추세를 알아볼 수 있는 대표적인 시각화 방법)이 있다.

26 분포 시각화와 관련된 설명으로 옳지 않은 것은?

① 구분단위는 분류, 세부 분류 등의 가짓수, 가능한 선택이나 결과들의 수, 샘플측정범위에서의 분류이다.
② 차트의 종류로 변수 간의 관계를 설명하기 위한 스캐터 플롯이 있다.
③ 여러 데이터 유형과 분포 데이터의 가장 주요한 차이는 분포 데이터의 경우 전체의 부분을 나타낸다는 점이다.
④ 데이터의 양 또는 크기가 어떻게 분포되어 있는지에 대한 정보를 얻기 위해 사용된다.
⑤ 트리맵은 트리차트의 분류항목이 많아 한눈에 알아보기 어려운 단점을 보완한 표현방법이다.

> 분포 시각화 표현 방식에는 막대그래프, 파이차트, 트리맵, 누적영역그래프가 있다.

27 관계 시각화에 대한 설명을 옳지 않은 것은?

① 상관관계를 시각적으로 표현한 것이다.
② 스캐터플롯은 변수 간의 관계를 설명하기 위한 차트로 두 변수 간의 영향을 이해하기 쉽다.
③ 히스토그램은 측정값을 몇 개의 구간으로 나누어 각 구간의 도수에 비례하는 높이로 표현한 것이다.
④ 밀도플롯은 측정값을 몇 개의 구간으로 나누어 각 구간의 도수에 비례하는 높이로 표현한 것이다.
⑤ 버블차트는 다차원 통계 데이터를 사람의 얼굴로 이미지화한 것이다.

> 버블차트는 스캐터플롯에 버블의 크기를 추가하여 3가지 정보를 2차원에 표현한 것이다.

28 비교 시각화에 대한 설명으로 옳지 않은 것은?

① 다양한 변수의 특징을 한 번에 비교하여 전체적인 정보표현이 가능하도록 한다.

② 히트맵 : 색상의 명암으로 값의 크기를 표현한다.

③ 히트맵 : 다양한 정보를 일정한 이미지 위에 열 분포 형태의 그래픽으로 표현한다.

④ 스캐터플롯 : 다차원 통계 데이터를 사람의 얼굴로 이미지화하여 시각적으로 표현하는 방법
이다.

⑤ 스타차트 : 중심으로부터 각 평가항목의 정량화된 점수에 따른 거리로 계산하여 평가항목
간 균형을 한 눈에 알아볼 수 있게 한 도표이다.

> 스캐터플롯이 아닌 체르노프 페이스에 대한 설명이다.
> 스캐터플롯은 관계 시각화에 해당된다.

29 시각화 종류와 표현을 바르게 연결한 것은?

① 시간 시각화 – 누적영역그래프 ② 분포 시각화 – 트리맵
③ 관계 시각화 – 스타차트 ④ 비교 시각화 – 버블차트
⑤ 시간 시각화 – 스캐터플롯

> 분포 시각화 – 누적영역그래프, 트리맵, 비교 시각화 – 스타차트, 관계 시각화 – 스캐터플롯, 버블
> 차트

30 시각화 종류와 표현을 바르게 연결한 것은?

① 시간 시각화 – 추세선 ② 분포 시각화 – 밀도플롯
③ 관계 시각화 – 히트맵 ④ 비교 시각화 – 트리맵
⑤ 관계 시각화 – 체르노프 페이스

> 관계 시각화 – 밀도플롯, 비교 시각화 – 히트맵, 체르노프 페이스, 분포 시각화 – 트리맵, 누적영역
> 그래프

CHAPTER

05 빅데이터 기술

---

01 수집 및 저장기술

01 빅데이터의 수집에 대한 설명으로 옳지 않은 것은?

① 여러 데이터 소스로부터 필요한 데이터를 검색하여 수동 또는 자동으로 수집

② 검색, 수집, 변환을 통해 정제된 데이터를 확보하는 기술까지도 포함

③ 조직 외부의 무한한 데이터 중 필요로 하는 데이터를 찾아내는 것이 중요

④ 데이터를 저장하고 분석하기 위해 데이터를 변환하거나 통합하는 작업도 중요

⑤ 수집 대상 데이터는 비정형 데이터로 제한

> 수집 대상 데이터는 정형 데이터와 비정형 데이터로 구분된다.

02 데이터 소스의 유형과 내용으로 적절하지 않은 것은?

① 정형 데이터에는 로그데이터가 포함된다.

② 비정형 데이터에는 소셜미디어 데이터와 시계열 데이터가 포함된다.

③ 센서 데이터는 비정형 데이터로 온도, QR코드 등이 있다.

④ 비정형 데이터 중 새로운 데이터 유형으로 오디오와 비디오 정보도 있다.

⑤ 자유형식 텍스트는 비정형 데이터에 해당한다.

> 시계열 데이터는 정형 데이터이다.

03 빅데이터 자원 확보 관점에서 데이터 소스의 구분으로 적절하지 않은 것은?

① 내부데이터 – 데이터베이스
② 외부 데이터 – 스트리밍
③ 미디어 – 텍스트
④ 외부 데이터 – 파일관리시스템
⑤ 미디어 – 이미지

파일관리시스템은 내부데이터이다.

04 빅데이터 수집 시 고려해야 할 내용이 아닌 것은?

① 분석의 적합성
② 대용량 데이터 수집
③ 실시간 수집
④ 적재시간 단축
⑤ 수평적 확장 용이성

05 다음은 빅데이터 자동 수집 방법 중 무엇에 대한 설명인가?

조직내부에 존재하는 웹서버의 로그 수집, 웹 로그, 트랜잭션 로그, 클릭 로그, 데이터베이스의 로그 데이터 등을 수집하는 방법

① RSS 리더   ② 크롤링
③ 로그 수집기   ④ 센 싱
⑤ 웹 로봇

06 다음은 빅데이터 자동 수집 방법 중 무엇에 대한 설명인가?

> 주로 웹 로봇을 이용하여 조직 외부에 존재하는 소셜 데이터 등과 같은 인터넷에 공개되어 있는 자료를 수집하는 방법

① RSS 리더 ② 크롤링
③ 로그 수집기 ④ 센 싱
⑤ 웹 로봇

07 다음은 빅데이터 자동 수집 방법 중 무엇에 대한 설명인가?

> 데이터의 생산, 공유, 참여 환경인 웹2.0을 구현하는 기술로 필요한 데이터를 프로그래밍을 통해 수집하는 방법

① RSS 리더 ② 크롤링
③ 로그 수집기 ④ 센 싱
⑤ 웹 로봇

08 로그 수집을 위한 오픈 소스 솔루션 중 Flume에 대한 설명으로 옳지 않은 것은?

① 커다란 규모의 분산 데이터를 수집하고 효율적으로 전송하는 시스템
② 클러스터 환경에서 신뢰성 있는 로깅뿐만 아니라 안정적인 확장성을 제공
③ 다양한 장비로부터 수집되고 모아지는 데이터를 중앙 처리 저장 시스템에 저장
④ 주된 설계 목적은 신뢰성, 가용성, 관리성, 확장성
⑤ 페이스북에서 채택

> 페이스북은 Scribe를 사용하고 있으며, Flume은 Cloudera에서 채택한 솔루션이다.

09 크롤링 기법 중 웹 로봇의 특징에 대한 설명으로 옳지 않은 것은?

① 저장된 URL리스트에서 시작하여 웹 문서를 수집한다.

② 수집된 웹 문서에 포함된 URL들을 추출하여 새롭게 발견된 URL에 대한 웹 문서 수집 과정을 반복한다.

③ 조직적, 자동화된 방법으로 월드와이드웹을 탐색하는 컴퓨터 프로그램이다.

④ 웹문서를 돌아다니면서 필요한 정보를 수집하고 이를 색인해 정리하는 기능을 수행하며 주로 검색엔진에서 사용되고 있다.

⑤ 일반적으로 수집기와 분류기, 데이터처리기로 구성된다.

> 조직적, 자동화된 방법으로 월드와이드웹을 탐색하는 컴퓨터 프로그램은 웹 크롤러이다.

10 다음은 크롤링 기법 중 무엇에 대한 설명인가?

> 방문한 사이트의 모든 페이지 복사본을 생성하는데 사용되며, 검색 엔진은 이렇게 생성된 페이지의 보다 빠른 검색을 위하여 인덱싱을 수행한다. 링크 체크나 HTML 코드 검증과 웹 사이트의 자동 유지 관리 작업을 위해 사용되기도 하며, 자동 이메일 수집과 같은 웹페이지 정보를 수집하는 데도 사용된다.

① 웹 크롤러
② 웹 로봇
③ Scribe
④ RSS 리더
⑤ 센 싱

11 정보계 시스템을 위한 데이터 공유의 가장 일반적인 형태로서 레거시 시스템 환경으로부터 빅데이터를 추출하여 비즈니스 데이터로 변환하고 저장하는 기능을 담당하는 것을 일컫는 용어는?

① replication
② HDFS
③ ETL
④ GFS
⑤ Data Warehouse

12 ETL의 기능에 대한 설명으로 옳지 않은 것은?

① 논리적 데이터 변환   ② 도메인 생성
③ DBMS간 변환   ④ 필요 시 기본 값 생성
⑤ 데이터의 요약

> 도메인 검증이다. 이외에도 데이터 키 값으로 시간 값의 추가, 데이터 키 값의 재구성, 레코드의 통합, 불필요한 데이터 또는 중복 데이터의 삭제 등이 있다.

13 빅데이터 수집 시스템의 요건으로 적절하지 않은 것은?

① 확장성 : 데이터 수집 대상이 되는 서버 대수를 무한히 확장 가능
② 안정성 : 수집된 데이터가 유실되지 않고 안정적으로 저장
③ 유의성 : 분석에 유의미한 데이터만을 선별
④ 실시간성 : 수집된 데이터를 실시간으로 반영
⑤ 유연성 : 다양한 포맷의 데이터를 지원

> 빅데이터 수집 시스템의 요건은 확장성, 안정성, 실시간성, 유연성이다.

14 다음은 무엇에 대한 설명인가?

> 빅데이터 환경에서 생산되는 데이터는 그 규모와 크기가 방대하기 때문에 기존의 파일 시스템 체계를 그대로 사용할 경우 많은 시간과 높은 처리비용을 필요로 한다. 따라서 대용량의 데이터를 분석하기 위해 두 대 이상의 컴퓨터를 이용하여 적절히 작업을 분배하고 다시 조합하며, 일부 작업에 문제가 생겼을 경우 문제가 발생된 부분만 재처리가 가능한 시스템 환경이 요구된다.

① 네트워크 구성 저장 시스템   ② 분산 컴퓨팅 환경
③ 병렬처리 시스템   ④ 데이터 센터
⑤ 클라우드 시스템

15 대용량 데이터를 저장하기 위한 관련 기술이 아닌 것은?

① 분산파일시스템
② NoSQL
③ 클라우드 시스템
④ Flume
⑤ 병렬 DBMS

> Flume은 로그 수집을 위한 오픈 소스 솔루션이다.

16 보기는 대용량 데이터를 저장하기 위한 관련 기술 중 무엇에 대한 설명인가?

> 컴퓨터 네트워크를 통해 공유하는 여러 호스트 컴퓨터의 파일에 접근할 수 있게 하는 파일 시스템

① NoSQL
② 클라우드 파일 저장 시스템
③ 병렬 DBMS
④ 네트워크 구성 저장 시스템
⑤ 분산파일시스템

> 분산파일시스템은 GFS, HDFS가 가장 많이 알려져 있다.

17 보기는 대용량 데이터를 저장하기 위한 관련 기술 중 무엇에 대한 설명인가?

> 다수의 마이크로프로세서를 사용하여 여러 디스크에 대한 질의, 갱신 입출력 등의 데이터베이스 처리를 동시에 수행하는 데이터베이스 시스템

① NoSQL
② 클라우드 파일 저장 시스템
③ 병렬 DBMS
④ 네트워크 구성 저장 시스템
⑤ 분산파일시스템

18 보기는 대용량 데이터를 저장하기 위한 관련 기술 중 무엇에 대한 설명인가?

> 클라우드 컴퓨팅 환경에서 가상화 기술을 활용한 분산파일시스템

① NoSQL
② 클라우드 파일 저장 시스템
③ 병렬 DBMS
④ 네트워크 구성 저장 시스템
⑤ 분산파일시스템

19 대용량 데이터를 저장하기 위한 기술과 제품이 잘못 연결된 것은?

① 분산파일시스템 – GFS, HDFS
② NoSQL – Cloudata, HBase, Cassandra
③ 병렬 DBMS – VOltDB, SAP HANA
④ 네트워크 구성 저장 시스템 – Vertica, Greenplum, Netezza
⑤ 클라우드 파일 저장 시스템 – Amazon S3, OpenStack Swift

> 병렬 DBMS – VOltDB, SAP HANA, Vertica, Greenplum, Netezza
> 네트워크 구성 저장 시스템 – SAN, NAS

20 빅데이터의 수집에 대한 설명으로 옳지 않은 것은?

① 여러 데이터 소스로부터 필요한 데이터를 자동으로 수집할 수 있어야 한다.
② 검색, 수집, 변환을 통해 정제된 데이터를 확보하는 기술도 포함된다.
③ 작은 데이터는 저장여부와 실시간처리 여부를 사전에 규정하여야 한다.
④ 대용량 데이터의 수집, 실시간 수집, 적재 시간의 단축, 수평적 확장의 용이성 등을 고려하여 수집이 이루어져야 한다.
⑤ 처리된 데이터는 빠르고 쉽게 분석할 수 있도록 하여 비즈니스 의사결정에 적합하게 이용할 수 있어야 한다.

> 작은 데이터라도 모두 저장하고 실시간으로 저렴하게 데이터를 처리하여야 한다.

21 NoSQL의 ACID 요건이 아닌 것은?

① Atomicity

② Consistency

③ Isolation

④ Durability

⑤ Desirability

ACID 약자에 대한 질문으로 원자성(Atomicity), 일관성(Consistency), 고립성(Isolation), 지속성(Durability)이 해당되며 ⑤는 해당사항이 아니다.

02 처리 기술

01 빅데이터에 대한 설명으로 옳지 않은 것은?

① 빅데이터는 전세계 데이터 중 90%가 과거 3년 이내에 생성된다는 것을 파악한 오라클이 최초로 정의하였다.

② 기존의 방식으로 저장·관리·분석이 어려운 큰 규모의 자료를 의미한다.

③ 막대한 데이터의 양으로 데이터 처리·전송·저장 등에 다양한 이슈가 발생한다.

④ 빅데이터를 분석하면 사용자 상황 및 행동 패턴을 파악할 수 있다.

⑤ 각종 서비스를 제공하거나 의사결정을 하는 등 다양한 분야에서 유용하게 사용될 수 있다.

> 빅데이터는 전세계 데이터 중 90%가 과거 3년 이내에 생성된다는 것을 파악한 IBM이 최초로 정의하였다.

02 IBM이 정의한 빅데이터의 속성인 3V에 더하여 오라클은 4V을 정의하였다. 이에 포함되지 않는 것은?

① 방대한 규모(Volume)　　　　　② 데이터의 인접성(Vicinity)

③ 종류의 다양성(Variety)　　　　④ 데이터 처리·분석 시의성(Velocity)

⑤ 가치(Value)

> 4V는 Volume, Variety, Velocity, Value이다.

03 데이터의 크기 단위가 잘못 묶인 것은?

① GB $= 10^3$ MB　　　　　② TB $= 10^6$ MB

③ PB $= 10^9$ MB　　　　　④ EB $= 10^{12}$ MB

⑤ YB $= 10^{15}$ MB

> ZB $= 10^{15}$ MB,　YB $= 10^{18}$ MB

정답 1 ① 2 ② 3 ⑤

PART 6

04 다음 (   )안에 들어갈 적절한 용어는?

> 빅데이터의 효율적인 저장과 신속한 분석에 필요한 고성능 컴퓨팅 관련 연구가 활발히 진행되고 있다. 빅데이터의 저장 및 처리에 대한 대표적인 기술로는 구글에서 개발한 GFS와 맵리듀스가 있으며, 이를 기반으로 아파치 재단에 의하여 개발된 (   )이/가 있다.

① MongoDB   ② Hadoop
③ Mahout   ④ Hive
⑤ Cassandra

05 빅데이터 처리 단계와 기술이 잘못 짝지어진 것은?

① 저장 – MongoDB
② 분석 – Cassandra
③ 저장 – Hadoop
④ 분석 – Mahout
⑤ 분석 – Hive

> 저장 기술은 Hadoop, Cassandra, MongoDB가 있으며, 분석 기술은 Hive, Mahout, R 등이 있다.

06 다음은 빅데이터 기술 중 어느 것에 대한 설명인가?

> 분산 시스템에서 방대한 데이터를 처리할 수 있도록 고안된 오픈소스 데이터베이스 관리 시스템으로 페이스북에서 개발했으나 현재는 아파치 소프트웨어 재단의 프로젝트로 관리되고 있다.

① Cassandra   ② Hive
③ MongoDB   ④ Hbase
⑤ Mahout

07 다음은 빅데이터 기술 중 어느 것에 대한 설명인가?

> 구글의 빅테이블을 참고로 개발된 오픈소스 분산 비 관계형 데이터베이스로서 파워 셋에서
> 개발했으며 현재는 아파치 소프트웨어 재단에서 하둡 일환인 프로젝트로 관리되고 있다.

① Cassandra　　　　　　　　　② Hive
③ MongoDB　　　　　　　　　④ Hbase
⑤ Mahout

08 분산 컴퓨팅에 대한 설명으로 옳지 않은 것은?

① 여러 대의 컴퓨터를 연결하여 상호작용하게 함으로써 컴퓨팅의 성능과 효율을 높이는 것을
　말한다.
② 여러 개의 컴퓨팅 자원을 하나의 시스템 안에 결합하여 연결한 병렬컴퓨팅까지 포함시키기도
　한다.
③ 분산 컴퓨팅의 목적은 성능확대와 가용성 확대에 있다.
④ 예로써 컴퓨터 클러스터의 활용인데 수직적 성능확대와 수평적 성능확대가 있다.
⑤ 수직적 성능확대는 컴퓨터들을 네트워크로 연결하여 성능을 업그레이드 하는 것을 말한다.

> 수직적 성능확대는 컴퓨터 자체의 성능을 업그레이드하는 것을 말하며, 수평적 성능확대는 컴퓨
> 터들을 네트워크로 연결하여 성능을 업그레이드하는 것을 말한다.

09 분산 컴퓨팅의 수직적 성능확대에 대한 설명으로 옳지 않은 것은?

① 기능상 Peer-to-Peer 모델과 Master-Slave 모델이 있다.
② 강한 CPU의 사용, 주기억장치와 하드디스크 등의 증설로 인한 성능향상이다.
③ 통신속도로 인한 지연을 해결하기 위해 기가급 이상의 통신연결을 통해 문제점을 해결해야
　한다.
④ 기존의 프로그램 등 각종의 운영환경의 변화없이 업무를 지속할 수 있다는 장점이 있다.
⑤ 컴퓨터가 고가 사양이 될수록 비용이 커진다는 단점이 있다.

> 기능상 Peer-to-Peer 모델과 Master-Slave 모델은 수평적 성능확대에 해당된다.

10 분산 컴퓨팅의 수평적 성능확대에 대한 설명으로 옳지 않은 것은?

① 단순히 컴퓨팅 노드의 수를 늘리고 상호 연동하여 사용해서 성능을 향상하는 방법이다.
② 컴퓨터를 네트워크로 연결하여 성능을 업그레이드하는 것이다.
③ 기존에 고가의 성능이 뛰어난 큰 컴퓨터를 사용하거나 업그레이드하는 방법이다.
④ 무엇보다 기존 투자 자원을 이용할 수 있다는 것이 장점이다.
⑤ 점진적인 성능개선을 추구할 수 있다.

> 기존에 고가의 성능이 뛰어난 큰 컴퓨터를 사용하거나 업그레이드하는 방법과 반대되는 방법이다.

11 하둡에 대한 설명으로 옳지 않은 것은?

① 대용량 데이터의 분산 저장 및 신속한 처리를 위해 다수의 컴퓨터를 네트워크로 연결하여 하나의 시스템과 같이 사용할 수 있도록 구성한 시스템이다.
② 하둡의 HDFS는 고성능 저비용의 중앙집중시스템을 구축하기 위해 이용된다.
③ 하둡은 HDFS와 맵리듀스로 구성된다.
④ HDFS는 대용량 데이터의 저장 기능을 제공하는 시스템이다.
⑤ 하둡시스템은 마스터 노드와 슬레이브 노드들을 하나의 클러스터로 묶어서 이루어져 있다.

> 하둡의 HDFS는 클라우드 컴퓨팅 환경을 구축하기 위해 이용하게 된다.

12 하둡의 구성이 아닌 것은?

① 마스터 노드   ② 슬레이브 노드
③ 네임 노드   ④ 데이터 노드
⑤ 확장 노드

> 크게 마스터와 슬레이브로 구분하고 마스터 노드 중 하나를 네임 노드로 사용한다.

13 HDFS에 대한 설명으로 옳지 않은 것은?

① 데이터를 블록 단위로 나누어 데이터 노드에 자동으로 분산 저장된다.
② 저장이 완료되면 저장된 블록을 3개의 다른 데이터 노드에 전송하여 같은 블록 4개를 항시 유지한다.
③ 블록 수를 복수로 가져감에 따라 데이터 가용성을 높인다.
④ 데이터들은 3초 주기로 메시지를 주고 받으며 상황을 체크한다.
⑤ 리눅스를 운영체제로 하는 저비용 하드웨어를 통해 구축하도록 설계되었다.

> 저장이 완료되면 저장된 블록을 2개의 다른 데이터 노드에 전송하여 같은 블록 3개를 항시 유지한다.

14 HDFS에서 데이터 노드가 사용이 불가능한 상태일 경우 처리하는 방식에 대한 설명으로 옳지 않은 것은?

① 문제 블록과 같은 것을 가지고 있는 데이터 노드는 다른 데이터 노드에게 전송하여 3개의 블록을 유지하도록 한다.
② 손상된 블록은 데이터 노드가 정상화되면 같은 블록을 가지고 있는 데이터 노드에 의해서 다시 재전송되어 정상화 작업을 실행한다.
③ 블록의 복구를 위해 재전송되는 복사 과정은 블록의 가용성을 향상시키는 장점이 있다.
④ 데이터의 수정으로 인해 업데이트가 발생한 경우 원본 데이터의 블록을 확인할 수 있다.
⑤ 특정 블록이 3초 주기로 주고 받는 메시지가 없는 경우 HDFS는 해당 블록을 가용한 상태가 아닌 것으로 판단한다.

> 데이터의 수정으로 인해 업데이트가 발생한 경우 원본 데이터의 블록인지는 확인할 방법이 없다.

15 구글이나 페이스북에서 분석엔진으로 사용하고 있는 도구는?

① R
② SAS
③ SPSS
④ SAP
⑤ EMC

PART 6

16 하둡에서 클러스터 환경에서의 대용량 병렬처리를 위한 기능은?

① Partitioning ② MapReduce

③ Duplication ④ Replication

⑤ Cloud Computing

17 맵리듀스 방식을 이용한 데이터 처리의 특징이 아닌 것은?

① 일반적인 내장 하드 디스크 드라이브를 사용하는 컴퓨터로 연산을 수행한다.

② 각 컴퓨터는 서로 매우 약한 상관관계를 가지고 있기 때문에 수백~수천 대까지 확장이 가능하다.

③ 많은 수의 컴퓨터가 처리에 참가하므로, 시스템 장애는 쉽게 극복할 수 있다고 가정한다.

④ 맵과 리듀스라는 간단하고 추상화된 연산으로 복잡한 여러 문제를 해결할 수 있도록 한다.

⑤ 병렬 프로그램에 익숙하지 않은 프로그래머라도 쉽게 데이터에 대한 병렬 처리를 할 수 있도록 하고 있다.

> 많은 수의 컴퓨터가 처리에 참가하므로, 시스템 장애는 자주 발생한다고 가정한다.

18 실시간 처리 기술에 대한 설명으로 옳지 않은 것은?

① 구성하는 노드가 각자 쿼리를 처리한다.

② 한번에 처리할 데이터의 크기는 작게 한다.

③ 작은 데이터를 병렬 처리해 응답 시간을 실시간 수준으로 높이는 방식이다.

④ 데이터를 유입 시점에 분석하고 데이터 뷰도 실시간으로 만드는 방식이다.

⑤ CEP(Complex Event Processing)이라고도 하며, 트위터의 스톰(Storm)과 아파치의 스파크(Spark)가 이에 속한다.

> 데이터를 유입 시점에 분석해 원하는 데이터 뷰로 미리 만드는 방식이다.

19 사용자가 인터넷을 통해 서비스 제공자에게 접속하여 CRM, ERP 등의 어플리케이션을 사용한 만큼 비용을 지불하며, 운영체제·하드웨어·네트워크 등의 서버는 제어할 수 없는 클라우드 컴퓨팅의 유형은?

① SaaS   ② PaaS

③ IaaS   ④ DaaS

⑤ Public Cloud

> SaaS는 ASP(Application Service Provider)와 유사한 형태로 상업용 소프트웨어를 제3자가 비용을 지불하고 사용할 수 있도록 하는 형태이다.

20 사용자가 서비스 제공자로부터 개발환경을 제공받고, 개발이 완료된 어플리케이션을 제3의 사용자에게 제공할 수 있는 클라우드 컴퓨팅의 유형은?

① SaaS   ② PaaS

③ IaaS   ④ DaaS

⑤ Public Cloud

> PaaS는 개발환경, Iaas는 물리적 건물, 서버, 네트워크 등의 영역을 제공하고, PaaS는 개발도구, 데이터베이스 및 운영체제까지 SaaS는 응용프로그램을 제공한다고 보면 간단하다.

21 다음 빈칸에 알맞은 말을 고르면?

> 하둡 시스템은 (   )과 맵리듀스 시스템으로 이루어진다.

① HDFS   ② GFS

③ Hive   ④ Hbase

⑤ Pig

> 하둡 시스템은 HDFS, MR(Map Reduce)로 구성되어 분산병렬처리 파일시스템을 활용하여 데이터를 매핑하여 처리한 후에 다시 결합하는 방식인 MR을 활용한다.

01 엑셀에 대한 설명으로 옳지 않은 것은?

① 윈도 환경의 스프레드시트 프로그램이다.

② 사용자의 그래픽 환경을 제공한다.

③ 스프레트시트 기능을 비롯해 매크로, 그래픽, 데이터베이스 기능, 차트 작성과 마이닝 기능 등 문서 작성에 필요한 기능을 제공한다.

④ 마이크로소프트사가 1985년에 개발한 소프트웨어이다.

⑤ 수식 작성과 함수 생성 및 계산이 편리하여 전 세계적으로 널리 사용되고 있다.

> 스프레트시트 기능을 비롯해 매크로, 그래픽, 데이터베이스 기능, 차트 작성 등 문서 작성에 필요한 기능을 제공한다. 마이닝 기능은 제공하지 않는다.

02 엑셀에서 상관분석을 하기 위해 클릭해야 하는 메뉴 패스는?

① 데이터 > 분석 > 데이터 분석 > 상관분석

② 분석 > 데이터 분석 > 상관분석

③ 데이터 > 데이터 분석 > 상관분석

④ 데이터 분석 > 상관분석

⑤ 데이터 > 분석 > 상관분석

03 SPSS에 대한 설명으로 옳지 않은 것은?

① 원하는 데이터를 직접 입력하는 스프레드시트 형식 입력법과 기존 데이터를 불러와 사용하는 방법 모두 사용 가능하다.

② 데이터 획득에서부터 리포팅까지 전 과정을 메뉴와 대화상자로 수행 가능하다.

③ 분석을 위해 사용자가 가지고 있는 데이터 변수의 측도를 자동으로 지정한다.

④ 마이크로소프트사의 엑셀과 유사하게 생겼다.

⑤ 사용자 니즈에 맞춰 기관 속성에 따른 프로그램을 제공한다.

> 분석을 위해서는 사용자가 가지고 있는 데이터 변수의 측도를 지정해줘야 한다.

04 SPSS의 가장 큰 장점은 무엇인가?

① 처리속도
② 다양한 기능
③ 편리한 사용자 환경
④ Open Source
⑤ 저렴한 비용

> ①, ②는 다른 소프트웨어 대비 크게 차이 난다고 할 수는 없으며, SPSS는 상업용 소프트웨어이다.

05 SAS에 대한 설명으로 옳지 않은 것은?

① SAS는 상당히 고가인 제품으로 라이센스 없이는 사용이 불가능하다.
② 거의 모든 통계분석을 포괄하여 수행할 수 있고, 매우 정밀한 결과를 제공한다.
③ 보고서 작성과 그래픽도 가능하다.
④ 데이터 입력과 편집을 위한 PROC STEP과 데이터 분석이 이루어지는 DATA STEP의 단계로 이루어져 있다.
⑤ 데이터 입력은 PROC STEP과 DATA STEP 모두에서 가능하다.

> 데이터 입력과 편집을 위한 DATA STEP과 데이터 분석이 이루어지는 PROC STEP의 단계로 이루어져 있다.

06 SAS의 화면 구성에 대한 설명으로 옳지 않은 것은?

① 확장편집기, 출력윈도우, 로그윈도우, 탐색기와 결과창으로 나뉜다.
② 확장편집기는 프로그램 명령문을 직접 입력하는 공간이다.
③ 출력윈도우는 입력한 명령어들에 대한 결과값이 출력되는 공간이다.
④ 로그윈도우는 실행과정에 있어 여러 가지 정보를 제공하는 창이다.
⑤ 프로그램 명령문이 올바르게 입력되었다면 결과창에 제대로 수행되었다는 구문이 나타난다.

> 프로그램 명령문이 올바르게 입력되었다면 로그 윈도우에 제대로 수행되었다는 구문이 나타난다.

07 SAS의 데이터 입력과 분석에 대한 설명으로 옳지 않은 것은?

① 데이터 입력은 DATA STEP과 PROC STEP 모두 가능하다.

② DATA STEP에서는 input, cards문을 통해 직접 입력할 수 있다.

③ PROC STEP의 proc import는 csv, xlsx 등 다양한 형식의 파일을 읽을 수 있어 자주 이용된다.

④ T검정은 proc ttest, 빈도·교차분석은 proc freq, 회귀분석은 proc reg를 사용한다.

⑤ 명령문을 실행하는 방법은 메뉴의 S 버튼, 키보드의 F8, 실행탭의 실행버튼(大)을 클릭하면 된다.

> PROC STEP의 infile은 csv, xlsx 등 다양한 형식의 파일을 읽을 수 있어 자주 이용된다.

08 SAS에서 기본적인 통계분석을 위한 모듈은 무엇인가?(2가지)

① Base
② Stat
③ E-Miner
④ IML
⑤ BaseStat

> ③은 마이닝, ④는 시계열 분석을 위한 것이다.

09 SAS에서 매트릭스 데이터를 처리하기 위해 필요한 모듈은 무엇인가?

① Base
② Stat
③ E-Miner
④ IML
⑤ BaseStat

> ①, ②는 기본통계, ③은 마이닝 도구이다.

10 시각화 도구에 대한 설명으로 옳지 않은 것은?

① SPSS는 메뉴 중 그래프(G)를 클릭하면 도표작성기, 그래프 보드 양식선택기, 레거시 대화상자 선택창이 열리고 그 중 데이터 특성에 맞는 그래프를 골라 사용할 수 있다.

② IBM 비주얼 애널리틱스는 실시간 비정형 분석, 시각화 그래프, 예측, 리포팅, 모바일 BI 등의 기능을 제공한다.

③ R은 shiny 패키지 등을 통해 사용자에게 친숙한 시각화가 가능하다.

④ 구글의 스프레드시트, IBM의 코그노스 인사이트, MS사의 파워뷰 등도 시각화를 도구를 제공한다.

⑤ 최근 인기를 끄는 D3의 시각화를 R에서도 패키지로 구현하였다.

실시간 비정형 분석, 시각화 그래프, 예측, 리포팅, 모바일 BI 등의 기능을 제공하는 것은 SAS 비주얼 애널리틱스이다.

11 R에서 시각화를 위해 주로 사용하는 패키지로 옳은 것은?

① visualize ② image
③ plot ④ qplot
⑤ ggplot2

ggplot2의 qplot, ggplot기능을 이용하여 시각화를 한다.

12 R에 대한 설명으로 옳지 않은 것은?

① 2000년 AT&T에서 개발한 통계언어인 S-language가 뿌리이다.

② 현재는 GNU 프로젝트를 통해서 개발·배포되고 있다.

③ 맥·유닉스·윈도우 등 다양한 컴퓨팅 환경에서 사용가능하다.

④ 54MB의 매우 작은 용량으로 http://cran.r-project.org/에서 무료로 다운로드할 수 있다.

⑤ 사용자들이 직접 분석 패키지를 만들어 업로드할 수 있고, 타인이 업로드한 패키지를 다운받아 사용할 수 있다.

1970년 AT&T에서 개발한 통계언어인 S-language가 뿌리이다.

13 R에서 package를 설치할 때 사용하는 명령어는 무엇인가?

① library ② install
③ install.packages ④ packages
⑤ setup

> install.packages("party")는 party 패키지를 설치하는 명령어이다.

14 R의 특징으로 옳지 않은 것은?

① 오픈소스로서 무료이며, 강력한 분석기능 및 뛰어난 확장성을 가지고 있다.
② 텍스트, 엑셀, DBMS 등 다양한 종류의 정형·비정형데이터를 이용할 수 있다.
③ 분석결과를 직관적으로 이해할 수 있도록 시각화 기능을 지원한다.
④ 유사데이터에 대한 분석작업 시 새롭게 스크립트를 생성하므로 작업의 재현성에는 한계가 있다.
⑤ 다른 통계분석 툴에 비해 최신 통계기법이 적용되는 속도가 빠르고 통계패키지 프로그램 중 유일하게 저널이 발행되어 그 사용법을 익히기가 편리하다.

> 유사데이터에 대한 분석작업을 기존 스크립트를 재활용하면서 처리할 수 있는 작업의 재현성을 제공한다.

15 SPSS에 대한 설명으로 옳지 않은 것은?

① 사용자의 니즈에 맞춰 기관 속성에 따른 프로그램을 제공한다.
② 사회과학 자료의 분석을 위하여 고안되었다.
③ IBM SPSS는 방법이 복잡하여 비전문가는 사용이 어렵다.
④ 다양한 통계분석이 가능하다.
⑤ 분석을 위해서는 사용자가 가지고 있는 데이터 변수의 측도를 지정해줘야 한다.

> IBM SPSS는 사용이 간편하여 비전문가도 단기간 동안에 습득이 가능하다.

16 주요 상업용 분석 도구가 아닌 것은?

① SAS

② IBM SPSS

③ R

④ SAP InfiniteInsight

⑤ ECMiner

> R은 오픈소스이다.

17 전세계 사용자가 제일 많은 데이터 마이닝 분석 도구는?

① R

② SPSS

③ SAS

④ python

⑤ ECMiner

> 전체 사용자의 40% 이상이 사용하고 있다.

18 기본적으로 모든 데이터를 메모리에서 저장 및 처리를 하는 도구는?

① SAS

② IBM SPSS

③ R

④ SAP InfinieInsight

⑤ ECMiner

> 오픈소스 R은 메모리에 저장하고, Revolution Analytics 제품이나 Oracle 환경을 사용하면 디스
> 크를 사용하여 처리가 가능하다.

19 SAP에 인수된 마이닝 도구로 옳은 것은?

① BIO   ② InfiniteInsight

③ Darwin   ④ M1

⑤ SPSS

①은 OLAP도구이고, ③은 오라클에 인수, ④는 IBM에 인수된 UNICA에 포함되어 있는 마이닝 도구의 전신이다.

20 마이닝 자동화를 지향하는 분석도구는?

① SAS   ② SPSS

③ InfiniteInsight   ④ R

⑤ ECMiner

KXEN 시절부터 데이터 선택에서 결과보기까지 마우스만 몇번 클릭하면 가능하도록 하였다.

06 기출유형 최종모의고사

01 빅데이터의 이해(1~15번)

01 빅데이터의 구분에 대한 설명으로 옳지 않은 것은?

① 정형데이터, 반정형데이터, 비정형데이터로 나눌 수 있다.
② 반정형데이터는 일반적으로 문자로 서술된 정보를 담고 있다.
③ 비정형데이터는 스마트 미디어 이용자들이 의견을 교환하면서 생산된 정보이다.
④ 비정형데이터는 활용하기 위해서는 한 번 더 가공을 해야 한다.
⑤ 정형데이터는 통계청의 통계자료를 예로 들 수 있으며, 오늘날의 빅데이터는 정형데이터에 관심을 두고 있다.

02 다음 보기의 빈 칸 안에 들어갈 용어로 옳은 것은?

> 과거 데이터 관리법은 수작업으로 관리하는 시스템도 있었고 파일로 관리되는 형태도 있었다. 그런데 자료의 저장 및 관리가 사일로 형태로 통합관리되지 못해 중복이 많이 발생하곤 했으나 (   )가 등장하면서 이와 같은 문제들이 해결됐다.

① 데이터베이스
② 파일시스템
③ OLAP
④ OLTP
⑤ 수작업시스템

03 빅데이터 처리의 순환과정으로 맞는 것은?

① 추출 → 저장 → 분석 → 시각화 → 예측 → 적용
② 추출 → 저장 → 분석 → 예측 → 시각화 → 적용
③ 추출 → 저장 → 시각화 → 분석 → 예측 → 적용
④ 추출 → 저장 → 시각화 → 예측 → 분석 → 적용
⑤ 추출 → 분석 → 시각화 → 예측 → 저장 → 적용

04 다음 중 컨설팅사인 베인앤컴퍼니에서 제시한 빅데이터 활용영역으로 옳지 않은 것은?

① 내부처리 프로세스 개선기회 포착
② 기존 제품 및 서비스 개선
③ 전략기획에 대한 최고경영층의 의사결정 수행
④ 신제품 및 서비스 개발
⑤ 실시간 피드백을 통한 비즈니스 대응력 확보

05 데이터 관리 방법에 대한 설명으로 옳지 않은 것은?

① 대량의 데이터, 미세하고 정밀한 데이터 및 데이터 소유자 불분명 등의 특성에 따라 관리 방법을 달리해야 한다.
② 데이터 수집 과정의 타당성은 품질기준을 정의하여야 한다.
③ 개별 레코드에 대한 의미보다 데이터 전체가 나타내는 의미를 중심으로 품질기준을 정의하여야 한다.
④ 데이터 생산과정과 소유자가 불분명하므로 목적이나 통제를 위해 생산된 데이터에 대한 데이터 품질 기준을 정의하기 위한 다른 방법 모색이 필요하다.
⑤ 빅데이터는 수집 전에 정제과정이 필요하다.

06 데이터베이스와 비교해 빅데이터의 데이터 관리 방법에 대한 설명으로 옳지 않은 것은?

① 빅데이터는 처리·분석 유연성이 높은 편이다.

② 빅데이터는 잘 정의된 데이터 모델, 상관관계, 절차 등이 있어 유연성이 높다.

③ 빅데이터는 동시 처리량이 낮다.

④ 실시간 처리가 보장되어야 하는 데이터 분석에는 적합하지 않다.

⑤ 빅데이터는 비정형 데이터 비중이 높다.

07 다음 중 규모가 큰 조직에서의 데이터 관리 방법으로 가장 적절하지 못한 것은?

① 파일 시스템

② 수작업 처리

③ RDBMS

④ OLTP

⑤ OLAP

08 다음 중 미래사회의 특성과 그에 따른 빅데이터의 활용전략적 측면으로 옳지 않은 것은?

	미래사회의 특성	빅데이터의 활용전략적 측면
①	불확실성	대응력
②	불확실성	추진력
③	리스크	통찰력
④	리스크	경쟁력
⑤	스마트 융합적 측면	창조력

09 다음은 빅데이터의 영향 중 어느 부문에 대한 영향을 설명하고 있는가?

> 빅데이터 분석을 통해 사회적 약자를 위한 활동들을 수행하는데 도움을 줄 수 있으며, 다양한 기회를 창출할 수 있도록 도움을 줄 수 있다.

① 경제 부문　　　　　　　　② 공공 부문
③ 사회 부분　　　　　　　　④ 문화 부문
⑤ 정치 부문

10 다음의 (　　) 안에 공통으로 들어갈 용어는?

> (　　)(이)란 기업으로 하여금 수익을 유지하게 하는 일련의 활동, 즉 '수익모델'로 정의된다. 만약 인터넷을 이용하는 기업이라면, 인터넷을 이용하여 어떻게 수익을 올릴 것인지를 설계하는 인터넷 (　　)이/가 있어야 한다. 기업이 가진 (　　)이/가 훌륭하다면 이 기업은 이로 말미암아 경쟁우위를 가지게 되어 많은 수익을 얻을 수 있게 될 것이다.

① 비즈니스 모델　　　　　　② 비즈니스 케이스
③ 비즈니스 정보　　　　　　④ 빅데이터 모델
⑤ 빅데이터 케이스

11 다음 중 모형화와 변수선정에 대한 개념으로 적절하지 않은 것은?

① 현실적인 기존 데이터가 어떤 것인지를 파악하고 변수선정을 한다.
② 모형화는 실체적으로 구현가능한 것을 반드시 전제로 한다.
③ 우선순위에 따라 데이터를 정의한 다음, 1순위 변수를 먼저 데이터 수집과 변수측정에서 진행하도록 한다.
④ 모형에 대한 가설과 후보변수들로 1차 구성하여 분석과정에서 모형을 최종확정한다.
⑤ 현재 가용되지는 않지만, 획득이 되었으면 하는 매우 중요한 변수도 소수 포함시켜 확인한다.

12 다음은 빅데이터 기반 서비스 비즈니스 모델의 데이터 활용 시나리오 중 어느 것에 해당하는가?

> 업무 상 이벤트를 수집·분석하여 정상/비정상 패턴을 파악, 이상여부를 판단해 부정행위 적발, 시스템 사고 예방 등에 활용한다.

① 이상 현상 감지 시나리오
② 가까운 미래 예측 시나리오
③ 현 상황 분석 시나리오
④ 생산 설비 최적화 시나리오
⑤ 실시간 처리 시나리오

13 사이먼이 언급한 의사결정의 과정을 순서대로 잘 나열한 것은?

① 탐색, 설계, 선택, 실행
② 탐색, 설계, 평가, 실행
③ 탐색, 설계, 선택, 평가
④ 탐색, 설계, 평가, 적용
⑤ 탐색, 선택, 설계, 적용

14 다음 중 통계기법이 아닌 것은?

① 빈도 분석   ② 교차 분석
③ 상관관계 분석   ④ 감성 분석
⑤ 런 테스트

15 다음 (   ) 안에 들어갈 용어로 적합한 것은?

> 로저 마틴은 (   )을/를 주어진 전제로부터 특정한 결론을 이끌어내는 추리과정인 연역적 추리와 개개의 특수한 사실로부터 일반적 결론을 이끌어내는 추리과정인 귀납적 추리를 이용하여 데이터를 체계적으로 분석하고 방법을 결론내는 것이라고 하였다. 즉 (   )(이)란 개선해야 할 일을 선택하고, 그 일의 수행 방법을 분석적으로 생각하는 관습을 갖도록 하는 개념이다.

① 분석적 의사결정   ② 분석 능력
③ 분석적 사고   ④ 분석 프로세스
⑤ 분석 모델

02 빅데이터와 비즈니스(16~35번)

16 기업이 제품과 서비스를 고객에게 제공함으로써 가치를 창출하는 전반적인 입력과 산출의 흐름을 무엇이라고 하는가?

① TASK
② 비즈니스 프로세스
③ 직 무
④ 시스템
⑤ 마케팅 분석

17 기업의 재무정보 중 안정성을 나타내는 지표가 아닌 것은?

① 유동비율
② 자기자본 순이익률
③ 당좌비율
④ 이자보상비율
⑤ 차입금의존도

18 다음은 의사결정 단계 중 어느 단계에 대한 설명인가?

이 단계에서 정보시스템은 비교, 평가된 대안들에 대한 민감도 분석이나 What-if 분석 등을 통해 가상적인 변화 상황을 예측하고 이에 대한 분석을 가능하게 하여 미래의 불확실성과 위험을 감소시키는데 도움을 준다.

① 탐 색　　　　　　② 설 계
③ 선 택　　　　　　④ 평 가
⑤ 정 의

19 다음 중 분석 프로세스에 대한 설명으로 옳은 것은?

① 문제인식, 연구조사, 모형화, 데이터수집, 데이터분석, 결과제시의 6단계로 추진할 수 있다.

② DMAIC 방법론으로 문제정의, 분석, 측정의 3단계를 거쳐 혁신 프로세스를 추진할 수 있다.

③ 연구조사, 분석용 데이터 생성, 모형화, 검증 및 적용으로도 구분할 수 있다.

④ 연구조사는 왜 문제를 해결해야 하는지, 문제해결을 통해 무엇을 달성하고자 하는지 명확하게 정의하는 것에서부터 시작된다.

⑤ 데이터 수집과 변수 측정 중 통계청 등 간접적으로 수집한 데이터를 1차 데이터라고 한다.

20 다음은 무엇에 대한 설명인가?

> 비즈니스의 당면 이슈를 기업 내·외부 데이터의 통계적·수학적인 분석을 이용하여 분석하는 의사결정 분석틀이다. 즉, 전략적, 전술적, 운영적 비즈니스 의사결정 문제를 데이터분석 역량인 통계적·수학적 지식, 데이터 프로그래밍, 전문적 지식 등을 통해 해결하려는 분석틀이며, 강력한 해결책이다.

① 애널리틱스

② 데이터마이닝

③ 데이터웨어하우스

④ 마케팅 애널리틱스

⑤ 재무 애널리틱스

21 다음의 ( ) 안에 알맞는 용어는?

> B2C 기업에 있어 가장 중요한 의사결정은 (   )이며, 애널리틱스 성공기업은 공통적으로 (   ) 의사결정에 많은 노력을 투입하고 있다. 빅데이터를 활용하여 효과를 보는 분야가 (   )와/과 프로모션의 의사결정이다. 사례로 68개 미국 소재 소매상 대상으로 한 설문조사 결과 70~80%가 (   ) 최적화를 향후 전략방향에 중요한 도구로 인식하고 있었다.

① 가 격

② 마케팅

③ 품 질

④ 고객만족

⑤ 인기도

22 제조업에서 활용이 가능한 데이터가 아닌 것은?

① 제조영업데이터   ② 고객데이터

③ 제조요청일   ④ 신용등급 데이터

⑤ 제조소요시간

23 제조업 중 반도체와 같이 자동화된 장비로부터 수집되는 데이터는?

① MES 데이터   ② 장비 로그 데이터

③ ERP 데이터   ④ SCM 데이터

⑤ 설비일지

24 다음은 무엇에 대한 설명인가?

> 주문에서 생산에 이르기까지의 과정에서 생성된 정보를 가장 효과적으로 활용함으로써 데이터들이 발생할 때마다 공정들을 관리, 응답, 보고하는 시스템

① ERP   ② SCM

③ MES   ④ CRM

⑤ SCPC

25 MES의 주요 기능이 아닌 것은?

① 생산계획   ② 생산관리

③ 설비관리   ④ 재무관리

⑤ 품질관리

26 다음은 경영자의 의사결정에 가장 객관적인 판단 근거가 되는 세 가지 정보 중 어느 것에 대한 설명인가?

> 경영계획 중 자금계획과 조합되어 가장 적절한 인적자원 배치, 활용 계획을 만들어 낼 뿐만 아니라 자금 계획을 가장 효과적으로 수행할 수 있는 조직 및 인력 구성에도 기여하게 되어 경영기획 활동 중 가장 핵심적인 기능을 수행한다고 할 수 있다.

① 회계정보　　　　　　　　　　② 재무정보
③ IT자원 정보　　　　　　　　　④ 인적자원 정보
⑤ 물류정보

27 다음 (　　) 안에 들어갈 적절한 용어는?

> (　　　)(이)란 경제적 의사결정을 하는 이용자를 돕기 위해 유용한 경영활동 정보를 수치로 제공하기 위한 일련의 과정이다. 이 과정은 경영활동 결과를 식별 측정 보고하는 절차로 이루어져 있고, 그 정보를 회계금액으로 표현하며, 이렇게 화폐액으로 표시된 정보를 (　　　)정보라고 한다.

① 회 계　　　　　　　　　　　② 재 무
③ IT자원　　　　　　　　　　　④ 인적자원
⑤ 기 획

28 회계데이터 발생 절차를 바르게 나열한 것은?

① 거래발생 → 분개장 → 원장 → 수정분개 → 시산표 → 회계보고서
② 거래발생 → 분개장 → 원장 → 시산표 → 수정분개 → 회계보고서
③ 거래발생 → 분개장 → 수정분개 → 원장 → 시산표 → 회계보고서
④ 거래발생 → 분개장 → 시산표 → 원장 → 수정분개 → 회계보고서
⑤ 거래발생 → 시산표 → 원장 → 분개장 → 수정분개 → 회계보고서

29 ERP의 회계 기능 모듈에 해당되지 않는 것을 모두 고르시오.

① 재무회계
② 고정자산관리
③ 인사관리
④ 자금관리
⑤ 회원관리

30 아래의 손익계산서 데이터 분류가 적절하지 않은 것은?

① 수익 항목 : 매출액, 이자 수익, 수수료
② 비용 항목 : 매출원가, 급여, 통신비, 임대료
③ 수익 항목 : 유형자산 처분이익, 잡이익
④ 비용 항목 : 보험료, 감가상각비, 이자비용
⑤ 수익 항목 : 지분법 평가이익, 유가증권평가이익, 잡이익

31 회계보고서별 재무정보의 연결이 옳지 않은 것은?

① 재무상태표 – 총자산증가율, 부채비율, 재고자산회전율
② 손익계산서 – 매출액증가율, 영업이익율, 순이익율
③ 손익계산서, 현금흐름표 – 현금보상비율
④ 재무상태표, 현금흐름표 – 영업현금흐름/차입금
⑤ 재무상태표 – 총자산증가율, 유형자산증가율, 자기자본비율

32 재무 애널리틱스의 절차가 바른 것은?

① 회계데이터 발생 → 재무(비율) 정보 발생 → 회계보고서 작성 → 재무계획/재무통제
② 회계데이터 발생 → 회계보고서 작성 → 재무(비율) 정보 발생 → 재무계획/재무통제
③ 재무계획/재무통제 → 회계데이터 발생 → 회계보고서 작성 → 재무(비율) 정보 발생
④ 재무계획/재무통제 → 회계보고서 작성 → 재무(비율) 정보 발생 → 회계데이터 발생
⑤ 재무계획/재무통제 → 재무(비율) 정보 발생 → 회계보고서 작성 → 회계데이터 발생

PART 6

33 빅데이터 활용 사례 중 국가별 빅데이터 활용정책으로 옳지 않은 것은?

① 미국 – 인력양성, 정부 주도로 당면과제 해결에 집중
② 중국 – 핵심기술확보, 영역별 활용
③ 영국 – 오픈 데이터전략으로 정보의 개방 및 공유에 집중
④ 일본 – 사회현안 및 경쟁력 확보를 통한 경제성장
⑤ 한국 – 스마트정부를 통한 국가경쟁력 확보

34 다음 중 인적자원 애널리틱스의 주요 역할로 가장 거리가 먼 것은?

① 인력에 대한 수요를 예측
② 공급 가능한 인력의 예측 및 수급 불균형 조절방안 도출
③ 직무에 대한 인력의 역량과 수준에 대한 평가 자료를 분석하여 인력에 대한 역할 조정 및 분할
④ 해당 인력과 자주 소통하는 인력들의 네트워크를 분석함으로써 감시 및 회사 보안 유지
⑤ 인원 조정, 조기퇴직, 다운사이징, 정리해고 등에 활용

35 마케팅 애널리틱스의 활용 목적과 중요성에 관한 내용으로 옳지 않은 것은?

① 마케팅 애널리틱스의 목적은 마케팅 성과의 증대가 가장 크다.
② 마케팅 애널리틱스의 대표적인 사례로 광고, 프로모션, CRM Campaign이 있다.
③ 브랜드에 대한 신뢰가 있다고 하더라도 고객의 사회인구학적 정보는 입수가 용이하지는 않다.
④ 마케팅 애널리틱스에서 중요한 요소 중의 하나는 고객정보이다. 고객정보는 사회인구 정보와 접촉정보 그리고 고객의 거래정보이다.
⑤ contact 정보는 더욱 민감한 고객정보이다. 고객의 승인이 있어야 정보를 보유하고 있어도 접촉을 할 수 있다.

03 빅데이터 기획(36~45번)

36 빅데이터 기획의 분석 절차에 해당하지 않는 두 가지는?

① 이슈도출
② 해결대안 수립
③ 타당성 검토
④ 모델링
⑤ 검 증

37 빅데이터 기회에 따른 실행 시 프로젝트 초반부터 지속적으로 수행해야 하는 사항 두 가지는?

① 모델링　　　　　　　② 변화관리
③ 요건정의　　　　　　④ 프로젝트 관리
⑤ 테스트

38 시스템 테스트 방법이 아닌 것을 모두 고르면?

① 단위 테스트
② 통합 테스트
③ 스트레스 테스트
④ 테스트 마케팅
⑤ RFP

39 데이터 분석기획을 위해 분석을 하는 경우 타당성검토 항목이 아닌 것은?

① 기술적 타당성　　　　② 경제적 타당성
③ 활용적 타당성　　　　④ 운영적 타당성
⑤ 데이터 타당성

40 과제 선택 시 비즈니스 임팩트가 크고 실행하기 용이한 내용을 무엇으로 정의하나?

① Roadmap
② Quick-win과제
③ Data Science
④ Data Exploration
⑤ Impact Analysis

41 수요기반 분석과제 접근방법과 동일한 용어는?

① Top-down
② Bottom-up
③ Middle-up-down
④ Heuristic
⑤ Forecasting

42 캠페인을 아무리 해도 캠페인 효과가 증가하지 않는다. 이런 경우 어떤 문제를 의심해 봐야 할 것인가?

① 개념문제
② 정형문제
③ 비정형문제
④ 위급문제
⑤ 마케팅문제

43 기존 상황과는 다른 새로운 분야로 새로운 접근방법을 개발해야 하는 문제유형은?

① 개념문제
② 정형문제
③ 비정형문제
④ 위급문제
⑤ 마케팅문제

44 정형 데이터를 이용해서 거래데이터에 접근하는 경우 해결방식은?

① 대쉬보드 ② 데이터 마이닝

③ Sentiment Analysis ④ Text Mining

⑤ Opinion Mining

45 대표적인 Listening 도구는?

① MicroStrategy ② BIO

③ BRIO ④ Radian6

⑤ R

04 빅데이터 분석(46~65번)

46 다음 중 ANOVA분석에 쓰이는 통계적 검정법은 무엇인가?

① F – 검정 ② 포아송 – 검정

③ x^2 – 검정 ④ Wilcox – 검정

⑤ t – 검정

47 다음 보기에 해당하는 기술통계 자료의 변수로 옳은 것은?

> • 범주형 자료
> • 측정 대상이 어느 집단에 속하는 지 분류하는 경우에 사용
> • 모든 연산 불가

① 명목 척도 ② 서열 척도

③ 등간 척도 ④ 비율 척도

⑤ 분류 척도

48 빅데이터 수집 세부 계획 수립 시 고려사항이 아닌 것은?

① 유연성   ② 실시간성

③ 안정성   ④ 확장성

⑤ 변동성

49 수집된 자료를 정리, 요약하여 그 집단의 특성을 알기 쉽게 정보화하는 방법을 다루는 통계분야를 일컫는 것은?

① 기술통계학   ② 추측통계학

③ 통계적 추론   ④ 분석통계학

⑤ 기계학습

50 다음 중 수치를 이용한 자료의 통계값에 해당되지 않는 것은?

① 평균(mean)   ② 중앙값(median)

③ 회귀(regression)   ④ 표준편차(standard deviation)

⑤ 분산(variance)

51 다음 중 요인분석의 내용에 해당하지 않는 것은?

① 요인분석방법 중 가장 많이 사용되는 방법은 알파요인 추출법이다.

② 데이터를 축소하여 자료를 요약함으로서 불필요한 자료를 제거하고 변수의 구조를 파악하는 데 그 목적이 있다.

③ 관찰된 값을 몇 개의 요인으로 요약하는데 상호의존도를 통해 서로 유사한 변수들끼리 묶어주는 것이다.

④ 요인분석은 차원(변수 혹은 데이터)을 축소한다.

⑤ 요인분석에서는 몇 개라고 지정할 수 없으나 통계치 중 Eigenvalue가 1 이상을 갖는 요인의 수만큼 추출한다.

52 두 변수를 XY좌표 평면상에 점들로 나타내어 변수 간의 비례성, 선형성, 밀집도 등의 관계를 시각적으로 쉽게 알아볼 수 있게 한 것을 무엇이라 하는가?

① 다중상관분석　　　　　　　　　　② 산포도
③ 상관계수　　　　　　　　　　　　④ 피셔계수
⑤ 유의도

53 상관계수 중 등간 · 비율 척도로서, '아버지의 키와 아들의 키' 등을 분석하는데 사용되는 분석 방법은?

① 켄달 일치계수　　　　　　　　　　② 스피어만 순위상관계수
③ 피어슨 상관계수　　　　　　　　　④ 피셔 상관계수
⑤ F값

54 다음은 무엇에 대한 설명인가?

> p개의 변수로 설명되는 n개의 개체를 개체간 유사성(또는 비유사성)의 측도값을 이용하여 저차원의 가시적 공간에 표현하는 그래프적 기법으로 시장조사에서는 시장 세분화에 적용할 수 있고, 사회조사에서는 심리적 태도에 따라 사람들을 위치화할 수 있다.

① 시계열 분석　　　　　　　　　　② 다차원척도법
③ 주성분분석　　　　　　　　　　　④ 요인분석
⑤ t 검증

55 다음은 어느 분석의 예시인가?

> 미국 담수산 거북 암수 24마리의 등딱지의 길이, 폭, 높이의 3개 변수를 변환한 결과 3개의 변수를 얻고, 그 중 1개의 변환된 변수가 96%를 설명할 수 있다.

① 시계열 분석　　　　　　　　　　② 다차원척도법
③ 주성분분석　　　　　　　　　　　④ 요인분석
⑤ t 검증

56 다음은 무엇에 대한 특징 설명인가?

> 사용자의 경험이나 편견을 배제하고 전적으로 데이터에 기반으로 하여 지식과 패턴을 추출하기 때문에 영역 전문가가 간과해 버릴 수도 있는 지식과 패턴을 찾아낼 수 있다.

① 통계분석
② 데이터마이닝
③ 연관관계분석
④ 데이터 시각화
⑤ BI

57 다음 중 분류가 다른 하나는?

① 텍스트마이닝
② 연관관계분석 기법
③ 인공신경망 기법
④ 사례기반추론
⑤ 클러스터링

58 다음 중 관찰 값들이 평균으로부터 얼마나 떨어져 있는지를 나타내는 값을 무엇이라고 하는가?

① 분산(variance)
② 중앙값(median)
③ 평균(mean)
④ 표준편차(standard deviation)
⑤ 회귀(regression)

59 다음 보기에서 데이터 시각화의 특성으로 옳은 내용만을 모두 고르면?

> ㉠ 정보를 직관적으로 이해할 수 있게 한다.
> ㉡ 많은 데이터를 동시에 차별적으로 보여줄 수 있다.
> ㉢ 관계와 차이를 명확히 표시하기보다는 추상적으로 표현한다.
> ㉣ 데이터를 평면화하여 수직적 구조를 부여한다.

① ㉠, ㉡
② ㉠, ㉢
③ ㉠, ㉣
④ ㉡, ㉢
⑤ ㉡, ㉣

60 연관관계분석의 지표 중 다음은 무엇에 대한 설명인가?

> X를 구매한 경우 그 거래에 Y가 포함될 경우와 Y가 단독으로 거래된 경우의 비율로서,
> Y가 X와 연관되어 구매되는 것이 일반적으로 Y가 구매되는 것에 비해 얼마나 더 많은지를
> 나타내는 것이다. 공식은 P(Y|X)/P(Y) 이다.

① 지지도(Support)　　　　　　　② 신뢰도(Confidence)
③ 향상도(Lift)　　　　　　　　　④ 정확성(Accuracy)
⑤ 조건부 확률

61 군집분석에 대한 설명으로 옳지 않은 것은?

① 계층적 군집분석은 군집의 숫자를 사전에 정한다.
② 계층적 군집분석은 덴드로그램(Dendrogram)을 그려줌으로써 군집의 형성과정을 정확히
　 파악할 수 있다.
③ 비계층적 군집분석은 많은 데이터를 빠르고 쉽게 분류할 수 있다.
④ 비계층적 군집분석은 군집 형성 초기값에 따라 군집결과가 달라진다.
⑤ 산출하기 위해서는 사전지식이 필요 없다.

62 알고리즘 중 CHAID의 분리 기준에 활용되는 척도에 해당되는 것은?

① 지니지수
② 카이제곱(x^2) - 검정
③ 엔트로피지수
④ Wilcox - 검정
⑤ 포아송 - 검정

63 다음 보기의 빈 칸에 들어갈 용어로 옳은 것은?

> ( )은 복잡하고 비선형적이며 관계성을 갖는 다변량을 분석할 수 있다. 비선형기법으로 예측이 뛰어나며, 자료에 대한 통계적 분석 없이 결정을 수행할 수 있다.

① 인공신경망
② 연관관계분석
③ 의사결정나무
④ 텍스트 마이닝
⑤ 사례기반추론

64 다음 중 상품이나 서비스에 대한 시장규모를 예측하거나 소비자의 반응 및 입소문을 분석하는 데 활용하는 기술로 가장 적절한 것은?

① 사례기반추론   ② 연관관계분석
③ 의사결정나무   ④ 오피니언 마이닝
⑤ 인공신경망

65 다음 중 데이터 유형 및 종류에 따른 수집 기술로 옳은 것은?

① 반정형 데이터 – Crawling, RSS, API, FTP
② 정형 데이터 – Crawling, RSS, API, FTP
③ 정형 데이터 – ETL, FTP, API
④ 비정형 데이터 – streaming
⑤ 비정형 데이터 – ETL, FTP, API

05 빅데이터 기술(66~75번)

66 소셜 미디어 빅데이터 수집을 위한 적합한 방안으로 옳은 것을 두 개 고르시오.

① 직원들의 ID를 통해 친구관계 확장하게 해서 회사에서 데이터를 수집하도록 한다.

② 소셜 미디어 데이터를 정식으로 판매하는 업체로부터 구매한다.

③ 회사 내에 IP를 변경해가면서 소셜미디어사의 blocking을 피해 대량으로 수집한다.

④ 소셜 미디어사와 agreement를 맺고 API를 이용해서 입수하는 정식 서비스를 신청한다.

⑤ 포털로부터 고객정보와 성향정보를 받는다.

67 비정형 데이터 수집 기술의 방법종류가 아닌 것은?

① crawling   ② API

③ RSS   ④ ODBC

⑤ Parsing

68 수집 시스템 요건이 아닌 것 두 가지는?

① 확장성   ② 안정성

③ 일괄처리 성능   ④ 유연성

⑤ 분산처리

69 수집된 데이터를 저장하는 기술로 Hadoop에서 사용하는 것은?

① GFS   ② HDFS

③ EDCF   ④ NTFS

⑤ FAT

70 저장기술의 고려요소가 아닌 것을 모두 고르면?

① 복제기능
② 단 가
③ 신뢰성
④ 확장성
⑤ 복구기능

71 ANSI SQL을 이용해서 사용가능한 Hadoop Echo System 중의 하나는?

① HBase
② Mongo DB
③ Couch
④ Hive
⑤ Pig

72 다음 보기의 장점을 가진 오픈 소프트웨어는 무엇인가?

- 오픈 소스로서 비용이 들지 않으며 언제 어디서든지 빠르게 입수해서 설치함과 동시에 대부분의 상업용 솔루션들이 제공하는 기능들을 최신 알고리즘으로 사용할 수 있다.
- 다양한 플랫폼에서 32/64bit와 멀티코어 및 클러스터환경이 지원되며, R Studio와 같은 IDE 환경에서 작업을 하면 매우 편하다.
- 모든 데이터는 기본적으로 메모리에서 저장된다.

① Hbase
② python
③ Hadoop
④ MapReduce
⑤ R

73 다음 중 정형데이터 수집기술만을 나열한 것으로 옳은 것은?

① ETL, FTP
② Crawling, RSS
③ streaming, FTP
④ Crawling, FTP
⑤ RSS, API

74 다음 중 빅데이터의 저장기술에 대한 설명으로 옳지 않은 것은?

① 저장기술의 종류 : GFS, HDFS

② 저장기술의 종류 : MongoDB

③ 네트워크에 저장시스템 공유 : SAN/NAS, Amazon S3

④ 저장기술의 고려요소 : 저장단가, 속도, 신뢰성, 확장성

⑤ 저장기술의 고려요소 : 확장성, 안정성, 실시간성, 유연성

75 다음 보기에서 로그수집 오픈소스 솔루션에 해당되는 것만을 모두 고르면?

㉠ Scribe	㉡ Flume
㉢ Chukwa	㉣ GFS
㉤ CEP	

① ㉠

② ㉠, ㉡

③ ㉠, ㉡, ㉢

④ ㉠, ㉡, ㉢, ㉣

⑤ ㉠, ㉡, ㉢, ㉣, ㉤

기출유형 최종모의고사 정답 및 해설

정 답

1	2	3	4	5	6	7	8	9	10	11	12	13	14	15
⑤	①	①	③	⑤	②	②	②	③	①	②	①	①	④	③

16	17	18	19	20	21	22	23	24	25	26	27	28	29	30
②	②	③	①	①	①	④	②	③	④	④	①	②	③, ⑤	②

31	32	33	34	35	36	37	38	39	40	41	42	43	44	45
①	②	②	④	③	④, ⑤	②, ④	④, ⑤	③	②	①	①	③	①	④

46	47	48	49	50	51	52	53	54	55	56	57	58	59	60
①	①	⑤	①	③	①	②	③	②	③	②	①	①	①	③

61	62	63	64	65	66	67	68	69	70	71	72	73	74	75
①	②	①	④	③	②, ④	④	③, ⑤	②	①, ⑤	④	⑤	①	⑤	③

01 오늘 날의 빅데이터는 정형데이터가 아닌 비정형데이터에 관심을 두고 있다.

02 자료의 저장 및 관리가 사일로 형태로 통합관리되지 못해 중복이 많이 발생하곤 했으나 데이터베이스가 등장하면서 이와 같은 문제들이 해결됐다. 다양한 정보를 사일로가 아닌 하나의 데이터베이스에 통합하여 전문적 데이터베이스관리자(DBA)에 의해 관리할 수 있게 되었기 때문이다.

03 빅데이터 처리는 추출, 저장, 분석, 시각화, 예측, 적용 후 다시 추출하는 순환과정을 거쳐 처리한다.

04 컨설팅사인 베인앤컴퍼니에서는 빅데이터 활용영역을 내부처리 프로세스 개선기회 포착, 기존 제품 및 서비스 개선, 신제품 및 서비스 개발, CRM/마케팅측면의 타게팅 및 편의성 개선, 실시간 피드백을 통한 비즈니스 대응력 확보라고 제시하고 있다.

05 수집 전이 아니라 수집 후이다. 데이터를 수집한 후에 정제하고 정보를 생성한다.

06 빅데이터는 잘 정의된 데이터 모델, 상관관계, 절차 등이 없다.

07 1인 기업 수준이면 혼자 장부에 데이터를 기록해서 관리해도 문제가 없다. 그러나 조직이 커지면 프로세스가 정립이 되면서 각각의 특성화된 데이터가 발생되고 프로그램이 개발되면서 데이터의 공유 및 통합이 필요하게 된다. 따라서 규모가 큰 조직에서는 종이에 데이터를 관리하는 등의 수작업 처리가 가장 부적절하다.

08 빅데이터의 활용전략적 측면은 미래사회의 특성인 불확실성, 리스크, 스마트 융합적 측면에 대해 통찰력, 대응력, 경쟁력, 창조력을 제공한다.

09 보기는 사회 부문에 미치는 영향을 설명한 것이다.

10 비즈니스 모델은 수익모델로 표현되며 어떤 가치를, 누구를 대상으로, 어떻게 제공하는지에 대한 방안 및 가격책정과 이익의 유지 방안 등에 대한 질문에 답할 수 있는 내용으로 구성된다.

11 모형화라는 것은 개념적 모형화라고 판단하는 게 적합하다.

12 보기는 이상여부를 판단하는 '이상 현상 감지 시나리오'에 대한 설명이다.

13 사이먼에 의하면, 의사결정은 탐색, 설계, 선택, 실행의 과정을 거친다.

14 감성 분석은 비정형 데이터 마이닝의 기법이다.

15 '분석적 사고'에 대해 로저 마틴이 언급한 개념이다.

16 비즈니스 프로세스에 대한 설명이다.

17 자기자본 순이익률은 기업의 재무정보 중 수익성을 나타내는 지표이다.

18 의사결정 선택단계의 정보시스템의 유용성에 대해 설명한 것이다.

19 ② DMAIC 방법론으로 문제정의, 분석, 측정, 개선, 관리의 5단계를 거쳐 혁신 프로세스를 추진할 수 있다.
③ 요건정의, 분석용 데이터 생성, 모델링, 검증 및 적용으로 구분할 수 있다.
④ 문제인식은 왜 문제를 해결해야 하는지, 문제해결을 통해 무엇을 달성하고자 하는지 명확하게 정의하는 것에서부터 시작된다.
⑤ 데이터 수집과 변수 측정 중 통계청 등 간접적으로 수집한 데이터를 2차 데이터라고 한다.

20 보기는 애널리틱스의 정의이다.

21 보기는 빅데이터를 활용한 가격의 결정에 대한 내용이다.

22 신용등급 데이터는 금융기관에서 여신 등에 활용하기 위한 데이터이다.

23 장비 로그 데이터는 반도체 산업과 같이 대부분의 장비가 자동화된 장비에서 운영상황 모니터링 등을 위해 수집하는 데이터이다.

24 보기는 국제 MES 협회(Manufacturing Execution System Association)의 MES 정의이다.

25 MES의 주요 기능은 생산계획, 자재조달, 생산관리, 원가관리, 설비관리, 품질관리 등이 있다.

26 보기는 인력 활용의 내용이므로 인적자원 정보에 대한 설명이다.

27 보기는 회계와 회계정보에 대한 설명이다.

28 회계데이터는 거래발생, 분개장, 원장, 시산표, 수정분개, 회계보고서의 단계를 거쳐 발생된다.

29 인사관리는 회계 기능 모듈에 해당하지 않으며, 회원관리는 마케팅에 해당된다.
회계 기능 모듈은 재무회계, 세무회계, 고정자산관리, 관리회계, 자금관리로 구성되어 있다.

30 • 임대료 : 부동산을 임대하고 받는 대가로 수익항목이다.
• 임차료 : 부동산을 임차하고 지급하는 대가로 비용항목이다.
손익계산서 데이터 분류는 다음과 같다.

수 익	비 용
매출액, 이자수익, 배당수익, 임대료수입, 유형자산 처분이익, 지분법 평가이익, 유가증권평가이익, 잡이익 등	매출원가, 광고비, 운송비, 판매촉진비, 급여(판관비), 이자비용, 지급임차료, 유형자산 처분손실, 지분법 평가손실, 유가증권평가손실, 잡손실 등

참고로, 이익과 손실은 수익에서 비용을 차감한 개념으로 매출총이익, 영업이익, 경상이익, 법인세차감전순이익, 당기순이익, 기타포괄이익, 총포괄이익이 있으며, 손실은 매출총손실과 같이 '이익' 대신 '손실'을 붙이면 된다. 때로는 '손익'으로 하여 이익과 손실을 함께 표기하기도 한다.

31 재고자산 회전율은 기초·기말 재고자산가액과 매출원가가 필요하므로 재무상태표와 손익계산서가 함께 필요하다.

회계보고서별 관련 재무정보 분류는 아래와 같다.

회계보고서	재무정보
재무상태표	총자산증가율, 유형자산증가율, 자기자본비율, 부채비율, 유동비율, 고정비율 등
손익계산서	매출액증가율, 매출원가율, 매출총이익률, 영업이익률, 금융비용 보상비율, 순이익률 등
현금흐름표	영업현금흐름/투자현금흐름 등
재무상태표, 손익계산서	총자산경상이익률, 총자산영업이익률, 총자산순이익률, 자기자본경상이익률, 차입금평균이자율, 총자산회전율, 유형자산회전율, 총자본회전율, 주당 순이익률 등
재무상태표, 현금흐름표	영업현금흐름/차입금 등
손익계산서, 현금흐름표	현금보상비율 등

32 재무 애널리틱스는 회계데이터 발생, 회계보고서 작성, 재무(비율) 정보 발생, 재무계획/재무통제의 단계를 거친다.

33 국가별 빅데이터 활용정책 중 핵심기술확보, 영역별 활용은 미국의 사례이다.

34 해당 인력과 자주 소통하는 인력들의 네트워크를 분석함으로써 그 인력의 조직에서의 영향도를 평가하여 향후 빅데이터 전문 조직을 만든다든지, 업무조정을 하고자 하는 경우 해당 정보를 활용할 수 있다.

35 고객의 사회인구학적(sociodemographic) 정보는 입수가 용이하지는 않다. 누구나 자신의 개인적인 정보에 대해서는 민감하기 때문이다. 그러나 브랜드에 대한 신뢰가 있으면 기꺼이 제공하려든다.

36 ④, ⑤는 실행단계이다.

37 흔히 변화관리는 마지막에 하는 것으로 오해하는데 초반부터 지속적으로 수행해야 한다.

38 테스트 마케팅은 시스템이 아니라 모델에 대한 테스트이다. RFP는 제안요청서이다.

39 활용적 타당성은 업무를 추진하면서 고민할 사항이다.

40 신속하게 적용해서 효과를 볼 수 있는 내용으로 quick-win과제라고 한다.

41 전략적 수요에 의해 접근하는 방식으로 Top-down 방식이다.

42 정의 자체가 잘못된 개념상의 문제일 수 있다.

43 문제 자체가 정형적이지 않고 새로운 방법을 구상해서 추진해야 하는 비정형문제의 경우이다.

44 비즈니스 목적이 측정이고 거래상 정형데이터에 대해서는 대시보드형태로 계획대비 실적에 대한 달성도 등의 정보가 분석결과로 제공된다.

45 ④ 소셜 미디어에서 발생한 데이터를 수집하고 간단한 분석이 가능하다.

46 ANOVA는 F-검정을 이용한 분산분석 방법으로, 집단의 분산을 활용하여 총변동을 요인별로 분류하고 3개 이상의 모집단의 평균에 차이가 있는지를 검정하는 방법이다.

47 보기에 해당하는 변수는 질적 변수에 해당하는 명목 척도이다. 성별(남/여), 고객구분(신규/기존) 등을 예로 들 수 있다.

48 기술 선정 시 고려사항은 확장성, 안정성, 실시간성, 유연성 등이 있다.

49 수집된 자료를 정리, 요약하여 그 집단의 특성을 알기 쉽게 정보화하는 방법을 다루는 통계분야는 기술통계학이다.

50 회귀(regression)는 수치를 이용한 자료의 통계값과 거리가 멀다.
수치를 이용한 자료의 통계값 중 중심위치의 특성값으로 평균(mean)과 중앙값(median)이 있으며, 산포도의 특정값으로 분산(variance)과 표준편차(standard deviation)가 있다.

51 요인분석방법 중 가장 많이 사용되는 방법은 주성분 분석법이다.

52 산포도는 두 변수를 XY좌표 평면상에 점들로 나타내어 변수 간의 비례성, 선형성, 밀집도 등의 관계를 시각적으로 흩어진 정도를 쉽게 알아볼 수 있게 한 그래프이다.

53 ①, ②는 순서(순위, 등위, 서열) 척도로서, '중간시험 성적 순위와 기말시험 성적 순위' 등을 분석하는데 사용되는 분석 방법이다.

54 보기는 다차원척도법(MDS)에 대한 설명이다.

55 주성분분석은 주어진 변수들과 동일차원의 주성분으로 나눌 수 있지만, 주성분의 일부만을 사용해도 최초 변수만큼의 설명력을 가지므로 변수의 차원을 축소할 수 있다는 것이다.

56 보기는 데이터마이닝의 특징이다.

57 텍스트마이닝은 비정형데이터마이닝 기법이고, 나머지는 정형데이터마이닝 기법이다. 클러스터링은 군집분석을 의미한다.

58 관찰 값들이 평균으로부터 얼마나 떨어져 있는지를 나타내는 값은 분산이다. 분산은 산포도의 측정치 중 가장 많이 쓰이는 값이다.

59 데이터 시각화의 특성은 다음과 같다.
- 정보를 직관적으로 이해할 수 있게 한다.
- 많은 데이터를 동시에 차별적으로 보여줄 수 있다.
- 지각적 추론(Perceptual Inference)을 가능하게 한다.
- 흥미 유발 및 주목성을 증대시킨다.
- 친근하게 정보를 전달하여 보다 다양한 사람들에게 접근가능하다.
- 관계와 차이를 명확히 표시하여 추가적인 정보와 스토리를 제공한다.
- 데이터를 입체화하여 거시/미시적 시각 등 수직적 구조를 부여할 수 있다.

60 연관관계분석의 세 가지 지표는 지지도, 신뢰도, 향상도이며, 보기는 향상도에 대한 설명이다.

61 군집의 숫자를 사전에 정하는 것은 비계층적 군집분석이다.

62 CHAID 알고리즘은 카이제곱–검정 또는 F–검정을 분리기준으로 활용한다.

63 보기의 설명은 인공신경망의 장점을 서술한 것으로, 빈 칸에는 인공신경망이 들어가는 것이 적절하다.

64 오피니언 마이닝은 원천 데이터에서 주관적인 정보를 식별하고 추출하는 것으로, 상품이나 서비스에 대한 시장규모를 예측하거나 소비자의 반응 및 입소문을 분석하는데 활용한다.

65 • 정형 데이터 – ETL, FTP, API
  • 비정형 데이터 – Crawling, RSS, API, FTP
  • 반정형 데이터 – streaming

66 국내에서는 ①, ③, ⑤ 방식을 이용하는 경우도 있지만, 이는 불법이다.

67 ODBC는 정형데이터에 주로 해당된다.

68 수집 시스템에는 확장성, 안정성, 실시간성, 유연성이 제공되어야 한다. 또한 하둡과 같은 분산파일 시스템을 통해 방대한 데이터를 빠르고 확장성 있게 처리할 수 있도록 해야 한다. 일괄처리 기능도 필요하지만 요건은 아니다.

69 ①은 google file system, ④는 Windows NT에서 사용하는 파일 시스템이다.

70 복제기능과 복구기능은 상관없다.

71 Hive는 Pig와 유사하나 테이블 개념이 있어서 SQL기반의 대용량 데이터 처리 데이터베이스이다.

72 보기는 오픈소스 R의 장점에 대한 설명이다.

73 데이터 유형 및 종류에 따른 수집 기술로는 정형 데이터에 대해서 ETL, FTP, API를 통해 처리한다.

74 확장성, 안정성, 실시간성, 유연성은 수집 시스템 측면의 요건이다.

75 로그수집 오픈소스 솔루션으로는 Scribe, Flume, Chukwa가 있는데 Scribe는 페이스북에서 채택했으며, Flume은 Cloudera가 채택, Chukwa는 야후에서 채택하였다.

부록

R을 이용한 빅데이터 실습

경영
빅데이터 분석사
2급 단기완성

부록 R을 이용한 빅데이터 실습

① R 설치

R은 오픈소스 프로그램으로 통계/데이터 마이닝 및 그래프를 위한 언어이다.

(1) R의 장점

상용 패키지인 SAS, SPSS, KXEN 등이 새로운 알고리즘의 적용에 있어 안정성의 검증을 거쳐 시간이 걸리는 데 비해, R은 오픈소스이므로 빠르게 새로운 알고리즘이 적용되고 시험되어진다. 또한, 언어에 가까운 문장형식을 사용하고 자동화도 용이하다. R은 전세계적으로 널리 퍼져 있어 많은 예제를 탐색할 수 있는데, 구글에서 "r"로 시작하고 한 칸 띄고, 원하는 것을 입력하면 웬만한 정보는 모두 검색된다.

예 대표 사이트 : R-bloggers(www.r-bloggers.com)

(2) R의 설치 : 반드시 컴퓨터 이름을 영문으로 설정되었는지 확인 후 설치한다. R은 서버 버전과 데스크톱 버전의 구분이 따로 없다. 서버에서도 운영체제에 따른 버전을 설치하면 된다.

The Comprehensive R Archive Network

Download and Install R

Precompiled binary distributions of the base system and contributed packages, **Windows and Mac** users most likely want one of these versions of R:

- Download R for Linux
- Download R for (Mac) OS X
- Download R for Windows

R is part of many Linux distributions, you should check with your Linux package management system in addition to the link above.

Source Code for all Platforms

CRAN
Mirrors
What's new?
Task Views
Search

About R
R Homepage
The R Journal

http://cran.r-project.org/ 에서 다운로드하여 default 대로 설치

(3) R Studio의 설치 : R을 편리하게 사용하기 위한 작업환경이다. R Studio는 서버 버전과 데스크톱 버전이 별도로 있다. 사용자의 니즈에 따라 적합한 것을 설치하면 된다.

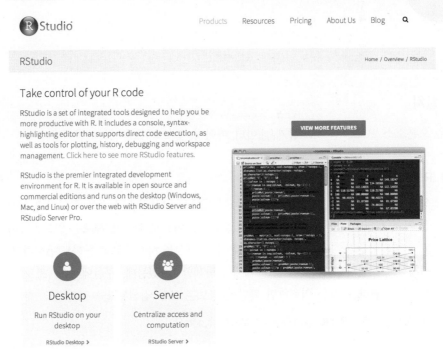

http://www.rstudio.com/products/rstudio/에서 다운로드하여 default 대로 설치

(4) R Studio 설명

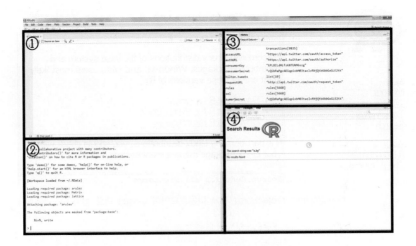

① Source : R 명령어를 입력하는 창이다. Console 창에 명령어를 바로 입력할 경우 저장을 하지 못하기 때문에 다시 명령어를 실행시키기에 불편하다. 따라서 항상 Source 창에 입력하여 명령어를 저장하는 것을 습관화해야 한다. 명령어를 실행할 때는 실행하고자하는 문장에 커서를 두고, ctrl키와 enter키를 동시에 눌러주면 Console창에 명령어가 실행된다.

② Console : Console 창은 Source 창에서 실행한 명령문이 실행된다. 따라서 명령어 에 오류가 있을 시 Console에 에러 메시지가 뜨는 것을 볼 수 있다.

③ Environment 등 : 할당된 변수와 데이터가 나타나는 곳으로 그외 History, Build 등 이 tab으로 나타난다.

④ Packages 등 : Package 설치 현황과 help 등을 볼 수 있는 곳이다. 이 중 'Help'는 Source 창이나 Console 창에 '?'나 '??'와 함께 용어를 적으면, 활용이 가능하다. 궁금 한 기능이나 옵션 등을 참고할 때 매우 유용하다. 설치되고 메모리에 올라온 라이브러 리에서 찾을 때는 '?'를, 웹을 포함해 찾을 때는 '??'를 쓰는 점이 차이점이다.

② R Basic Script

(1) 벡터 생성

① 변수명은 항상 왼쪽에 쓰며 '='나 '<-'로 임의의 값을 변수에 할당하며 결과 확인은 변수명만 실행, print 명령 사용, 문장 전체를 ( )로 묶기 등 이상 3가지 방법으로 가능함

```
z <- 2020
z
## [1] 2020

print(z)
## [1] 2020

(z<-2020)
## [1] 2020
```

② Vector는 Scalar의 조합으로 c()를 이용하여 여러 개 값을 할당

```
y<-c("ECG","Eric","Tim","Joshua")
y
## [1] "ECG"    "Eric"    "Tim"     "Joshua"
```

③ 함수 내에서 연산

```
(x<-c(2014+4,2014-4,2014*4,2014/4))
## [1] 2018.0 2010.0 8056.0  503.5
```

④ 변수의 결합

```
x1<-c(14,18,22)
x2<-c(26,30,34)
(x3<-c(x1,x2))
## [1] 14 18 22 26 30 34
```

(2) 수 열

① n:m 표현식

```
z<-14:20
z
## [1] 14 15 16 17 18 19 20


y<-20:14
y
## [1] 20 19 18 17 16 15 14


x <-20
14:x
## [1] 14 15 16 17 18 19 20
```

② seq 함수 사용

```
seq(from=14,to=30,by=4)
## [1] 14 18 22 26 30


seq(from=14,to=30,length.out=5)
## [1] 14 18 22 26 30


seq(from=30,to=14,by=-4)
## [1] 30 26 22 18 14


seq(from=30,to=14,length.out=5)
```

```
## [1] 30 26 22 18 14
```

③ rep(반복할 내용, 반복 수)

```
rep(7,times=3)
## [1] 7 7 7
rep(7:8,times=3)
## [1] 7 8 7 8 7 8

rep(7:8,each=3)
## [1] 7 7 7 8 8 8

s <-7:8
rep(s,3)
## [1] 7 8 7 8 7 8

rep(s,times=3)
## [1] 7 8 7 8 7 8

rep(s,each=3)
## [1] 7 7 7 8 8 8
```

(3) 벡터에 있는 원소 선택

"[ ]"를 이용하거나 c( )함수를 이용해 절대적 위치에 있는 정보를 가져올 수 있음.
script 문장 앞에 "#"이 들어가면 실제 실행이 안 되는 Comment임

```
(z<-c(rep(2:3,times=2),rep(8:9,each=2)))
## [1] 2 3 2 3 8 8 9 9

z[1]
## [1] 2

z[5]
## [1] 8

z[3:6]
```

```
## [1] 2 3 8 8
```

```
z[c(2,4,8)]
## [1] 3 3 9
```

```
z[-5] #다섯번째 element 제외
## [1] 2 3 2 3 8 9 9
```

```
z[-c(3:6)]
## [1] 2 3 9 9
```

조건문을 "[]" 안에 해당 vector명을 넣고 지정하면 해당 조건을 만족하는 값을 가져올 수 있음

```
z>3
## [1] FALSE FALSE FALSE FALSE  TRUE  TRUE  TRUE  TRUE
```

```
z[z>3]
## [1] 8 8 9 9
```

```
z%%3==0# %%는 주어진 숫자로 나눈 나머지
## [1] FALSE  TRUE FALSE  TRUE FALSE FALSE  TRUE  TRUE
```

(4) Data Type과 Object

① Data Type

㉠ Numeric : integer, double

㉡ Logical : TRUE(T), FALSE(F)

㉢ Character : "a", "abc"

㉣ mode() 함수를 이용해 확인 가능

② Object

㉠ Basic Type

- Vector, Scala
- Matrix
- Array
- Factor

ⓛ Collection of Basic Types : List, Data Frame

③ Numeric : 숫자형태로 integer는 정수형, double은 소수점이 있는 숫자형

(z〈-7)

[1] 7

mode(z)

[1] "numeric"

④ Character : 문자 형태

y〈-"Charcter"

mode(y)

[1] "character"

ㄱ Character : paste함수

paste("붙일 내용","붙일 내용",sep="") : Separator를 사이에 두고 내용을 붙이는 함수로 sep를 지정하지 않을 경우 기본적으로 빈칸이 하나 삽입되며 두 vector의 길이가 다른 경우 긴 vector의 길이만큼 짧은 vector의 앞부분부터 반복됨

paste("Big","Data")

[1] "Big Data"

z〈-c("Advanced","Applied")

y〈-c("Data Analytics","Big Data Analytics","BDA")

paste(z,y)

[1] "Advanced Data Analytics"   "Applied Big Data Analytics"

[3] "Advanced BDA"

paste(z,"Data Mining")

[1] "Advanced Data Mining" "Applied Data Mining"

paste(y,2014)

[1] "Data Analytics 2014"   "Big Data Analytics 2014"

[3] "BDA 2014"

paste(y,2014:2015)

[1] "Data Analytics 2014"   "Big Data Analytics 2015"

[3] "BDA 2014"

ⓛ Character : paste함수, 구분자변환

```
paste("2020","12","31")
## [1] "2020 12 31"

paste("2020","12","31",sep="-")
## [1] "2020-12-31"
paste("2020","12","31",sep="")
## [1] "20201231"
```

ⓒ Character : Substr(문자열, 시작, 끝)

```
substr("AppliedBDA",8,10)
## [1] "BDA"

z<-"AppliedBDA"
substr(z,nchar(z)-2,nchar(z))
## [1] "BDA"

y<-c("Advanced","Data","Analytics")
substr(y,1,3)
## [1] "Adv" "Dat" "Ana"
```

⑤ Matrix : R에서 행렬은 차원을 가진 벡터
matrix(이름, 행 수, 열 수)
dim() : 행렬의 행, 열 수를 반환

```
z<-c(11,21,31,12,22,32)
(mat<-matrix(z,3,2))
##      [,1] [,2]
## [1,]  11   12
## [2,]  21   22
## [3,]  31   32
```
* 열부터 채워지는 것을 확인

```
dim(mat)
## [1] 32
```

㉠ diag(행렬) : 행렬의 대각선에 있는 값을 반환

```
diag(mat)
## [1] 11 22
```

㉡ 전치행렬, 행렬의 곱셈

```
t(mat)
##       [,1]  [,2]  [,3]
## [1,]   11    21    31
## [2,]   12    22    32
mat%*%t(mat)
##       [,1]  [,2]  [,3]
## [1,]  265   495   725
## [2,]  495   925  1355
## [3,]  725  1355  1985
```

㉢ colnames() : 열네임을 조회

㉣ rownames() : 행네임을 조회

```
colnames(mat)<-c("F_col","S_col")
rownames(mat)<-c("F_row","S_row","T_row")
mat
##          F_col    S_col
## F_row     11       12
## S_row     21       22
## T_row     31       32


mat[1, ] # 첫째 행
##     F_col    S_col
##      11       12
```

⑥ list : 서로 다른 Data Object를 결합

```
list(, , , ... )
unlist()

lst_z<-list("Wcup",2018,c(T,T,F),max)
lst_z
## [[1]]
## [1] "Wcup"
##
```

```
## [[2]]
## [1] 2018
##
## [[3]]
## [1]  TRUE  TRUE FALSE
##
## [[4]]
## function (..., na.rm = FALSE)  .Primitive("max")
e1 <- c("Wcup","WBC")
e2 <- matrix(c(2014,2018,2022,2006,2009,2013),3,2)
e3 <-10:1
lst_y<-list(e1=e1,e2=e2,e3=e3)
lst_y
## $e1
## [1] "Wcup" "WBC"
##
## $e2
##       [,1]   [,2]
## [1,]  2014   2006
## [2,]  2018   2009
## [3,]  2022   2013
##
## $e3
##  [1] 10  9  8  7  6  5  4  3  2  1

lst_y$e1
## [1] "Wcup" "WBC"
```

㉠ list 결합

```
lst_x<-c(lst_z,lst_y)
lst_x
## [[1]]
## [1] "Wcup"
##
## [[2]]
```

```
## [1] 2018
##
## [[3]]
## [1]  TRUE  TRUE FALSE
##
## $e1
## [1] "Wcup" "WBC"
##
## $e2
##      [,1]  [,2]
## [1,] 2014  2006
## [2,] 2018  2009
## [3,] 2022  2013
##
## $e3
## [1] 10  9  8  7  6  5  4  3  2  1
```

ⓛ unlist

```
unlist(lst_x)
##                                                  e11    e12    e21    e22
## "Wcup" "2018" "TRUE" "TRUE" "FALSE" "Wcup" "WBC" "2014" "2018"
##    e23    e24    e25    e26    e31    e32    e33    e34    e35
## "2022" "2006" "2009" "2013"   "10"    "9"    "8"    "7"    "6"
##    e36    e37    e38    e39   e310
##    "5"    "4"    "3"    "2"    "1"
```

⑦ data frame

관찰된 결과(observations)로 된 테이블로 사각형의 데이터 구조여서 열과 행으로 구성되어 있고, 가장 많이 사용되는 방식으로 데이터 처리가 편리함. sql문을 이용하는 경우, RDBMS의 table처럼 또는 excel의 pivot처럼 사용할 수 있음

예 data.frame(, , ,....)

```
rnk<-c(1,2,3,4)
team<-c("GER","ARG","NED","BRA")
wcup=data.frame(rnk,team)
wcup
##   rnk team
```

```
## 1  1  GER
## 2  2  ARG
## 3  3  NED
## 4  4  BRA
```

㉠ 조 회

```
wcup[1,2] # 첫 번째 observation의 두 번째 열 값 조회
## [1] GER
## Levels: ARG BRA GER NED
```

```
wcup[,"team"] # "team" 열조회
## [1] GER ARG NED BRA
## Levels: ARG BRA GER NED
```

```
wcup$team # "team" 열조회
## [1] GER ARG NED BRA
## Levels: ARG BRA GER NED
```

```
wcup[wcup$rnk==4,] # 조건에 맞는 observation만 조회
##   rnk team
## 4   4  BRA
```

㉡ rbind, cbind : 두개의 data frame을 행으로 혹은 열로 이어붙이는 함수

```
data(airquality)
head(airquality) # 처음 6개 observation 조회
##   Ozone Solar.R Wind Temp Month Day
## 1    41     190  7.4   67     5   1
## 2    36     118  8.0   72     5   2
## 3    12     149 12.6   74     5   3
## 4    18     313 11.5   62     5   4
## 5    NA      NA 14.3   56     5   5
## 6    28      NA 14.9   66     5   6
```

```
newRow<-data.frame(Ozone=40, Solar.R=120, Wind=8, Temp=77, Month=10, Day=1)
newRow
##   Ozone Solar.R Wind Temp Month Day
```

```
## 1       40          120          8       77       10       1
```

```
new_aq_R<-rbind(airquality,newRow)
tail(new_aq_R) # 마지막 6개 observation 조회
##        Ozone   Solar.R   Wind   Temp   Month   Day
## 149    30      193       6.9    70     9       26
## 150    NA      145       13.2   77     9       27
## 151    14      191       14.3   75     9       28
## 152    18      131       8.0    76     9       29
## 153    20      223       11.5   68     9       30
## 154    40      120       8.0    77     10      1
```

```
dim(new_aq_R)
## [1] 154    6
```

```
newCol<-1:nrow(new_aq_R)
new_aq_RC<-cbind(new_aq_R,newCol)
head(new_aq_RC,2 ) # 처음 2개 observation 조회
##       Ozone   Solar.R   Wind   Temp   Month   Day   newCol
## 1     41      190       7.4    67     5       1     1
## 2     36      118       8.0    72     5       2     2
```

```
tail(new_aq_RC,2) # 마지막 2개 observation 조회
##        Ozone   Solar.R   Wind   Temp   Month   Day   newCol
## 153    20      223       11.5   68     9       30    153
## 154    40      12        8.0    77     10      1     154
```

ⓒ subset(dataframe, select=열이름) : 데이터셋에서 조건에 맞는 내용을 조회
```
subset(airquality,select=c(Ozone,Solar.R,Wind,Temp),subset=(Wind>12.0&
Temp>80.0))
##       Ozone   Solar.R   Wind   Temp
## 29    45      252       14.9   81
## 40    71      291       3.8    90
## 74    27      175       14.9   81
## 75    NA      291       14.9   91
## 94    9       24        13.8   81
```

```
## 129       32         92          15.5       84
## 134       44         236         14.9       81
```

subset(airquality, select=c(Ozone, Solar.R, Wind, Temp), subset=(Wind>20.0 |
Temp>95.0))

```
##       Ozone   Solar.R   Wind    Temp
## 9       8        19      20.1     61
## 48      37       284     20.7     72
## 120     76       203      9.7     97
## 122     84       237      6.3     96
```

ㄹ merge(df1, df2, by=" df1와 df1의 공통된 열의 이름")

aq_1<-subset(airquality, select=c(Ozone, Wind, Month, Day), subset=(Wind>12.
0& Temp>80.0), sort =F)

aq_1

```
##        Ozone   Wind    Month    Day
## 29      45     14.9      5       29
## 40      71     13.8      6       9
## 74      27     14.9      7       13
## 75      NA     14.9      7       14
## 94       9     13.8      8       2
## 129     32     15.5      9       6
## 134     44     14.9      9       11
```

aq_2<-subset(airquality, select=c(Solar.R, Temp, Month, Day), subset=(Wind>1
2.0& Temp>80.0), sort =F)

aq_2

```
##        Solar.R   Temp   Month    Day
## 29       252      81      5       29
## 40       291      90      6       9
## 74       175      81      7       13
## 75       291      91      7       14
## 94        24      81      8       2
## 129       92      84      9       6
## 134      236      81      9       11
```

```
mrg_aq<-merge(aq_1,aq_2,by=c("Month","Day"),sort =F)
mrg_aq
##    Month  Day  Ozone  Wind  Solar.R  Temp
## 1    5    29    45    14.9    252     81
## 2    6     9    71    13.8    291     90
## 3    7    13    27    14.9    175     81
## 4    7    14    NA    14.9    291     91
## 5    8     2     9    13.8     24     81
## 6    9     6    32    15.5     92     84
## 7    9    11    44    14.9    236     81
```

⇒ 두개의 data frame이 "no" column을 기준으로 합해진 것을 확인할 수 있다.

(5) 자료형, 데이터 구조 변환하기

① 함 수

　　㉠ as.data.frame(x) : dataframe 형식으로 변환

　　㉡ as.list(x) : list형식으로 변환

　　㉢ as.matrix(x) : matrix 형식으로 변환

　　㉣ as.vector(x) : vector 형식으로 변환

　　㉤ factor(x) : factor 형식으로 변환

② 예 시

```
z<-"2.78"
z
## [1] "2.78"


class(z)
## [1] "character"


as.numeric(z)
## [1] 2.78


as.numeric("z")
## Warning: 강제형변환에 의해 생성된 NA입니다
## [1] NA
```

* 문자를 숫자로 변환하려 시도하였으나 불가하여 NA로 돌려줌

```
y<-2.78
y
## [1] 2.78

class(y)
## [1] "numeric"

as.character(y)
## [1] "2.78"

as.numeric(TRUE)
## [1] 1
as.numeric(F)
## [1] 0
```

③ 날짜로 변환(as.Date)
```
(z<-"2020-01-01")
## [1] "2020-01-01"
```
* 명령어 앞·뒤에 괄호를 붙이면 실행 후 결과를 인쇄함

```
class(z)
## [1] "character"
(c1<-as.Date(c))
## [1] "2020-01-01"

class(z1)
## [1] "Date"

y<-"01/31/2020"
(y1<-as.Date(y,format="%m/%d/%Y"))
## [1] "2020-01-31"

# format(날짜,포맷)
# as.character()
```

```
as.Date("31/01/2020",format="%d/%m/%Y")
## [1] "2020-01-31"

format(Sys.Date(),format="%d/%m/%Y")
## [1] "03/07/2014"

format(Sys.Date(),'%a')
## [1] "목"
format(Sys.Date(),'%b')
## [1] " 7"

format(Sys.Date(),'%B')
## [1] "7월"

format(Sys.Date(),'%d')
## [1] "03"

format(Sys.Date(),'%m')
## [1] "07"

format(Sys.Date(),'%y')
## [1] "14"

format(Sys.Date(),'%Y')
## [1] "2014"
```

(6) Missing Data

```
(z<-0/0)
## [1] NaN

is.nan(z)
## [1] TRUE

is.na(z)
```

```
## [1] TRUE

(y<-log(0))
## [1] -Inf

is.finite(y)
## [1] FALSE

is.nan(y)
## [1] FALSE

is.na(y)
## [1] FALSE
x<-NA
is.na(x)
## [1] TRUE

is.nan(x)
## [1] FALSE

(w<-x(1:3,NA))
## [1]  1  2  3 NA

is.na(w)
## [1] FALSE FALSE FALSE  TRUE
```

(7) 벡터의 기본 연산

```
z<-x(1,3,5,7,9,11,20)
z*z
## [1]   1   9  25  49  81 121 400

(y<-z+z^2)
## [1]   2  12  30  56  90 132 420

(z<-1+z+z^3)
```

```
## [1]    3   31  131  351  739 1343 8021
```

```
mean(z)
## [1] 8
```

```
median(z)
## [1] 7
```

```
sd(z)
## [1] 6.298
```

```
var(z)
## [1] 39.67
```

```
sum((z-mean(z))^2)/(length(z)-1)
## [1] 39.67
```

```
cor(z,y)
## [1] 0.9634
```

```
cor(z,x)
## [1] 0.9111
```

(8) 파일 읽기 등 기타 함수

```
rank<-c(1,2,3,4)
team<-c("GER","ARG","NED","BRA")
wcup=data.frame(rank,team)
```

```
# write.csv(변수이름, "지정할 파일 이름.csv")
# read.csv("저장된 파일 이름.csv")
```

```
write.csv(wcup,"wcup.csv")
w_cup<-read.csv("wcup.csv")
str(w_cup)
## 'data.frame':    4 obs.  of  3 variables:
```

```
## $ X   : int  1 2 3 4
## $ rank: int  1 2 3 4
## $ team: Factor w/ 4 levels "ARG","BRA","GER",..: 3 1 4 2

w_cup$team<-as.character(w_cup$team)
tm<-as.vector(w_cup$team)
rk<-as.vector(w_cup$rank)

team==tm
## [1] TRUE TRUE TRUE TRUE

rank==rk
## [1] TRUE TRUE TRUE TRUE

# save(변수이름, file="지정할 데이터 파일 이름.Rdata")
# load("저장된 파일 이름.Rdata")
save(rank,team,file="wcup.rdata")
load("wcup.rdata")

# rm(object 명)
rm(team,tm)
rm(list=ls() ) # 모두 지우기

# summary
summary(w_cup) # 열별 data 요약
##       X             rank              team
## Min.    :1.00    Min.    :1.00    Length :4
## 1st Qu :1.75    1st Qu. :1.75    Class  :character
## Median :2.50    Median  :2.50    Mode   :character
## Mean    :2.50    Mean    :2.50
## 3rd Qu. :3.25    3rd Qu. :3.25
## Max.    :4.00    Max.    :4.00

# install.packages("package명") : package 설치
install.packages("party")
```

# library(package명) : 패키지를 메모리에 로드
library(party)

# vignette("알고 싶은 package이름") : party에 대한 tutorial pdf 파일
vignette("party")

q(): R 종료

setwd() : 파일이나 데이터, 스크립트 등을 저장하거나 불러오기 할 때 working directory를 기준으로 가져옴. 이러한 작업 폴더를 지정하는 명령
getwd() : 현재의 working directory를 알려주는 명령어

? 명령어 : 해당 명령어에 대한 help 보기. 현재 library가 로드된 패키지가 제공하는 help만 검색

?? 명령어 : 해당 명령어에 대한 웹을 통한 일반 검색

③ R을 이용한 통계분석

(1) 선형 회귀분석

① 데이터 로드 : date(cars)

② 스캐터플롯을 이용한 상관관계 확인

plot(cars$speed, cars$dist)

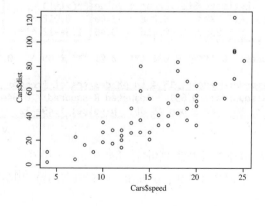

③ 상관계수 분석

cor.test(cars$speed, cars$dist)

Pearson's product-moment correlation

data: cars$speed and cars$dist

t = 9.464, df = 48, p-value = 1.49e-12

alternative hypothesis: true correlation is not equal to 0

95 percent confidence interval:

0.6816 0.8862

sample estimates:

cor

0.8069

⇒ 상관계수가 0.8069로 매우 높은 상관관계가 있음을 보여주고 있다.

④ 'lm'을 이용해 상관관계 분석

m <- lm(dist~speed, data=cars)

summary(m)

```
## 
## Call:                 회귀식
## lm(formula = dist ~ speed, data = cars)
## 
## Residuals:
##   Min    1Q Median    3Q    Max
## -29.07  -9.53  -2.27   9.21  43.20
## 
## Coefficients:  회귀계수                        P-value
##              Estimate Std. Error t value Pr(>|t|)
## (Intercept)  -17.579      6.758   -2.60   0.012 *
## speed          3.932      0.416    9.46 1.5e-12 ***
## ---
## Signif. codes:  0 '***' 0.001 '**' 0.01 '*' 0.05 '.' 0.1 ' ' 1
## 
## Residual standard error: 15.4 on 48 degrees of freedom
## Multiple R-squared:  0.651,  Adjusted R-squared:  0.644      모형적합도
## F-statistic: 89.6 on 1 and 48 DF,  p-value: 1.49e-12
```

- 해석 : Speed가 1 증가할 때마다, dist가 3.9씩 증가

- 절편 -17.5 , 기울기 3.9 , p value 1.49*10^(-12) (매우 유의)

⑤ 결과 시각화

plot(cars$speed, cars$dist)# visualize regession model

abline(coef(m))

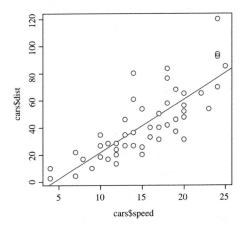

㉠ 패키지 설치와 로드, 데이터 로드

Install.packages("Hmisc")

library(Hmisc)

library(ggplot2) # 이미 설치한 패키지는 다시 설치할 필요가 없음

data(mtcars)

㉡ 시각화

g <- ggplot(mtcars, aes(drat, disp))

g + geom_point() + geom_smooth(method="lm")

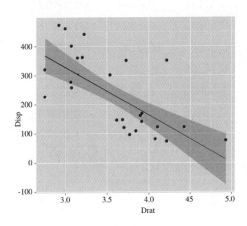

© cor()을 이용한 상관계수 도출

```
cor(mtcars$drat, mtcars$disp)
## [1] -0.7102

cor(mtcars)  # mtcars 전체 변수에 대한 상관계수 행렬
```

##	mpg	cyl	disp	hp	drat	wt	qsec	vs
## mpg	1.0000	-0.8522	-0.8476	-0.7762	0.68117	-0.8677	0.4187	0.6640
## cyl	-0.8522	1.0000	0.9020	0.8324	-0.69994	0.7825	-0.5912	-0.8108
## disp	-0.8476	0.9020	1.0000	0.7909	-0.71021	0.8880	-0.4337	-0.7104
## hp	-0.7762	0.8324	0.7909	1.0000	-0.44876	0.6587	-0.7082	-0.7231
## drat	0.6812	-0.6999	-0.7102	-0.4488	1.00000	-0.7124	0.0912	0.4403
## wt	-0.8677	0.7825	0.8880	0.6587	-0.71244	1.0000	-0.1747	-0.5549
## qsec	0.4187	-0.5912	-0.4337	-0.7082	0.09120	-0.1747	1.0000	0.7445
## vs	0.6640	-0.8108	-0.7104	-0.7231	0.44028	-0.5549	0.7445	1.0000
## am	0.5998	-0.5226	-0.5912	-0.2432	0.71271	-0.6925	-0.2299	0.1683
## gear	0.4803	-0.4927	-0.5556	-0.1257	0.69961	-0.5833	-0.2127	0.2060
## carb	-0.5509	0.5270	0.3950	0.7498	-0.09079	0.4276	-0.6562	-0.5696

##	am	gear	carb
## mpg	0.59983	0.4803	-0.55093
## cyl	-0.52261	-0.4927	0.52699
## disp	-0.59123	-0.5556	0.39498
## hp	-0.24320	-0.1257	0.74981
## drat	0.71271	0.6996	-0.09079
## wt	-0.69250	-0.5833	0.42761
## qsec	-0.22986	-0.2127	-0.65625
## vs	0.16835	0.2060	-0.56961
## am	1.00000	0.7941	0.05753
## gear	0.79406	1.0000	0.27407
## carb	0.05753	0.2741	1.00000

④ R로 데이터 마트 다루기

(1) reshape 패키지를 이용할 데이터 요약

① 패키지 설치와 로드, 데이터 로드

```
install.packages("reshape")
library(reshape)
data(tips)
```

② tips data 개요 : 한 웨이터가 몇 개월간 tip을 받은 정보를 기록한 data

```
head(tips)
```

##		total_bill	tip	sex	smoker	day	time	size
##	1	16.99	1.01	Female	No	Sun	Dinner	2
##	2	10.34	1.66	Male	No	Sun	Dinner	3
##	3	21.01	3.50	Male	No	Sun	Dinner	3
##	4	23.68	3.31	Male	No	Sun	Dinner	2
##	5	24.59	3.61	Female	No	Sun	Dinner	4
##	6	25.29	4.71	Male	No	Sun	Dinner	4

```
tips$no<-1:nrow(tips)
```

* tips : 한 웨이터가 몇 개월간 tip을 받은 정보를 기록한 data

③ melt를 이용해 데이터를 표준양식으로 해체

melt는 지정한 id를 기준으로 나머지 열을 "variable=열이름, value=각 셀의 값"으로 해체함

```
tips_melt <- melt(tips, id = c("no","sex","smoker","day","time"), na.rm =TRUE)
head(tips_melt,2)
```

##	no	sex	smoker	day	time	variable	value
## 1	1	Female	No	Sun	Dinner	total_bill	16.99
## 2	2	Male	No	Sun	Dinner	total_bill	10.34

④ cast를 이용해 해체된 데이터를 원하는 방식으로 요약

㉠ 해체된 데이터 tips_melt에 row는 time, column은 variable로 하고, 이 두 요소에 의해 grouping된 값들에 함수 mean을 적용하여 요약

```
tips_cast_time <- cast(tips_melt, time ~ variable, mean)
tips_cast_time
```

##	time	total_bill	tip	size
## 1	Dinner	20.80	3.103	2.631
## 2	Lunch	17.17	2.728	2.412

ⓛ tips_melt를 variable을 단위로 나누고, day만을 기준으로 grouping한 값들에
함수 mean을 적용하여 요약

```
cast(tips_melt, day ~ . |variable, mean)
## $total_bill
##    day (all)
## 1  Fri 17.15
## 2  Sat 20.44
## 3  Sun 21.41
## 4 Thur 17.68
##
## $tip
##    day (all)
## 1  Fri 2.735
## 2  Sat 2.993
## 3  Sun 3.255
## 4 Thur 2.771
##
## $size
##    day (all)
## 1  Fri 2.105
## 2  Sat 2.517
## 3  Sun 2.842
## 4 Thur 2.452
```

(2) sqldf 패키지를 이용할 데이터 조작

SQL에 익숙하면 "sqldf"를 이용해 ANSI SQL을 사용할 수 있다.

```
install.packages("sqldf")
library(sqldf)
data(french_fries ,package="reshape")

sqldf("select * from french_fries limit 6")
## Loading required package: tcltk
##    time treatment subject rep potato buttery grassy rancid painty
```

## 1	1	1	3	1	2.9	0.0	0.0	0.0	5.5
## 2	1	1	3	2	14.0	0.0	0.0	1.1	0.0
## 3	1	1	10	1	11.0	6.4	0.0	0.0	0.0
## 4	1	1	10	2	9.9	5.9	2.9	2.2	0.0
## 5	1	1	15	1	1.2	0.1	0.0	1.1	5.1
## 6	1	1	15	2	8.8	3.0	3.6	1.5	2.3

```
sqldf("select count(*) from french_fries where treatment=1")
##       count(*)
## 1       232
```

⑤ R을 이용한 정형 데이터 마이닝

(1) 연관분석 사례

Groceries는 대형마트에서 판매된 169개 제품에 대해 1개월간 거래된 9,835건의 data이다.

① 패키지와 data 로드

```
install.packages("arules")
library(arules)
data(Groceries)
```

② 알고리즘 적용

적용 후 summary를 통해 모델을 살펴본 결과, 125개의 규칙과 중요한 지표의 분포가 확인됨

```
G_arules <- apriori(Groceries, parameter = list(support = 0.01, confidence = 0.3))
##
## parameter specification:
## confidence minval smax arem aval originalSupport support minlen maxlen
##    0.3       0.1    1   none FALSE    TRUE          0.01    1      10
## target   ext
##   rules FALSE
##
## algorithmic control:
## filter  tree  heap  memopt load sort verbose
```

```
##   0.1  TRUE TRUE   FALSE TRUE  2    TRUE
##
## apriori - find association rules with the apriori algorithm
## version 4.21 (2004.05.09)       (c) 1996-2004   Christian Borgelt
## set item appearances ...[0 item(s)] done [0.00s].
## set transactions ...[169 item(s), 9835 transaction(s)] done [0.00s].
## sorting and recoding items ... [88 item(s)] done [0.00s].
## creating transaction tree ... done [0.00s].
## checking subsets of size 1 2 3 4 done [0.00s].
## writing ... [125 rule(s)] done [0.00s].
## creating S4 object  ... done [0.00s].


summary(G_arules)
## set of 125 rules
##
## rule length distribution (lhs + rhs):sizes
##  2  3
## 69 56
##
##    Min. 1st Qu. Median  Mean 3rd Qu.  Max.
##    2.00   2.00   2.00   2.45   3.00   3.00
##
## summary of quality measures:
##     support          confidence          lift
##  Min.   :0.0101   Min.    :0.308   Min.    :1.21
##  1st Qu. :0.0115   1st Qu. :0.345   1st Qu. :1.61
##  Median :0.0145   Median :0.398   Median :1.79
##  Mean   :0.0186   Mean    :0.406   Mean    :1.91
##  3rd Qu. :0.0222   3rd Qu. :0.450   3rd Qu. :2.15
##  Max.   :0.0748   Max.    :0.586   Max.    :3.29
##
## mining info:
##      data       ntransactions    support    confidence
##    Groceries       9835            0.01         0.3
```

③ inspect를 사용해 규칙을 상세히 살펴보기

```
inspect(G_arules)
```

##	lhs		rhs	support	confidence	lift
## 1	{hard cheese}	=>	{whole milk}	0.01007	0.4108	1.608
## 2	{butter milk}	=>	{other vegetables}	0.01037	0.3709	1.917
## 3	{butter milk}	=>	{whole milk}	0.01159	0.4145	1.622
## 4	{ham}	=>	{whole milk}	0.01149	0.4414	1.728

[중략]

## 124	{other vegetables,					
##	rolls/buns}	=>	{whole milk}	0.01790	0.4200	1.644
## 125	{whole milk,					
##	rolls/buns}	=>	{other vegetables}	0.01790	0.3160	1.633

④ 시각화 예시

```
plot(G_arulesViz_sub1, method = "matrix", measure = c("lift", "confidence"))
## Itemsets in Antecedent (LHS)
##   [1] "{baking powder}"
##   [2] "{other vegetables,oil}"
##   [3] "{root vegetables,onions}"
[중략]
## [91] "{root vegetables,whole milk,yogurt}"
## [92] "{root vegetables,other vegetables,rolls/buns}"
## [93] "{other vegetables,yogurt,rolls/buns}"
## Itemsets in Consequent (RHS)
## [1] "{whole milk}""{other vegetables}""{yogurt}"
```

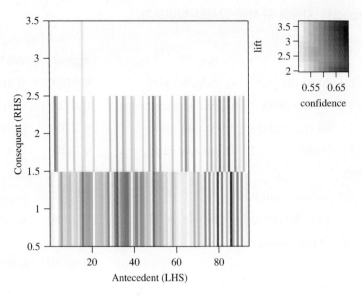

Matrix with 113 rules

plot(G_arulesViz_sub1, method = "matrix3D", measure = "lift")
Itemsets in Antecedent (LHS)
[1] "{baking powder}"
[2] "{other vegetables,oil}"
[3] "{root vegetables,onions}"
[중략]
[91] "{root vegetables,whole milk,yogurt}"
[92] "{root vegetables,other vegetables,rolls/buns}"
[93] "{other vegetables,yogurt,rolls/buns}"
Itemsets in Consequent (RHS)
[1] "{whole milk}""{other vegetables}""{yogurt}"

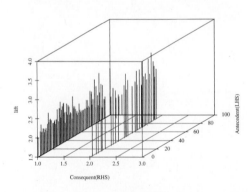

plot(G_arulesViz_sub1, method = "grouped")

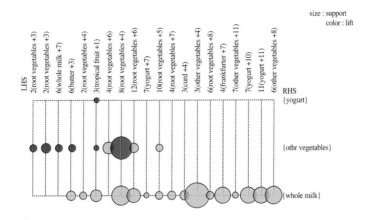

(2) 의사결정나무 사례

Groceries는 대형마트에서 판매된 169개 제품에 대해 1개월간 거래된 9,835건의 데이터이다.

① 패키지와 data 로드

```
install.packages("HDclassif")
library(HDclassif)
data(wine)
```

② 목적 변수 범주화와 구성 확인

정수형태로 되어 있는 class 변수를 범주형(factor)으로 변환하고 각 factor별 수를 확인

③ data 분리 : data를 7:3의 비율로 train set과 validation set으로 분리

```
set.seed(2020)
ind <- sample(2, nrow(wine), replace =TRUE, prob = c(0.7, 0.3))
table(ind)
## ind
##   1   2
## 128  50

tr_wine <- wine[ind ==1, ]
val_wine <- wine[ind ==2, ]
```

```
str(tr_wine)
## 'data.frame':    128 obs. of  14 variables:
##  $ class: Factor w/ 3 levels "1","2","3": 1 1 1 1 1 1 1 1 1 1 ...
##  $ V1   : num  14.2 13.2 13.2 14.4 13.2 ...
##  $ V2   : num  1.71 1.78 2.36 1.95 2.59 1.76 1.87 2.15 1.64 1.35 ...
##  $ V3   : num  2.43 2.14 2.67 2.5 2.87 2.45 2.45 2.61 2.17 2.27 ...
##  $ V4   : num  15.6 11.2 18.6 16.8 21 15.2 14.6 17.6 14 16 ...
##  $ V5   : int  127 100 101 113 118 112 96 121 97 98 ...
##  $ V6   : num  2.8 2.65 2.8 3.85 2.8 3.27 2.5 2.6 2.8 2.98 ...
##  $ V7   : num  3.06 2.76 3.24 3.49 2.69 3.39 2.52 2.51 2.98 3.15 ...
##  $ V8   : num  0.28 0.26 0.3 0.24 0.39 0.34 0.3 0.31 0.29 0.22 ...
##  $ V9   : num  2.29 1.28 2.81 2.18 1.82 1.97 1.98 1.25 1.98 1.85 ...
##  $ V10  : num  5.64 4.38 5.68 7.8 4.32 6.75 5.25 5.05 5.2 7.22 ...
##  $ V11  : num  1.04 1.05 1.03 0.86 1.04 1.05 1.02 1.06 1.08 1.01 ...
##  $ V12  : num  3.92 3.4 3.17 3.45 2.93 2.85 3.58 3.58 2.85 3.55 ...
##  $ V13  : int  1065 1050 1185 1480 735 1450 1290 1295 1045 1045 ...
```

④ 분류 분석을 위한 party 패키지 설치

```
install.packages("party")
library(party)
```

⑤ 모델 개발

class~. class를 target으로 하고, 나머지 변수를 투입변수로 하여 모델 개발하라는 공식(formula)

```
mdl_party <- ctree(class ~ ., data = tr_wine)
str(mdl_party)
## Formal class 'BinaryTree' [package "party"] with 10 slots
##   ..@ data: Formal class 'ModelEnvFormula' [package "modeltools"] with 5 slots
##   .. .. ..@ env: <environment: 0x108f6ab50>
##   .. .. ..@ get: function (which, data = NULL, frame = parent.frame(), envir
##     = MEF@env)
##   .. .. ..@ set: function (which = NULL, data = NULL, frame = parent.frame(),
##     envir = MEF@env)
##   .. .. ..@ hooks: list()
```

```
##    .. .. ..@ formula:List of 2
##    .. .. .. ..$ response: language ~class
##    .. .. .. ..$ input: language ~V1 + V2 + V3 + V4 + V5 + V6 + V7 + V8
       + V9 + V10 + V11 + V12 + V13
##    ..@ responses: Formal class 'ResponseFrame' [package "party"] with 14 slots
##    .. .. ..@ test_trafo: num [1:128, 1:3] 1 1 1 1 1 1 1 1 1 1 ...
##    .. .. .. ..- attr(*, "dimnames")=List of 2
##    .. .. .. .. ..$ : chr [1:128] "1""2""3""4" ...
##    .. .. .. .. ..$ : chr [1:3] "X1""X2""X3"
[중략]
##    ..@ where          : int [1:128] 9 9 9 9 9 9 9 9 9 9 ...
##    ..@ weights         : num [1:128] 1 1 1 1 1 1 1 1 1 1 ⋯
```

```
mdl_party@tree  # model (text)
## 1) V7 <= 1.39; criterion = 1, statistic = 91.644
##   2) V11 <= 0.89; criterion = 1, statistic = 25.107
##     3)*  weights = 34
##   2) V11 > 0.89
##     4)*  weights = 8
## 1) V7 > 1.39
##   5) V1 <= 13.03; criterion = 1, statistic = 59.351
##     6)*  weights = 43
##   5) V1 > 13.03
##     7) V6 <= 2.45; criterion = 1, statistic = 23.703
##       8)*  weights = 8
##     7) V6 > 2.45
##       9)*  weights = 35
```

⑥ 모델 시각화 : 생성된 모델을 시각화하여 의사결정나무를 확인

  ㉠ 노드(node) : V7 (1), V11 (2), V1 (5), V6 (7), Node 3,4,6,8,9

  ㉡ 뿌리노드(root node) : V7 (1)

  ㉢ 잎(leaf) : Node 3, 4, 6, 8, 9

Node 8 설명 : train set에서 V7>1.39, V1>13.03, V6<=2.45인 8개 항목이 이에 속하며, 이들의 class는 1인 것이 4개(8 X 0.5), 2인 것이 3개(8 X 0.375), 3인 것이 1개(8 X 0.125)다. 이 leaf에 속한 개체는 모두 class 1으로 분류되며, 전체 leaf중 가장 분류가 잘 안 된 leaf이다. 위의 스크립트에서도 이를 확인할 수 있다.

(mdl_party@get_where(newdata = val_wine)에서 8번 node로 분류된 것이 predict(mdl_party, newdata = val_wine)에서 1로 예측된 것을 확인)

plot(mdl_party)

plot(mdl_party, terminal_panel = node_barplot)

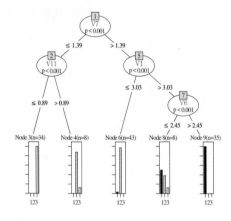

plot(mdl_party, type = "simple")

plot(mdl_party, terminal_panel = node_terminal)

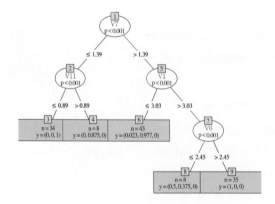

⑦ performance-train set

분류 결과를 predict를 이용해 확인 가능하며, 이를 실제 결과와 비교한 matrix를 저장하고, Accuracy(정확성), Precision(정밀도), Detect Rate(탐지율)를 구할 수

있음. Detect Rate는 찾고자 하는 target에 대해서는 Sensitivity(민감도)를, 그 외
target에 대해서는 Specificity(특이도)라는 용어를 사용해 향후 모델 평가 시 이용
하게 됨

```
res_tr <- table(predict(mdl_party), tr_wine$class)
res_tr/sum(res_tr)
##
##              1          2          3
## 1    0.304688   0.023438   0.007812
## 2    0.007812   0.382812   0.007812
## 3    0.000000   0.000000   0.265625

# Accuracy
sum(diag(res_tr))/sum(res_tr)
## [1] 0.9531

# precision
res_tr[1, 1]/sum(res_tr[1, ])
## [1] 0.907
res_tr[2, 2]/sum(res_tr[2, ])
## [1] 0.9608
res_tr[3, 3]/sum(res_tr[3, ])
## [1] 1

# detect rate
res_tr[1, 1]/sum(res_tr[, 1])
## [1] 0.975
res_tr[2, 2]/sum(res_tr[, 2])
## [1] 0.9423
res_tr[3, 3]/sum(res_tr[, 3])
## [1] 0.9444

res_tr <- predict(mdl_party)
```

⑧ performance-validation set
모델의 예측 결과에 대한 성과평가이다.
```
res_val <- table(predict(mdl_party, newdata = val_wine), val_wine$class)
```

```
res_val/sum(res_val)
##
##        1      2      3
## 1    0.36   0.06   0.00
## 2    0.02   0.30   0.02
## 3    0.00   0.02   0.22


# Accuracy
sum(diag(res_val))/sum(res_val)
## [1] 0.88


# precision
res_val[1, 1]/sum(res_val[1, ])
## [1] 0.8571
res_val[2, 2]/sum(res_val[2, ])
## [1] 0.8824
res_val[3, 3]/sum(res_val[3, ])
## [1] 0.9167
```

(3) 군집분석 사례 : K-means

① 패키지 설치 및 로드, 데이터 로드

```
library(HDclassif)
data(wine)
```

② k-means 알고리즘 적용

```
(k_wine <- kmeans(wine[, -c(1)], 3))
## K-means clustering with 3 clusters of sizes 47, 62, 69
##
## Cluster means:
##       V1     V2     V3     V4      V5     V6     V7     V8     V9    V10    V11
## 1   13.80  1.883  2.426  17.02  105.51  2.867  3.014 0.2853  1.910  5.703 1.0783
## 2   12.93  2.504  2.408  19.89  103.60  2.111  1.584 0.3884  1.503  5.650 0.8840
## 3   12.52  2.494  2.289  20.82   92.35  2.071  1.758 0.3901  1.452  4.087 0.9412
```

[중략]

```
##   $ totss       : num 17592296
##   $ withinss    : num [1:3] 1360950 566573 443167
##   $ tot.withinss : num 2370690
##   $ betweenss   : num 15221607
##   $ size        : int [1:3] 47 62 69
##   $ iter        : int 2
##   $ ifault      : int 0
##   - attr(*, "class")= chr "kmeans"
```

③ 군집분석 결과와 data의 class 비교

column이 data의 class인데, 아래 비교 결과 1, 2 등급은 비교적 나누어지지만, 3등급(column 3)은 군집분석으로 분류가 어려움

table(k_wine_s$cluster, wine$class)

```
##
##      1   2   3
##   1  0  65   0
##   2 59   3   0
##   3  0   3  48
```

④ 시각화

군집분석 결과를 색으로 나타내고, 중심점을 추가함. 다만, 가장 분리가 잘 되는 V1과 V13만을 표시

plot(wine_s[, c("V1", "V13")], col = k_wine_s$cluster)
points(k_wine_s$centers[, c("V1", "V13")], col = 1:3, pch = 8, cex = 2)

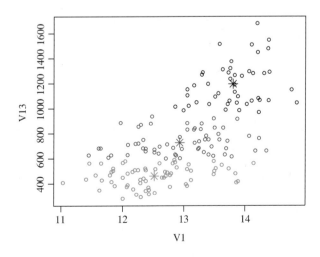

⑤ scale을 적용해 변수별 크기 차이를 표준화

wine_s <- scale(wine[, -c(1)])

(k_wine_s <- kmeans(wine_s, 3))

K-means clustering with 3 clusters of sizes 65, 62, 51

##

Cluster means:

```
##        V1        V2       V3       V4        V5        V6        V7        V8
## 1  -0.9235  -0.3929  -0.4931   0.1701  -0.49033  -0.07577   0.02075  -0.03344
## 2   0.8329  -0.3030   0.3637  -0.6085   0.57596   0.88275   0.97507  -0.56051
## 3   0.1644   0.8691   0.1864   0.5229  -0.07526  -0.97658  -1.21183   0.72402
```

[중략]

Available components:

##

[1] "cluster""centers""totss""withinss"

[5] "tot.withinss""betweenss""size""iter"

[9] "ifault"

⑥ scale 후 군집분석한 결과 검토

scale로 변수별 크기를 표준화한 결과 군집분석이 class와 비교했을 때 매우 잘 나누어 짐을 알 수 있음

table(k_wine_s$cluster, wine$class)

```
##
##      1  2  3
##   1  0 65  0
##   2 59  3  0
##   3  0  3 48
```

⑦ 시각화

시각화 결과는 scale 전보다 분리가 안 되는 것으로 나타남

plot(wine_s[, c("V1", "V13")], col = k_wine_s$cluster)

points(k_wine_s$centers[, c("V1", "V13")], col = 1:3, pch = 8, cex = 2)

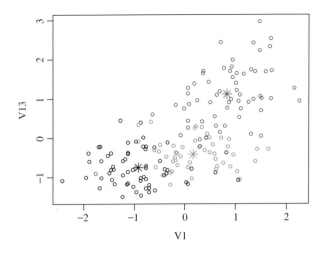

6 R을 이용한 비정형 데이터마이닝

(1) m 패키지 내의 Data Set

① acq : Reuters-21578 data set으로부터 추출된 기업 인수 관련 기사 50개

② crude : Reuters-21578 data set으로부터 추출된 원유 관련 기사 20개

(2) VCorpus로 문서 읽기

VCorpus 함수로 문서를 읽고, 이를 crudeCorp에 저장. 첫 번째 읽은 문서를 보는 방법은 crudeCorp[[1]]와 inspect(crudeCorp[1])있음. 후자는 Metadata를 포함하고 있으며, 파일 reut-00001.xml을 읽은 결과임

```
crudeCorp <- VCorpus(DirSource(reut21578), list(reader = readReut21578XMLas Plain))
crudeCorp
## A corpus with 20 text documents

crudeCorp[[1]]
## Diamond Shamrock Corp said that
## effective today it had cut its contract prices for crude oil by
## 1.50 dlrs a barrel.
##     The reduction brings its posted price for West Texas
```

Intermediate to 16.00 dlrs a barrel, the copany said.

"The price reduction today was made in the light of falling

oil product prices and a weak crude oil market," a company

spokeswoman said.

Diamond is the latest in a line of U.S. oil companies that

have cut its contract, or posted, prices over the last two days

citing weak oil markets.

Reuter

① 문서 변형

   ㉠ 중복된 공백 지우기(Eliminating Extra Whitespace) : 문서의 중간에 2개 이 상의 공백을 하나의 공백으로 바꾸는 함수

    crudeCorp <- tm_map(crudeCorp, stripWhitespace)

    inspect(crudeCorp[1])

    ## A corpus with 1 text document

    ##

    ## The metadata consists of 2 tag-value pairs and a data frame

    ## Available tags are:

    ##   create_date creator

    ## Available variables in the data frame are:

    ##   MetaID

    ##

    ## $'reut-00001.xml'

    ## Diamond Shamrock Corp said that effective today it had cut its contract prices for crude oil by 1.50 dlrs a barrel. The reduction brings its posted price for West Texas Intermediate to 16.00 dlrs a barrel, the copany said. "The price reduction today was made in the light of falling oil product prices and a weak crude oil market," a company spokeswoman said. Diamond is the latest in a line of U.S. oil companies that have cut its contract, or posted, prices over the last two days citing weak oil markets. Reuter

   ㉡ 소문자로 변형(Convert to Lower Case) : 문서의 모든 글자를 소문자로 바꾸 는 함수

    crudeCorp <- tm_map(crudeCorp, tolower)

    inspect(crudeCorp[1])

    ## A corpus with 1 text document

```
##
## The metadata consists of 2 tag-value pairs and a data frame
## Available tags are:
##   create_date creator
## Available variables in the data frame are:
##   MetaID
##
## $'reut-00001.xml'
## diamond shamrock corp said that effective today it had cut its
contract prices for crude oil by 1.50 dlrs a barrel. the reduction brings
its posted price for west texas intermediate to 16.00 dlrs a barrel. the
copany said. "the price reduction today was made in the light of falling
oil product prices and a weak crude oil market," a company
spokeswoman said. diamond is the latest in a line of u.s. oil companies
that have cut its contract, or posted, prices over the last two days
citing weak oil markets. reuter
```

ⓒ 기능어 제거(Remove Stopwords) : 문서의 기능어를 제거

```
crudeCorp <- tm_map(crudeCorp, removeWords, stopwords("english"))
inspect(crudeCorp[1])
## A corpus with 1 text document
##
## The metadata consists of 2 tag-value pairs and a data frame
## Available tags are:
##   create_date creator
## Available variables in the data frame are:
##   MetaID
##
## $'reut-00001.xml'
## diamond shamrock corp said effective today cut contract prices
crude oil 1.50 dlrs barrel. reduction brings posted price west texas
intermediate 16.00 dlrs barrel. copany said. "price reduction today made
light falling oil product prices weak crude oil market," company
spokeswoman said. diamond latest line u.s. oil companies cut contract,
posted, prices last two days citing weak oil markets. reuter
```

ⓔ 어간 추출(Stemming) : 단어의 어간만을 추출

```
library(SnowballC)
crudeCorp <- tm_map(crudeCorp, stemDocument, language ="english")
inspect(crudeCorp[1])
## A corpus with 1 text document
##
## The metadata consists of 2 tag-value pairs and a data frame
## Available tags are:
##   create_date creator
## Available variables in the data frame are:
##   MetaID
##
## $'reut-00001.xml'
## diamond shamrock corp said effect today cut contract price  crude oil
1.50 dlrs barrel. reduct bring post price west texa intermedi 16.00 dlrs
barrel, copani said." price reduct today made light fall oil product price
weak crude oil market," compani spokeswoman said. diamond latest line
u.s. oil compani cut contract, posted, price last two day cite weak oil
markets. reuter
```

④ 단어-문서 행렬 생성(Creating Term-Document Matrices)

ⓐ 텍스트마이닝의 일반적인 접근 방법 : 각 문서에 단어들이 얼마나 많이 쓰였는지를 단어-문서 행렬로 구조화

ⓑ TermDocumentMatrix와 DocumentTermMatrix를 이용해 생성. 둘의 차이는 행과 열에 어느 것을 놓을지에 따라 달라짐

```
crudeDtm <- DocumentTermMatrix(crudeCorp)
inspect(crudeDtm[5:10, 650:653])
## A document-term matrix (6 documents, 4 terms)
##
## Non-/sparse entries: 7/17
## Sparsity           : 71%
## Maximal term length: 5
## Weighting          : term frequency (tf)
##
##        Terms
```

##	Docs	one,	opec	opec"	open
##	211	0	0	0	0
##	236	0	6	2	0
##	237	0	1	0	0
##	242	1	2	0	0
##	246	0	2	0	0
##	248	0	6	0	0

(3) wordcloud

① gdata 패키지 설치

```
install.packages("gdata")
library(gdata)
```

② 구두점 없애기

```
crudeCorp <- tm_map(crudeCorp, removePunctuation)
inspect(crudeCorp[1])
## A corpus with 1 text document
##
## The metadata consists of 2 tag-value pairs and a data frame
## Available tags are:
##    create_date creator
## Available variables in the data frame are:
##    MetaID
##
## $'reut-00001.xml'
##  diamond shamrock corp said effect today cut contract price crude oil
   150 dlrs barrel reduct bring post price west texa intermedi 1600 dlrs
   barrel copani said price reduct today made light  fall oil product price
   weak crude oil market compani spokeswoman said diamond latest line
   us oil compani cut contract posted price last two day cite weak oil
   markets reuter
```

③ crudeCorp <- tm_map(crudeCorp, removeNumbers)

    inspect(crudeCorp[1])

    ## A corpus with 1 text document

    ##

    ## The metadata consists of 2 tag-value pairs and a data frame

    ## Available tags are:

    ##   create_date creator

    ## Available variables in the data frame are:

    ##   MetaID

    ##

    ## $'reut-00001.xml'

    ## diamond shamrock corp said effect today cut contract price crude oil
       dlrs barrel reduct bring post price west texa intermedi dlrs barrel
       copani said price reduct today made light fall oil product price weak
       crude oil market compani spokeswoman said diamond latest line us oil
       compani cut contract posted price last two day cite weak oil markets
       reuter

④ wordcloud 생성

   ㉠ 데이터 변환

    crudeDf <- as.data.frame(trim(unlist(strsplit(as.character(crudeCorp), ""))))

    crudeWord <- table(crudeDf)

    head(crudeWord, 10)

    ## crudeDf

    ##   abdulaziz   abil   ability   abl   abroad   accept

    ## 114   5   5   1   1   1   1

    ##   accord   across   activ

    ##   12   1   1

   ㉡ wordcloud 생성

    library(wordcloud)

    ## Loading required package: Rcpp

    ## Loading required package: RColorBrewer

    wordcloud(names(crudeWord), min.freq =3, as.numeric(crudeWord), colors
    = c("gray", "blue"))

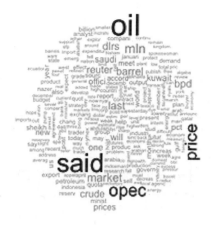

7 R을 이용한 기초 통계 시각화

R을 이용해 간단하게 데이터를 시각화할 수 있다.

library(MASS)

data(survey)

pie chart

smoke<-table(survey$Smoke)

pie(smoke)

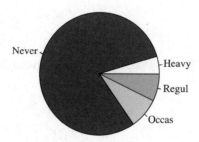

# bar chart
barplot(smoke)

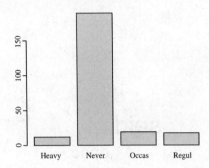

# histogram
hist(mtcars$mpg)

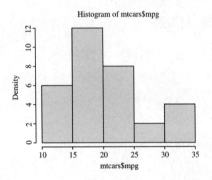

# line graph
library(ggplot2)
ggplot(BOD, aes(x=BOD$Time, y=BOD$demand))+ geom_line()

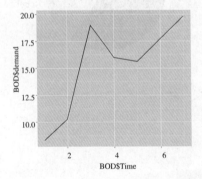

\# scatter plot

ggplot(mtcars, aes(x=mtcars$hp, y=mtcars$wt))+ geom_point()

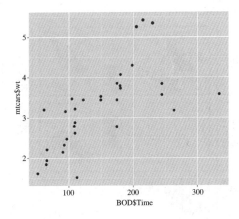

\# boxplot(mtcars$dosp,mtcars$hp)

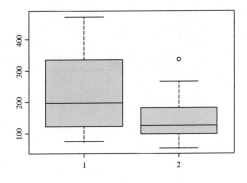

```
# scatter plot matrix
plot(iris[,1:4])
```

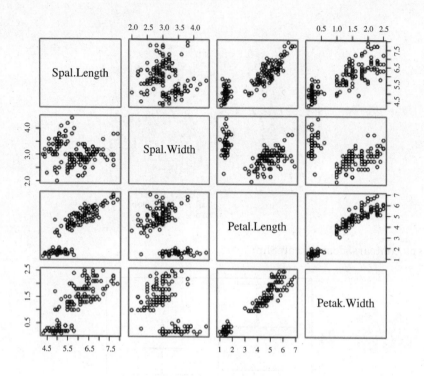

참고문헌

◉ (사)한국디지털정책학회 빅데이터전략연구회, 경영 빅데이터 분석, 한경 아카데미, 2014

◉ 김경태, 데이터분석 전문가/준전문가 단기완성, 시대고시기획, 2015

◉ FOUR STRATEGIES TO CAPTURE AND CREATE VALUE FROM BIG DATA, Salvatore Parise, Bala Iyer and Dan Vesset, http://iveybusinessjournal.com

◉ Four main languages for Analytics, Data Mining, Data Science, KDnuggets

◉ A Short Introduction to the caret Package, Max Kuhn, max.kuhn@pfizer.com, June 3, 2014

◉ R Core Team (2014). R: A language and environment for statistical computing. R Foundationfor Statistical Computing, Vienna, Austria
URL http://www.R-project.org/

◉ 김경태, R을 이용한 빅데이터 분석

◉ R Cookbook, 'REILLY', 폴 피터

◉ Package 'reshape', Hadley Wickham, h.wickham@gmail.com, July 2, 2014

◉ Package 'party', Torsten Hothorn, Kurt Hornik, Carolin Strobl, Achim Zeileis, July 2, 2014

◉ Package 'rpart', Terry Therneau, Beth Atkinson, Brian Ripley, July 2, 2014

◉ Package 'ggplot2', Hadley Wickham, Winston Chang, July 2, 2014

◉ Social Network Analysis, http://sna.stanford.edu/rlabs.php

◉ Yanchang Zhao. R and Data Mining : Examples and Case Studies. ISBN 978-0-12-396963-7, December 2012. Academic Press, Elsevier. 256 pages.
URL : http://www.rdatamining.com/docs/RDataMining.pdf

◉ 김경태 외 15인, 데이터 분석 전문가 가이드, 한국데이터베이스진흥원, 2014

◉ 곽기영, 소셜네트워크 분석, 도서출판 청람

◉ "A Performance Comparison of Commercial Hypervisors", Xen

◉ Mkomo, "A History of Storage Cost", http://www.mkomo.com/cost-per-gigabyte, 2009

◉ paul Barham, Boris Dragovic, Keir Fraser, Steven Hand, Tim Harris, Alex Ho, Rolf Neugebauery, Ian Pratt, Andrew Wareld, "Xen and the Art of Virtualication", SOSP 03, October 19, 2003

참고문헌

◉ "The Architecture of VMware ESX Sever 3i", VMware.

◉ "What's New with VMare virual Infrastructure", WMware, 2007

◉ Xen : Enterprise Grade Open Source Virtualization AXen White Paper V06012006, Xen

◉ Understanding Full Virtualization, Para Virtualization, and HardwareAssist, VMwere

◉ JaeHyun.Park, "Platform As A Servise", ThinkFree
  "KVM-Kernel-based Virtualization Machine White Paper", QUMRANET

◉ Dion Hinchcliffe, "Comparing Amazon's and Google's Platform-as-a-Service(Paas) Offerings", April 11, 2008 Retrieved from http://blogs.zdnet.com/Hinchciffe/?p=166.

◉ Amazon SimpleDB Developer Guide, Amazon, 2007.11.07.

◉ McGraw-Hill, A.M. Law and W.D. "Kelton, Simulation Modeling & Analysis", 1991

◉ Amazon Web Services, Retrieved June 16, 2008 from http://aws.amazon.com/.

◉ Doug Laney, "To Facebook: You're worth $80.95," Wall Street Journal, May 3, 2012 Economist, "Data, data everywhere". http://www.economist.com/node/15557443, 2010

◉ GSMA & Machine Research, "2020 connected devices overview", 2011

◉ "Google Ngram Viewer", http://books.google.com/ngrams

◉ "Google App Engine", Retrieved June 16, 2008 from http://code.google.com/appengine

◉ Jun Nakajima, "Hybrid Virtualization - The Next Generation of XenLinux", Xen conference Japan, 2007

◉ "Lot of Bits", Retrieved June 18, 2008 from http://aws.typepad.com/aws/2008/05/lots-of-bits.html.Machina Research, "M2M Global Forecast &Analysis", 2012

◉ GHEMAWAT, S., GOBIOFF, H., AND LEUNG, S.-T., "The Google file system.", InProc.of the 19th ACMSOSPDec.2003, pp.29-43

◉ Thomas H. Jill Dyche, Big Company and Big Data 2013, SAS